Die Einführung derivativer Finanzinstrumente an den deutschen Wertpapierbörsen als Regelungsproblem

Eine Untersuchung der Rechtsnatur des Börsentermingeschäfts sowie der Geschäfte mit Optionsscheinen unter besonderer Berücksichtigung der Aufklärungs- und Beratungspflichten

Europäische Hochschulschriften
Publications Universitaires Européennes
European University Studies

Reihe II

Rechtswissenschaft

Série II Series II
Droit
Law

Bd./Vol. 1677

PETER LANG
Frankfurt am Main · Berlin · Bern · New York · Paris · Wien

Ekkehard M. Jaskulla

Die Einführung derivativer Finanzinstrumente an den deutschen Wertpapierbörsen als Regelungsproblem

Eine Untersuchung der Rechtsnatur des Börsentermingeschäfts sowie der Geschäfte mit Optionsscheinen unter besonderer Berücksichtigung der Aufklärungs- und Beratungspflichten

PETER LANG
Europäischer Verlag der Wissenschaften

Die Deutsche Bibliothek - CIP-Einheitsaufnahme

Jaskulla, Ekkehard M.:

Die Einführung derivativer Finanzinstrumente an den deutschen Wertpapierbörsen als Regelungsproblem : eine Untersuchung der Rechtsnatur des Börsentermingeschäfts sowie der Geschäfte mit Optionsscheinen unter besonderer Berücksichtigung der Aufklärungs- und Beratungspflichten / Ekkehard M. Jaskulla. - Frankfurt am Main ; Berlin ; Bern ; New York ; Paris ; Wien : Lang, 1995

(Europäische Hochschulschriften : Reihe 2, Rechtswissenschaft ; Bd. 1677)

Zugl.: Frankfurt (Main), Univ., Diss., 1994

ISBN 3-631-47892-5

NE: Europäische Hochschulschriften / 02

D 30

ISSN 0531-7312

ISBN 3-631-47892-5

Printed in Germany 1 2 3 5 6 7

Meiner Mutter

Für Anja

Vorwort

Die vorliegende Untersuchung verfolgt zunächst das Ziel, die Rechtsnatur der Geschäfte mit derivativen Finanzinstrumenten in Form von Optionsscheinen, sogenannten Warrants, herauszuarbeiten und insbesondere zu untersuchen, ob Börsentermingeschäfte im Sinne von § 50 Abs. 1 BörsG vorliegen. Dies setzt immanent die Erarbeitung einer Umschreibung des unbestimmten Rechtsbegriffs "Börsentermingeschäft" voraus. Die gewonnenen Erkenntnisse bilden sodann die Basis zur Prüfung der im Zusammenhang mit Optionsscheingeschäften für Anlagevermittler und -berater gegenüber privaten Anlegern bestehenden Aufklärungs- und Beratungspflichten. Hieran anknüpfend wird der Versuch unternommen, die zur Erfüllung der Aufklärungspflichten zu vermittelnden Inhalte zu bestimmen und gegenüber den Informationspflichten des sog. Informationsmodells gemäß § 53 Abs. 2 BörsG abzugrenzen.

Den Anstoß die vorliegende Thematik aufzugreifen, gaben die für Geschäfte mit Optionsscheinen nach wie vor uneinheitlichen rechtlichen Erklärungsmodelle. Die überwiegend im Zuge der Einführung der ersten Optionsscheine an den deutschen Wertpapierbörsen um 1989 entwickelten Erklärungsmuster vermögen in der Regel nicht die in jüngster Vergangenheit nahezu revolutionäre Entwicklung neuartiger Optionsscheinkonstruktionen zu erfassen. In Anbetracht der zwischen 1990 und 1993 allein an der Frankfurter Wertpapierbörse zu verzeichnende Vervierfachung der zum Handel zugelassenen Optionsscheine erklärt sich die Bedeutung der Untersuchung aus Sicht des Anlegerschutzes.

Unter dem Titel "Die Einführung derivativer Finanzinstrumente an den deutschen Wertpapierbörsen als Regelungsproblem. Zur Börsentermingeschäftseigenschaft und zur Rechtsnatur derivativer Finanzinstrumente in Form von Optionsscheinen." hat die Juristische Fakultät der Johann Wolfgang Goethe-Universität in Frankfurt am Main die Arbeit im Sommersemester 1994 als Dissertation angenommen. Rechtsprechung und Literatur konnten bis Anfang März 1994 berücksichtigt werden.

Nach Einreichung der Arbeit wurde am 26. Juli 1994 das 2. Finanzmarktförderungsgesetz (BGBl. I S. 1749) verabschiedet. Aufgrund des Artikelgesetzes traten ab 1. August 1994 wesentliche Teile des Wertpapierhandelsgesetzes (WphG) und ab 1. Januar 1995 die restlichen Abschnitte des WphG sowie eine Novellierung des Börsengesetzes in Kraft.

Soweit die mit dem 2. Finanzmarktförderungsgesetz einhergehenden Rechtsänderungen die bearbeitete Thematik berühren, wurden diese auf der Grundlage des vom Bundesministerium der Finanzen am 12. Juli 1993 vorgelegten Diskussionsentwurf (DE) eines Zweiten Finanzmarktförderungsgesetzes in die Untersuchung einbezogen.

Darüber hinaus soll auf die nach Einreichung der Arbeit am 22. März 1994 verkündete Entscheidung des Bundesgerichtshofs - XI ZR 31/93 - hingewiesen werden. Erstmals wertete der Bundesgerichtshof Geschäfte mit Index-Warrants, indes ohne nähere Begründung, als Börsentermingeschäfte. Insoweit wird ein Ausschnitt der mit dieser Untersuchung gewonnenen Erkenntnisse zumindest im Ergebnis bestätigt. Allerdings kann die Einzelfallentscheidung des Bundesgerichtshofs nicht im Sinne eines Erklärungsmusters auf die Vielzahl der Geschäfte mit unterschiedlichst gestalteten Optionsscheinkonstruktionen übertragen werden.

Meinem verehrten Doktorvater, Herrn Prof. Dr. Helmut Kohl, möchte ich an dieser Stelle ganz besonders für die Förderung und Betreuung der Arbeit danken. Insbesondere die jederzeitige Bereitschaft, sich mit erarbeiteten Lösungen auseinanderzusetzen sowie dessen Rat und fördernde Kritik hat die Anfertigung der Arbeit neben meiner Tätigkeit als Syndicusanwalt eigentlich erst möglich gemacht. Mein Dank gilt weiterhin Herrn Prof. Dr. Manfred Wolf für die schnelle Erstellung des Zweitgutachtens und der Vorsitzenden des Prüfungsausschusses, Frau Prof. Dr. Lerke Osterloh, für ihr besonderes Interesse an der behandelten Thematik.

Nicht zuletzt danke ich den Mitarbeiterinnen der IHK-Bibliothek in Frankfurt am Main für ihre stete und unbürokratische Unterstützung durch die mir unter anderem die Auswertung von nicht mehr öffentlich zugänglicher Literatur zu den Ursprüngen des Börsenwesens ermöglicht wurde. Hiermit erfuhr die Untersuchung nicht nur bezüglich der Entstehungsgeschichte des Börsengesetzes eine wesentliche Förderung.

Hanau, im September 1994 Ekkehard M. Jaskulla

Inhaltsverzeichnis

Literaturverzeichnis:

ADEN, MENNO	Die Option auf die Option auf die Option... Die "Finanzderivate" und der deutsche Termineinwand, Blick durch die Wirtschaft vom 17.5.1993, S. 9
ADEN, MENNO	Wer jetzt nicht liest, dem ist nicht zu helfen. Die Termingeschäftsfähigkeit kraft Beleh-rung / Blick ins Bankrecht, Blick durch die Wirtschaft vom 6.11.1989, S. 9
ANDRÉ, MARTIN	Die Verbindlichkeit von Optionsscheingeschäften: Zugleich eine kritische Analyse der termingeschäftlichen Typenmerkmale auf der Grundlage des neuen Börsenrechts, Baden-Baden, 1991
ARBEITSGEMEINSCHAFT DER DEUTSCHEN WERTPAPIERBÖRSEN	Geschäftsbericht 1991
ARENDTS, MARTIN	Beratungs- und Aufklärungspflichten über das einem Wertpapier erteilte Rating - Zugleich eine Besprechung der Gerichtsentscheidungen zu den Bond-Anleihen -, WM 1993, S. 229-237
ARNIM, RAINER VON	Die Option im Waren und Aktienbereich (I), AG 1983, S. 29-49
ARNIM, RAINER VON	Die Option im Waren und Aktienbereich (II), AG 1983, S. 68-75

ARNIM, RAINER VON	Differenzgeschäft, Börsentermingeschäft und Einkommenssteuer, JZ 1982, S. 843-849
ASSMANN, HEINZ-DIETER	Börsentermingeschäftsfähigkeit, in: Festschrift für Theodor Heinsius zum 65. Geburtstag am 25. September 1991, S. 1-32, zitiert: Assmann, in: FS-Heinsius
ASSMANN, HEINZ-DIETER	Anm. zu OLG Frankfurt am Main, Urteil vom 25. März 1993 (WM 1993, 1030), WuB I G 4.-6.93, S. 926
ASSMANN , HEINZ-DIETER	Anm. zu BGH, Urteil vom 11. Januar 1988 (WM 1988, 291), WuB I G 4.-2.88, S. 548
BANK-VERLAG GMBH (HRSG.)	Basisinformationen über Börsentermin - geschäfte, Köln, 1992
BARZ, CARL HANS/BRÖNNER, HERBERT/KLUG, ULRICH/ MELLEROWICZ, KONRAD/ MAYER-LANDRUT, JOACHIM/ SCHILLING, WOLFGANG/ WIEDEMANN, HERBERT/ WÜRDIGER, HANS	Aktiengesetz. Großkommentar, Dritter Band, §§ 179-290, Berlin, New York, 1973, 3. Aufl., zitiert: Bearbeiter, Großkommentar
BAUMBACH, ADOLF/ DUDEN, KONRAD/ HOPT, KLAUS J.	Handelsgesetzbuch mit GmbH & Co., Recht der Allgemeinen Geschäftsbedingungen und Handelsklauseln, Bank- und Börsenrecht, Transportrecht (ohne Seerecht), München, 1989, 28. Aufl., zitiert: Baumbach/ Duden/Hopt

BAXMANN, ULF G. — Zur Optionsentwicklung in der Bundesrepublik Deutschland, Die Bank 1991, S. 494-498

BECK, HOLGER — Wertpapierleihe bringt Anlegern Zusatzertrag. Instrument bei Termingeschäften/ Wachsender Markt, Blick durch die Wirtschaft vom 12.11.1993, S. 3

BEER, ARTUR — Termingeschäfte haben viele Facetten, Frankfurt am Main, 1989, in: Per Termin in die Kasse, Jörg Franke/ Bruno Hidding/ Ernst Padberg (Hrsg.), S. 25-37, zitiert: Beer, Termingeschäfte

BEER, ARTUR — Änderungen im deutschen Optionsgeschäft, WM 1986, S. 693-700

BEER, HARALD — Optionsscheine, Das Wertpapier 17.7.1992, S. 30

BEER, HARALD — Optionsscheine, Das Wertpapier vom 11.9. 1992, S. 45

BEER, ARTUR/ MÜLLER, ARMIN/ NIEHOFF, HEINRICH — Grundlagen und Praxis des inländischen Optionsgeschäfts, Stuttgart, 1989, zitiert: Beer/Müller/Niehoff

BEER, HARALD/ EIGENDORF, JÖRG — 700 Millionen verloren: Covered Warrants waren die Anlage-Pleite, Das Wertpapier vom 3.7.1992, S. 44, 46

BEILNER, THOMAS/ SCHOESS, STEPHAN — Der Typus des Optionärs, Die Bank 1993, S. 338-342

BERNSTEIN, OTTO — Das Börsenprivatrecht nach der Novelle von 1908, ZHR 1908, S. 137-180

BERNSTEIN, OTTO — Das Börsengesetz in der vom 1. Juni 1908 oan geltenden Fassung nebst der Behandlung des Bundesrats, betr. die Zulassung von Wertpapieren zum Börsenhandel vom 4. Juli 1910 unter Berücksichtigung der Börsenordnungen für Berlin und die sächsischen Börsen, Leipzig, 1910, zitiert: Bernstein, Börsengesetz 1908

BEYER-FEHLING, HERMANN/ BOCK, ALEXANDER — Die deutsche Börsenreform und Kommentar zur Börsengesetznovelle, Frankfurt am Main, 1975, zitiert: Beyer-Fehling/Bock

BINKOWSKI, PETER/ BEECK, HELMUT — Finanzinnovationen, Bonn, 1991, 2. Aufl.

BLETZ, RALF D. — Börsentermingeschäft, Termin- und Differenzeinwand, BB 1987, S. 627-636

BLOMEYER, ARWED — La Promesse de vente vaut vente. Zur Geschichte des Durchgriffs bei Vorverträgen, Hamburg, 1948, in: Festschrift für Leo Raape zu seinem siebzigsten Geburtstag, S. 269-303, zitiert: Blomeyer, in: FS-Raape

BOEHMER, HENNING VON — Der Verkauf von Kaufoptionen bei gleichzeitigem Erwerb von Optionsscheinen begrenzt das Risiko. Stillhalter-Strategie für überdurchschnittliche Gewinne, Welt am Sonntag vom 19.1.1992, S. 34

BONFIG, KURT — Finanzinnovationen: Die Revolution hat den Kapitalmarkt gestärkt, Der langfristige Kredit 1993, S. 188-190, 192, 194-198

BRÄUER, NORBERT/ PECHTL, ANDREAS/ SCHWARZ, MICHAELA — Von "Choosern" und anderen Innovationen. Hybride Instrumente mit exotischen Optionen - Sinkende Zinsen regen die Nachfrage an, Börsen-Zeitung vom 18.09.1993, S. 22-23

BRAUNBERGER, GERALD/ KNIPP, THOMAS (HRSG.) — Die deutsche Terminbörse. Neue Möglichkeiten für den Anleger, Frankfurt am Main, 1989

BREIDENBACH, STEPHAN — Die Voraussetzungen von Informationspflichten beim Vertragsschluß, München, 1989

BREIT, JAMES — Einschuß und Sicherheitsleistung (Börsengesetz §§ 54, 55), ZHR 72 (1912), S. 442-464

BREMER, HEINZ — Grundzüge des deutschen und ausländischen Börsenrechts, Berlin, Heidelberg, New York, 1969, zitiert: Bremer, Grundzüge

BREUER, ROLF-E. — Absage an den "Global Player". Breuer: Vernetzung statt Europabörse - Übernahmegesetzgebung gefordert - Risiken mit OTC, Börsen-Zeitung vom 22.6.1993, S. 3

BREUER, ROLF-E. Risikomanagement im Wertpapiergeschäft, Die Bank 1992, S. 564-566

BREUER, ROLF-E. Eine deutsche Terminbörse darf keine Utopie bleiben, ZKredW 1987, S. 833-834, 836

BREUER, ROLF-E. Entwicklungstendenzen im Wertpapiergeschäft, ZKredW 1993, S. 10-12

BRUNS, GEORG/ RODRIAN, HEINRICH UNTER MITWIRKUNG VON STOECK, WOLFGANG Wertpapier und Börse. Ergänzen. Rechtshandbuch für den Effektenverkehr, Berlin, Lfd . Lieferung 3/90 vom Oktober 1990, zitiert: Bruns / Rodrian

BÜHLER, WILHELM Securitisation: Kreditbankprinzip contra Investmentbanking?, Die Bank 1988, S. 129-132

BUNDESFINANZMINISTERIUM BMF-Schreiben vom 30.4.1993 (IV B 4 - S 2252 - 480/93), DB 1993, S. 1058

BUNDESREGIERUNG Entwurf eines Gesetzes zur Änderung des Börsengesetzes. Text des Gesetzesentwurfs der Bundesregierung zur Änderung des Börsengesetzes (BR-Drucks. 40/89 v. 27.1.1989) und Allgemeine Begründung, ZIP 1989, S. 266-271

BUNDESREGIERUNG Entwurf eines Gesetzes zur Änderung des Börsengesetzes (II). Besondere Begründung zu Abschnitt IV. des Entwurfs eines Gesetzes zur Änderung des Börsengesetzes, ZIP 1989, S. 337-339

BUNDSCHUH, KARL DIETRICH — Die Haftung für die Verletzung der Aufklärungspflicht beim Vertrieb von Warenterminoptionen. - Eine Übersicht über die Rechtsprechung des Bundesgerichtshofes -, WM 1985, S. 249-253

BUNDSCHUH, KARL DIETRICH — Die Rechtsprechung des Bundesgerichtshofes zum Börsenterminhandel, WM 1986, S. 725-733

BURGMAIER, STEFANIE — Deutsche Terminbörse. Mittags aus dem Ruder, WirtschaftsWoche vom 30.10.1992, S. 144, 145, 148, 149, 151, 154

BÜSCHGEN, HANS E. — Das kleine Börsen-Lexikon, Düsseldorf, 1991, 19. Aufl., zitiert: Büschgen

BUTHMANN, FRIEDHELM — Herstellung der Termingeschäftsfähigkeit in Stellvertretung, Bank Information und Genossenschafts Forum 1993, S. 58-59

BYDLINSKI, FRANZ — Juristische Methodenlehre und Rechtsbegriff, Wien, New York, 1991, 2. Aufl.

CANARIS, CLAUS-WILHELM — Anm. zu BGH, Urteil vom 18. April 1989 (WM 1989, 807), EWiR § 276 BGB 2/89, S. 657-658

CANARIS, CLAUS-WILHELM — Anm. zu BGH, Urteil vom 16. April 1991 (WM 1991, 982), EWiR § 52 BörsG 1/91, S. 671-672

CANARIS, CLAUS-WILHELM — Die Verbindlichkeit von Optionsscheingeschäften, WM 1988, Sonderbeilage Nr. 10

CANARIS, CLAUS-WILHELM

HGB-Großkommentar. Dritter Band, 3. Teil, Bankvertragsrecht, Staub, Hermann (Hrsg.), Berlin, New York, 1981, 2. Bearb., zitiert: Canaris, Bankvertragsrecht

CARSTENSEN, MEINHARD

Finanzinnovationen in der praktischen Anwendung einer Geschäftsbank, Die Bank 1986, S. 352-356

CENTRALVERBAND DES DEUTSCHEN BANK- UND BANKIERSGEWERBES

Differenzgeschäft und Börsenterminge - schäft in Gesetzgebung und Rechtspre - chung, Berlin, 1904

CLAßEN, WOLFGANG

Schein-Gewinne, Capital 11/1991, S. 30-32

DECKER, ERNST

Zinssatz- und Währungsswaps unter rechtlichen Aspekten, dargestellt anhand des Muster-Rahmenvertrages für Swapgeschäfte, WM 1990, S. 1001-1015

DER BANKENVERBAND INFORMIERT

Neue Entwicklungen zum Optionsscheinhandel, in: Teil III: Recht, Wertpapier und Börse, Nr. 12, Juli 1991, S. 283-284, zitiert: Der Bankenverband informiert

DER BANKENVERBAND INFORMIERT

Haftung der Banken bei Anlageberatung, in: Teil III: Recht, Wertpapier und Börse, Nr. 14, Juli/August 1993, S. 383-384, zitiert: Der Bankenverband informiert

DER BANKENVERBAND INFORMIERT

Haftung der Banken bei Anlageberatung, in: Teil III: Recht, Wertpapier und Börse, Nr. 15, August 1993, S. 406-407, zitiert: Der Bankenverband informiert

DER BANKENVERBAND INFORMIERT — Informationsblatt für Börsenterminge - schäfte gemäß § 53 Absatz 2 Satz 2 BörsG, in: Teil III: Recht, Wertpapier und Börse, Nr. 2, Januar 1993, S. 57-60, zitiert: Der Bankenverband informiert

DER BANKENVERBAND INFORMIERT — Aufklärungs - und Beratungpflichten der Banken. Übertragbarkeit der Grundsätze zur Aufklärungspflicht des Vermittlers von Warentermin-Optionen auf Aktien- und Aktien-Index-Optionen, in: Teil III: Recht, Wertpapiere und Börse, Nr. 2, Januar 1992, S. 38-39, zitiert: Der Bankenverband informiert

DER PLATOW BRIEF — Optionsgenußscheine mit Garantie, Der Platow Brief Nr. 132 vom 25.11.1991

DER PLATOW BRIEF — Trinkaus & Burghardt. Erster deutscher Step-Down-Warrant, Der Platow Brief Nr. 16 vom 7.2.1992

DEUTSCHE BÖRSE AG (HRSG.) — Deutsche Börsen . Jahresbericht 1992 , Frankfurt am Main, 1993, zitiert: Deutsche Börsen, Jahresbericht 1992

DEUTSCHE BÖRSE AG (HRSG.) — Frankfurter Monatsstatistik für Dezember 1993, zitiert: Deutsche Börsen AG, Monatsstatistik Dezember 1993

DOLL, GEORG FRIEDRICH — Internationale Optionsscheine: Kennzahlen, Formeln, Interpretationen; alphabetisches Nachschlagewerk, Köln, 1991

DOMBRET, ANDREAS R. — Securitization, ZKredW 1987, S. 326, 328-330

DOMBRET, ANDREAS R. — Die Verbriefung als innovative Finanzierungstechnik. Strategien der Securitization am Geld- und Kapitalmarkt aus der Sicht internationaler Großbanken, Frankfurt am Main, 1987

DRATHEN, FRANK — Ausländische Indizes und Aktien als Underlying. Erst am Anfang des Prozesses - Nachholbedarf in Deutschland - Währungseinfluß beachten, Börsen-Zeitung vom 18.09.1993, S. 23

DREYER, KARL-JOACHIM — Finanzinnovationen - nicht alles ist neu. Wie man bei Angeboten die Spreu vom Weizen trennt. Der gut informierte Kunde kann in zunehmendem Maße echte Innovationen von bloßen Produktveränderungen unterscheiden, Süddeutsche Zeitung vom 4.5.1992, S. 36

DRYGALA, TIM — Anm. zu LG Berlin, Urteil vom 24. September 1991 (ZIP 1989, 1168), EWiR § 53 BörsG 1/92, S. 263-264

DRYGALA, TIM — Gesetzliche Schriftformerfordernis bei der Anlegeraufklärung?, WM 1992, S. 1213-1222

DUDEN — Das Fremdwörterbuch, Band 5, Mannheim, Wien, Zürich, 1990, 5. Aufl.

DUFEY, GUNTER — Derivative Finanzinstrumente und Unternehmensfinanzierung, ZKredW 1993, S. 614-617

DÜRINGER, ADALBERT — Zur Börsengesetznovelle, Bank-Archiv VII., (1907/08), S. 113-117

DÜRINGER, ADALBERT/ HACHENBURG, MAX — Das Handelsgesetzbuch vom 10. Mai 1897 (unter Ausschluß des Seerechts) auf der Grundlage des Bürgerlichen Rechts; V.Band/1.Hälfte, Einleitung: Der Kauf nach dem Bürgerlichen Gesetzbuche und §§ 373-382, Mannheim, Berlin, Leipzig, 1932, 3. Aufl., zitiert: Düringer-Hachenburg-Bearbeiter, HGB

DURRER, MARCO/ LENHARD, DANIEL — Derivative in der privaten Vermögensverwaltung. Zu Skepsis neigende konservative Anleger. Große Chancen für eine qualifizierte Beratung, Neue Zürcher Zeitung vom 26.10.1993, Beilage Seite B 24

EBENROTH, CARSTEN/ EINSELE, DOROTHEE — Rechtliche Hindernisse auf dem Weg zur "GOFFEX", ZIP 1988, S. 205-220

EBERSTADT, GERHARD — Options und Futures, ZKredW 1991, S. 741-742

EBNETER, ANTOINETTE — Strategien mit Aktienoptionen zur Ertragssteigerung und Risikobegrenzung, Frankfurt am Main, 1987, 1. Aufl.

EICHHOLZ, RAINER/ NELGEN, MARCUS — Asset Backed Securities - ein Finanzierungsinstrument auch für den deutschen Markt?, DB 1992, S. 793-797

EICKE, JÜRGEN — Öl-Optionsscheine - warum nicht?, Börsen-Zeitung vom 20.2.1991, S. 5

EINEM, HENNING V. Die Rechtsnatur der Option, Berlin, 1974

EISENHARDT, ULRICH Kapitalanlegerschutz und Schadensersatz nach geltendem Recht, Heidelberg, Karlsruhe, 1978, 1. Aufl.

ENSEL, PETER/ KÖTZING, GESINE Der Sekundärmarkt - Kurspflege geboten. Market-Maker sollten stets faire Preise garantieren - Die Liquidität bei der Anlage berücksichtigen, Börsen-Zeitung vom 18.09.1993, S. 20

ERMAN, WALTER BGB Handkommentar, 1.Band, §§ 1-853, Harm Peter Westermann/Klaus Küchenhoff (Hrsg.), Münster, 1989, 8. Aufl., zitiert: Erman/Bearbeiter

ESCHENBACH, A. Die Erträgnisse der sog. "Börsensteuer", Jena, 1893, in: Jahrbücher für National-ökonomie und Statistik, 3.Folge, 6. Band (1893), Conrad, J. / Elster, L. / Löning, Edg. / Lexis, W. (Hrsg.), S. 879-893, zitiert: Eschenbach, Die Erträgnisse

ESCHENBACH, A. Zur Revision des Börsengesetzes, o.J., S. 116 ff, zitiert: Eschenbach, Zur Revision

EVERLING, OLIVER Asset Securitisation in Europa, Die Bank 1993, S. 82-86

F.W. Polit-Krisen sind Anleger-Risiko, Frankfurter Allgemeine Zeitung vom 29.12.1993, S. 10

FEINGOLD, BENJAMIN — Handling und Abwicklung vereinfacht. Rechtlicher Standard Globalurkunde - Clearinghäuser haben Marktwachstum ermöglicht, Börsen-Zeitung vom 18.09.1993, S. 19

FIKENTSCHER, WOLFGANG — Methoden des Rechts in vergleichender Darstellung. Band I. Frühe und religiöse Rechte / Romanischer Rechtskreis, Tübingen, 1975

FISCHER, LEO — Finanzinnovationen: Warnungen vor den Gefahren neuer Anlageinstrumente, oft "Derivate" genannt, mehren sich. Haben sie den Crash von 1987 verursacht? Spekulationsblasen können platzen, Rheinischer Merkur vom 24.12.1993, S. 12

FISCHER, LEONHARD/ LANSING, CLEMENS — Flexibilität für Institutionelle und Privatkunden. Warrants bilden erfolgreiche Synthese aus Vorteilen des OTC-Marktes und der Börsen, Börsen-Zeitung vom 18.09.1993, S. 21

FRANKE, GÜNTER — Grundlagen der Options- und Futures-Kontrakte, Frankfurt am Main, 1990, in: Optionen und Futures, Hermann Göppl / Wolfgang Bühler / Rüdiger von Rosen (Hrsg.), S. 43-63, zitiert: Franke, in: Optionen und Futures

FRANKE, JÖRG — Die rechtlichen Risiken der Devisentermingeschäfte, DB 1975, S. 1541-1547

FRANKFURTER WERTPAPIERBÖRSE AG — Börsenstatistik 1991

FRANZEN, CHRISTOPHER Finanzinnovationen - was ist das?, Die Bank 1988, S. 18-20

FUGGER, HORST Kleine Börsenkunde. Optionsscheine (1), Börse ONLINE vom 1.10.-8.10.1993, S. 79

FUGGER, HORST Kleine Börsenkunde. Optionsscheine (2), Börse ONLINE vom 8.10. - 15.10.1993, S. 81

FUGGER, HORST Kleine Börsenkunde. Optionsscheine (3), Börse ONLINE vom 15.10. - 22.10.1993, S. 77

FUGGER, HORST Kleine Börsenkunde. Optionsscheine (5), Börse ONLINE vom 29.10. - 5.11.1993, S. 88

FUGGER, HORST Kleine Börsenkunde. Optionsscheine (6), Börse ONLINE vom 5.11. - 12.11.1993, S. 78

FUGGER, HORST Kleine Börsenkunde. Optionsscheine (7), Börse ONLINE vom 12.11. - 19.11.1993, S. 81

GEORGES, KARL ERNST Ausführliches Lateinisch-Deutsches Handwörterbuch; Erster Band, Basel, 1951, 9. Aufl., zitiert: Georges, Erster Band

GEORGES, KARL ERNST Ausführliches Lateinisch-Deutsches Handwörterbuch; Zweiter Band, Basel, 1951, 9. Aufl., zitiert: Georges, Zweiter Band

GEORGIADES, APOSTOLOS — Optionsvertrag und Optionsrecht, München, 1973, in: Festschrift für Karl Larenz zum 70. Geburtstag, S. 409-434, zitiert: Georgiades, in: FS-Larenz

GERDES, HANS-JÖRG — Chancen und Risiken der Genußscheinfinanzierung, ZKredW 1991, S. 840-844

GERHARDT, WOLFGANG — Innovationen durch Standardisierung. Der Markt für Optionsscheine in Deutschland ist in einer Phase des tiefgreifenden Wandels, Börsen-Zeitung vom 18.09.1993, S. 28

GLESKE, LEONHARD — Finanzinnovationen aus der Sicht der Notenbanken und der Bankenaufsichtsbehörden, Die Bank 1986, S. 280-285

GÖMMEL, RAINER — Entstehung und Entwicklung der Effektenbörsen im 19. Jahrhundert bis 1914, Frankfurt am Main, 1992, in: Deutsche Börsengeschichte, Hans Pohl (Hrsg.), S. 133-207, zitiert: Gömmel

GÖPPEL, HERMANN/ SCHLAG, CHRISTIAN — o. T., ZKredW 1991, S. 750, 752 - 755

GÖPPERT, HEINRICH — Zur "Begriffsbestimmung" des Börsentermingeschäfts, Bank-Archiv XII. (1912/13), S. 271-275, zitiert: Göppert, Bank-Archiv XII. (1912/13)

GÖPPERT, HEINRICH — Zur Reform des Börsegesetzes, Bank-Archiv XXIV. (1924/25), S. 480-486, zitiert: Göppert, Bank-Archiv XXIV. (1924/25)

GÖPPERT, HEINRICH — Das Recht der Börsen. Ein Beitrag zum Verwaltungsrecht, Berlin, 1932, zitiert: Göppert, Das Recht

GÖPPERT, HEINRICH — Börse und Publikum, Berlin, 1930, zitiert: Göppert, Börse und Publikum

GÖPPERT, HEINRICH — Über das Börsentermingeschäft in Wertpapieren, Berlin, 1914, zitiert: Göppert, Börsentermingeschäft

GRÖSCHEL, ULRICH — Finanzinnovationen: Swaps und Ricardos Außenwirtschaftstheorie, Sparkasse 1987, S. 246-248

GROßKOMMENTAR — Kommentar zum Aktiengesetz, §§ 179-290, 3. Bd., Berlin, New York, 1973, 3. Aufl., zitiert: Bearbeiter in: Großkommentar, AktG

GRUNEWALD, BARBARA — Die Börsentermingeschäftsfähigkeit, WM 1988 , S. 1077 - 1081

HAAS, HANS/ KIENLE, RICHARD VON — Lateinisch-Deutsches Wörterbuch, Wiesbaden, 1979

HAMMEN, HORST — Bemerkungen zur Dogmatik des Aktienoptionsgeschäfts, ZIP 1987, S. 151-156

HANSELL, SAUL — Is the world ready for synthetic equity?, Institutional Investor, August 1990, S. 129-136

HARTER, WINFRIED/ FRANKE, JÖRG/ HOGREFE, JÜRGEN/ SEGER, ROLF	Wertpapiere in Theorie und Praxis, Stuttgart, 1990, 3. Aufl., zitiert: Harter/Franke/ Hogrefe/Seger
HARTUNG, JOACHIM	Anm. zu AG Hannover, Urteil vom 27. August 1991 (WM 1992, 141), EWiR § 276 BGB 8/91, S. 1059-1060
HARTUNG, KLAUS JOACHIM	Termin- und Differenzeinwand beim Optionsscheinhandel. Zugleich Anmerkung zum Urteil des LG Würzburg vom 17. Mai 1988 - 6 O 2363/87 (WM 1988, 1409), BB 1989, S. 2411-2417
HARTUNG, KLAUS JOACHIM	Termineinwand bei Warentermingeschäften an Auslandsbörsen, ZIP 1991, S. 1185-1192
HARTUNG, KLAUS JOACHIM	Das Wertpapieroptionsgeschäft in der Bundesrepublik Deutschland, Berlin, 1989
HASSEMER, WINFRIED	Tatbestand und Typus. - Untersuchung zur strafrechtlichen Hermeneutik -, Köln, Berlin, Bonn, München, 1967
HAUCK, WILFRIED	Börsenmäßig gehandelte Finanzoptionen, in: Beiträge zur Wertpapieranalyse, Deutsche Vereinigung für Finanzanalyse und Anlageberatung (Hrsg.), 1989, S. 7-11
HÄUSELE, HARALD	Sind Geschäfte mit Optionsscheinen Börsentermingeschäfte?, DB 1992, S. 667-669

HÄUSER, FRANZ — Börsenmäßiges Optionsgeschäft und Differenzeinwand, DB 1985, S. 1169-1172

HÄUSER, FRANZ — Anm. zu OLG Karlsruhe, Urteil vom 14. Juli 1982 (WM 1984, 21-23), WM 1984, S. 23-25

HÄUSER, FRANZ — Anm. zu LG Frankfurt a.M., Urteil vom 24. April 1989 (WM 1989, 909), WuB I G 5.-14.89, S. 1538-1539

HÄUSER, FRANZ — Außerbörsliche Optionsgeschäfte (OTC-Optionen) aus der Sicht des novellierten Börsengesetzes, ZBB 1992, S. 249-266

HÄUSER, FRANZ — Der Börsenterminhandel in der neueren Rechtsprechung, ZIP 1981, S. 933-943

HÄUSER, FRANZ/ WELTER, REINHARD — Börsentermingeschäfte, München, 1990, in: Handbuch des Kapitalanlagerechts, Assmann, Heinz-Dieter / Schütze, Rolf A. (Hrsg.), S. 407-527, zitiert: Häuser/Welter

HÄUSER, FRANZ/ WELTER, REINHARD — Nationale Gestaltungsschranken bei ausländischen Börsentermingeschäften. - Ein Beitrag zum Konflikt internationaler Gerichtsstandsvereinbarungen mit deutschem Börsenrecht -, WM 1985, Sonderbeilage Nr. 8

HEINSIUS, THEODOR — Anlageberatung durch Kreditinstitute, ZHR 145(1981), S. 177-203

HELLWIG, HANS-JÜRGEN/ DE LOUSANOFF, OLEG — Die Verbindlichkeit sogenannter Hedge - Geschäfte. - Ein Beitrag zum systematischen Verhältnis von Differenz- und Termineinwand -, München, 1987, in: Festschrift für Ernst C. Stiefel zum 80. Geburtstag, S. 309-337, zitiert: Hellwig/de Lousanoff, in: FS-Stiefel

HENNING, FRIEDRICH-WILHELM — Börsentermingeschäfte schon seit dem 16. Jahrhundert, Frankfurt am Main, 1989, in: Per Termin in die Kasse, Jörg Franke / Bruno Hidding / Ernst Padberg (Hrsg.), S. 39-44

HENRICH, DIETER — Vorvertrag, Optionsvertrag, Vorrechtsvertrag. Eine dogmatisch-systematische Untersuchung der vertraglichen Bedingungen vor und zu einem Vertragsschluß, Berlin, Tübingen, 1965,

HENSSLER, MARTIN — Anlegerschutz durch Information. Die Neuregulierung des Börsenterminrechts durch die Börsengesetznovelle vom 11.7.1989, ZHR 153 (1989), S. 611-642

HEY, FRIEDRICH E. F. — Zur Verbindlichkeit von Hedgegeschäften unter dem Börsengesetz. Anmerkung zum Urteil des BGH vom 11. Oktober 1988 - XI ZR 67/88 (ZIP 1988, 1445); zugleich ein Ausblick auf das neue Börsengesetz, ZIP 1989, S. 824-826

HEYMANN, EKKEHARDT VON	Zur Haftung bei Anlageberatung und -vermittlung, Die Bank 1991, S. 176-179
HEYMANN, EKKEHARDT VON	Die neuere Rechtsprechung zur Bankenhaftung bei Kapitalanlagen, NJW 1990, S. 1137-1149
HEYMANN, EKKEHARDT VON	Anm. zu LG Frankfurt am Main, Urteil vom 1. Juni 1992 (WM 1992, 2140), WuB I G 4.-1.93, S. 226
HOEGEN, DIETER	Einzelfragen zur Haftung bei Anlagevermittlung und Anlageberatung unter besonderer Berücksichtigung der Rechtsprechung des Bundesgerichtshofes, Berlin, New York, 1985, in: Festschrift für Walter Stimpel zum 68. Geburtstag, S. 247-263, zitiert: Hoegen, in: FS-Stimpel
HOFFMANN, HANS	Reichs-Börsengesetz vom 22. Juni 1896 mit den Ausführungsbestimmungen und der Makler-Ordnung sowie der neuen Börsen-Ordnung für Berlin unter eingehender Berücksichtigung der Börsen-Ordnungen für Frankfurt a.M. und Hamburg, Berlin, 1897, zitiert: Hoffmann, Reichs-BörsG
HOFFMANN, PETER/ RAMKE, RALF	Finanzinnovationen an der Deutschen Terminbörse (DTB): Chancen und Risiken des Handels mit Optionen und Finanzterminkontrakten, Berlin, 1990
HOLZHEIMER, DIETER	Die steuerliche Behandlung von Optionsanleihen, insbesondere beim Erwerber, WM 1986, S. 1169-1179

HOPT, KLAUS J. — Börsentermingeschäft und Differenzeinwand nach §§ 764, 762 BGB. Zur Problematik der Prolongation im Devisenterminhandel, BB 1984, S. 417-423

HOPT, KLAUS J. — Funktion, Dogmatik und Reichweite der Aufklärungs-, Warn- und Beratungspflichten der Kreditinstitute, Tübingen, 1993, in: Festschrift für Joachim Gernhuber zum 70. Geburtstag, S. 169-189, zitiert: Hopt, in: FS-Gernhuber

HOPT, KLAUS J. — Berufshaftung und Berufsrecht der Börsendienste, Anlageberater und Vermögensverwalter, Berlin, New York, 1979, in: Festschrift für Robert Fischer, S. 237-261, zitiert: Hopt, in: FS-Fischer

HOPT, KLAUS J. — Der Kapitalanlegerschutz im Recht der Banken: gesellschafts-, bank- und börsenrechtliche Anforderungen an das Beratungs- und Verwaltungsverhalten der Kreditinstitute, München, 1975, zitiert: Hopt, Kapitalanlegerschutz

HOPT, KLAUS J. — Inwieweit empfiehlt sich eine allgemeine gesetzliche Regelung des Anlegerschutzes? (dargestellt unter besonderer Berücksichtigung der Publikumspersonengesellschaften, namentlich der Abschreibungsgesellschaften und geschlossenen Immobilienfonds), Gutachten G für den 51. Deutschen Juristentag, München, 1976, zitiert: Hopt, Gutachten

HORN, NORBERT — Börsentermingeschäfte nach neuem Recht, ZIP 1990, S. 2-18

HÖRNIG, BODO/ TERSTEGE, UDO — Refix-Warrants - eine Variante japanischer Optionsscheine, Die Bank 1992, S. 528-530

HORST, PETER MICHAEL — Kapitalanlegerschutz-Haftung bei Emission und Vertrieb von Kapitalanlagen: eine juristische und ökonomische Analyse, München, 1987

HUSMANN, NELE — Kreationen für die Börse schaffen, Börse ONLINE Nr. 44/1992, S. 80-81

IMO, CHRISTIAN — Börsentermin- und Börsenoptionsgeschäfte: zugleich eine strafrechtliche Untersuchung bekanntgewordener Manipulationen im Warentermin- und Warenterminoptionshandel, Wiesbaden, 1988

IMO, CHRISTIAN/ GITH, THOMAS — Einführung in den Optionshandel / DTB, Deutsche Terminbörse, Wiesbaden, 1989, zitiert: Imo/Gith

ISSELS, GEORG — Vorsicht bei Genußscheinen, Börse ONLINE vom 26.11.-3.12.1993, S. 78

JACKEL, HERBERT — Finanzinnovationen und Arbitrage am Beispiel von Nikkei Index linked-Anleihen, Die Bank 1990, S. 615-617

JÄGER, EVA — Handel mit Optionsscheinen - ein Börsentermingeschäft?, ZBB 1991, S. 82-87

JÄGER, EVA | Aktienoptionen und Optionsscheine. Zur Börsentermingeschäftseigenschaft von Aktienoptionen sowie zur Übertragbarkeit der hierzu entwickelten Grundsätze auf Optionsscheine nach der Rechtslage vor Inkrafttreten der Börsengesetznovelle am 1. August 1989, München, 1990

JAHN, UWE | Gestaltung von Zinsbegrenzungsverträgen, Die Bank 1989, S. 196-199

JANßEN, BIRGIT/ RUDOLPH, BERND | Der Deutsche Aktienindex DAX - Konstruktion und Anwendungsmöglichkeiten, Frankfurt am Main, 1992, zitiert: Janßen/Rudolph

JUNG, JÜRGEN | Risiken durch "Bewertungseinheiten" abdecken. Aktuelle Handels- und steuerrechtliche Entwicklungen in der Behandlung von Optionsscheinen, Börsen-Zeitung vom 18.09.1993, S. 23

JURGEIT, LUDWIG | Optionen und Geldmarkt statt Aktie, Die Bank 1990, S. 689-691

KAHN, JULIUS | Börsengesetz für das Deutsche Reich vom 22. Juni 1896 / 8. Mai 1908. Erläutert und mit Ausführungsbestimmungen, München, 1909, 2. Aufl., zitiert: Kahn, BörsG, 1908

KAHN, JULIUS | Börsengesetz für das Deutsche Reich vom 22. Juni 1896. Erläutert und mit Ausführungsbestimmungen, München, 1897, zitiert: Kahn, BörsG, 1896

KINDERMANN, ELMAR	Rechtliche Strukturen der Deutschen Terminbörse, WM 1989, Sonderbeilage Nr. 2
KLEEBERG, JOCHEN M.	Fairer Preis. Wie Sie Optionsscheine professionell bewerten., Das Wertpapier vom 3.7.1992, S. 49
KLEIN, HANS-DIETER	Gedeckte Optionsscheine auf deutsche Aktien, Die Bank 1990, S. 283-286
KLEIN, HANS-DIETER	Indexoptionsscheine, Die Bank 1991, S. 75-79
KLEIN, WILLIAM	Derivative Produkte im Investmentprozeß - Sinnvolle Instrumente oder nur eine Mode?, Handelsblatt vom 6.12.1991, S. 2
KLEIN, WILLIAM	Innovation am Ende? Die Rolle von derivativen Finanzprodukten im Investmentprozeß, Sonderbeilage zum Amtlichen Kursblatt der Frankfurter Wertpapierbörse 1991, S. 8-9
KLEINSCHMITT, MARTIN	Das Informationsmodell bei Börsentermingeschäften, Berlin, 1992
KOHL, HELMUT/ KÜBLER, FRIEDRICH/ WALZ, RAINER/ WÜSTRICH, WOLFGANG	Abschreibungsgesellschaften , Kapital - markteffizienz und Publizitätszwang - Plädoyer für ein Vermögensanlagegesetz -, ZHR 138 (1974), S. 1-49
KÖHLER, HELMUT	Vorvertrag, Optionsvertrag und Festofferte, Jura 1979, S. 465-470

KOLLAR, AXEL — Hohe Volatilität: Das Elixier für Warrants. Drastische Marktveränderungen seit den 80er Jahren - Indexoptionen mit stärkstem Wachstum, Börsen-Zeitung vom 18.09.1993, S. 21

KOLLAR, AXEL — Chancen im Terminbereich nutzen. Put und Call - reizvolle und risikoreiche Varianten im Spiel mit der Zukunft, Börsen-Zeitung vom 27.8.1992, S. 21

KOLLAR, AXEL — Derivative Produkte - ein Wachstumsmarkt, Sparkasse 1991, S. 366-368

KOLLER, ARNOLD — Grundfragen einer Typuslehre im Gesellschaftsrecht, Freiburg, 1967, zitiert: Koller, Arnold

KOLLER, INGO — Informationsobliegenheiten bei Börsentermingeschäften, BB 1990, S. 2202-2209

KOLLER, INGO — Anm. zu LG Hamburg, Urteil vom 16. Dezember 1988 (ZIP 1989, 230), EWiR § 50 BörsG 2/89, S. 257-258

KOLLER, INGO — Anm. zu BGH, Urteil vom 4. Februar 1992 (MDR 1992, 472), LM H 7/1992, (Nr. 32/33), Bl. 1361-1363

KOLLER, INGO — Die Klagbarkeit von Prämienforderungen aus Aktienoptionen, WM 1985, S. 593-596

KOLLER, INGO — Anm. zu LG Berlin, Urteil vom 24. September 1991 (WM 1992, 93), WuB I G 4.-2.92, S. 257-259

KOLLER, INGO	Bespr. von Martin Kleinschmitt, Das Informationsmodell bei Börsentermingeschäften (1992), ZBB 1993, S. 54-56
KÖNDGEN, JOHANNES	Anm. zu OLG Celle, Urteil vom 25. November 1992 (WM 1993, 191), EWiR § 675 BGB 2/93, S. 135-136
KÖNDGEN, JOHANNES	Anm. zu OLG Braunschweig, Urteil vom 27. Januar 1992 (WM 1993, 190) und zu OLG Celle, Urteil vom 25. November 1992 (WM 1993, 191), WuB I G 4.-4.93, S. 477-480
KÖNDGEN, JOHANNES	Anm. zu LG Frankfurt am Main, Urteil vom 6. Oktober 1992 (WM 1992, 1768), WuB I G 9.-1.93, S. 27-28
KÖNIG, GÜNTHER	Erfolgreiches Investment mit Optionsscheinen. Systematische Anleitung für den Anleger mit zahlreichen Praxis-Beispielen für alle Optionsschein-Varianten, Stuttgart, 1991
KÖPF, GEORG	Kombi- und Gleitzins-Anleihen: Der Fiskus sorgt für neue Papiere, Das Wertpapier vom 5.6.1992, S. 6-7
KÖPF, GEORG	Ohne Risiko Anleihen in der Rendite schlagen, Handelsblatt vom 20./21.12.1991, S. 29

KÖPF, GEORG — Finanzinnovationen sind ohne mathematisch-statistische Programme kaum durchführbar. Griechische Begriffe aus der Finanzwirtschaft und ihre Anwendung bei Optionsstrategien, Handelsblatt vom 22.9.1988, S. 36

KOPPER, HILMAR — Neue Finanzinstrumente bergen hohe Risiken, Das Wertpapier vom 8.1.1993, S. 22, 25

KRAMER, HEINZ — Optionsanleihe wiederentdeckt, ZKredW 1984, S. 890-892

KREISS, WOLFGANG — Optionsscheine: Sichere Anlagestrategie. Gewinn garantiert, WirtschaftsWoche vom 15.11.1991, S. 158

KRUMNOW, JÜRGEN — Neue Herausforderungen für das Bankcontrolling. Das Risikomanagement von Derivaten - Mehr Transparenz im nichtbilanzwirksamen Geschäft, Börsen-Zeitung vom 23.09.1993, S. 17-18

KRUMNOW, JÜRGEN — Derivative Instrumente als Herausforderung für Bankcontrolling und Bankorganisation, ZBB 1993, S. 133-138

KÜBLER, FRIEDRICH — Müssen Anlageempfehlungen anlegergerecht sein? Zum Stellenwert der amerikanischen "suitability"-Doktrin im deutschen Recht, München, 1982, in: Festschrift für Helmut Coing zum 70. Geburtstag, Band II, S. 193-209, zitiert: Kübler, in: FS-Coing (II)

KÜBLER, FRIEDRICH — Anlageberatung durch Kreditinstitute, ZHR 145(1981), S. 204-221

KUDISS, REINHARD — DM Commercial Papers: Ein neues Finanzierungsinstrument für die Industrie, Der langfristige Kredit 1991, S. 728-731

KUHLEN, LOTHAR — Typuskonzeption in der Rechtstheorie, Berlin, 1977

KÜMPEL, SIEGFRIED — Zur Abgrenzung des Börsentermingeschäfts vom Zeitgeschäft am Beispiel der Effektenkommission für Auslandsbörsen, München, 1982, in: Festschrift für Helmut Coing zum 70. Geb., Band II, S. 211-237, zitiert: Kümpel, in FS-Coing (II)

KÜMPEL, SIEGFRIED — Zur Abgrenzung des Börsentermingeschäfts vom Zeitgeschäft am Beispiel der Effektenkommission für Auslandsbörsen - Erfüllung unverbindlicher Börsentermingeschäfte im Kontokorrentverkehr -, WM 1982, Sonderbeilage Nr. 6, zitiert: Kümpel, WM 1982, Sonderbeilage Nr. 6

KÜMPEL, SIEGFRIED — Unwirksame Nebengeschäfte zu erlaubten Börsentermingeschäften und verbotene Börsentermingeschäfte, WM 1985, S. 1121-1128

KÜMPEL, SIEGFRIED — Der Optionskauf beim deutschen börsenmäßigen Optionsgeschäft ein unwirksames Kassageschäft? - zugleich Besprechung des BGH-Urteils vom 22. Oktober 1984 (II ZR 262/83) -WM 1984, 1598-, WM 1985, S. 73-78

KÜMPEL, SIEGFRIED Zum Termin- und Differenzeinwand bei Zinsterminkontrakten und Zinsswapgeschäften, WM 1986, S. 661-670

KÜMPEL, SIEGFRIED Rechtsfragen des Differenzgeschäfts in der Bankpraxis, WM 1987, S. 1321-1329

KÜMPEL, SIEGFRIED Zum Wirksamwerden unverbindlicher Optionsgeschäfte durch liefermäßige Erfüllung (§ 57 BörsG), WM 1987, S. 669-676

KÜMPEL, SIEGFRIED Börsengesetznovelle 1989. Teil I, WM 1989, S. 1313-1321

KÜMPEL, SIEGFRIED Börsengesetznovelle 1989. Teil II, WM 1989, S. 1485-1496

KÜMPEL, SIEGFRIED Zum Rückgriff auf Spekulationsgewinne beim Termin- und Differenzeinwand des Kunden, WM 1989, S. 81-87

KÜMPEL, SIEGFRIED Die neuen AGB für Börsentermingeschäfte, WM 1990, S. 449-460

KÜMPEL, SIEGFRIED Sonderbedingungen für Börsentermingeschäfte - Kurzkommentar -, WM 1991, Sonderbeilage Nr. 1

KÜMPEL, SIEGFRIED Zur Neugestaltung der staatlichen Börsenaufsicht - von der Rechtsaufsicht zur Marktaufsicht -, WM 1992, S. 381-391

KÜMPEL, SIEGFRIED	Das Effektengeschäft im Lichte des 2. Finanzmarktförderungsgesetzes, WM 1993, S. 2025-2031
KÜMPEL, SIEGFRIED	Anm. zu BGH, Urteil vom 11. Oktober 1988 (WM 1988, 1717), WuB I G 5.-3.89, S. 176-180
KÜMPEL, SIEGFRIED	Anm. zu LG Mönchengladbach, Urteil vom 26. Februar 1987 (WM 1987, 681), WuB I G 5.-5.87, S. 936-938
KÜMPEL, SIEGFRIED	Anm. zu OLG Bamberg, Urteil vom 17. April 1989 (WM 1989,745), WuB I G 5.-7.89, S. 852-856
KÜMPEL, SIEGFRIED	Festgeschäft und Optionsgeschäft - Grundtypen des Terminhandels -, ZKredW 1981, S. 352, 354, 356, 358-360
KÜMPEL, SIEGFRIED	Varianten des Optionsgeschäfts, ZKredW 1981, S. 464-466, 468, 470
KÜMPEL, SIEGFRIED	Zur Termingeschäftsfähigkeit nach dem Börsengesetz, ZKredW 1986, S. 558, 560, 562, 564
KÜMPEL, SIEGFRIED/ HÄUSER, FRANZ	Börsentermingeschäfte. Termin- und Differenzeinwand, Frankfurt am Main, 1986, WM-Scipt 104, zitiert: Kümpel/Häuser
KUTZER, HERMANN	GROI oder Capped Bull gefällig?, Handelsblatt vom 16.10.1991, S. 29

K.W. — Aus Börse und Kulisse, Die Welt vom 19.5.1992, S. 15

LABAND, PAUL — Die Änderung des Börsengesetzes, Bank-Archiv VII., (1907/08), S. 81-85

LANDGRAF, ROBERT — Finanzmarktderivate/Gespräch mit dem Citibank-Experten Andreas Lieven. "Der Markt für Optionsscheine gewinnt für die Profis immer mehr an Bedeutung", Handelsblatt vom 22.12.1993, S. 27

LANDGRAF, ROBERT — Warrants/Exotische Optionen für Anleger. Bei Scheinen "choosy" sein, Handelsblatt vom 1.12.1993, S. 35

LANDGRAF, ROBERT — Anleihemarkt / Innovative Wortschöpfungen. Condor, Dax und Bunny, Handelsblatt vom 10.11.1993, S. 37

LANDGRAF, ROBERT — Derivate/Gespräch mit Experten der Societe Generale. "Optionsscheinwelle wirkt kaum auf Aktienkurse", Handelsblatt vom 31.8.1993, S. 25

LANDGRAF, ROBERT — Optionsscheine/Ein Lehrstück des Kapitalmarktes. Geld sucht sich seinen Weg, Handelsblatt vom 7.7.1993, S. 27

LARENZ, KARL — Methodenlehre der Rechtswissenschaft, Berlin, 1991, 6. Aufl., zitiert: Larenz, Methodenlehre

LAU, HELMUT Sonderbereiche des Wertpapiergeschäfts, Köln, Stand 8/1983, in: Bankrecht und Bankpraxis (BuB), Rn. 7/210-363, zitiert: Lau, BuB

LEENEN, DETLEF Typus und Rechtsfindung. Die Bedeutung der typologischen Methode für die Rechtsfindung dargestellt am Vertragsrecht des BGB, Berlin, 1971

LENDLE, DIETER Zinswarrants erleben kräftigen Boom. Renditestruktur wesentlich - Fülle neuer Instrumente, Börsen-Zeitung vom 18.09.1993, S. 27

LIEVEN, ANDREAS T. Wie hedgen sich die Emittenten? In Zeiten hoher Volatilität auf den Kassamarkt zurückgreifen - EDV-Risikoüberwachung nötig, Börsen-Zeitung vom 18.09.1993, S. 24

LINKE, MICHAEL/ REGNITTER, RALF Die Bedeutung von Finanzinnovationen in Industrie- und Handelsunternehmen, Die Bank 1991, S. 29-35

LINZ, HEINRICH Derivativmarkt: Nutzen-/Risikoanalyse, ZKredW 1993, S. 563-565

LIPPERT Einleitung, in: Die Börsengesetzgebung, Max Apt (Hrsg.), Berlin, 1929, zitiert: Lippert, in: Die Börsengesetzgebung, Einleitung

LOEB, ERNST Die volkswirtschaftliche Schädigung Deutschlands durch das Börsengesetz, Berlin, 1902

LOMBARD, ODILE/ MARTEAU, DIDIER UNTER MITWIRKUNG VON JÉRÔME DE BONTIN — Devisenoptionen, Wiesbaden, 1990, zitiert: Lombard/Marteau/Bontin

LOOK, FRANK VAN — Beratungsfehler bei Bond-Anleihen. Bundesgerichtshof verlangt anleger- und objektgerechte Beratung von den Banken, Börsen-Zeitung vom 21.8.1993, S. 15

LORENZ, WERNER — Vorzugsrechte beim Vertragsabschluß, Tübingen, 1963, in: Festschrift für Hans Dölle, Band I., S. 103-133, zitiert: Lorenz in: FS-Dölle (I)

LORETAN, RICHARD/ BECK, MICHEL — An Gewicht gewinnende Aktienderivate . Professionelle Nachfrage als Triebfeder der Innovation, Neue Zürcher Zeitung vom 26.10.1993, Beilage, Seite B 17

LOWE, KARL-HERMANN — o.T., ZKredW 1991, S. 762-764

LUDWIG, WOLFGANG — Der Börsenterminhandel in der Bundesrepublik Deutschland. Eine statistische Analyse, Wiesbaden, 1978

LUER, HANS-JOACHIM — Börsentermingeschäftsfähigkeit und Differenzeinwand, JZ 1979, S. 171-175

MAIER-REIMER, GEORG — Der Börsentermin- und Differenzeinwand im Optionsscheinhandel, AG 1988, S. 317-322,

MAIER-REIMER, GEORG — Anm. zu LG Würzburg, Urteil vom 17. Mai 1988 (WM 1988, 1409), WuB I G 5.-13.88, S. 1345-1347,

MAIER-REIMER, GEORG — Anm. zu LG Frankfurt a.M., Urteil vom 27. Februar 1989 (WM 1989, 750), WuB I G 5.-8.89, S. 857-858,

MANN, F.A. — Börsentermingeschäfte und Internationales Privatrecht, Tübingen, 1978, in: Festschrift für Ernst von Caemmerer zum 70. Geburtstag, S. 737-756, zitiert: Mann, in: FS-von Caemmerer

MANTHEY, RAINER — Währungsoptionen ein Instrument des Devisenmanagements, Die Bank 1986, S. 358-361

MASER, PETER — Der Termin- und der Differenzeinwand bei Börsentermingeschäften in Wertpapieren, Tübingen, 1987

MEINHARDT, MICHAEL — Leichter spekulieren mit Dax-Optionsscheinen, Das Wertpapier 1990, S. 35-37

MERK, PETER — Die richtige Geldanlage bei fallenden Zinsen, BörsenBerater Nr. 7/1993, S. 4-5

METZLER, FRIEDRICH VON — Börsenordnung und Freiverkehr, WM 1991, S. 312

MEYER, OSCAR/ BREMER, HEINZ — Börsengesetz nebst Ausführungsbestimmungen, Berlin, 1957, zitiert: Meyer / Bremer

MÖLLER, KLAUS — Anm. zu OLG Bamberg, Urteil vom 17. April 1989 (WM 1989, 745), EWiR § 50 BörsG 3/89, S. 677-678

MÖLLER, KLAUS — Genußscheinemissionen durch Kreditinstitute, Sparkasse 1987, S. 241-245

MÜLLER-SCHWERIN, EBERHARD — Der Börsenterminhandel mit Wertpapieren. Eine Analyse unter dem Aspekt der Einführung des Wertpapier-Optionshandels in der Bundesrepublik Deutschland, Berlin, 1975

MÜNCHENER KOMMENTAR — zum Bürgerlichen Gesetzbuch, Band 1, Allgemeiner Teil, (§§ 1-240), AGB-Gesetz, München, 1993, 3. Aufl., zitiert: MüKo-Bearbeiter

MÜNCHENER KOMMENTAR — zum Bürgerlichen Gesetzbuch, Band 2, Schuldrecht, Allgemeiner Teil, (§§ 241-432), München, 1985, 2. Aufl., zitiert: MüKo-Bearbeiter

MÜNCHENER KOMMENTAR — zum Bürgerlichen Gesetzbuch, Band 3, Schuldrecht, Besonderer Teil, 1. Hlb. (§§ 433-651 k), München, 1988, 2. Aufl., zitiert: MüKo-Bearbeiter

MÜNCHENER KOMMENTAR — zum Bürgerlichen Gesetzbuch, Band 3, Schuldrecht. Besonderer Teil, 2.Hlb. (§§ 652-853), München, 1986, 2. Aufl., zitiert: Müko-Bearbeiter

NARAT, INGO — Bonn wirbelt im Dickicht der Derivate, Handelsblatt vom 21.5.1993, S. 14

NARAT, INGO	Kapitalanlagen/Einigen Instrumenten geht es jetzt steuerlich an den Kragen. Waigels Neujahrsschuß für die Anleger: Gnadenfrist bei Innovationen läuft ab, Handelsblatt vom 30.12.1993, S. 25
NARAT, INGO	Aktienanlage/Strategien mit Scheinen, Puts oder Fonds ziehen Sicherheitsnetze ein. "Depotversicherung" für Risikoscheue ist nicht zum Nulltarif zu haben, Handelsblatt vom 8./9.5.1992, S. 14
NASSALL, WENDT	Anm. zu OLG Karlsruhe, Urteil vom 28. Dezember 1990 (WM 1991, 936), WuB I G 5.-7.91, S. 1094-1096
NEUHOFER, ERWIN	Optionsscheine. Sicherheitsnetz: DAX-Put-Scheine, Börse ONLINE vom 14.5.-21.5.1993, S. 61
NEUHOFER, ERWIN	Optionsscheine vor Kurs-Frühling, Börse ONLINE vom 15.5.-21.5.1992, S. 10, 11, 14-16
NEUHOFER, ERWIN	Neue deutsche Optionsschein-Welle, Börse ONLINE vom 28.2.-5.3.1992, S. 61
NEUHOFER, ERWIN	Den Floors gehört die Zukunft, Börse ONLINE vom 4.6.-11.6.1993, S. 80-81
NEUHOFER, ERWIN	Optionsscheine. Die Endfälligkeit naht, Börse ONLINE vom 8.4.-16.4.1993, S. 61

NEUHOFER, ERWIN/ PHILIPP, JÜRGEN — Vorsicht bei Covered Warrants, Börse ONLINE vom 5.10.1990, S. 6-8, 10

NIEHOFF, HEINRICH — Neuere instanzgerichtliche Rechtsprechung zum Börsenterminhandel, Sparkasse 1987, S. 409-413

NIEMANN, CHRISTOPH — Bei neuen Produkten ist Ethik gefragt. Niemann: Nicht nur Chancen, sondern auch Risiken aufzeigen, Börsen-Zeitung vom 29.01.1993, S. 6

NIEMANN, CHRISTOPH — Finanzinnovationen im Binnenmarkt, WM 1993, S. 777-781

NOLL, PETER — Gesetzgebungslehre , Hamburg , 1973

NUßBAUM, ARTHUR — Kommentar zum Börsengesetz für das Deutsche Reich am 22. Juni 1896 / 8. Mai 1908 nebst einer Darstellung der Rechtsgrundsätze über den Effektenhandel zwischen Bankier und Kunden, München, 1910, zitiert: Nußbaum, Komm.

NUßBAUM, ARTHUR — Die Novelle zum Börsengesetz. Kritik und Vorschläge, Berlin, 1904, zitiert: Nußbaum, Die Novelle

NUßBAUM, ARTHUR — Die Börsengeschäfte, Leipzig, 1918, zitiert: Nußbaum, Die Börsengeschäfte

O.V. — "Kapitalanleger besser schützen", Blick durch die Wirtschaft vom 1.10.1993, S. 3

o.V. Der Markt für "alte" Aktienoptionen stirbt langsam aus. Anleger bevorzugen DTB / Terminbörse erwägt Eingliederung einiger Optionen, Blick durch die Wirtschaft vom 19.6.1992, S. 3

o.V. Zinsbesteuerung: Banken fordern auch bei der Besteuerung von Finanzinnovationen "Verläßlichkeit". Die Verunsicherung der Marktteilnehmer sei keine brauchbare Gesetzesgrundlage/Zweifel an der "wirtschaftlichen Betrachtungsweise", Blick durch die Wirtschaft vom 19.8.1993, S. 7

o.V. Die Derivate und das Risiko, Blick durch die Wirtschaft vom 25.6.1993, S. 3

o.V. Neue Instrumente bergen große Risiken, Blick durch die Wirtschaft vom 27.10.1993, S. 3

o.V. Wertpapiere setzen sich durch, Blick durch die Wirtschaft, vom 15.11.1991, S. 3

o.V. Optionsscheine. Die besten Scheine im 1. Halbjahr, Börse ONLINE vom 10.7.-16.7.1992, S. 61

o.V. Japan-Warrants: Kurzläufer meiden, Börse ONLINE vom 13.8.-20.8.1993, S. 61

o.V. Anlage für den spekulativen Investor. Autobasket 92 (MS) Call, Börse ONLINE vom 16.4.-23.4.1992, S. 23

o.V. Index-Optionsscheine (Kurse vom 18.02.92), Börse ONLINE vom 21.02.-27.02.1992, S. 58 f

o.V. Capped Warrants, Börse ONLINE vom 21.5.-28.5.1993, S. 61

o.V. Fehlbewertung, Börse ONLINE vom 22.1.-29.1.1993, S. 61

o.V. Neuheit von Trinkaus, Börse ONLINE vom 26.6.-2.7.1992, S. 61

o.V. Optionsscheine. Die Zinsen müssen weiter runter, Börse ONLINE vom 27.11.-4.12.1992, S. 61

o.V. Warrants auf Japan-Korb, Börse ONLINE vom 7.8.-13.8.1992, S. 61

o.V. Goldaktien laufen Gold voraus. Südafrika-Werte trotz politischem Risikoabschlag weit vorne-Droht nun ein Crash?, Börsen-Zeitung vom 12.8.1993, S. 3

o.V. Geldmarktpapiere an der Börse. Sixt CP im Freiverkehr - 500 Mill. DM-Programm von Ford, Börsen-Zeitung vom 14.12.1991, S. 4

o.V. Saro, Iglu, Groi, Mega ..., Börsen-Zeitung vom 17.03.1992, S. 1

o.V. Eberstadt: Anlageberater beaufsichtigen, Börsen-Zeitung vom 19.6.1993, S. 3

o.V. | Wachsender Genußscheinmarkt. Börsenumsatz 1 Mrd. DM monatlich - Banken dominieren, Börsen-Zeitung vom 20.4.1993, S. 5

o.V. | Aktienwarrants mit hohem Volumen. Trinkaus: Kursprognose anhand quantitativer Analysen, Börsen-Zeitung vom 22.1.1993, S. 4

o.V. | Citibank erläutert Trinkaus-Emission, Börsen-Zeitung vom 25.11.1992, S. 3

o.V. | Vorsicht bei Covered Warrants, Börsen-Zeitung vom 26.10.1990, S. 3

o.V. | Die 1,2-Mrd.-DM-Gelegenheit. Deutscher Bank Optionsschein zu 680 DM läuft am 15. Dezember aus - Eine "überwindbare" Hürde, Börsen-Zeitung vom 26.11.1992, S. 3

o.V. | Service Bank bringt Kombizins-Bond. 100 Mill. DM mit 2,5-Prozent-Kupon und hohem Schlußbonus, Börsen-Zeitung vom 29.4.1992, S. 11

o.V. | Streit um Steuer auf Finanzinnovationen. Kreditwirtschaft fordert gesetzliche Regelung - Kursgewinne besteuern?, Börsen-Zeitung vom 30.7.1993, S. 3

o.V. | Genußscheine mit Renditevorteilen. Ab 0,5 Punkten Vorsprung zur Anleiherendite an Käufe denken, Börsen-Zeitung vom 4.12.1991, S. 5

o.V. Dollar-Gold-Option am deutschen Markt, Börsen-Zeitung vom 5.8.1993, S. 3

o.V. Umstrittene Öl-Optionsscheine. Bundes: bank: Bedenken wegen Verankerungsprinzip, Börsen-Zeitung vom 6.2.1991, S. 3

o.V. Finanzinnovation erschwert Notenbankpolitik. Lamfalussy: Geldmengenziel auf Prüfstand - "Kreative Zerstörung" im Finanzbereich gefährlich, Börsen-Zeitung vom 6.3.1992, S. 4

o.V. Genußscheine mit Renditevorteil. Commerzbank: Marktgängigkeit bereitet Probleme, Börsen-Zeitung vom 6.5.1992, S. 14

o.V. Optionsscheinmarkt in voller Blüte. Wertschulte prognostiziert Wachstum bei DTB-Index-Produkten, Börsen-Zeitung vom 9.12.1993, S. 4

o.V. OLG weist Berufung der BHF-Bank zurück. Prospekthaftungsklage wird wahrscheinlich vom BGH geklärt - Kein Vorwurf der Vorsätzlichkeit, Börsen-Zeitung vom 2.2.1994, S. 4

o.V. Kleiner Markt für Wandelanleihen. Commerzbank: Günstige Refinanzierung - Steuervorteile, Börsen-Zeitung vom 2.3.1994, S. 21

o.V. Finanzderivate unter der Lupe (Teil 3): G.I.R.O.´s. Gewinne mit dem Dollar, BörsenBerater Nr. 4/1993, S. 12

o.V. Das aktuelle Stichwort: 2. Finanzmarktförderungsgesetz, BörsenBerater 9/1993, S. 9

o.V. Neue Optionsscheine und Zinssicherungs-Zertifikate. "Spekulatius" von der WestLB, BörsenBerater Nr. 12/1992, S. 11

o.V. Finanzinnovationen: MEGA-Zertifikate. Unberechenbarer Ertrag, BörsenBerater Nr. 3/1993, S. 13

o.V. Finanzinnovationen: Range - Warrants. Alternativen zur Anleihe?, BörsenBerater Nr. 5/1993, S. 12

o.V. Zinsbesteuerung. Werden die Schlupflöcher jetzt gestopft?, BörsenBerater Nr. 7/1993, S. 10-11

o.V. DAX-Call-Optionsscheine. Alles neu macht der Mai!, BörsenBerater, Nr. 1/1993, S. 11

o.V. Erläuterungen zur Optionsscheintabelle, BörsenBerater, Nr. 8/1992, S. 20

o.V. Mit REX-Optionen königlich gewinnen, Das Wertpapier vom 27.3.1992, S. 31

o.V. Geldanlage. Außerordentlich kreativ, Der Spiegel vom 13.7.1992, S. 91, 95, 98

o.V. Die vier Aufgaben der Börsenaufsicht, Die Aktiengesellschaft 1993, Seiten R 67 und R 70

o.V. Das aktuelle Stichwort "WKN", Die Welt vom 26.8.1993, S. 15

o.V. Banken haften für ihre Beratung. Urteil: Bei falscher Empfehlung muß Institut Schadensersatz leisten, Die Welt vom 7.7.1993, S. 11

o.V. Das Commercial-Paper-Volumen soll sich 1992 verdoppeln. Anleger und Emittenten nehmen die neuen kurzfristigen Schuldtitel sehr gut auf, Frankfurter Allgemeine Zeitung vom 10.01.1992, S. 19, zitiert: FAZ

o.V. Grois, Pips und Peps bieten Anlegern klare Chancen und Risiken. Verschiedene Kombinationen aus sicheren Anlagen und Optionen/Seltene Finanzprodukte (1), Frankfurter Allgemeine Zeitung vom 10.8.1993, S. 15, zitiert: FAZ

o.V. Mit Absicherungs-Strategien gegen schwankende Wechselkurse, Frankfurter Allgemeine Zeitung vom 11.5.1992, S. 26, zitiert: FAZ

o.V. Devisenoptionen versprechen Absicherung und Gewinn zugleich. Ein nützliches Instrument bei stark schwankenden Währungskursen/ Dollar erscheint besonders reizvoll, Frankfurter Allgemeine Zeitung vom 11.8.1992, S. 15, zitiert: FAZ

o.V. Wall Street erfindet immer neue Finanzinstrumente. Equity Swaps zerlegen Rechte und Risiken von Aktien / Unternehmen werden durchleuchtet, Frankfurter Allgemeine Zeitung vom 12.10.1992, S. 24, zitiert: FAZ

o.V. Die Erfinder neuer Optionsscheine kennen keine Grenzen. Optionen auf Aktienkörbe sind beliebt/Goldoptionen mit Zukunft? / Seltene Finanzprodukte (2), Frankfurter Allgemeine Zeitung vom 12.8.1993, S. 15, zitiert: FAZ

o.V. Das Risiko derivativer Geschäfte ist nur schwer einzuschätzen. Eine Studie von Moody´s über die Risikobewertung / Immer mehr Gründungen von spezialisierten Unternehmen, Frankfurter Allgemeine Zeitung vom 22.09.1993, S. 28, zitiert: FAZ

o.V. Der Markt für Devisenoptionen wächst. Vor allem private Kunden kaufen / Eine Studie der Commerzbank, Frankfurter Allgemeine Zeitung vom 28.10.1993, S. 26, zitiert: FAZ o.V. Das Bundesfinanzministerium stopft Steuerschlupflöcher. Die Umgehung der Zinssteuer wird schwieriger / Eine Anweisung an die obersten Finanzbehörden, Frankfurter Allgemeine Zeitung vom 13.5.1993, S. 23, zitiert: FAZ

o.V. Optionen geben Genußscheinen richtigen Pfiff. Emissionsvolumen steigt, doch geringere Umsätze am Sekundärmarkt, Frankfurter Allgemeine Zeitung vom 14.5.1992, S. 25, zitiert: FAZ

o.V. Bei gedeckten Optionsscheinen ist Vorsicht geboten. Kurze Restlaufzeiten bei geringen Umsätzen / Eine Studie von Schröder Münchmeyer Hengst, Frankfurter Allgemeine Zeitung vom 17.7.1990, S. 16, zitiert: FAZ

o.V. BHF-Optionsgenüsse gefragt, Frankfurter Allgemeine Zeitung vom 18.03.1992, S. 26, zitiert: FAZ

o.V. "Crashversicherungen" am Aktienmarkt kommen jetzt in Mode. Mit Put-Optionsscheinen kann man Depots absichern oder spekulativ auf fallende Aktienkurse wetten, Frankfurter Allgemeine Zeitung vom 2.9.1993, S. 23, zitiert: FAZ

o.V. Gedeckte Optionen bescheren Anlegern oftmals hohe Verluste. Hoffnung auf schnelle Gewinne trog / Erfolg als Absicherungsinstrument / Offene Schwächen, Frankfurter Allgemeine Zeitung vom 23.01.1991, S. 18, zitiert: FAZ

o.V. BHF-Optionsgenußscheine, Frankfurter Allgemeine Zeitung vom 27.02.1992, S. 20, zitiert: FAZ

o.V. "Finanzinnovationen vor Silvester verkaufen". Neue Gesetze stopfen Steuerschlupflöcher / Hoher Zinsabschlag, Frankfurter Allgemeine Zeitung vom 28.12.1993, S. 15, zitiert: FAZ

o.V. Nachlassendes Interesse an Optionsscheinen, Frankfurter Allgemeine Zeitung vom 29.1.1992, S. 20, zitiert: FAZ

o.V. Wie unbezahlte Rechnungen an die Börse gebracht werden. Mit Verbriefung von Forderungen kann man seine Bilanz steuern / In Deutschland kaum gebräuchlich, Frankfurter Allgemeine Zeitung vom 3.8.1993, S. 17, zitiert: FAZ

o.V. Chicagoer Optionen für "Vergeßliche", Frankfurter Allgemeine Zeitung vom 30.11.1991, S. 19, zitiert: FAZ

o.V. Optionsscheine werden immer beliebter, Frankfurter Allgemeine Zeitung vom 4.5.1992, S. 27, zitiert: FAZ

o.V. Anleihe mit DAX-Koppelung, Frankfurter Allgemeine Zeitung vom 8.5.1992, S. 24, zitiert: FAZ

o.V. Auf den Finanzmärkten blicken nur wenige durch, Frankfurter Neue Presse vom 16.6.1992, S. 6

o.V. Tagestip: Finanzinnovationen. Auf Risikobegrenzung achten, Frankfurter Rundschau vom 5.2.1992, S. 9

o.V. Bankenhaftung. Sieg für den Anlegerschutz, Frankfurter Rundschau vom 7.7.1993, S. 11

o.V. Anleihe-Innovation / Erster Titel mit abtrennbaren Zinsscheinen in Deutschland. Neue Konstruktion birgt viele Produkte mit einer Fülle von Steuer-"Kicks", Handelsblatt vom 15./16.5.1992, S. 13

o.V. Neue Märkte - Neue Trends / BIZ: Starkes Wachstum des OTC-Geschäfts. Terminbörsen fordern Kontrollen für im Freiverkehr gehandelte Derivate, Handelsblatt vom 15./16.5.1992, S. 46

o.V. Finanzmärkte/Derivate können problematisch werden. BIZ zeigt neue Risiken auf, Handelsblatt vom 16.06.1992, S. 39

o.V. Notenskala (Ratings) für die Bonität von Anleiheschuldnern, Handelsblatt vom 20.09.1993, S. 18

o.V. Randnotizen von den Börsen, Handelsblatt vom 20.3.1992, S. 39

o.V. Neue Märkte - Neue Trends / Heri schlägt Verständigung auf Derivatekategorien vor. Plädoyer für mehr Transparenz bei den innovativen Finanzinstrumenten, Handelsblatt vom 28.1.1993, S. 37

o.V. "Look-Back"-Scheine auf den FTSE-100-Index, Handelsblatt vom 26.8.1993, S. 23

o.V. Fachkundenachweis für Anlageberater gefordert, Handelsblatt vom 28.9.1993, S. 15

o.V. Kapitalanlage/Verband will die Verbraucher vor schlechter Beratung schützen. Fachprüfung für Finanzberater gefordert, Handelsblatt vom 28.9.1993, S. 6

o.V. DM-Commercial-Paper / Rasanter Anstieg der Emissionstätigkeit in Deutschland - Daimler Benz AG führt die Liste der Emittenten an. Neues Finanzierungsinstrument stellt Anforderungen an Credit Rating, Handelsblatt vom 29./30.11.1991, S. 39

o.V. SBV mit "Look-backs" auf Swiss-Market-Index, Handelsblatt vom 29.12.1993, S. 19

o.V. "Look-Back"-Scheine auf Schweizer Index, Handelsblatt vom 30.8.1993, S. 25

o.V. Neue Optionsscheine: "Wünsch-Dir-Was", Handelsblatt vom 6.6.1991, S. 29

o.V. Asiatische Warrants auf den DAX, Handelsblatt vom 7.9.1993, S. 33

o.V. Neue Märkte-Neue Trends / Aufsicht verunsichert. Finanz-Derivate stehen vor neuem Wachstumsschub, Handelsblatt vom 7.9.1993, S. 37

o.V. Reinfall mit Covered Warrants in der Baisse, Süddeutsche Zeitung vom 14.11.1990, S. 36

o.V. BIZ: Derivate vor allem Off-the-Exchange stark expansiv, VWD - Finanz- und Wirtschaftsspiegel vom 12.05.1992, S. 11

o.V. SPD fordert Registrierpflicht für Anlagevermittler, VWD Finanz- und Wirtschaftsspiegel vom 29.9.1993, S. 16

o.V. Anleiheinnovation. Ein Bond für alle Lebenszeiten, WirtschaftsWoche vom 22.5.1992, S. 118

o.V. Optionsschein. Gold-Warrants von Goldman, WirtschaftsWoche vom 23.7.1993, S. 85

o.V. Capped Warrants - Steuerfragen, WirtschaftsWoche vom 28.2.1992, S. 146

o.V. Goldminen-Scheine. Korbweise Goldaktien, WirtschaftsWoche vom 6.8.1993, S. 65

o.V. WestLB-Anleihe mit DAX-Koppelung, ZKredW 1991, S. 415

o.V. Commerzbank - Optionsgenußscheine, ZKredW 1991, S. 902

o.V. Dollar / DM-GROI - Optionsscheine, ZKredW 1991, S. 997-998

o.V. BHF-Optionsgenußscheine, ZKredW 1992, S. 194-195

o.V. WestLB: Zinssicherungs - Zertifikate, ZKredW 1993, S. 131

o.V. DG Bank/Short-Optionsscheine, ZKredW 1993, S. 364

o.V. DG Bank: Barrier-Optionsscheine auf den DAX, ZKredW 1993, S. 809

OTT, WALTER Die Problematik einer Typologie im Gesellschaftsrecht, dargestellt am Beispiel des schweizerischen Aktienrechts, Bern, 1972

PALANDT Bürgerliches Gesetzbuch, München, 1993, 52. Aufl., zitiert: Palandt-Bearbeiter

PELTZER, MARTIN Anlegerschutz als Aufgabe für den Gesetzgeber, NJW 1976, S. 1615-1621

PERINA, UDO Mal legal, mal illegal. Mit raffinierten Tricks bringen Geldanleger und Banken den Staat um Milliardeneinnahmen, Die Zeit vom 20.12.1991, S. 29

PETERHOFF, WOLFGANG P. Anm. zu LG Frankfurt am Main, Urteil vom 30. März 1992 (WM 1992, 2138), WuB I G 4.-2.93, S. 332-333

PETERHOFF, WOLFGANG P. Anm. zu LG Marburg, Urteil vom 11. August 1992 (WM 1993, 640), WuB I G 4.-5.93, S. 687-688

PFLEGER, FRANZ-JOSEF/ GESCHWIND, LUDWIG Börsenreform in Deutschland . Eine Darstellung der Ergebnisse der deutschen Börsenenquete, Stuttgart, 1897, zitiert: Pfleger/Geschwind

PHILIPP, JÜRGEN Zinscalls: Kursexplosion kommt, Börse ONLINE vom 19.3.-26.3.1993, S. 61-62

PILTZ, KLAUS Variationen der Aktienfinanzierung, in: Bruns, Georg/Häuser, Karl (Hrsg.), Innovationen auf Finanzmärkten, Frankfurt am Main, 1986, S. 155-167

PILZ, OLAF DTB - für Bulle und Bär, Würzburg, 1991

PINNER, ALBERT Die Revision des Börsengesetzes. Ein Vortrag, gehalten im Berliner Anwalt-Verein, Berlin, 1904

POHLE, GERHARD Anm. zu LG Karlsruhe, Urteil vom 24. Oktober 1989 (WM 1990, 497), WuB I G 5.-4.90, S. 790 - 791

POTTHOFF, VOLKER | Aufklärungs- und Beratungspflichten bei Optionsscheingeschäften. - Anmerkung zu OLG Frankfurt a.M. (WM 1993, 684) -, WM 1993, S. 1319-1322

PULVER, URS | Börsenmäßige Optionsgeschäfte Auftrag und Abwicklung, Zürich, 1987

RAESCHKE-KESSLER, HILMAR | Bankenhaftung bei der Anlageberatung über neue Finanzprodukte, WM 1993, S. 1830-1838

REHM, HANNES | Finanzinnovationen im Wettbewerb der Kreditinstitutsgruppen, Sparkasse 1991, S. 294-296

REIL, RUDOLF | Genußscheine - eine attraktive Alternative für Renditejäger, Welt am Sonntag vom 16.8.1992, S. 27

REIMPELL, PETER | Vermarktung von Finanzinnovationen, Die Bank 1990, S. 93-98

RESZAT, BEATE | Finanzmärkte im Umbruch. Furcht vor dem großen Bankenkrach, BB 1987, Beilage 19 zu Heft 30, S. 1-5

RETTBERG, UDO | Terminmärkte/Die Kritiker von Finanz-Derivaten befürchten einen Domino-Effekt. Aufsichtsbehörden widmen dem Thema "Clearing" sehr große Aufmerksamkeit, Handelsblatt vom 14.09.1993, S. 40

RGRK — Das Bürgerliche Gesetzbuch mit besonderer Berücksichtigung des Reichsgerichts und des Bundesgerichtshofes. Band II, 4. Teil, §§ 631-811. Kommentar, herausgegeben von Mitgliedern des Bundesgerichtshofes, Berlin, New York, 1978, 12. Aufl., zitiert: RGRK-Bearbeiter

RICHARD, HERMANN-JOSEF — Aktienindizes: Grundlagen ihrer Konstruktion und Verwendungsmöglichkeiten unter besonderer Berücksichtigung des Deutschen Aktienindex - DAX, Bergisch Gladbach, Köln, 1992

RIEDL, ANTON — Schein-Gewinn mit Netz, Das Wertpapier vom 11.06.1993, S. 24

RIEDL, ANTON — Mit Optionsscheinen Gewinne nach oben hebeln, Das Wertpapier vom 11.6.1993, S. 21

RIEDL, ANTON — Diese Scheine steigen, wenn die Zinsen fallen, Das Wertpapier vom 19.3.1993, S. 19

RIEDL, ANTON — Großer Gewinn mit Kleingeld, Das Wertpapier vom 18.2.1993, S. 14-15

RILEY, BARRY — On derivatives, conjurors and rocket scientists, Finacial Times vom 27.10.1993, S. 15

ROHLEDER, MICHAEL/ SCHÄFER, GERALD — Neues Finanzierungsinstrument DM-Com mercial Paper, Die Bank 1991, S. 204-207

RÖLLER, WOLFGANG — Finanzinnovationen als Chancen der deutschen Banken im nationalen und internationalen Wettbewerb, in: Bankinnovationen. Chancen und Risiken der neuen Bankgeschäfte, Rosemarie Kolbeck (Hrsg.), Frankfurt am Main, 1986, S. 11-26

ROLLINGER, NORBERT — Aufklärungspflichten bei Börsentermingeschäften, Göttingen, 1990

ROSEN, RÜDIGER VON — Unternehmensfinanzierung über Aktien: die Position heute, Der langfristige Kredit 1991, S. 724-727

ROSEN, RÜDIGER VON — Terminmärkte und Kassamärkte - neue Möglichkeiten für den Anleger, Frankfurt am Main, 1990, in: Optionen und Futures, Herrmann Göppl / Wolfgang Bühler / Rüdiger von Rosen (Hrsg.); S. 33-42, zitiert: von Rosen, in: Option und Futures

ROSENSTERN — Das Börsengesetz und seine Umgehung. Ein Beitrag zur Lehre von den Börsentermingeschäften, Berlin, 1901

RÖSSNER, MICHAEL-CHRISTIAN — Termingeschäfte in Deutschland VII / In Zukunft könnte es zu einer wesentlichen Erleichterung bei einschlägigen Kreditvergaben kommen. Das geplante Informationsmodell erhöht die Risiken, Handelsblatt vom 7.12.1988, S. 36

RÖSSNER, MICHAEL-CHRISTIAN / LACHMAIR, WILHELM — Betrug mit Pennystocks. Englische over-the-counter-Werte, BB 1986, S. 336 - 343

RÖSSNER, MICHAEL-CHRISTIAN / LACHMAIER, WILHELM — Rechtliche Durchsetzbarkeit von Forderungen aus Optionsscheinkäufen . Sind Optionsscheingeschäfte unklagbare Termingeschäfte?, BB 1989, S. 1990-1994

RÖSSNER, MICHAEL-CHRISTIAN / LACHMAIR, WILHELM — Die Wirksamkeit von Einschüssen bei Börsentermingeschäften . Termin - und Differenzeinwand, BB 1986, S. 1377-1386

RÖSSNER, MICHAEL-CHRISTIAN / WEBER, CHRISTOPH — Warenterminoption: Erlaubter Betrug?, BB 1979, S. 1049-1058

ROTH, GÜNTER H. — Rechte und Pflichten der Bank und des Kunden, München, 1990, in: Handbuch des Kapitalanlagerechts, Assmann, Heinz-Dieter/ Schütze Rolf A. (Hrsg.), S. 323-349, zitiert: Roth

RUDOLPH, BERND — Effekten- und Wertpapierbörsen, Finanztermin- und Devisenbörsen seit 1945, in: Deutsche Börsengeschichte, Hans Pohl (Hrsg.), S. 291-375, zitiert: Rudolph in: Deutsche Börsengeschichte

RÜMKER, DIETRICH — Aufklärungs- und Beratungspflichten der Kreditinstitute aus der Sicht der Praxis, in: Aufklärungs- und Beratungspflichten der Kreditinstitute - Der moderne Schuldturm? / Bankrechtstag 1992, Berlin, New York, 1993, Schriftenreihe der Bankrechtlichen Vereinigung (Hrsg.), S. 29-65, zitiert: Rümker

RÜMKER, DIETRICH — Vertrauenshaftung - ein Strukturprinzip des Bankvertragsrechts?, ZHR 147(1983), S. 27-42

RUPP, HANS HEINRICH — Zur Transparenz der Gesetze, WM 1993, S. 1503

RÜPPEL, WERNER — Fiskus kontra Finanzplatz, Börsen-Zeitung vom 29.12.1993, S. 1

SAMTLEBEN, JÜRGEN — Das Internationale Privatrecht der Börsentermingeschäfte und der EWG-Vertrag. Zum Urteil des Europäischen Gerichtshof vom 24.10.1978, Rabels Zeitschrift XLV (1981), S. 218-252

SCHÄFER, FRANK A. — Novellierung des Börsengesetzes, ZIP 1989, S. 1103-1108

SCHÄFER, FRANK A. — Haftung für fehlerhafte Anlageberatung und Vermögensverwaltung, Köln, 1993, zitiert: Schäfer

SCHÄFER, RAINER — Innovationen am Geld- und Kapitalmarkt - Gefahr für Geldpolitik und Bankaufsicht?, Die Bank 1986, S. 496-500

SCHIMANSKY, HERBERT — Einleitende Bemerkungen zur Diskussion (1), in: Aufklärungs- und Beratungspflichten der Kreditinstitute - Der moderne Schuldturm? / Bankrechtstag 1992, Berlin, New York, 1993, Schriftenreihe der Bankrechtlichen Vereinigung (Hrsg.), S. 67-71, zitiert: Schimansky

SCHLICHT, HERBERT — Börsenterminhandel in Wertpapieren, Frankfurt am Main, 1972

SCHMID, HANS — Strategien am Optionsmarkt. Fangleinen-Taktik, BörsenBerater Nr. 2/1993, S. 12-13

SCHMIDT, HARTMUT — Wertpapierbörsen. Strukturprinzip, Organisation, Kassa- und Terminmärkte, München, 1988

SCHNOOR, PETER — Kostengünstige Finanzierung durch innovative Anleiheformen - Anleihen mit DAX-Kopplung, Der Betrieb Spezial, Beilage 13/1991, S. 12-13

SCHÖNLE, HERBERT — Bank- und Börsenrecht, München, 1976, 2. Aufl.

SCHRÖDER MÜNCHMEYER HENGST & CO (HRSG.) — Der deutsche Optionscheinmarkt, FOCUS quantitativ Februar 1991, S. 1-6, zitiert: SMH, FOCUS quantitativ, Februar 1991

SCHRÖDER MÜNCHMEYER HENGST & CO (HRSG.) — Optionsscheine mit Garantie, Derivative, November 1991, S. 1 - 6, zitiert : SMH , Derivative, November 1991

SCHRÖDER, MÜNCHMEYER HENGST & CO (HRSG.) — Neuemissionen: Covered Warrants, Derivative, April 1992, S. 1-6, zitiert: SMH, Derivative, April 1992

SCHULZ, THOMAS — Börsengehandelte Finanzmarktinstrumente mit Ausübungsrechten, Die Bank 1993, S. 476-484

SCHUMANN, GÜNTER — Optionsanleihen. Rechtliche Grundlagen und aktuelle Probleme, Köln, Berlin, Bonn, München, 1990

SCHWARK, EBERHARD — Anm. zu BGH, Urteil vom 11. Oktober 1988 (WM 1988, 1717), EWiR § 50 BörsG 1/89, S. 255-256

SCHWARK, EBERHARD — Anm. zu LG Frankfurt am Main, Urteil vom 27. Februar 1989 (WM 1989, 750), EWiR § 50 BörsG 4/89, S. 679-680

SCHWARK, EBERHARD — Aktuelle Probleme des bankmäßigen Wertpapierhandels, in: Beiträge zum Börsenrecht. Zur Reform des Börsenrechts, Geregelter Markt sowie zur Rechtsstellung des amtlichen Kursmaklers und des Freien Börsenmaklers, Karl Dietrich Bundschuh / Walter Hadding / Uwe H. Schneider (Hrsg.), Frankfurt am Main, 1987, S. 23-43, zitiert: Schwark, Aktuelle Probleme

SCHWARK, EBERHARD — Spekulation - Markt - Recht. Zur Neuregelung der Börsentermingeschäfte, Berlin, New York, 1990, in: Festschrift für Ernst Steindorff zum 70. Geburtstag, S. 473-494, zitiert: Schwark, in: FS-Steindorff

SCHWARK, EBERHARD — Die Börsentermingeschäfte, Jura 1985, S. 403-407

SCHWARK, EBERHARD — Das neue Kapitalmarktrecht, NJW 1987, S. 2041- 2048

SCHWARK, EBERHARD | Neues Recht für Börsentermingeschäfte - Das Gesetz zur Änderung des Börsengesetzes 1989, NJW 1989, S. 2675-2676

SCHWARK, EBERHARD | Der Börsentermin- und Differenzeinwand im Optionsscheinhandel, WM 1988, S. 921-929

SCHWARK, EBERHARD | Anm. zu OLG Düsseldorf, Urteil vom 29. Juni 1988 (WM 1988, 1404), WuB I G 5.-1-89, S. 20-22

SCHWARK, EBERHARD | Anm. zu a) LG Stuttgart, Urteil vom 26. Mai 1989 (WM 1989, 984), b) LG Stuttgart, Urteil vom 26. Mai 1989 (WM 1989, 990), c) LG Stuttgart, Urteil vom 2. Mai 1989 (WM 1989, 993), WuB I G 5.-13.89, S. 1168-1170

SCHWARK, EBERHARD | Anm. zu BGH, Urteil vom 16. April 1991 (WM 1991, 982), WuB I G 5.-8.91, S. 1253-1256

SCHWARK, EBERHARD | 100 Bände BGHZ: Bank- und Wertpapierrecht, ZHR 151(1987), S. 325-354

SCHWARK, EBERHARD | Börsengesetz. Kommentar zum Börsengesetz, zu den börsenrechtlichen Nebenbestimmungen und den Insider-Richtlinien, München, 1976, zitiert: Schwark, Komm.

SCHWARK, EBERHARD | Anlegerschutz durch Wirtschaftsrecht: Entwicklungslinien, Prinzipien und Fortbildung des Anlegerschutzes, zugleich ein Beitrag zur Überlagerung bürgerl-rechtl. Regelung und gewerbepolizeil. Überwachung durch Wirtschaftsrecht, München, 1979, zitiert: Schwark, Anlegerschutz

SCHWINTOWSKI, HANS-PETER | Anm. zu BGH Urteil vom 27. November 1990 (WM 1991, 127), EWiR § 53 BörsG 1/91, S. 259-260

SCHWINTOWSKI, HANS-PETER | Anm. zu OLG Karlsruhe, Urteil vom 28. Dezember 1990 (WM 1991, 936), EWiR § 53 BörsG 2/91, S. 979-980

SCHWINTOWSKI, HANS-PETER | Das Optionsscheingeschäft: Naturalobliga tion oder vollkommene Verbindlichkeit?, ZIP 1988, S. 1021-1026

SEIPP, WALTER | Kapitalmarktinnovationen, ZKredW 1987, S. 836-838

SETHE, ROLF | Genußrechte: Rechtliche Rahmenbedingungen und Anlegerschutz (I), AG 1993, S. 293-315

SIENEL, WOLFGANG | Währungen. Riesige Tanker, Wirtschafts Woche vom 2.7.1993, S. 96, 97, 100, 101

SIENEL, WOLFGANG | Optionsscheine. Turbos vor Aufholjagt. Die einstigen Lieblingskinder der Spekulation sind in Vergessenheit geraten., WirtschaftsWoche vom 3.1.1992, S. 59-61

SIENEL, WOLFGANG/ LUPP, HANSJÜRGEN — Finanzkreationen : die Anleger verlieren den Überblick. Schnelle Mark., Wirtschafts Woche vom 21.02.1992, S. 84-91

SIEPER, HARTMUT — Handbuch der Vermögensanlage, Wiesbaden, 1992

SILCHER, FRIEDRICH — Bedingtes Kapital für "Warrant-Anleihen" von Tochtergesellschaften, München, 1971, in: Festschrift für Ernst Gessler zum 65. Geburtstag, S. 185-199, zitiert: Silcher, in: FS-Gessler

SOERGEL, HANS THEODOR/ MERTENS HANS-JOACHIN — Bürgerliches Gesetzbuch. Band 2, Schuld recht I (§§ 241-432), Stuttgart, Berlin, Köln, Mainz, 1990, 12. Aufl., zitiert: Soergel/Bearbeiter

SOERGEL, HANS THEODOR/ SIEBERT, WOLFGANG/ ABRAHAM, HANS-JÜRGEN — Bürgerliches Gesetzbuch, mit Einführungs gesetz und Nebengesetzen. Band 4, Schuld recht (§§ 705-853), Stuttgart, Berlin, Köln, Mainz, 1985, 11. Aufl., zitiert: Soergel/ Bearbeiter

SOLIDUS — Totalverlust im Kalkül. Währungsoptionsscheine: eine Anlageform mit großen Chancen und Risiken, Die Zeit vom 16.10.1992, S. 39

SOLIDUS — Aktien: Der bekannteste deutsche Index kann in die Irre führen. Die Schwächen des DAX, Die Zeit vom 22.5.1992, S. 31

SOMMERAU, HANSJÖRG/ LIPS, HANSJÜRGEN — Swaps - die Idee vom Tausch setzt sich durch. Vielseitig einsetzbare Instrumente, Neue Zürcher Zeitung vom 26.10.1993, Beilage, Seite B 20

SOMMERFELD, H. — Börsenverkehr und Börsengeschäfte, Berlin, Wien, 1931

STAAB, PETER — Steuerspar-Modell mit Risiko, Das Wertpapier vom 27.3.1992, S. 11

STAUB, HERMANN — HGB-Großkommentar. Dritter Band, 2.Hlb., §§ 352-372, Berlin, New York, 1978, 3. Aufl., zitiert: Bearbeiter in: Großkomm. HGB

STAUB, HERMANN — HGB-Großkommentar. Vierter Band, 2.Hlb., §§ 373-382, Berlin, New York, 1970, 3. Aufl., zitiert: Bearbeiter in: Großkomm. HGB

STAUB, HERMANN — Der Begriff der Börsentermingeschäfte in § 66 des Börsengesetzes. Ein Rechtsgutachten, Berlin, 1899, zitiert: Staub, Rechtsgutachten

STAUDINGER — BGB. Zweites Buch. §§ 652-740, Ernst Kessler / Dieter Reuter / Olaf Werner / Roland Wittman (HrsG.), Berlin, 1991, 12. Aufl., zitiert: Staudinger-Bearbeiter

STEINER, KLAUS — Zulässigkeit der Begebung von Optionsrechten auf Aktien ohne Optionsschuldverschreibung (Naked Warrants), WM 1990, S. 1776-1780

STEUER, STEPHAN — Neue Entwicklungen im deutschen Optionsgeschäft, Die Bank 1983, S. 80-84

STEUER, STEPHAN — Börsenreform - Startschuß für den Terminhandel, Die Bank 1989, S. 364- 374

STRACHE, KARL-HEINZ — Das Denken in Standards zugleich ein Beitrag zur Typologie, Berlin, 1968

STÜTZLE, RUDOLF — Anm. zu LG Würzburg, Urteil vom 17. Mai 1988 (WM 1988, 1409), EWiR § 812 BGB 4/88, S. 985-986

THIELEMANN, ARNO — Das Genußrecht als Mittel der Kapitalbeschaffung und der Anlegerschutz, Pfaffenweiler, 1988

THIEME, JÖRG H. — Finanzmärkte: Perspektiven einer Integration, Bank Information 1991, S. 24-26

THORWART, F. — Zum Börsengesetz, Berlin, 1896

TILP, ANDREAS — Die Unverbindlichkeit von Geschäften in Optionsscheinen und Bezugsrechten, DB 1989, S. 2365-2370

TILP, ANDREAS — Anm. zu LG Frankfurt/M., Urteil vom 28. Oktober 1991 (DB 1992, 203), DB 1992, S. 204-205

TILP, ANDREAS — Anm. zu LG Marburg, Urteil vom 11. August 1992 (WM 1993, 640), EWiR § 50 BörsG 2/93, S. 449-450

TP Kombi-Anleihen. Steuerfrei 7,5 Prozent Zinsen mit neuen Wertpapieren, Das Wertpapier vom 27.3.1992, S. 11

TRÄGER, KLAUS Zukunfts-Werte, Capital vom 7.7.1993, S. 41

TRUMPLER, H. Börsen- und Bankwesen, Frankfurt am Main, o.J., zitiert: Trumpler, Börsen- und Bankwesen

TRUMPLER, H. Die Differenzgeschäfte nach dem bürgerlichen Gesetzbuch und nach dem Börsengesetz, Stuttgart, 1901, zitiert: Trumpler, Differenzgeschäfte

TRUMPLER, H./ WEIẞBART, F./ ABT, MAX Börsengesetz, Berlin, 1909, 5. Aufl., zitiert: Trumpler/Weißbart/Abt, BörsG-Komm.

TZERMIAS, NIKOS Boom am Markt derivativer Finanzinstrumente. Heikles Risikomanagement der Banken und Broker?, Neue Zürcher Zeitung vom 27./28.06.1993, S. 11-12

ULMER, PETER AGB-Gesetz: Kommentar zum Gesetz zur Regelung des Rechts der Allgemeinen Geschäftsbedingungen, Köln, 1989, 6. Aufl., zitiert: Ulmer/Bearbeiter, AGBG

VETTER, MICHAEL Von Floatern bis Warrants: Nicht alle neuen Finanzprodukte halten, was sie versprechen, Welt am Sonntag vom 16.8.1992, S. 26

VISHOLM, TORBEN/ BRAES SÖREN — Erfolgreiche Strategien per Computer. Unterstützung für die Feststellung der besten Sicherung der Marktrisiken - Synthetische Kontrakte, Börsen-Zeitung vom 18.09.1993, S. 18

VOIGT, H.-W. — Warrants: Ein Markt mit Zukunft. Hohe Wettbewerbsintensität - Weitere Innovationen zu erwarten, Börsen-Zeitung vom 18.9.1993, S. 17-18

VORTMANN, JÜRGEN — Aufklärungs- und Beratungspflichten bei grenzüberschreitenden Bankdienstleistungen, WM 1993, S. 581-586

VORTMANN, JÜRGEN — Anm. zu OLG Schleswig, Urteil vom 7. Januar 1993 (WM 1993, 503), WuB I G 5.-5.93, S. 690-691

VORTMANN, JÜRGEN — Aufklärungs- und Beratungspflichten der Banken, Köln, 1993, 2. Aufl., zitiert: Vortmann, Aufklärung

VOSSHENRICH, BURKHARD — Handelsstrategien mit Devisemnoptionen, Die Bank 1986, S. 451-458

WACH, KARL J. T. — Termingeschäftsfähigkeit und Verbindlichkeit von Börsentermingeschäften nach dem sog. "Informationsmodell", AG 1992, S. 384-398

WACH, KARL J. T. — Der Terminhandel in Recht und Praxis. Zivilrechtlicher Anlegerschutz beim spekulativen Termingeschäft an den Rohstoff-, Finanz- und Devisenbörsen unter Berücksichtigung der wirtschaftlichen und soziologischen Tatsachen sowie des Straf- und Börsenrechts, Köln, 1986, zitiert: Wach

WAGNER, FRANZ W./ WANGLER, CLEMENS — Kombizins-Anleihen - Eine Finanzinnova tion als Steuersparmodell?, DB 1992, S. 2405-2409

WALTER, KARL MARIA — Die Rechtsnatur des Börsentermingeschäfts unter besonderer Berücksichtigung des inländischen Wertpapieroptionshandels, Frankfurt am Main, Bern, New York, Paris, 1990

WANDT, MANFRED — Anm. zu BGH, Urteil vom 11. Juli 1988 (WM 1988, 1255), WuB I G 4.-6.88, S. 1462-1464

WARDENBACH, HORST — Zwitterpapiere mit Zitterkurs. Genußscheine sind Renner in börsenflauen Zeiten - Banken als Hauptemittenten, Die Welt vom 2.6.1993, S. 17

WEBER, MAX — Die technische Funktion des Terminhandels, DJZ I. (1896), S. 207-210

WEBER, MAX — Die Novelle zum Börsengesetz, DJZ XIII. (1908), Spalte 609-616

WEBER, MAX — Effekten-Terminhandel und Börsenspiel, ZHR 45 (1896), S. 100-156

WEDDIGE, HARTMUT — Optionsrechte - Eine theoretische Untersuchung, Berlin, 1973

WEDELIN, GERNOT — Optionsscheine: Spiel mit dem Feuer, WirtschaftsWoche vom 20.11.1987, S. 144-145

WEGER, GERD — Optionsscheine als Anlagealternative, Wiesbaden, 1985

WELTER, REINHARD — Anm. zu BGH, Urteil vom 18. April 1989 (WM 1989, 807), WuB I G 5.-12.89, S. 1165-1166

WENDE, STEFFEN — Finanzinnovationen und Geldpolitik. Eine geldtheoretische Problemanalyse anhand ausgewählter Finanzinnovationen, Frankfurt am Main, 1990

WENDT, KURT — Das Risiko des Optionsscheins, Die Welt vom 24.11.1992, S. 16

WERMERT, GEORG — Börse, Börsengesetz und Börsengeschäfte. Studien zur Beleuchtung gesetzgeberischer Einwirkung auf volkswirtschaftliche Gebilde, Leipzig, 1904

WERNER, HORST S./ MACHUNSKY, JÜRGEN — Bankenhaftung für Börsenverluste. Anlage beratung, Vermögensverwaltung, Börsentermingeschäfte - Schadensersatzansprüche von Kapitalanlegern -, Göttingen, 1989, zitiert: Werner/Machunsky, Bankenhaftung

WERNER, HORST S./ MACHUNSKY, JÜRGEN — Einwendungsdurchgriff und Schadensersatzansprüche gegen Kreditinstitute bei der Finanzierung von Bauherrengemeinschaften, DB 1982, S. 2229-2232

WERNER, HORST S./ MACHUNSKY, JÜRGEN — Rechte und Ansprüche geschädigter Kapitalanleger. Eine Darstellung von Ansprüchen bei den wesentlichen Kapitalanlageformen in und außerhalb der Börse, Göttingen, 1988, 2. Aufl., zitiert: Werner/Machunsky, Rechte und Ansprüche

WERTSCHULTE, JOSEF F. — Die Anforderungen des Marktes/Von den Banken wird mehr Flexibilität verlangt. Maßgeschneiderte Finanz-Derivate befriedigen die Bedürfnisse von Emittenten und Anlegern, Handelsblatt vom 23.09.1993, Beilage, Seite B 2

WESTERMANN, HARM — Fortschritte durch die neuen AGB der Banken und Sparkassen?, WM 1993, S. 1865-1875

WIDOW, THORSTEN — Fülle an DAX-Puts erfordert Bewertungsanalyse. Über 70 Scheine - Limitierte Aufträge bevorzugen - Prospekte studieren - Marktpflege wichtig, Börsen-Zeitung vom 26.8.1993, S. 4

WIEDEMANN, HERBERT — Der Kapitalanlegerschutz im deutschen Gesellschaftsrecht, BB 1975, S. 1591-1598

WITTKOWSKI, BERND — Wenn Füchse im Gänsestall Schutzpolizei spielen. Derivate revolutionieren das Geldgeschäft/Segen und Fluch der neuen Produkte sind heftig umstritten, Frankfurter Rundschau vom 22.1.1994, S. 9

WOLF, MANFRED — BGH-Rechtsprechung aktuell: Prospekthaftung und Verschulden bei Vertragsschluß. Entscheidungen und LM-Anmerkungen 1992-1993, NJW 1994, S. 24-26

WORMS, ALEXANDER — Zur Erneuerung der Termingeschäftsfähigkeit gemäß § 53 Abs. 2 Börsengesetz, WM 1991, S. 81-83

Wsc — Kombi- und Gleitzins: Wettlauf mit dem Fiskus, WirtschaftsWoche vom 27.3.1992, S. 94

WULFKEN, JÖRG/ WELLER, MICHAEL — Securitisation als neue Finanzierungsform, Die Bank 1992, S. 644-647

WULLE, CURD-JÜRGEN — Optionsscheine. Gerühmter Hebeleffekt, WirtschaftsWoche vom 27.11.1992, S. 146, 147, 149, 152

ZADIG, GEORG — Der Terminhandel und seine Behandlung durch Rechtsprechung und Gesetzgebung, Breslau, 1901

ZIEMER, NORBERT — Markt für Optionsscheine gewinnt weiter an Bedeutung, Die Bank 1990, S. 507-517

ZIPPELIUS, REINHOLD — Die Verwendung von Typen in Normen und Prognosen, Frankfurt am Main, 1969, in: Festschrift für Karl Engisch zum 70. Geburtstag, S. 224-242, zitiert: Zippelius, in FS-Engisch

ZIPPELIUS, REINHOLD — Juristische Methodenlehre, München, 1985, 4. Aufl.

ZÖLLNER, WOLFGANG (HRSG.) — Kölner Kommentar zum Aktiengesetz , Band 2, §§ 207-240, Köln, Berlin, Bonn, München, 1971, 3. Lfg., zitiert: Bearbeiter in Kölner Kommentar zum AktG

ZÖLLNER, WOLFGANG (HRSG.) — Kölner Kommentar zum Aktiengesetz , Band 5, §§ 179-220, Köln, Berlin, Bonn, München, 1990, 2. Aufl., zitiert: Bearbeiter in Kölner Kommentar zum AktG

ZWIRNER, THOMAS — Aktienoptionsschein als Finanzierungsinstrument. Prominente Stellung in einer Zeit von Share- und Stakeholder Value - Tradition und Perspektiven, Börsen-Zeitung vom 18.9.1993, S. 26

ZWIRNER, THOMAS — Optionsscheinmarkt Düsseldorf nicht nur Nische. Vom Trend zum Computerhandel und zur Zentralbörse emanzipiert-Nutzung durch Private, Börsen-Zeitung vom 19.2.1994, S. 17

I. EINLEITUNG

Mit der in den letzten Jahren zunehmenden Einführung von derivativen Finanzinstrumenten an den deutschen Wertpapierbörsen ging eine kritische Auseinandersetzung bezüglich deren Rechtsnatur einher.[1] Das Interesse der Wissenschaft an der Frage, ob die neuen Formen der Geld- und Kapitalanlage Börsentermingeschäfte im Sinne von § 50 Abs. 1 BörsG darstellen, ist jedoch seit Inkrafttreten der Börsengesetznovelle am 1. August 1989[2] zurückgegangen. Durch die Novellierung des Börsengesetzes wurden die §§ 50 ff BörsG zum Terminhandel gravierend geändert, so daß die entfachte Diskussion einen legislativen Abschluß erfahren zu haben schien. Die Erwartung, daß diese Börsengesetznovelle zu einer endgültigen Klärung der Rechtsnatur derivativer Finanzinstrumente beitragen könnte, hat sich nicht erfüllt. Dies gilt vor allem für die Problemstellung, ob Geschäfte mit sog. Derivaten Börsentermingeschäfte im Sinne des Börsengesetzes sind. Erschwerend wirkt, daß der Begriff "Derivat" nicht einheitlich und ohne klare Grenzen gebraucht wird. Als Derivat wird alles, was den herkömmlichen Wertpapieren einschließlich Devisen und physischen Rohstoffen an Terminkontrakten, Optionen, Optionsscheinen sowie anderen Konstruktionen künstlich aufgepfropft wird, verstanden.[3]

Mit der Börsengesetznovelle von 1989 wurde nicht versucht, den unbestimmten Rechtsbegriff Börsentermingeschäft im Gesetz zu erfassen, obwohl dessen Definition seit Erlaß des Börsengesetzes im Jahre 1896 heftige Kontroversen hervorbrachte. Der Rechtsbegriff erfuhr durch die Aufnahme von Satz 2 in § 50 Abs. 1 BörsG sogar eine Erweiterung. Als Folge weit gefaßter Generalklauseln und offener Tatbestände ist u.a. mit einem Ansteigen der Rechtsunsicherheit zu rechnen.[4] Möglicherweise findet diese These ihre Bestätigung durch das in der zweiten Jahreshälfte 1994 in Kraft tretende 2. Finanzmarktförderungsgesetz. Mit dem Artikelgesetz, das unter anderem eine Änderung des Börsengesetzes ab 1. Januar 1995 vorsieht, wird vorrangig eine Verbesserung des Anlegerschutzes

---

1 Die überwiegende Zahl der Arbeiten befaßt sich jedoch nur partiell mit neuen Formen der Geld- und Kapitalanlage, vgl. statt anderer Hartung, Das Wertpapieroptionsgeschäft in der Bundesrepublik Deutschland, Berlin 1989; Jäger, Aktienoptionen und Optionsscheine, München 1990; Walter, Die Rechtsnatur des Börsenoptionsgeschäfts, Frankfurt/M. 1990.

2 BGBl. I S.1412.

3 O.V., Blick durch die Wirtschaft vom 27.10.1993, S. 3.

4 Rupp, WM 1993, 1503.

angestrebt.[5] Allerdings ist eine Konkretisierung der im Börsengesetz enthaltenen Regelungen zum Terminhandel, insbesondere des Begriffs Börsentermingeschäft nicht beabsichtigt. Es sieht in Artikel 2 zwar eine Änderung des Börsengesetzes vor, jedoch sollen vor allem Organisation, Aufgaben und Befugnisse einer zentralen Wertpapierhandelsaufsicht geregelt werden.[6]

Seit der Änderung des Börsengesetzes im Jahre 1989 ist auf den nationalen und internationalen Finanzmärkten eine zunehmende Securitization[7] zu verzeichnen, die sich kontinuierlich fortsetzt.[8] Bezeichnend hierfür ist die Entwicklung auf den Finanzmärkten seit den siebziger Jahren. In dieser Periode wurden noch 80 % Prozent der internationalen Finanzierungsmittel in der Form von Bankkrediten bereitgestellt. Bereits 1986 besaßen die verbrieften Finanzierungen

---

5 Kümpel, WM 1993, 2025(2029); o.V., BörsenBerater 9/1993, S. 9.

6 Siehe o.V., in: Die Aktiengesellschaft 1993, R 67.

7 Vgl. Dombret, S. 21. A.A. Wulfken/Weller, Die Bank 1992, 644 f. Demnach wird unter Securitization allgemein "die Ablösung von Buchkrediten durch solche Kreditforderungen, die mit handelbaren Wertpapieren unterlegt sind", verstanden. In Anbetracht der Bedeutung von syndizierten Krediten im Rahmen dieser Finanzierungsform halten Wulfken/Weller, a.a.O., die allgemein verwandte Definition von Securitization für zu eng. Sie schlagen als passendere Bezeichnung "forderungsgestützte Finanzierung" vor. Gemäß Eichholz/Nelgen, DB 1992, 793 ff und Everling, Die Bank 1993, 82 ff, haben sich im Zuge der immer stärker platzgreifenden Securitization sogenannte "Asset Backed Securities (ABS)", verbriefte Schuldverschreibungen, zur Unternehmensfinanzierung herausgebildet. Deren Besonderheit liegt darin, daß sie Zahlungsansprüche gegen eine ausschließlich zu diesem Zweck gegründete Finanzierungsgesellschaft verbriefen und durch einen "Pool" gleichartiger Finanzaktiva (Vermögensgegenstände, Assets), wie z.B. Kraftfahrzeugkredite oder Leasingforderungen, besichert (backet) werden. Diese Aktiva werden von einem anderen Unternehmen auf die Finanzierungsgesellschaft übertragen und stehen damit ausschließlich den Wertpapierinhabern, den einzigen Gläubigern, als Haftungsmasse zur Verfügung. Laut o.V., FAZ vom 3.4.1993, S. 17, können Asset Backet Securities auch an der Börse gehandelt werden.

8 O.V., Blick durch die Wirtschaft vom 15.11.1991, S. 3; Bühler, Die Bank 1988, 129; Binkowski/Beek, S. VI; Kopper, Das Wertpapier vom 8.1.1993, S. 22, 25; eingehend zur "Securitization", Dombret, S. 1 ff; ders., ZKredW 1987, 326 ff.

einen Anteil von vier Fünfteln.[9] Für diese Entwicklung ist mitursächlich, daß die von Kreditinstituten emittierten Finanzinstrumente zum Teil nicht mit Eigenkapital unterlegt werden müssen.[10] Daneben werden die Bankbilanzen von zu hohen Kreditbeständen entlastet, für die ansonsten Eigenkapitalgrundsätze zu beachten und Liquiditätsrücklagen zu bilden wären.[11] Durch die zunehmende Securitization im Bankgeschäft wird die Mobilität und Flexibilität traditioneller Finanzmittel durch den fungiblen und daher marktfähigen Kredit erweitert.[12] Diese Tendenz fügt sich in das Gesamtbild der nationalen und internationalen Kapitalmärkte, die sich in den letzten 20 Jahren stärker verändert haben als in den vergangenen 100 Jahren.[13]

Mit den Strukturveränderungen an den internationalen Finanzmärkten ist ein "Innovationsdruck"[14] entstanden, der vor allem durch die erhöhte Wettbewerbsintensität, eine Globalisierung der Finanzmärkte, verbesserte Kommunikationstechnologien[15] und die in den letzten zwei Jahrzehnten vergrößerten Schwankungen der Zinsen sowie der Aktien- und Devisenkurse bedingt ist.[16]

---

9 Gleske, Die Bank 1986, 280.

10 O.V., VWD - Finanz- und Wirtschaftsspiegel vom 12.05.1992; S. 11; ebenso o.V., Handelsblatt vom 15./16.5.1992, S. 46.

11 Siehe Reszat, BB 1987 Beilage 19 zu Heft 30, S. 1; Bühler, Die Bank 1988, 129(131). Krumnow, Börsen-Zeitung vom 23.09.1993, S. 17 f, spricht sich für mehr Transparenz im nichtbilanzwirksamen Geschäft mit Derivaten aus.

12 Bühler, Die Bank 1988, 129(130); in diesem Sinne Bonfig, Der langfristige Kredit 1993, 188(190).

13 Vgl. Bonfig, Der langfristige Kredit 1993, 188. Gemäß Krumnow, ZBB 1993, 133, werden die neunziger Jahre vereinzelt als "das Jahrzehnt der Derivate" bezeichnet.

14 Schulz, Die Bank 1993, 476, geht bei seinem Versuch, börsengehandelte Finanzmarktinstrumente mit Ausübungsrechten zu strukturieren, von einem für Emittenten bestehenden "Innovationsdruck" aus, der zu fast täglich neuen Produkten führt.

15 Breuer, Die Bank 1992, 564; in diesem Sinne Visholm/Braes, Börsen-Zeitung vom 18.09.1993, S. 18; Krumnow, ZBB 1993, 133(134).

16 Vgl. Gleske, Die Bank 1986, 280(284 f); Schäfer, Die Bank 1986, 496(499); Schwark, Aktuelle Probleme, S. 23(24); Seipp, ZKredW 1987, 836; Breuer, ZKredW 1987, 833; ders., ZKredW 1993, 10; Gröschl, Sparkasse 1987, 246(247); Dombret, ZKredW 1987, 326; Bühler, Die Bank 1988, 129(132); Beer/Müller/Niehoff, S. 14; Eberstadt, ZKredW 1991, 741; Rehm,

Zugleich hat der Wunsch der Kapitalanleger nach einer besseren Absicherung ihrer Vermögensposition zu der verstärkten Entwicklung von handelbaren Wertpapieren beigetragen.[17] Institutionelle Anleger[18], die unter einem starken Performance-Druck stehen[19], suchen ständig nach alternativen Investitionsmöglichkeiten. Sie wollen Chancen und Risiken besser oder kostengünstiger steuern.[20] Für institutionelle Anleger ist spezifisch, daß sie sich immer mehr Produkte ihren Bedürfnissen entsprechend "maßschneidern" lassen.[21] Hingegen wird auf der Anbieterseite wegen der zunehmenden Konkurrenz, getreu der Devise "Vorsprung durch Technik", nach neuen Finanzdienstleistungen geforscht und verstärkt Entwicklung betrieben.[22] Deshalb ist verständlich, daß in den großen internationalen Banken in den letzten Jahren "Produktentwicklungsgruppen" gebildet wurden, in denen ständig "Finanzingenieure"[23] nach neuen Möglichkeiten für Kapitalanlageinstrumente

---

Sparkasse 1991, 294; Thieme, Bank Information 1991, S. 24; Bonfig, Der langfristige Kredit 1993, 188(189 f), führt darüber hinaus als weitere Ursache die Deregulierung gesetzlicher Schranken an.

17 Göppl/Schlag, ZkredW 1991, 750(754); Bräuer/ Pechtl/Schwarz, Börsen-Zeitung vom 18.09.1993, S. 22(23); Rehm, a.a.O.; Breuer, ZKredW 1987, 833; ders., ZKredW 1993, 10; Seipp, ZKredW 1987, 836(837); Beer/Müller/Niehoff, a.a.O.; Lowe, ZKredW 1991, 762 (763 f), weist auf die besondere Bedeutung der Absicherungsmöglichkeit durch Terminprodukte für Versicherungen hin, da der Kassamarkt hierzu keine Instrumente bietet.

18 Gemäß o.V., FAZ vom 22.09.1993, S. 28, zeichnet sich bei den großen Marktteilnehmern die Tendenz ab, Tochtergesellschaften extra für den Handel mit derivativen Produkten zu gründen. Nach Landgraf, Handelsblatt vom 22.12.1993, S. 27, gehe Andreas Lieven von der Citibank davon aus, daß der Optionsschein-Markt zunehmend für halbprofessionelle und professionelle Anleger an Bedeutung gewinnen werde.

19 Klein, William, Handelsblatt vom 6.12.1991, S. 2.

20 Klein, William, in: Sonderbeilage zum Amtlichen Kursblatt der Frankfurter Wertpapierbörse 1991, S. 8.

21 In diesem Sinne Breuer, Börsen-Zeitung vom 22.6.1993, S. 3; Wertschulte, Handelsblatt vom 23.09.1993, Beilage, S. B 2; Raeschke-Kessler, WM 1993, 1830. Ebenso Schulz, Die Bank 1993, 476(484), der darlegt, daß Börsenprodukte für spezielle Kundenkreise konzipiert werden.

22 Klein, William, a.a.O.

23 In diesem Sinne Tzermias, Neue Zürcher Zeitung vom 27./28.06.1993, S. 11; Wittkowski, Frankfurter Rundschau vom 22.1.1994, S. 9. Nach Linz,

suchen.[24] Den Kreditinstituten ist im Rahmen der Vermögensanlage eine hohe Produktinnovationsfähigkeit zu bescheinigen.[25] Diese Entwicklung wird unter dem Begriff "Financial Engineering" zusammengefaßt.[26]

Den Nährboden für die derzeit nicht mehr überschaubare Entwicklung[27] derivativer Finanzinstrumente bietet demnach die Erweiterung der gesetzlichen Rahmenbedingungen für den Terminhandel durch die Börsengesetznovelle am

---

ZKredW 1993, 563, ist das Risiko-Management bei derivativen Finanzinstrumenten die Domäne der "Ingenieure", die international auch als "rocket scientists" bezeichnet werden. Ebenso Riley, Finacial Times vom 27.10.1993, S. 15. Husmann, Börse ONLINE Nr. 44/1992, S. 80 f, der das Berufsbild des "Emissionsspezialisten" bei der Westdeutschen Landesbank, als Deutschlands größter Daueremittentin für festverzinsliche Wertpapiere, vorstellt, zu dessen Aufgaben das "Kreieren innovativer Produkte" zählt. Bräuer/Pechtl/Schwarz, Börsen-Zeitung vom 18.09.1993, S. 22, beschreiben das Berufsbild eines Finanzingenieurs treffend wie folgt: "Der Barkeeper mixt neue Cocktails, der Chemiker sucht neue Verbindungen, der Mathematiker findet neue Formeln, und der Finanzingenieur kreiert die Chooser-Option."

24 Vgl. Gleske, Die Bank 1986, 280(285). Niemann, WM 1993, 777(780), zeigt auf, daß in solchen "Entwicklungsteams" in der Regel neben Mitarbeitern der Konsortial- und Emissionsabteilung, des Devisen-, Renten-, Aktien-, und DTB-Handels, der Effekten-, Rechts-, Bilanz-, und Steuerabteilungen, auch Experten aus dem Optionsgeschäft mitwirken.

25 In diesem Sinne Rümker, S. 29(53).

26 Bräuer/Pechtl/Schwarz, Börsen-Zeitung vom 18.09.1993, S. 22; Wertschulte, Handelsblatt vom 23.09.1993, Beilage, S. B 2.

27 Vgl. Schulz, Die Bank 1993, 476, der von einer "nicht mehr überschaubaren Vielfalt börsengehandelter Finanzmarktinstrumente mit Ausgaberechten" ausgeht. Gemäß o.V., Börsen-Zeitung vom 17.3.1992, S. 1, geht mit dem Umfang der zunehmend neu kreierten Finanzinstrumente eine Intransparenz des Marktes einher; ebenso o.V., Frankfurter Neue Presse vom 16.6.1992, S. 6. Kopper, Das Wertpapier vom 8.1.1993, S. 22, wirft zu Recht die Frage auf, ob im Zuge der schnell wachsenden Märkte für Derivate alle Aufsichtsbehörden und Marktteilnehmer tatsächlich das volle Ausmaß der mit diesen Finanzinnovationen verbundenen Risiken auch realisiert haben. Vgl. Fischer, Rheinischer Merkur vom 24.12.1993, S. 12. In diesem Sinne Reszat, BB 1987 Beilage 19 zu Heft 30, S. 3, der darauf hinweist, daß die Securitization mit zunehmenden Risiken verbunden sei, weil sie die Markttransparenz sinken lasse.

1. August 1989 und die anhaltende Securitization auf den Finanzmärkten.[28] Eine vergleichbare Wirkung geht von der Abschaffung der Börsenumsatzsteuer, der Gesellschafts- und Wechselsteuer zum 1. Januar 1991 bzw. 1992 und der gesetzlichen Erweiterung der Anlagemöglichkeiten für Kapitalanlagegesellschaften[29] und Versicherungsunternehmen aus[30]. Zu Recht stellte die Bank für Internationalen Zahlungsausgleich (BIZ) fest, daß die Expansion des Handels mit Finanz-Derivaten in den letzten zehn Jahren eine der wichtigsten Entwicklungen an den Finanzmärkten war[31]. In der jüngsten Vergangenheit wuchsen die neuen Märkte geradezu explosionsartig.[32] Auch für die Zukunft wird in Europa mit einem überdurchschnittlichen Wachstum derivativer Finanzinstrumente gerechnet.[33] Trotz dieser aus wirtschaftspolitischer Sicht erfreulichen

---

28 Von Alexandre Lamfalussy, wiedergegeben in: o.V., Börsen-Zeitung vom 6.3.1992, S. 4, wird auf die Gefahren einer "kreativen Zerstörung" hingewiesen, da das Aufkommen neuer Produkte, neuer Firmen, sogar ganzer, neuer Industrien Hand in Hand mit dem Verschwinden nicht zeitgemäßer Produkte und der gelegentlich brutalen Elimination ganzer Aktivitätsfelder und einzelner Firmen gehe. Kopper, Das Wertpapier vom 8.1.1993, S. 22(35), sieht die Folgen der Securitization darin, daß lediglich Aktivitäten von einer Abteilung zur anderen transferiert werden. Als Konsequenz stabilisiert sich die Ertragslage der Banken, die nicht zu einer aggressiven Kreditvergabe-Politik gezwungen werden.

29 Nach Fischer/Lansing, Börsen-Zeitung vom 18.09.1993, S. 21, vertrete das Bundesaufsichtsamt für das Kreditwesen den Standpunkt, daß für Kapitalanlegegesellschaften der Erwerb von Optionsscheinen nur zulässig ist, wenn diese ein Recht zum Bezug von solchen Wertpapieren verbriefen, die auch unmittelbar für ein Sondervermögen erworben werden können.

30 Siehe Schwark, NJW 1987, 2041, zu den verbesserten Anlagemöglichkeiten für "Kapitalsammelstellen".

31 BIZ wiedergegeben in: o.V., VWD - Finanz- und Wirtschaftsspiegel vom 12.05.1992, S. 11.

32 Tzermias, Neue Zürcher Zeitung vom 27./28.06.1993, S. 11. Gemäß Wertschulte, wiedergegeben in: o.V., Börsen-Zeitung vom 9.12.1993, S. 4, sind insbesondere beim Optionsscheinhandel in Deutschland explosionsartige Zuwachsraten zu verzeichnen.

33 Vgl. BIZ, a.a.O.; Landgraf, Handelsblatt vom 22. Dezember 1993, S. 27; Wertschulte, Handelsblatt vom 23.09.1993, Beilage, Seite B 2; ders., wiedergegeben in: o.V., Börsen-Zeitung vom 9.12.1993, S. 4, rechnet 1994 auf dem deutschen Markt mit einem zunehmenden Anstieg der Warrant-Emissionen.

Zunahme mehren sich die Zweifel, ob mit den immer komplizierter werdenden Finanzinnovationen ein Nutzen für den Anleger verbunden ist[34]. Daneben dürfen die mit der extremen Zunahme neuer Finanzinstrumente verbundenen Risiken nicht außer Acht gelassen werden. Bereits bei einmaligen Fehlern im Zusammenhang mit den enormen Kapitalmengen, die mittels Derivaten aufgebaut werden, könnte ein "Domino-Effekt" ganze Märkte beseitigen und besonders die stark exponierten Banken in Schwierigkeiten bringen.[35]

Mit der zunehmenden Diversifikation der derivativen Finanzinstrumente an den deutschen Wertpapierbörsen ist zugleich die Herausbildung einer neuen Sprache zu verzeichnen, die durch Anglismen und Abkürzungen geprägt ist.[36] Aufgrund der Vielzahl neuer Bezeichnungen läßt sich oftmals nicht beurteilen, ob alle als derivativ bzw. innovativ bezeichneten Finanzinstrumente tatsächlich neu sind.[37] Zweifelhaft ist, ob die sogenannten Derivate überhaupt auf neuen

---

34 Siehe Rettberg, Handelsblatt vom 14.09.1993, S. 40.

35 BIZ wiedergegeben in: o.V., Blick durch die Wirtschaft vom 25.6.1993, S. 3; Rettberg, a.a.O.; ebenso Breuer, Die Bank 1992, 564, der vor der größer gewordenen "Gefahr einer Kettenreaktion" warnt. A.A. Linz, ZKredW 1993, 563(564), nach dessen Ansicht die Angst der Aufsichtsbehörden vor "systemic risk", also einem Kredit-Domino-Effekt im Derivativ-Bereich, unbegründet sei. Nach Krumnnow, ZBB 1993, 133(135), läßt sich die bestehende Besorgnis, daß solche Kettenreaktionen immer schwieriger in Griff zu bekommen sind, nicht zweifelsfrei widerlegen.

36 Kutzer, Handelsblatt vom 16.10.1991, S. 29; o.V., Börsen-Zeitung vom 17.03.1992, S. 1; Vetter, Welt am Sonntag vom 16.8.1992, S. 26. Kritisch zur Entwicklung von Anglismen und Abkürzungen, Landgraf, Handelsblatt vom 10.11.1993, S. 37; ebenso Träger, Capital vom 7.7.1993, S. 41. Vgl. o.V., Die Welt vom 26.8.1993, S. 15, demnach bedeutet "WKN" Wertpapier-Kennummer, die von der Deutsche Kassenverein AG in Frankfurt für alle Anleihen, Aktien, Investmentanteile oder Optionsscheine vergeben wird, wenn die erste Order für ein neues Papier vorliegt und nicht bereits bei deren Emission.

37 Reimpell, Die Bank 1990, 93; Dreyer, Süddeutsche Zeitung vom 4.5.1992, S. 36, geht davon aus, daß nicht alles, was an neuen Finanzdienstleistungen auf den Markt kommt, eine Innovation im eigentlichen Sinne sei; weiter geht Seipp, ZKredW 1987, 836, mit seiner Vermutung, daß manchmal herkömmlichen Produkten lediglich ein verkaufsförderndes neues Etikett

Rechtskonstruktionen beruhen oder an bereits bekannten Konstruktionen anknüpfen[38].

Die Entwicklung auf dem Kapitalmarkt, insbesondere der Börsengeschäfte mit derivativen Finanzinstrumenten, erfordert eine flexible und praxisorientierte Gestaltung bzw. Anwendung des Börsenrechts. Diesem Anspruch ist in der Vergangenheit weder die Gesetzgebung noch die Rechtsprechung gerecht geworden.[39] Eine Ursache für diesen unbefriedigenden Zustand könnte bereits im Börsengesetz selbst verankert sein. Im IV. Abschnitt des Börsengesetzes zum Terminhandel, insbesondere in § 50 Abs. 1 BörsG unterläßt es der Gesetzgeber, das Börsentermingeschäft zu definieren. Durch offene Tatbestände und weite Generalklauseln wird es für den privaten Anleger jedoch zunehmend schwieriger zu prüfen, ob die ständig zunehmenden derivativen Finanzinnovationen von dem Regelungsbereich des Börsengesetzes erfaßt werden. Grundsätzlich ist zu fordern, daß Gesetze von denjenigen verstanden werden können, an die sie gerichtet sind.[40]

Mit der vorliegende Arbeit sollen zunächst die seit der Novellierung des Börsengesetzes am 1. August 1989 fortlaufend neu entwickelten, derivativen Finanzinstrumente systematisch dargestellt[41] und eingegrenzt werden. Sodann

---

aufgeklebt werde; ebenso deutlich Dufey, ZKredW 1993, 614(617), der die These aufstellt: "Derivate sind nichts Neues, sie waren schon immer da."

38 Röller, S. 11(12), geht davon aus, daß "es sich bei den Finanzinnovationen im allgemeinen um Fremdkapitalinstrumente handelt und zwar um Variationen der guten, altbekannten Rente".

39 In diesem Sinne Imo, Rn. 23.

40 Ebenso, Rupp, WM 1993, 1503.

41 Schulz, Die Bank 1993, 476, unternimmt den Versuch, durch Zuordnung von übergeordneten Klassifikationsbegriffen die Vielzahl der börsengehandelten Finanzmarktinstrumente mit Ausübungsrechten zu erfassen und einen ersten Ansatz zur Markttransparenzsteigerung zu leisten. Die zur Einordnung und Abgrenzung der unterschiedlichen Wertpapier- und Vertragsformen herangezogenen Kriterien orientieren sich an den Emissionsbedingungen, ohne daß hieran eine Wertung in bezug auf die Rechtsnatur der Finanzinstrumente angeschlossen wird. Ein Abgrenzungskriterium ist das den Finanzmarkt-Instrumenten inhärente Risiko. Einen weiteren Ansatz zur Gliederung von Finanzinnovationen wählt Bonfig, Der langfristige Kredit 1993, 188(190 ff), der als Ordnungskriterium auf die "Bilanzwirksamkeit" solcher Instrumente abstellt.

wird mittels einer Kategorisierung[42] versucht, die derzeit lückenhafte Behandlung sogenannter Derivate im juristischen Schrifttum zu schließen und durch Schaffung einer rechtsdogmatischen Grundlage diese Finanzinstrumente einer wissenschaftlichen Überprüfung zugänglich zu machen.

Darauf aufbauend, soll die Rechtsnatur der zuvor kategorisierten "Derivate" herausgearbeitet werden. Insbesondere wird untersucht, ob der Handel mit derivativen Finanzinstrumenten in Form von Optionsscheinen als Börsentermingeschäft im Sinne von § 50 Abs. 1 BörsG einzustufen ist. Der Untersuchungsansatz schließt den Versuch einer Begriffsdefinition des Börsentermingeschäfts ein. Hierfür geben unter anderem die zunehmenden Zweifel im Schrifttum, ob das Börsentermingeschäft überhaupt im streng begrifflichen Sinn definiert werden kann, Anlaß.[43]

Ein Schwerpunkt dieser Arbeit soll der Aufgabe gewidmet werden, die dargelegten dogmatischen Lücken zu schließen und die Rechtsnatur der Geschäfte mit derivativen Finanzinstrumenten zu klären. Insbesondere soll einer Umschreibung des Begriffs Börsentermingeschäft näher gekommen werden.

In einem weiteren Untersuchungsansatz wird das Risikopotential für den Käufer, das mit dem Erwerb derivativer Finanzinstrumente einhergeht, untersucht. Danach ist zu prüfen, ob die gemäß § 53 Abs. 2 BörsG zwingend vorgeschriebene Aufklärungspflicht gegenüber Nicht-Kaufleuten ein geeignetes Instrument zum Schutz der Kapitalanleger ist. Aufgrund der inzwischen selbst für Fachleute nicht mehr überschaubaren Anzahl von derivativen Finanzinstrumenten[44], die noch in weiterem Umfang zunehmen[45], besteht Anlaß, an

---

42 Der in: o.V., Handelsblatt vom 28.1.1993, S. 37, wiedergegebene Erwin Heri, Professor für Finanztheorie an der Universität Basel, fordert von den Banken eine "Selbstregulierung durch Kategorisierung" der Produkte, indem er eine Einteilung in Anlagen mit Kapitalgarantie, Warrant/Optionen und synthetische Anlagen, als sogenannte "asset class", vorschlägt. Bei "verrückten" Namensgebungen könnte sich dann auf eine Einordnung in diese Kategorien verständigt werden.

43 Vgl. Kümpel, WM 1991, Sonderbeilage Nr. 1, S. 3 m.w.N.

44 Voigt, Börsen-Zeitung vom 18.09.1993, S. 17(18); Wittkowski, Frankfurter Rundschau vom 22.1.1994, S. 9; in diesem Sinne Krumnow, Börsen-Zeitung vom 23.09.1993, S. 17; ders., ZBB 1993, 133(134); Gerhardt, Börsen-Zeitung vom 18.09.1993, S. 28, vertritt zu Recht den Standpunkt, daß es

der Tauglichkeit des in § 53 BörsG verankerten sogenannten Informationsmodells zu zweifeln. Der Entwicklung derivativer Finanzinstrumente wird vereinzelt keine Rechtfertigung durch die realwirtschaftlichen Bedingungen mehr bescheinigt.[46] Selbst Bankleiter äußern ihr Unbehagen über das Vordringen des sogenannten "high-tech financing", dessen komplizierte Konstruktionen die übernommenen Risiken nicht transparent und bewertbar machen.[47] Aus Sicht des Anlegerschutzes kommt der Frage nach Art und Umfang der Aufklärungspflichten eine besondere Bedeutung zu, da sich in Deutschland das Geschäft mit Optionsscheinen zu 75 bis 80 % auf Privatkunden konzentriert.[48] Optionsscheine bilden die Basis für eine Vielzahl von neuen derivativen Finanzinstrumenten.

Die Problemstellungen der vorliegenden Arbeit sind im Zusammenhang mit der sukzessiven Öffnung des europäischen Marktes von besonderer praktischer Relevanz. Mit der Realisierung eines europäischen Binnenmarktes wird es zur Einführung neuer "außerdeutscher Finanzinstrumente" an den Börsen kommen. Wenn für Finanzinstrumente eine Zulassung an einer europäischen Börse besteht, sind diese auch an deutschen Wertpapierbörsen zuzulassen. Aufgrund der zu erwartenden Konkurrenz auf dem europäischen Markt ist davon auszugehen, daß der Innovationsprozeß noch nicht abgeschlossen ist, sondern erst an seinem Anfang steht.[49]

---

selbst professionellen Marktbeobachtern schwerfällt, den Überblick über den Markt für Optionsscheine zu behalten.

45 Nach Husmann, Börse ONLINE Nr. 44/1992, S. 80(81), "scheint sich der Markt in letzter Zeit förmlich mit neuen Anleihekreationen zu überschlagen".

46 Siehe statt anderer Reimpell, Die Bank 1990,93(98).

47 Gleske, Die Bank 1986, 280(282); ebenso Breuer, Börsen-Zeitung vom 22.6.1993, S. 3, der darauf hinweist, daß als negative Konsequenzen der expansiven Entwicklung auf den Finanzmärkten und aufgrund zunehmend "maßgeschneiderter" Produkte dem Markt Transparenz verlorengeht und neue Risiken entstehen; ders., Die Bank 1992, 564(565), gibt zu bedenken, daß noch immer ein "effizientes Risiko-Controlling" fehlen würde.

48 Landgraf, Handelsblatt vom 31.8.1993, S. 25, der darüber hinaus darauf hinweist, daß der "Warrant-Markt" in Frankreich fast ausschließlich von professionellen Investoren getragen werde.

49 In diesem Sinne Reimpell, Die Bank 1990, 93(98); Eberstadt, ZKredW 1991, 741; Husmann, Börse ONLINE Nr. 44/1992, S. 80(81); Voigt, Börsen-Zeitung vom 18.09.1993, S. 17(18); Kollar, Börsen-Zeitung vom

Die nachfolgende Untersuchung bezieht sich ausschließlich auf die an deutschen Wertpapierbörsen zum Handel zugelassenen derivativen Finanzinstrumente.

18.09.1993, S. 21; Gerhardt, Börsen-Zeitung vom 18.09.1993, S. 28, der berechtigterweise die Überzeugung äußert, daß der im Jahre 1993 eingesetzte Optionsschein-Boom keine nur vorübergehende Erscheinung ist.

II. KATEGORISIERUNG DER AN DEN DEUTSCHEN WERTPAPIERBÖRSEN GEHANDELTEN FINANZINSTRUMENTE

In den letzten Jahren hat der deutsche Kapitalmarkt im Bereich der Finanzinnovationen[50] eine revolutionäre Entwicklung[51] erlebt. Bereits in den 80er Jahren verzeichneten die deutschen Wertpapiermärkte aufgrund des weltweiten Wandels der Finanzmärkte die Entwicklung einer Vielzahl bemerkenswerter derivativer Finanzinstrumente. Allerdings befand sich Deutschland noch im Jahre 1988 in der "derivativen Steinzeit", während es heute in bestimmten Bereichen bereits zu den wichtigsten derivativen Märkten in Europa zählt.[52] Dies gilt vor allem in bezug auf den Markt für Optionsscheine, der in Europa der größte ist.[53]

Im weiteren sollen die an den deutschen Wertpapierbörsen gehandelten derivativen Finanzinstrumente systematisch erfaßt und anschließend kategorisiert werden. Der Untersuchungsansatz beinhaltet jedoch keine Analyse von Terminmarktinstrumenten, die an der Deutschen Terminbörse (DTB) seit Januar 1990[54] gehandelt werden[55]. Die tradierten Kassamarktinstrumente, wie Aktien

---

50 Vgl. Franzen, Die Bank 1988, 18 ff, m.w.N.; ebenso Wende, S. 7 ff, die beide eingehend die Problematik einer begrifflichen Abgrenzung des nicht immer einheitlich benutzten Terminus "Finanzinnovationen" behandeln.

51 Siehe Bonfig, Der langfristige Kredit 1993, 188, der in diesem Zusammenhang von einer "Kapitalmarktrevolution" spricht.

52 Klein, William, in: Sonderbeilage zum Amtlichen Kursblatt der Frankfurter Wertpapierbörse 1991, S. 8.

53 Feingold, Börsen-Zeitung vom 18.09.1993, S. 19.

54 Die Trägergesellschaft der DTB wurde im Juni 1988 in der Rechtsform einer GmbH gegründet und der Handel am 26. Januar 1990 aufgenommen. Vgl. Bank Verlag (Hrsg.), Basisinformationen über Börsentermingeschäfte, S. 48. Siehe insbesondere zu der Marktstruktur der DTB, Imo/Gith, S. 37 ff. Für Mitte 1994 ist die Verschmelzung der DTB GmbH mit der Deutsche Börse AG geplant. Sodann wird die Deutsche Börse AG die Trägergesellschaft der als nicht rechtsfähige Anstalt des öffentlichen Rechts organisierten Deutschen Terminbörse und der Frankfurter Wertpapierbörse sein.

55 Siehe zu den Handelsobjekten an der DTB, statt anderer Hoffmann/Ramke. S. 1 ff, und Braunberger/Knipp, S. 1 ff. Die Frage, ob zwischen Termin- und Kassamarkt Wechselwirkungen bezüglich der Kurse der gehandelten

und Rentenpapiere, sind gleichfalls nicht Gegenstand dieser Untersuchung. Diesen haftet kein innovativer Charakter an, was für die hier zu untersuchenden Finanzinstrumente vorausgesetzt wird.

A. INNOVATIVE FINANZINSTRUMENTE

Unklar ist, wann Finanzinstrumente als innovativ bezeichnet werden und somit von Finanzinnovationen gesprochen werden kann. Der Begriff der Innovation ist von dem lateinischen Wort "innovatio" abgeleitet. Sinngemäß übersetzt bedeutet dies "die Erneuerung, Veränderung"[56]. Diese geht in der Regel mit einer neuen, fortschrittlichen Lösung eines - technischen - Problems bei Produkten oder Verfahren einher.[57] Wenn Finanzinstrumente diese Merkmale aufweisen, sind sie den sogenannten Finanzinnovationen zuzuordnen.

Die in den vergangenen Jahren von den international tätigen Banken eingerichteten "Produktentwicklungsgruppen"[58] beschäftigen sich mit der Entwicklung "fortschrittlicher" Handelsobjekte für den Kapitalmarkt. Die vorhandenen Finanzinstrumente werden als "Produkte" aufgefaßt, die je nach den Bedürfnissen des jeweiligen Kreditinstitutes oder Emittenten "kreiert" werden. Sie erfahren somit eine Innovation. Überwiegend handelt es sich um Produkte, bei denen Leistungsmerkmale herkömmlicher Finanzinstrumente durch Trennung und Neubündelung in einer bisher nicht praktizierten Weise zusammengefügt werden.[59] Die "Neuerungen" führen nicht zwingend zu einem neuen eigenständigen Kapitalmarktinstrument. Als Kennzeichen für die Kreierung von Finanzinnovationen könnte das Zerlegen und Zusammenfügen von "Bausteinen" vermutet werden.[60] Da die mit "fremdartigen" Namen versehenen Finanzinstrumente gewöhnlich eine sichere Anlageform mit einer Optionskom-

---

Objekte bestehen, ist nicht Gegenstand dieser Untersuchung. Vgl. insoweit Beer, Termingeschäfte, S. 25.

56 Georges, Zweiter Band, unter "innovatio", Spalte 286; Haas/v.Kienle, unter "innova", S. 269.

57 Siehe Duden, unter "Innovation", S. 349.

58 Gleske, Die Bank 1986, 280(285).

59 Reimpell, Die Bank 1990, 93.

60 So Dufey, ZKredW 1993, 614(616).

ponente kombinieren, wird ihnen vereinzelt ein einfacher Aufbau nachgesagt.[61] Andererseits ist für sogenannte Finanzinnovationen signifikant, daß mit ihnen die Grenzen zwischen Kredit-, Geld- und Kapitalmarkt zunehmend verwischt werden.[62]

Neben der rein technischen Seite sind die Gründe aller Beteiligten für die Konstruktion und den Erwerb innovativer Finanzinstrumente zu erhellen. Die sich für institutionelle Anleger eröffnende Möglichkeit zur kostengünstigen Absicherung gegen Wechselkursrisiken ist ein Grund für die Entwicklung neuer Finanzinstrumente.[63] Daneben ist ein besonderer Antrieb[64] für die Entwicklung sogenannter Finanzinnovationen das Ziel, Steuern zu vermeiden.[65]

---

61 O.V., FAZ vom 10.8.1993, S. 15.

62 Binkowski/Beek, S. 123.

63 Vgl. Thieme, Bank Information 1991, 24; Linke/Regnitter, Die Bank 1991, 29(34), weisen darauf hin, daß deutsche Industrie- und Handelsunternehmen verstärkt sogenannte Finanzinnovationen einsetzen. Die "Renner" seien Devisenoptionen sowie Zins- und Währungsswaps. Ebenso Dufey, ZKredW 1993, 614 ff, der im Rahmen der Unternehmensfinanzierung auf die Bedeutung derivativer Finanzinstrumente zur Umverteilung von Risiken hinweist.

64 Siehe o.V., Blick durch die Wirtschaft vom 19.8.1993, S. 7.

65 Narat, Handelsblatt vom 30.12.1993, S. 25; o.V., FAZ vom 28.12.1993, S. 15. Demnach wird diese Intention durch das am 1. Januar 1994 in Kraft getretene Gesetz zur Bekämpfung des Mißbrauchs und zur Bereinigung des Steuerrechts (BR-Dr 788/93) zunichte gemacht. Bei den überwiegend zwecks Steuerersparnis konstruierten Finanzinnovationen wird nunmehr die Emissionsrendite besteuert. Damit wurde die bisherige Unsicherheit bzgl. der Steuerbarkeit von derivativen Finanzinstrumenten, insbesondere einer Vielzahl von Naked Warrants, die auch nach der Anweisung des Bundesfinanzministeriums vom April 1993 an die obersten Finanzbehörden der Länder (vgl. BMF-Schreiben vom 30.4.1993 - IV B 4 - S 2252 - 480/93; abgedruckt in DB 1993, 1058) fortbestand, beseitigt. Bereits nach dieser Anweisung zählen "zu den Einkünften aus Kapitalvermögen Zinsen, Entgelte und Vorteile, die unabhängig von ihrer Bezeichnung und der zivilrechtlichen Gestaltung bei wirtschaftlicher Betrachtung für die Überlassung von Kapitalvermögen zur Nutzung erzielt werden". Folglich sollen nicht nur Kapitalerträge aus Gleitzinsanleihen und Kombizinsanleihen sondern auch aus diversen Optionsscheinkonstruktionen, wie z.B. Mega-Zertifikate und Bandbreiten-Optionsscheine steuerpflichtig sein. Vgl. BMF-Schreiben vom 30.4.1993, a.a.O.; o.V., FAZ vom 13.5.1993, S. 23; Narat, Handelsblatt vom

Investmenthäuser und Banken stehen unter einem enormen Konkurrenzdruck. Sie glauben, sich durch Forschung und Entwicklung auf dem Gebiet der Finanzdienstleistungen Wettbewerbsvorteile verschaffen zu können. Verbesserte Kommunikationstechnologien[66] und eine zunehmende Globalisierung der Finanzmärkte begünstigen die Umsetzung des Innovationsdrucks. Dieser wird sowohl von der Angebots- als auch von der Nachfrageseite ausgelöst.[67]

Um die vorgegebenen Problemstellungen zu untersuchen, reicht es nicht aus, die Finanzinstrumente nur nach ihrem innovativen Gehalt abzugrenzen. Vielmehr sind weitere Kriterien herauszuarbeiten, um das Thema der Arbeit erschöpfend behandeln zu können.

21.5.1993, S. 14. Kritik an der Anweisung des Bundesfinanzministeriums übten Bankenvertreter, die eine entsprechende gesetzliche Maßnahme forderten und der Anweisung entgegenhielten, daß sie "unklar" und "in sich widersprüchlich" sei, vgl. o.V., Börsen-Zeitung vom 30.7.1993, S. 3; o.V., Börse ONLINE vom 21.5.-28.5.1993, S. 61. Von den Banken wird laut o.V., Blick durch die Wirtschaft vom 19.8.1993, S. 7, eine Steuervorschrift gefordert, die sich an "den Fundamentalnormen der Verläßlichkeit und der Bestimmtheit" orientiert. Kritisch zur Anweisung des Bundesfinanzministeriums o.V., BörsenBerater Nr. 7/1993, S. 10(11), indem die Frage gestellt wird, ob die durch Koppelung mehrerer Produkte, z.B. gleichzeitiger Kauf eines Call- und Put-Optionsscheins, erzielten Erträge steuerbar sind. Die geäußerten Bedenken werden durch das Gesetz zur Bekämpfung des Mißbrauchs und zur Bereinigung des Steuerrechts (BR-Dr 788/93) jedoch nicht vollends beseitigt. Von Narat, Handelsblatt vom 30.12.1993, S. 25 und Rüppel, Börsen-Zeitung vom 29.12.1993, S. 1, wird zu Recht vermutet, daß auch nach dem Inkrafttreten des Gesetzes die Verwirrung selbst unter Steuerexperten noch anhalten dürfte.

66 Breuer, Die Bank 1992, 564; Visholm/Braes, Börsen-Zeitung vom 18.09.1993, S. 18.

67 Vgl. Gleske, Die Bank 1986, 280(284 f); Schäfer, Die Bank 1986, 496(499); Schwark, Aktuelle Probleme, S. 24; Seipp, ZKredW 1987, 836; Breuer, ZKredW 1987, 833; ders., ZKredW 1993, 10; Gröschl, Sparkasse 1987, 246(247); Dombret, ZKredW 1987, 326; Bühler, Die Bank 1988, 129(132); Beer/Müller/Niehoff, S. 14; Eberstadt, ZKredW 1991, 741; Rehm, Sparkasse 1991, 294; Thieme, Bank Information 1991, S. 24.

1. Derivative Finanzinstrumente

Finanzinnovationen, die für Wertpapiermärkte entwickelt wurden, werden uneinheitlich als derivative Produkte oder als "Derivate" bezeichnet.[68] Daher soll untersucht werden, ob die Begriffe "Innovation" und "Derivat" als Synonyme für eine Kategorisierung der neu kreierten Kapitalmarktinstrumente verwandt werden können.

Der Begriff Derivat ist dem lateinischen Wort "derivatio" entlehnt und bedeutet "die Ableitung" oder aber "die Erweiterung eines vorhergehenden Begriffs zu einem neuen Ganzen".[69] Unter einem Derivat ist im übertragenen Sinne ein neues Finanzinstrument zu verstehen, das aus den Merkmalen eines anderen Finanzinstruments abgeleitet wurde. Demnach sind Finanzinstrumente als Derivate zu bezeichnen, wenn sie von den Merkmalen eines oder mehrerer Finanzinstrumente abgeleitet wurden und aufgrund dessen ein neues eigenständiges Handelsobjekt verkörpern. Darüber hinaus ist für Derivate charakteristisch, daß ihr Ertrag in der Regel von der Entwicklung anderer Kapitalanlageinstrumente oder künstlicher Bezugsobjekte, wie z.B. Indizes, abhängt.

Mit derivativen Finanzinstrumenten geht notwendigerweise eine "Erneuerung" einher. Aufgrund ihrer Konstruktion als Ableitung von Merkmalen bereits bestehender Finanzinstrumente verkörpern sie zugleich "Finanzinnovationen". Hieraus folgt im Umkehrschluß jedoch nicht, daß alle innovativen Finanzinstrumente auch "Derivate" sind. Finanzinnovationen setzen lediglich eine "Erneuerung" eines bereits bestehenden Kapitalmarktinstruments voraus. Dagegen setzen Finanzinnovationen nicht wie Derivate eine "Ableitung" aus den Merkmalen eines oder mehrerer Finanzinstrumente zu einem neuen, eigenständigen Handelsobjekt voraus. Finanzinnovationen können aus einem "originären" Finanzinstrument[70] kreiert werden. Allerdings werden sie allein durch eine "fortschrittliche" Ausgestaltung, eine Erneuerung, nicht zu einem neuen eigenständigen Finanzinstrument, einem Derivat. Derivate sind mehr als

68 Kollar, Sparkasse 1991, 366.

69 Siehe Georges, Erster Band, unter "derivatio", Spalte 2072; in diesem Sinne Haas/v.Kienle, unter "derivatio", S. 147.

70 Siehe die Ausführungen zu "originären Finanzinstrumenten" unter II.A.2.

nur neue Finanzinstrumente. Sie bedeuten für die Finanzindustrie einen "Entwicklungssprung" in eine völlig neue Dimension.[71]

Mithin ist auf dem deutschen Kapitalmarkt zwischen der Gruppe der "Innovationen" und der darin enthaltenen Teilmenge der "Derivate" zu unterscheiden. Neben den Derivaten bilden die "originären Finanzinstrumente" eine weitere Teilmenge der innovativen Finanzinstrumente.

Es gilt nunmehr, die an den deutschen Wertpapierbörsen gehandelten innovativen Finanzinstrumente in bezug auf ihre derivativen oder originären Eigenschaften zu untersuchen und abzugrenzen. Zusätzlich sind die vielfältigen Kombinations- und Variationsmöglichkeiten[72] dieser Finanzinstrumente herauszuarbeiten, um eine Kategorisierung der erfaßten Instrumente vorzunehmen.

a) Derivate als Kombination der Merkmale verschiedener Finanzinstrumente

Die Vielzahl neuer Finanzinstrumente, die einen derivativen Charakter aufweisen, lassen die Vermutung aufkommen, daß die Entwicklung einer nicht mehr überschaubaren Anzahl neuer Derivate möglich ist. Dafür spricht, daß derivative Finanzinstrumente nicht nur von Optionen[73], Optionsscheinen und Anleihen, sondern grundsätzlich auch von Swaps[74], certificates of deposits

---

71 Linz, ZKredW 1993, 563.

72 Vgl. Visholm/Braes, Börsen-Zeitung vom 18.09.1993, S. 18; Röller, S. 11(13), weist in diesem Zusammenhang darauf hin, daß die Elemente einer Anleihe nicht feststehen, sondern variiert werden können. Es besteht die Möglichkeit, deren einzelnen Elemente nach dem Baukastenprinzip in immer anderen Kombinationen neu zusammenzusetzen.

73 Hauck, S. 7(9), zeigt veroptierbare Instrumente auf, wobei er im Rahmen der Vielzahl der Kombinationsmöglichkeiten mit anderen Termininstrumenten auf volatilen Märkten besonders die Emission von Optionen auf bestehende, an der Börse gehandelte Optionen (traded options) für sinnvoll hält.

74 Gemäß Sommerau/Lips, Neue Zürcher Zeitung vom 26.10.1993, Beilage, S. B 20, basiert eine Swaptransaktion auf einer vertraglichen Vereinbarung zwischen zwei Parteien zum Austausch von Zahlungsströmen über eine

(CD) oder jeder Art von Hybriden[75] abgeleitet werden können.[76] Es handelt sich vielfach um Instrumente, bei denen Leistungsmerkmale von unkomplizierten Kapitalmarktprodukten durch Trennung und Neubegründung in einer bisher nicht praktizierten Weise kombiniert werden.[77] Als Trend auf diesem Sektor haben sich im wesentlichen zwei Verfahrensweisen herausgebildet, das "analytische Auseinanderbrechen" von Finanzprodukten in ihre einzelnen Elemente und das Zusammensetzen und Verbinden von Elementen einzelner Wertpapiere zu einer neuen Einheit.[78]

Durch das umfangreiche Angebot derivativer Instrumente eröffnen sich dem Privatanleger Möglichkeiten, die bisher nur größeren institutionellen Adressen zur Verfügung standen. Jedoch verfügen die privaten Anleger nicht immer über entsprechendes Spezialwissen und Hintergrundinformationen.[79] Deshalb ist es ihnen vielfach nicht möglich, die rechtliche Konstruktion neuer Produkte zu hinterfragen und diese Finanzinstrumente gezielt einzusetzen. Hierin spiegelt sich die Situation des gesamten Marktes für Derivate wider, auf welchem

---

bestimmte Laufzeit zu festgelegten Bedingungen. Ein Swapgeschäft kann sich nur auf die Zinszahlungen bzgl. der Zahlungsströme (sog. Zinssatzswap) oder auf Zinszahlungen und Nominalbeträge (sog. Währungsswap) beziehen. Eingehend zu den rechtlichen Aspekten der Zinssatz- und Währungsswaps, unter Berücksichtigung des Muster-Rahmenvertrages für Swapgeschäfte, Decker, WM 1990, 1001 ff.

75 Nach Bräuer/Pechtl/Schwarz, Börsen-Zeitung vom 18.09.1993, S. 22, sind sog. hybride Instrumente innovative Finanzprodukte, bei denen zwei oder mehrere Elemente unterschiedlicher Finanzmärkte kombiniert werden. Ebenso Wertschulte, Handelsblatt vom 23.09.1993, Beilage, S. B 2.

76 Hansell, Institutionel Investor, August 1990, 129(130).

77 In diesem Sinne, Seipp, ZKredW 1987, 836; Jackel, Die Bank 1990, 615; Reimpell, Die Bank 1990, 93; ebenso o.V., FAZ vom 11.8.1992, S. 15, in dem auf die Möglichkeit der Kombination verschiedener Optionsrechte im Rahmen der Kreierung neuer Optionsscheine hingewiesen wird. Siehe Göppel/Schlag, ZKredW 1991, 750(753 f), zur Möglichkeit der synthetischen Herstellung von Optionen und Futures durch Kombination der Charakteristiken von Aktien und festverzinslichen Anlagen.

78 Niemann, WM 1993, 777(778).

79 Siehe o.V., Börsen-Zeitung vom 17.03.1992, S. 1, demnach sind nicht nur Privatanleger, sondern auch "altgediente Anlageprofis" aufgrund der Vielzahl der Namen und Konstruktionen neuer Finanzinstrumente überfordert.

niemand mehr recht zu wissen scheint, welche verschiedenen Finanzinstrumente gehandelt werden[80].

Die Entwicklung von Finanzinnovationen wurde durch die Renaissance der Aktie in den 80er Jahren, als diese im Zuge des seither fortdauernden Wandels auf dem deutschen Aktienmarkt als Anlage- und Finanzierungsinstrument wiederentdeckt wurde, ausgelöst. Aufgrund des wachsenden Interesses an der Aktienanlage wurden zunehmend auch andere, von dem Anlagemedium Aktie abgeleitete Finanzinstrumente wie Aktienoptionen und Aktienoptionsscheine, populär.[81] Eine vergleichbare Entwicklung zeichnete sich bei den auf dem deutschen Markt notierten Optionsanleihen ab. Nachdem von deutschen Emittenten 1982 lediglich 2 Optionsanleihen begeben wurden, waren 1984 bereits 25 zu verzeichnen.[82] Den bis Mitte 1989 emittierten Optionsanleihen waren fast ausschließlich Optionsscheine, sogenannte Warrants, beigegeben, die dem Besitzer das Zusatzrecht zum Erwerb von Aktien des Emittenten während einer feststehenden Frist einräumen.[83] Noch im Jahre 1989 setzte ein Innovationsschub im Optionsscheinmarkt ein. Der Handel mit den ersten "Index-Warrants"[84] und "Covered Warrants"[85] wurde an den deutschen Börsen aufgenommen.[86] Bezeichnend für diese explosionsartige Entwicklung ist der Freiverkehr der Frankfurter Wertpapierbörse. Während 1988 fünf Optionsscheine zum Handel im Freiverkehr zugelassen waren, konnten im Februar 1991 bereits 263 Warrants gezählt werden.[87] In anderen Marktsegmenten der Frankfurter Wertpapierbörse, dem Amtlichen Handel sowie dem Geregelten Markt[88]ist seit 1990 ein vergleichbarer Anstieg an neu zum Handel

---

80 O.V., Blick durch die Wirtschaft vom 25.6.1993, S. 3.

81 Ziemer, Die Bank 1990, 507.

82 Kramer, ZKredW 1984, 890.

83 Ziemer, Die Bank 1990, 507(510).

84 Vgl. zu sog. Index Warrants, II.A.1.b)(6)(b)(iv).

85 Siehe zu "Covered Warrants", II.A.1.b)(b)(i).

86 Klein, William, in: Sonderbeilage zum Amtlichen Kursblatt der Frankfurter Wertpapierbörse 1991, S. 8.

87 Vgl. von Metzler, WM 1991, 312.

88 Gemäß Feingold, Börsen-Zeitung vom 18.09.1993, S. 19, wird die Mehrheit der Optionsscheine im Freiverkehr, ein kleiner Teil im Amtlichen Handel und im Geregelten Markt, gehandelt. Ebenso Ensel/Kötzing, Börsen-Zeitung vom 18.09.1993, S. 20, die des weiteren darauf hinweisen, daß seit November 1992 Optionsscheine per Bildschirm, d.h. mittels des IBIS-

zugelassenen Optionsscheinen zu verzeichnen. Nachdem im Jahre 1990 insgesamt 530 Optionsscheine an der Frankfurter Wertpapierbörse zugelassen waren, konnten 1991 bereits 669 und 1992 insgesamt 1.106 Optionsscheine gehandelt werden.[89] Der Trend setzte sich kontinuierlich bis Dezember 1993 fort. Auf den Kurszetteln der Frankfurter Wertpapierbörse befanden sich 2.021 Optionsscheine.[90]

Im weiteren soll zunächst eine Abgrenzung und Kategorisierung von Derivaten, die auf einer Kombination der Merkmale verschiedener Finanzinstrumente basieren, vorgenommen werden. Anschließend wird versucht, derivative Finanzinstrumente, die als Variation der Merkmale nur eines Finanzinstrumentes konstruiert wurden, abzugrenzen und zu kategorisieren.

(1) Optionsanleihen

Die rasante Entwicklung und Verbreitung derivativer Produkte, insbesondere der Optionen, hat das Fundament für eine Mischform von Finanzinstrumenten gelegt, nämlich die Verknüpfung von Rententiteln mit Aktien-, Währungs-, Zins- oder Indexoptionen.[91] Die am häufigsten praktizierte Kombination ist die Optionsanleihe, die auch Optionsschuldverschreibung genannt wird. Diese hat nach einer abnehmenden Beachtung innerhalb der vergangenen Jahrzehnte vor allem in den letzten Jahren wieder im besonderen Interesse der Emittenten gestanden.

In Deutschland konnten Optionsanleihen im Jahre 1990 bereits auf eine 65-jährige Tradition zurückblicken.[92] Bereits im Oktober 1925 emittierte die Karstadt AG als erstes deutsches Unternehmen eine Optionsanleihe. Diese

---

Systems (Integriertes Börsenhandels- und Informationssystem) der Frankfurter Wertpapierbörse, gehandelt werden.

89 Deutsche Börse AG (Hrsg.), Frankfurter Börsenstatistik 1992, S. 21.

90 Deutsche Börse AG (Hrsg.), Frankfurter Monatsstatistik Dezember 1993, S. 18.

91 Schnoor, Der Betrieb Spezial, Beilage Nr. 13/1991, S. 12; Kollar, Sparkasse 1991, 366(368).

92 Siehe Schumann, S. 9 ff, der ausführlich die Entwicklung der Optionsanleihe in Deutschland darstellt.

wurde jedoch als Auslandsanleihe in den USA begeben.[93] Im April 1991 kamen Hunderte von Optionsanleihen der Banken und Industrieunternehmen auf den Markt.[94] Ausschlaggebend für diese Entwicklung war die vorteilhafte doppelte Finanzierungsfunktion der Optionsanleihen.[95] Hinzu kam die erst seit einigen Jahren bestehende Möglichkeit, die Entgelte aus der Veräußerung der Optionsrechte zur Eigenkapitalverstärkung in die Kapitalrücklage aufnehmen zu können.[96]

Optionsanleihen sind, meist niedrig verzinsliche, Anleihen mit Optionsrechten[97], die in einem oder mehreren Optionsscheinen (sog. Warrants) verbrieft sind.[98] Das Optionsrecht ermöglicht dem Berechtigten über einen gewissen Zeitraum hinweg den Erwerb einer bestimmten Anzahl von Aktien zu einem festgelegten Preis.[99] Optionsanleihen ermöglichen eine ideale Synthese zwischen den Interessen des emittierenden Unternehmens und denen der

---

93 Schumann, S. 1, Fn. 3 und S. 9; Zwirner, Börsen-Zeitung vom 18.09.1993, S. 26. Eingehend zur Tradition der Optionsanleihe, Ziemer, Die Bank 1990, 507(512).

94 Binkowski/Beek, S. 17.

95 Vgl. Schumann, S. 13, 44 f, demnach erhalten die Emittenten über die Schuldverschreibung Fremdkapital zu äußerst günstigen Bedingungen und können zugleich ihre Eigenkapitalbasis stärken. Differenzierend Zwirner, Börsen-Zeitung vom 18.09.1993, S. 26.

96 Siehe Holzheimer, WM 1986, 1169(1172), der im übrigen die steuerliche Behandlung von Optionsanleihen beim Erwerber untersucht. Ebenso Zwirner, Börsen-Zeitung vom 18.09.1993, S. 26, der darauf hiweist, daß die vereinnahmte Optionsprämie nur dann steuerneutral in der Kapitalrücklage verbleiben darf, wenn die Warrants auch ausgeübt werden. Ansonsten ist die Optionsprämie nach Ablauf der Optionsfrist nachträglich zu versteuern. Siehe Jung, Börsen-Zeitung vom 18.09.1993, S. 23, der die steuerrechtliche Behandlung von Optionsscheinen eingehend darlegt.

97 Sienel/Lupp, WirtschaftsWoche vom 21.2.1992, S. 84(90), bezeichnen Anleihen, deren Ausgabebedingungen ein Wahlrecht des Emittenten dahingehend vorsehen, daß dieser bei Fälligkeit eine Option hinsichtlich der Art der Rückzahlung besitzt, als "Koppelanleihen".

98 Siehe Büschgen, unter "Optionsanleihe", S. 520. Gemäß Fugger, Börse ONLINE vom 12.11.-19.11.1993, S. 81, stellen die der Optionsanleihe beigefügten Warrants quasi einen Ausgleich für den Renditenachteil dar.

99 Schumann, S. 1.

Anleger.[100] Allerdings enthält weder das Aktiengesetz noch das Handelsgesetzbuch eine Legaldefinition der Optionsanleihe. Die Rechtsgrundlage für die Begebung solcher Wertpapiere findet sich in § 221 Abs. 1 AktG[101], der die Emission von "Schuldverschreibungen, bei denen den Gläubigern ein Umtausch- oder Bezugsrecht auf Aktien eingeräumt wird", zuläßt. In bezug auf Optionsanleihen ist die zweite Variante einschlägig. Deren Emission setzt einen Beschluß der Hauptversammlung der emittierenden Gesellschaft mit drei Viertel des bei Beschlußfassung vertretenen Grundkapitals voraus[102]. Die Optionsanleihe selbst bleibt unabhängig davon, ob Aktien bezogen werden oder nicht, bis zum Ende ihrer Laufzeit bestehen.[103] In dem von der Anleihe abtrennbaren[104] und separat handelbaren Optionsschein wird das Optionsrecht[105] selbständig verbrieft. Der Erwerb einer Optionsanleihe erfolgt durch Zahlung einer Prämie.[106] Der Zeichnungsbetrag läßt sich theoretisch in einen Teil, der auf das Darlehen entfällt und in einen weiteren, der auf das Optionsrecht entfällt, aufteilen.[107] Es gibt zwei Hauptgruppen von Optionsanleihen. Bei der einen wird dem Emittenten die Option hinsichtlich des vorgesehenen Zusatzrechts eingeräumt, bei der zweiten Gruppe dem Anleger.

---

100 In diesem Sinne Zwirner, Börsen-Zeitung vom 18.09.1993, S. 26.

101 Lutter in: Kölner Kommentar zum AktG, § 221 Rn. 10; Steiner, WM 1990, 1776(1777).

102 Schilling, in: Großkommentar, § 221 AktG Anm. 17.

103 Kramer, ZKredW 1984, 890(892).

104 Gemäß Schumann, S. 25, besteht die Möglichkeit in den Anleihebedingungen festzulegen, daß die Abtrennbarkeit der Optionsscheine von der Schuldverschreibung erst nach Begebung der Optionsanleihe geregelt wird.

105 Siehe Schumann, S. 15 ff, 24, der zu Recht klarstellt (S. 19), daß Optionsrecht und Bezugsrecht keine Synonymbegriffe sind, die für das zweite Element der Optionsanleihe in gleicher Weise verwandt werden könnten. Im Zusammenhang mit Optionsanleihen ist der Terminus "Optionsrecht" zu verwenden. A.A. Lutter in: Kölner Kommentar zum AktG, § 197 Rn. 5, der die mit Optionsanleihen verbundenen Zusatzrechte als "Bezugsrechte" im Sinne des § 187 Abs. 1 AktG einstuft.

106 Vgl. zum rechnerischen Preis, zu dem der Anleger allein den Optionsschein oder die Optionsanleihe mit Schein (d.h. cum) erwerben kann, Weger, S. 193 ff.

107 Piltz, S. 155(160).

Die Optionsanleihe in ihrer klassischen Variante räumt dem Anleger ein Wahlrecht ein. Der Inhaber der Optionsanleihe wird aufgrund des im Optionsschein verbrieften Rechts berechtigt, während einer feststehenden Frist Aktien des Emittenten, Anleihen und/oder eine Währung zu den vorher festgelegten Bedingungen zu erwerben.[108] Im übrigen sind diese Optionsanleihen wie Anleihen ausgestattet. Sie lauten auf eine bestimmte Währung, haben überwiegend eine feste Verzinsung und verbindliche Rückzahlungsmodalitäten.[109]

Die zweite Gruppe der Optionsanleihen sieht in Abgrenzung hierzu vor, daß dem Emittenten das Wahlrecht eingeräumt wird. Er erwirbt von dem als Stillhalter auftretenden Anleger eine Option. Der Anleger erhält dafür als Äquivalent eine Optionsprämie in Form einer deutlich über dem Marktniveau liegenden Verzinsung.[110]

Auf Basis der zweiten Variante wurde von der Westdeutschen Landesbank, Girozentrale, Düsseldorf (WestLB), im April 1991 eine Optionsanleihe emittiert. Die Anleihe war als Verkauf einer Put-Option (Verkaufsoption) vom Anleger an die WestLB kreiert. Der WestLB wurde ein Rückzahlungswahlrecht eingeräumt, das sich an dem Deutschen Aktienindex (DAX)[111] ausrichtete.[112] Die Option räumte der WestLB das Recht ein, bei Fälligkeit der Anleihe nach zwei Jahren die Rückzahlung entweder zum Nominalwert (DM 1.500,-- pro Schuldverschreibung) oder DM 1,-- pro DAX-Punkt zurückzuzahlen. Demnach stand der WestLB bei Fälligkeit das Recht zu, die Optionsanleihe zum Nominalwert zurückzuzahlen, wenn der DAX über 1500 Punkten lag. Sollte der

108 Binkowski/Beeck, S. 98; Baxmann, Die Bank 1991, 494(496).

109 Siehe Büschgen, unter "Optionsanleihe", S. 520.

110 Kollar, Sparkasse 1991, 366(368). Zu den bekanntesten Produkten dieser Gattung zählt nach Auffassung von Sienel/Lupp, WirtschaftsWoche vom 21.02.1992, S. 84(90), die Anleihe der Landeskreditbank (LKB) Baden-Württemberg, die der Emittentin am Ende der Laufzeit die Wahlmöglichkeit zwischen der Tilgung der Anleihe zum Nominalwert oder der Rückzahlung in Form von Bayer-Aktien einräumt.

111 Der "DAX" ist ein laufend aktualisierter Performance-Index, der auf 30 deutschen Aktien basiert, die nach Börsenumsatz, Börsenkapitalisierung sowie nach frühen Eröffnungskursen ausgewählt und nach ihrem zugelassenen Grundkapital gewichtet werden. Siehe hierzu Richard, Kapitel 3.

112 Vgl. die eingehenden Ausführungen von Schnoor, Der Betrieb Spezial 1991, Beilage 13 zu Heft 46, S. 12.

DAX unter 1500 Punkte gefallen sein, konnte an den Anleger DM 1,-- pro DAX-Punkt gezahlt werden. Als Gegenleistung für dieses Wahlrecht erhielt der Anleger eine Nominalverzinsung für die Anleihe, die mit 10 3/4 % p.a. eine deutlich über dem Marktzinsniveau liegende Rendite realisiert, sofern der DAX bei Fälligkeit bei 1500 Punkten oder darüber lag.[113]

Die Begebung einer Optionsanleihe nach dem Muster der WestLB setzt voraus, daß auf dem Optionsmarkt die professionellen Teilnehmer kurzfristig eine Meinung hinsichtlich der Entwicklung des DAX haben, die der langfristigen Sicht des Anlegers diametral entgegengesetzt ist. Nur unter dieser Prämisse läßt sich die Optionsanleihe vom emittierenden Kreditinstitut vorteilhaft veräußern.

Die Emissionsbedingungen von Optionsanleihen sehen grundsätzlich vor, daß mit Beginn der Optionsfrist über den Optionsschein getrennt verfügt werden kann. Der Anleger hat demnach während der gesamten Laufzeit der Anleihe die Möglichkeit, diese entweder mit Optionsschein ("cum"), ohne Optionsschein ("ex") oder nur den Optionsschein - nach Trennung von der Anleihe - zu erwerben. Aus der Möglichkeit, einen oder mehrere Optionsscheine von der Anleihe zu separieren, folgt der Optionscharakter von Optionsanleihen, der sich wiederum vom Anleihecharakter trennen läßt.[114] Optionsanleihen verkörpern folglich innovative Finanzinstrumente in Form sogenannter Derivate, die auf einer Ableitung der Merkmale verschiedener Finanzinstrumente basieren. Durch die Kombination aus Fremd- und Eigenfinanzierungsmitteln[115] wird ein neues eigenständiges Finanzinstrument konstruiert.[116]

---

113 Vgl. o.V., ZKredW 1991, 415.

114 Binkowski/Beeck, S. 98.

115 Siehe Schumann, S. 26, 29.

116 Vgl. Piltz, S. 155(161), der, ohne eine weitere Differenzierung vorzunehmen, in der Begebung von Optionsanleihen eine Innovation sieht. Dadurch wird die Möglichkeit eröffnet, daß die Optionsrechte von der Muttergesellschaft aus bedingtem Kapital bereitgestellt werden.

(2) Wandelanleihen

Mit Erwerb einer Wandelanleihe[117], auch Wandelschuldverschreibung oder Wandelobligation genannt, wird dem Inhaber grundsätzlich das Recht eingeräumt, die Anleihe zu einem bestimmten Zeitpunkt in einem bestimmten Umwandlungsverhältnis in Aktien zu tauschen.[118]

Im Unterschied zur Optionsanleihe ist bei der Wandelanleihe das Optionsrecht untrennbar mit der Anleihe verbunden. Bei einer fakultativen Optionsausübung wird die Anleihe in das entsprechende Basisobjekt gewandelt.[119] Bei Ausübung des Wandlungsrechts ist der zu zahlende Basispreis durch Rückgabe der Anleihestücke, unter eventueller Entrichtung einer Zuzahlung, zu leisten. Schließlich liegt die entscheidende Abweichung zur Optionsanleihe darin, daß die Gläubiger einer Wandelschuldverschreibung mit der Wandlung den Inhalt ihres Schuldverhältnisses zur Gesellschaft rechtsgestaltend ändern, während dies bei Ausübung des Optionsrechts nicht der Fall ist.[120]

Wandelanleihen entstehen demnach aus einer Ableitung der Merkmale anderer Finanzinstrumente. Dem Anleger wird das Recht zum Bezug einer oder mehrerer Aktien des Emittenten zu einem bestimmten Preis eingeräumt. Daneben steht ihm bis zur Ausübung des Wandlungsrechts ein Anspruch auf den in der Anleihe verbrieften Zinssatz zu. Folglich zählen Wandelanleihen[121]

---

117 Siehe hierzu Steiner, WM 1990, 1776(1779). Auf dem deutschen Kapitalmarkt wurden von der Friedrich Schwab AG bereits im Jahre 1967 Wandelschuldscheindarlehen mit einem Emissionsvolumen von DM 24 Mio. begeben. Dadurch wurde ein bedingtes Kapital in Höhe von DM 12 Mio. geschaffen.

118 O.V., FAZ vom 12.10.1992, S. 24. Die Wandelanleihe ist Urvater von sogenannten hybriden Wertpapieren. Darunter sind u.a. Anleihen zu verstehen, deren laufende Zinszahlung oder Tilgungskurs von der Preisentwicklung eines anderen Wirtschaftsgutes, z.B. Goldpreis, Rohstoffpreis, Wechselkurs oder Aktienindex, abhängig ist.

119 Binkowski/Beeck, S. 100.

120 So Schumann, S. 30.

121 Gemäß o.V., Börsen-Zeitung vom 2.3.1994, S. 21, gab es zwischen 1990 und Mitte 1993 keine Neuemission von Wandelanleihen durch deutsche Schuldner. Zur Zeit gibt es auf dem deutschen Markt nur 8 Wandelanleihen (vier deutsche, drei japanische und eine belgische).

zu den Derivaten, die durch eine Kombination der Merkmale verschiedener Finanzinstrumente entwickelt werden.

(3) Genußscheine

Die Emission von Genußscheinen erfährt in den letzten Jahren eine immer größer werdende Beliebtheit. Nachdem Genußscheine als Mittel zur Kapitalbeschaffung zunächst vornehmlich von der Industrie begeben wurden, gewinnen sie insbesondere für Kreditinstitute zunehmend an Bedeutung.[122] Im Jahre 1984 waren an den deutschen Börsen von lediglich vier Unternehmen Genußscheine mit einem Volumen von 254 Mill. DM plaziert, während bereits im Juni 1988 von 23 Firmen ein Emissionsvolumen von 2,1 Mrd. DM aufgebracht wurde.[123] Die sprunghafte Entwicklung[124] setzte sich bis 1993 fort. Im April 1993 wurden von 54 Emittenten 111 börsennotierte Genußscheine mit einem Nennwert von 15,1 Mrd. DM begeben.[125]

Ein Grund für die zunehmende Emission von Genußscheinen liegt in der ab dem 1. Januar 1993 in Kraft getretenen vierten Neufassung des Gesetzes über das Kreditwesen (KWG), mit der im wesentlichen zwei Richtlinien des Rates der EG in deutsches Rechts umgesetzt wurden.[126] Die bisherige Begrenzung des als haftendes Eigenkapital anerkannten Genußrechtskapitals auf 25 % des

---

122 In diesem Sinne Sethe, AG 1993, 293, 295 ff.

123 Gerdes, ZKredW 1991, 840; Steiner, WM 1990, 1776(1779).

124 An den deutschen Börsen wurden 1989 bereits 30 Genußscheine im Nennwert von 3,3 Mrd. DM zum Handel zugelassen. Vgl. von Rosen, Der langfristige Kredit 1991, 724(726).

125 O.V., Börsen-Zeitung vom 20.4.1993, S. 5.

126 Umgesetzt wurden die Richtlinien des Rates vom 17. April 1989 über die Eigenmittel von Kreditinstituten (89/299/EWG, ABl. EG Nr. L 124 S. 16) und vom 3. Dezember 1991 zur Durchführung der Richtlinie 85/299/EWG über die Eigenmittel von Kreditinstituten (91/633 EWG, ABl. EG Nr. L 339 S. 33) sowie die Zweite Richtlinie des Rates vom 15. Dezember 1989 zur Koordinierung der Rechts- und Verwaltungsvorschriften über die Aufnahme und Ausübung der Tätigkeit der Kreditinstitute und zur Änderung der Richtlinie 77/780/EWG (89/646/EWG, ABl. EG Nr. L 386 S. 1). Vgl. hierzu Bundesrat Drucksache 504/92 vom 14.08.1992, S. 5, 22.

sonstigen haftenden Eigenkapitals wurde gestrichen. Nunmehr kann nach § 10 KWG Genußrechtskapital als Ergänzungskapital bis zur Höhe des Kernkapitals als haftendes Eigenkapital anerkannt werden.[127] Ein weiteres Motiv für die Ausgabe von Genußscheinen ist, daß es für Kreditinstitute und andere Unternehmen in Zeiten niedriger Börsenkurse weniger interessant ist, neue Aktien zu emittieren, da dies nicht die erhofften Erträge einbringen würde. Folglich werden in diesen Phasen zur Anhebung der für die Kreditvergabe wichtigen Eigenkapitalquote Genußscheine begeben.[128] Auffallend ist, daß im Mai 1992 allein 87,9 % der börsennotierten Genußscheine[129] und 90 % aller in der Bundesrepublik Deutschland gehandelten Genußscheine von Kreditinstituten emittiert wurden[130].

Diese Entwicklung wurde durch eine fehlende begriffliche Definition des Genußrechts im deutschen Recht begünstigt, das lediglich bestimmte Rechtsfolgen an Genußrechte knüpft.[131] Mangels fehlender gesetzlicher Vorschriften besteht die Möglichkeit, Genußrechte relativ frei auszugestalten[132] und in Genußscheinen zu verbriefen[133]. Genußscheine selbst sind Wertpapiere, die Rechte verschiedener Art, wie einen Anspruch auf einen Anteil am Reingewinn und/oder am Liquidationserlös, jedoch ohne Stimmberechtigung, gegenüber einer Aktiengesellschaft verbriefen. Gleichzeitig partizipiert der Erwerber aufgrund der Eigenschaft der Genußscheine als "Quasi-Beteiligungskapital" an dem Risiko des Kapitalverlustes.[134] Genußscheine gewähren demnach reine

---

127 Bundesrat Drucksache 504/92 vom 14.08.1992, S. 32.

128 Wardenbach, Die Welt vom 2.6.1993, S. 17.

129 O.V., Börsen-Zeitung vom 6.5.1992, S. 14.

130 Wardenbach, a.a.O.

131 Sethe, AG 1993, 293(296).

132 Merk, BörsenBerater Nr. 7/1993, 4(5), rät aufgrund des bei der Ausgestaltung von Genußscheinen bestehenden erheblichen Freiraums, den Emissionsprospekt genau zu studieren.

133 In diesem Sinne, von Rosen, Der langfristige Kredit 1991, 724(726); Möller, Sparkasse 1987, 241.

134 Siehe die umfassende Untersuchung zum rechtlichen Charakter des Genußrechts, Thielemann, S. 51 ff, 220 f; Möller, Sparkasse 1987, 241(244); Wardenbach, Die Welt vom 2.6.1993, S. 17, der darauf hinweist, daß das in Genußscheinen angelegte Geld wie Eigenkapital behandelt wird und deshalb voll am Verlust der Emittentin beteiligt ist.

Gläubigerrechte schuldrechtlicher Art. Sie beinhalten Forderungs-, nicht aber Mitwirkungs-, Teilnahme- oder Stimmrechte an der Gesellschaft.

Folglich weisen Genußscheine zwingende Merkmale auf. Genußrechte gewähren schuldrechtliche Ansprüche gegen eine Gesellschaft. Dem Genußrechtsinhaber werden Vermögensrechte eingeräumt, die typischerweise auch den Gesellschaftern zustehen (können).[135] Genußscheine sind deshalb als Zwitter einzustufen, die ähnlich einer Wandelanleihe, je nach Ausstattung, sowohl Elemente einer Aktie als auch einer Schuldverschreibung aufweisen.[136]

Dem Emittenten eröffnet die Begebung von Genußscheinen die Möglichkeit, mittels eines äußerst flexiblen Finanzierungsinstruments, die Vergütung, die Laufzeit- und die Rückzahlungsmodalitäten vielfältig zu variieren.[137] Es kann eine rein dividendenabhängige Ausschüttung mit einer Mindestverzinsung und dividendenabhängigem Teil oder mit einer festverzinslichen Vergütung kombiniert werden.[138] Allerdings führen die vielfältigen Ausgestaltungsmöglichkeiten zu einer geringeren Markttransparenz, so daß sich der gesamte Markt der Genußscheine nur schwer erfassen läßt.[139] Aus Sicht des Anlegerschutzes wird an Genußscheinen mit Recht kritisiert, daß zwischen der in der Regel vereinbarten Beteiligung am laufenden Verlust bzw. der Nachrangigkeit[140] des eingesetzten Kapitals im Liquidationsfall und den Informations-

---

135 Sethe, AG 1993, 293(297); Möller, Sparkasse 1987, 241 m.w.N.

136 Vgl. statt anderer Wardenbach, Die Welt vom 2.6.1993, S. 17; Merk, BörsenBerater Nr. 7/1993, S. 4(5); Issels, Börse ONLINE vom 26.11.-3.12.1993, S. 78.

137 Möller, Sparkasse 1987, 241(242 f).

138 Binkowski/Beeck, S. 14. Nach Büschgen, Stichwort "Genußscheine", S. 291, lassen sich Genußscheine anhand ihrer Ausschüttungsbestimmungen in vier Gruppen unterteilen: festverzinsliche Wertpapiere mit Beteiligung am Verlust; Genußscheine mit Mindestausschüttung sowie dividendenabhängigen Bonus; Genußscheine mit vollkommen dividendenabhängiger Ausschüttung; Genußschein mit renditeabhängiger Ausschüttung.

139 O.V., Börsen-Zeitung vom 6.5.1992, S. 14.

140 Siehe zur sog. Nachrangabrede, Möller, Sparkasse 1987, S. 241(243). Die Nachrangabrede bedeutet den Ausschluß eines Rückerstattungsanspruches der Genußrechtsinhaber gegenüber den Emittenten, wenn dieser die Forderungen der übrigen Gläubiger nicht erfüllen kann. Merk, BörsenBerater Nr. 7/1993, 4(5), weist ausdrücklich darauf hin, daß Genußscheine im

sowie Mitspracherechten des Genußscheininhabers ein Mißverhältnis besteht.[141]

Der Anleger ist aufgrund des Erwerbs von Genußscheinen nicht unbeachtlichen Risiken ausgesetzt. Der Inhaber eines Optionsgenußscheins trägt ein Kapitalrisiko, da aufgrund der Beteiligung am laufenden Verlust die Zinszahlungen und die Rückzahlung mit der wirtschaftlichen Situation des Emittenten verknüpft sind.[142] Daneben erschwert die Möglichkeit des Emittenten, die Laufzeit, Ausschüttung und Haftung von Genußscheinen zu variieren, somit die fehlende Standardisierung, dem Käufer, die mit diesen Wertpapieren verbundenen Risiken zu erkennen.

Für den Inhaber von Genußscheinen ergeben sich weitere Risiken daraus, daß trotz der zunehmenden Börsennotierung von Genußscheinen für diese wegen der geringen Umsatztätigkeit im Sekundärhandel kein funktionsfähiger Markt existiert.[143] Deshalb werden bei vielen Genußscheinemissionen deren Risiken durch besonders hohe Renditen kompensiert.[144]

Genußscheine zählen demnach aufgrund ihrer Struktur, einer Kombination von Merkmalen verschiedener Finanzinstrumente, zur Kategorie der Derivate.

(4) Optionsgenußscheine

Die Kategorisierung von Optionsgenußscheinen setzt die Kenntnis der rechtlichen und tatsächlichen Elemente von Genußscheinen voraus. Genußscheine sind Wertpapiere, die Rechte verschiedener Art, wie einen Anspruch auf einen Anteil am Reingewinn und/oder am Liquidationserlös, jedoch ohne Stimm-

---

Vergleich zu festverzinslichen Wertpapieren wegen der Nachrangabrede erheblich höhere Risiken aufweisen.

141 O.V., Börsen-Zeitung vom 6.5.1992, a.a.O.

142 Vgl. o.V., FAZ vom 14.5.1992, S. 25, unter Hinweis auf die Totalverluste, die Inhaber von Genußscheinen des Duisburger Handelshauses Klöckner & Co 1988 erlitten; ebenso Wardenbach, Die Welt vom 2.6.1993, S. 17; Issels, Börse ONLINE vom 26.11.-3.12.1993, S. 78.

143 In diesem Sinne o.V., Börsen-Zeitung vom 4.12.1991, S. 5.

144 Reil, Welt am Sonntag vom 16.8.1992, S. 27.

berechtigung gegenüber einer Aktiengesellschaft verbriefen. Gleichzeitig haftet der Inhaber von Genußscheinen aufgrund deren Eigenschaft als "Quasi-Beteiligungskapital" für Kapitalverluste.[145]

Mangels einer gesetzlichen Regelung des Genußscheins und den hieraus resultierenden vielfältigen Ausgestaltungsmöglichkeiten der Emissionsbedingungen können Genußscheine mit Options- oder Wandelrechten versehen werden. Indem in den Genußscheinbedingungen für den Fall des Ablaufs der Optionsfrist bzw. einer fristgemäßen Kündigung anstatt einer Rückzahlung ein Umtauschrecht in Aktien festgeschrieben wird, entstehen "Wandelgenußscheine" bzw. "Optionsgenußscheine". Wandelgenußscheine können zu einem festgelegten Verhältnis in Aktien getauscht werden, während Optionsgenußscheine eine Option zum Kauf der Aktien zu festgelegten Konditionen bieten.[146] Darüber hinaus bieten Optionsgenußscheine die Möglichkeit, ihnen Optionsscheine (sog. Warrants) hinzuzufügen, die nach Trennung vom Genußschein selbständig handelbar sind.[147]

Die Begebung von Optionsgenußscheinen, bei denen Optionsrechte auf Aktien eingeräumt wurden, ist von BBC, Alldelphi, Pittler, Berliner Bank und anderen praktiziert worden. Mit Beginn der 90er Jahre rückten Optionsgenußscheine durch die Emissionen des Autoverleihers Sixt und der Bayerischen Hypotheken- und Wechsel-Bank AG wieder verstärkt in den Vordergrund.[148] Insbesondere Kreditinstitute haben in jüngster Vergangenheit verstärkt Optionsgenußscheine begeben.[149] Der Grund dieser Emissionsaktivitäten liegt darin, daß Kreditinstitute unter Ausschöpfung neuer Normen ihre Eigenmittel verstärken wollen. Seit der Novellierung des KWG am 1. Januar 1993 wird

---

145 Siehe unter II.A.1.a)(3).

146 O.V., FAZ vom 14.5.1992, S. 25.

147 Vgl. Schulz, Die Bank 1993, 476(477 f); Ensel/Kötzing, Börsen-Zeitung vom 18.9.1993, S. 20; Kollar, Börsen-Zeitung vom 18.09.1993, S. 21.

148 Steiner, WM 1990, 1776(1779).

149 Siehe zu den Emissionsbedingungen des Optionsgenußscheins der Commerzbank AG im September 1991, o.V., ZKredW 1991, 902. Gemäß o.V., FAZ vom 18.03.1992, S. 26, sind die Optionsgenußscheine der Berliner Handels- und Frankfurter Bank KGaA (BHF-Bank) vom Markt gut aufgenommen worden. Siehe o.V., FAZ vom 27.02.1992, S. 20, zu der Ausstattung der BHF-Optionsgenußscheine. Ebenso Neuhofer, in: Börse ONLINE vom 28.02.-05.03.1992, S. 61; o.V., ZKredW 1992, 194 f.

Kreditinstituten Genußscheinkapital nicht mehr nur bis zu einem Viertel des Gesamtkapitals als haftendes Eigenkapital anerkannt[150], sondern bis zur Höhe des Kernkapitals[151].

In ihrer Risikostuktur sind Optionsgenußscheine mit Genußscheinen gleichzusetzen.

Demnach bestehen Optionsgenußscheine aus einer Kombination der Merkmale von zwei Finanzinstrumenten. Es werden Elemente des Genußscheins und der Aktie miteinander verbunden. Hierdurch entsteht ein neues eigenständiges Finanzinstrument. Der Optionsgenußschein wird zu Recht als "Zwitter zwischen Anleihe und Aktie" eingestuft.[152] Optionsgenußscheine zählen zu den Derivaten, die aus der Kombination von Merkmalen zweier verschiedener Finanzinstrumente hervorgehen.

b) Derivate als Variation der Merkmale eines Finanzinstruments

Obwohl die Bandbreite der derivativen Finanzinstrumente bereits außerordentlich groß ist, haben Kreditinstitute in den letzten Jahren neue Variationen entwickelt[153], die die Nutzung dieser Produkte erweitern und verbessern. Grundsätzlich werden zur Konstruktion derivativer Finanzinstrumente Leistungsmerkmale herkömmlicher Finanzprodukte getrennt und in neuer Weise angeordnet. Dabei wird unter anderem auf die Methode der Kombination der Merkmale verschiedener Finanzinstrumente zurückgegriffen.[154] Eine weitere Möglichkeit zur Kreierung von Derivaten ist die Variation der Merkmale nur eines anderen Finanzproduktes. Hierdurch eröffnet sich bereits ein beträchtliches Innovationspotential, indem zum Beispiel bei Optionsscheinen der optierte Wert (sog. Underlying) variiert wird.

---

150 O.V., FAZ vom 14.5.1992, S. 25.
151 Siehe II.A.1.a)(3).
152 O.V., FAZ vom 14.5.1992, a.a.O.
153 Nach Tzermias, Neue Zürcher Zeitung vom 27./28.6.1993, S. 11, werden neu konzipierte Finanzinstrumente in zunehmend verwirrenden Varianten gehandelt.
154 Siehe unter II.A.1.a).

Im folgenden Abschnitt sollen Derivate, die auf einer Variation der Merkmale lediglich eines anderen Finanzprodukts beruhen, abgegrenzt und kategorisiert werden.

(1) Doppelwährungsanleihen

Kennzeichnend für Doppelwährungsanleihen ist, daß deren Emission, insbesondere die Einzahlung der Käufer und die Zinszahlung des Emittenten, meist in der Währung eines Niedrigzinslandes erfolgen. Im Gegensatz dazu ist die Rückzahlung des Anleihebetrages in einer anderen Währung, oftmals in einem festen US$-Kurs, vorgesehen.[155] Diese Konstruktion bedingt, daß die Verzinsung meist höher ist als bei vergleichbaren normalen Anleihen, da der Anleger ein Währungsrisiko bzgl. des eingesetzten Kapitals eingeht.

Charakteristisch für Doppelwährungsanleihen ist demnach, daß sie aus den Merkmalen einer Anleihe abgeleitet werden. Folglich sind sie als derivative Finanzprodukte zu bezeichnen, die auf einer Variation der Merkmale nur eines anderen Finanzinstrumentes beruhen.

(2) Kombi- und Gleitzinsanleihen

Kombi- und Gleitzinsanleihen wurden aus dem Antrieb heraus geschaffen, dem Anleger steuerfreie Einkommen zu ermöglichen.[156] Deshalb sind diese

---

155 Siehe Büschgen, unter "Doppelwährungsanleihe", S. 197.

156 Vgl. Narat, Handelsblatt vom 30.12.1993, S. 25; o.V., FAZ vom 28.12.1993, S. 15. Demnach wird diese Intention durch das am 1. Januar 1994 in Kraft getretene Gesetz zur Bekämpfung des Mißbrauchs und zur Bereinigung des Steuerrechts (BR-Dr 788/93) zunichte gemacht. Bei den überwiegend zwecks Steuerersparnis konstruierten Finanzinnovationen wird nunmehr die Emissionsrendite besteuert. Narat, Handelsblatt vom 30.12.1993, S. 25 und Rüppel, Börsen-Zeitung vom 29.12.1993, S. 1, vermuten zu Recht, daß auch nach dem Inkrafttreten des Gesetzes die Verwirrung über die Steuerbarkeit von Finanzinnovationen selbst unter Steuerexperten noch anhalten dürfte.

Anleihen grundsätzlich so konstruiert, daß bei den Kombizinsanleihen in den ersten Jahren keine und bei den Gleitzinsanleihen nur geringe Zinszahlungen anfallen.[157] Bei Kombizinsanleihen werden während der Restlaufzeit Zinsen in Höhe zwischen 19 und 29 % gezahlt.[158] Sie sind in den ersten Jahren mit Null-Kupon-Anleihen und gegen Ende der Laufzeit mit Hochzins-Anleihen vergleichbar. Dadurch sollte dem Anleger entsprechend seiner Steuerprogression eine Verlagerung der Zinserträge ermöglicht werden. Vergleichbare Emissionsbedingungen finden sich bei Gleitzinsanleihen, die anfänglich einen festen Zinssatz vorsehen, der gegen Ende der Laufzeit langsam steigt oder fällt.[159]

Der Kurs der zu 100 % ausgegebenen Kombizins-Anleihen kann aufgrund der Emissionsbedingungen bis zum ersten Zinszahlungstermin nahezu um 150 % ansteigen, um dann bis zur Endfälligkeit der Anleihe wieder langsam auf 100 % zurückzugehen. Nach der bis April 1993 vorherrschenden, wenn auch bereits damals strittigen und heute durch Gesetz widerlegten Annahme der Steuerfreiheit dieser Finanzinstrumente, hätte der Anleger bei einem Kurshöhepunkt der Kombizinsanleihe durch deren Verkauf einen steuerfreien Kursgewinn erzielen können.[160]

---

157 Siehe Wagner/Wangler, DB 1992, 2405, die eine "steuerliche Vorteilhaftigkeitsanalyse" von Kombizins-Anleihen vornehmen. Anhand der gewonnenen Erkenntnisse werden die Ursachen für die sich häufenden "Innovationen" untersucht.

158 Vgl. o.V., Börsen-Zeitung vom 29.4.1992, S. 11, demnach ist die von der Service Bank GmbH emittierte Kombizins-Anleihe in den beiden letzten Laufzeitjahren mit einem Kupon von jeweils 29,25 Prozent ausgestattet.

159 Vgl. Köpf, Das Wertpapier vom 5.6.1992, S. 6, der eingehend die Merkmale von Kombi- bzw. Gleitzinsanleihen aufzeigt. Siehe tp, Das Wertpapier vom 27.3.1992, S. 11; Wsc, WirtschaftsWoche vom 27.3.1992, S. 94; Vetter, Welt am Sonntag vom 16.8.1992, S. 26; o.V., Der Spiegel vom 13.7.1992, S. 91(95, 98).

160 Siehe Köpf, Das Wertpapier vom 5.6.1992, S. 6(7), zur steuerrechtlichen Problematik der Kombi- und Gleitzinsanleihen unter der vormaligen Rechtslage. Ebenso Staab, Das Wertpapier vom 27.3.1992, S. 11. Vgl. Narat, Handelsblatt vom 30.12.1993, S. 25; o.V., FAZ vom 28.12.1993, S. 15, zur Rechtslage nach Inkrafttreten des Gesetzes zur Bekämpfung des Mißbrauchs und zur Bereinigung des Steuerrechts (BR-Dr 788/93) am 1. Januar 1994. Nunmehr ist bei den überwiegend zwecks Steuerersparnis

Sowohl Kombi- als auch Gleitzinsanleihen werden demnach durch die Variation der Merkmale einer Anleihe konstruiert. Deshalb zählen sie zu der Gruppe der derivativen Finanzinstrumente, die aus einer Variation der Merkmale eines anderen Finanzinstruments hervorgehen.[161]

(3) Indexanleihen

Bei einer Indexanleihe ist die Höhe der Zinszahlungen und/oder des Rückzahlungsbetrages nicht bereits bei der Ausgabe festgelegt. Die Zinserträge von Indexanleihen sind von den an vorherbestimmten Zins-/Tilgungsterminen bestehenden allgemeinen wirtschaftlichen Verhältnissen, insbesondere von Gütererzeugnissen am Markt (z.B. Gold-, Rohölpreis), von Indizes (z.B. Aktienindizes[162]) oder von Lebenshaltungskosten abhängig.[163] Indexanleihen werden an deutschen Börsen nur vereinzelt gehandelt, weil die Emission

---

konstruierten Finanzinnovationen, u.a. bei den Kombi- und Gleitzinsanleihen, die Emissionsrendite steuerbar.

161 Wagner/Wangler, DB 1992, 2405(2409), weisen im Zusammenhang mit der Untersuchung der "steuerlichen Vorteilhaftigkeit" von Kombizinsanleihen zu Recht darauf hin, daß in Anlehnung an dieses Finanzinstrument noch eine Vielzahl weiterer Gestaltungsmöglichkeiten besteht. Abzuwarten bleibt, ob der Markt neue Varianten der Kombizins- bzw. Gleitzinsanleihen konstruieren wird, um die gemäß dem am 1. Januar 1994 in Kraft getretenen Gesetz zur Bekämpfung des Mißbrauchs und zur Bereinigung des Steuerrechts (BR-Dr 788/93) gegebene Steuerbarkeit der Zinserträge dieser Finanzinstrumente auszuschließen.

162 Vgl. o.V., FAZ vom 8.5.1992, S. 24, demnach emittierte die Westdeutsche Landesbank (WestLB) im Mai 1992 eine Anleihe (WKN 310 954), die an den Deutschen Aktienindex (DAX) gekoppelt und deren Laufzeit bis zum 13.5.1994 festgesetzt wurde. Für die Emittentin bestand die Wahlmöglichkeit, die Anleihe mit einer Stückelung von DM 2.000,-- wahlweise zum Nominalwert oder zu einem Rückzahlungsbetrag zurückzuzahlen, der DM 6.000,-- minus zweimal dem Schlußwert des DAX am Feststellungstag (3.5.1994) entsprach.

163 Siehe statt anderer Binkowski/Beeck, S. 11. Den Indexanleihen ist auch die "Bull- und Bear-Anleihe" der Deutschen Bank AG zuzuordnen, die sich auf den FAZ-Index bezog. Vgl. Rudolph, in: Deutsche Börsengeschichte, S. 291(326), der aufzeigt, daß mit der am 25.07.1986 emittierten Aktinindexanleihe der Deutsche Bank AG dem deutschen Markt erstmals eine Anlagemöglichkeit in dieser Form angeboten wurde.

solcher Papiere erst nach Genehmigung durch die Bundesbank zulässig ist[164], die aber ihre Zustimmung nur selten erteilt.

Ein Grund für die Begebung von Indexanleihen ist, den Anleihegläubiger vor einer Abwertung der vom Index erfaßten Währung oder einem Wertverlust des dem Index zugrundeliegenden Wirtschaftsgutes zu schützen. Indexanleihen werden demnach ausschließlich von einem Finanzinstrument, vornehmlich von Anleihen, abgeleitet, indem deren Merkmale durch entsprechende Variation zu einem neuen eigenständigen Finanzprodukt, einem Derivat, zusammengefügt werden.

(4) Inhaberschuldverschreibungen mit abtrennbaren Zinsscheinen

Die von der Metallbank für die Kreditanstalt für Wiederaufbau (KfW) im Mai 1992 entwickelte Inhaberschuldverschreibung mit abtrennbaren, selbständig handelbaren Zinsscheinen[165] bedeutet für den deutschen Rentenmarkt ein Novum. Die neue Emission ist mit einem Kupon von 8 % ausgestattet und läuft über 20 Jahre. Ihr Ausgabekurs betrug 101,25 %, so daß die Emissionsrendite bei 7,87 % lag. Die Anleihe besitzt für den Anleger einen besonderen Anreiz, weil ihm erstmals die Möglichkeit gegeben wird, durch Abtrennung der Zinsscheine vom Mantel der Anleihe zum selbstgewählten Zeitpunkt eine Nullkupon-Anleihe zu kreieren. Der Zeitpunkt des Ertragszuflusses und der abzuführenden Steuern[166] wird somit durch den Anleger selbst bestimmbar.[167]

---

164 Vgl. Sienel/Lupp, WirtschaftsWoche vom 21.02.1992, S. 84(90), die sich kritisch zu der von der WestLB im Mai 1992 emittierten Anleihe (WKN 310 954) äußern. Die an den Deutschen Aktienindex (DAX) gekoppelte Anleihe der WestLB sei ohne entsprechende Erlaubnis der Bundesbank emittiert worden.

165 Die abgetrennten Zinsscheine stellen gemäß § 793 BGB rechtlich verselbständigte Inhaberschuldverschreibungen dar. Siehe zur vergleichbaren rechtlichen Einordnung der in einem Kupon verbrieften Optionsrechte (sog. Warrant), die von Optionsanleihen abgetrennt werden, Schwark, WM 1988, 921(922).

166 In o.V., BörsenBerater Nr. 7/1993, S. 10(11), wird unter Bezugnahme auf die Anweisung des Bundesfinanzministeriums vom April 1993 an die

Die an der Frankfurter Wertpapierbörse zum amtlichen Handel zugelassene Inhaberschuldverschreibung der KfW kann in folgenden Bestandteilen notiert werden: die Festzinsanleihe "cum" (mit Zinsscheinen), die Anleihe "ex" (ohne Zinsscheine), die getrennten Zinsscheine und die unverzinsliche Tilgungsanleihe aus den Zinsscheinen.[168]

Die neue Anleihe der KfW wurde auf der Basis lediglich eines Finanzinstruments, einer Inhaberschuldverschreibung, durch Variation der Ausstattungsmerkmale konstruiert. Demnach ist sind Inhaberschuldverschreibungen mit abtrennbaren Zinsscheinen nach dem Muster der KfW als derivative Finanzinstrumente einzustufen.

(5) Caps, Floors und Collars

Durch die Variation von Derivaten mit Zinsbegrenzungsinstrumenten, den Caps, Floors oder Collars, werden dem Anleger weitere Möglichkeiten zur Risikoabsicherung eröffnet. Die in dieser Weise kreierten Derivate bestehen im wesentlichen aus zinsvariablen Anleihen[169], mit denen zunächst die später

---

obersten Finanzbehörden der Länder (vgl. BMF-Schreiben vom 30.4.1993 - IV B 4 - S 2252 - 480/93; abgedruckt in DB 1993, 1058), darauf hingewiesen, daß zukünftig die Emissionsrendite bei Ausgabe von Papieren mit getrennt handelbaren Zinsscheinen - den sogenannten Stripped Bonds - steuerpflichtig ist. Dabei kommt es nicht darauf an, ob es sich um die Anleihe oder um den abgetrennten Zinsschein handelt. Vgl. Narat, Handelsblatt vom 30.12.1993, S. 25; o.V., FAZ vom 28.12.1993, S. 15. Demnach findet die Auffassung des Bundesfinanzministeriums durch das am 1. Januar 1994 in Kraft getretene Gesetz zur Bekämpfung des Mißbrauchs und zur Bereinigung des Steuerrechts (BR-Dr 788/93) ihre gesetzliche Bestätigung, so daß grundsätzlich von einer Steuerbarkeit der Erträge aus KfW-Schuldverschreibungen auszugehen ist.

167 O.V., Handelsblatt vom 15./16.5.1992, S. 13; o.V., WirtschaftsWoche vom 22.5.1992, S. 118.

168 K.W., Die Welt vom 19.5.1992, S. 15.

169 Vgl. Binkowski/Beeck, S. 101; Jahn, Die Bank 1989, 196, demnach werden zinsvariable Anleihen auch als Floating Rate Notes (FRN) bezeichnet.

auch selbständig handelbaren Caps, Floors und Collars verbunden werden.[170] Bei diesen Konstruktionen verpflichtet sich der Verkäufer, bezüglich eines bestimmten Betrages und einer festgelegten Zinsperiode die Differenz zwischen dem vereinbarten Maximal- bzw. Mindestzins sowie dem in der vereinbarten Zinsperiode eintretenden Marktzins auszugleichen. Dafür entrichtet der Anleger an den Verkäufer eine Prämie.[171]

Caps können als die von einer variabel verzinslichen Anleihe abtrennbare Rechte auf eine Maximalverzinsung umschrieben werden, die auf einen Höchstzinssatz - den Cap - begrenzt sind. Der Anleihezins steigt nicht über die Obergrenze hinaus. Dies gilt auch, wenn sich die Geldmarktzinsen weiter nach oben bewegen. Ein Cap ist demnach mit einer Option bzw. eine Serie von Optionen auf jeden Zinsfeststellungstermin vergleichbar. Der Inhaber kann das Optionsrecht ausüben, wenn der Marktzins über die abgesicherte Höhe hinausgeht.[172]

Auf dem gleichen Prinzip aufbauend gibt es Floors, die eine Zinsuntergrenze absichern und Collars, mit denen eine Zinsober- und -untergrenze, somit eine Zins-Bandbreite, vereinbart wird.[173]

Dieses Grundkonzept wurde zunächst von der Westdeutschen Landesbank, neben anderen Emittentinnen[174], durch die Emission von zwei Serien sogenannter Zinssicherungs-Zertifikate (Floor) aufgegriffen. Für den Floor A ist eine Zinssicherungsgrenze von 8,5 % jährlich und für den Floor B von 7,5 % jährlich festgelegt. Innerhalb der Laufzeit dieser Papiere erhält der Inhaber von 1000 Zertifikaten oder einem ganzzähligen Mehrfachen davon jeweils am Ende der halbjährigen Zinsperioden einen Differenzbetrag in D-Mark, wenn der für

---

170 Carstensen, Die Bank 1986, 352(355); Kollar, Sparkasse 1991, 366(367).

171 In diesem Sinne Jahn, Die Bank 1989, 196(197).

172 Kollar, a.a.O.; Jahn, a.a.O., stimmt der von vielen Marktteilnehmern in den USA vertretenen These, daß Zinsbegrenzungsgeschäfte keine Unterart der Zins-Swaps, sondern eine Form des Optionsgeschäfts darstellen, zu.

173 Kollar, Sparkasse 1991, 366(367 f); Jahn, Die Bank 1989, 196.

174 Siehe zu den Ausstattungsmerkmalen der von der DG Bank begebenen Zinssicherungs-Zertifikate die Verkaufsmitteilung in: Handelsblatt vom 16.1.1993, S. 20. Vgl. zu den von Trinkaus & Burkhardt begebenen Zinsdifferenz-Zertifikaten die Verkaufsmitteilung in: Börsen-Zeitung vom 14.1.1993, S. 17.

diese Zinsperioden jeweils festgelegte Sechs-Monats-DM-Libor[175] die Zinssicherungsgrenze von 8,5 % p.a. (Floor A) bzw. 7,5 % p.a. (Floor B) unterschreitet. Im Sinne eines Reverse-Floaters ist die Ausgleichszahlung um so höher, je stärker der jeweilige Libor unter der Zinssicherungsgrenze liegt.[176]

Caps, Floors und Collars, die durch Variation der Merkmale eines derivativen Finanzinstruments, in der Regel einer zinsvariablen Anleihe, kreiert werden, besitzen Optionscharakter. Sie sind aufgrund ihres Grundkonzeptes mit einer Reihe europäischer[177] Zinsoptionen vergleichbar. Der Emittent verpflichtet sich bezüglich einer festgelegten Zinsperiode, die Differenz zwischen dem vereinbarten Maximal- bzw. Mindestzins und dem in der jeweiligen Periode eintretenden Marktzins durch eine Zahlung in Geld auszugleichen.[178] Demnach zählen Caps, Floors und Collars zur Gruppe der Derivate, die durch Variation der Merkmale eines anderen Finanzinstrumentes entwickelt werden.

(6) Optionsscheine

In der Presse wurde noch Anfang des Jahres 1992 ein nachlassendes Interesse an Optionsscheinen[179] proklamiert.[180] Zu diesem Zeitpunkt wurden auf den

---

175 Der Libor ist der im Verkehr zwischen Banken am Londoner Geldmarkt angewendete kurzfristige Geldmarktzinssatz, zu der eine Bank einer anderen Bank Einlagen überläßt beziehungsweise Geldmarktkredite aufnimmt.

176 Siehe o.V., BörsenBerater Nr. 12/1992, S. 11, zu den Emissionsbedingungen der von der WestLB begebenen Zinssicherungs-Zertifikate (Floor A und B). Die WestLB hat darüber hinaus im Januar 1993 neue Zinssicherungs-Zertifikate (Floor C) emittiert. Vgl. hierzu o.V., ZKredW 1993, 131.

177 Bei einer "europäischen" Option kann der Inhaber sein Optionsrecht nur an einem bestimmten Tag ausüben, während ihm eine sog. amerikanische Option die Ausübung des Optionsrechts jederzeit bis zum Verfalltag einräumt. Vgl. Binkowski/Beeck, S. 96.

178 Baxmann, Die Bank 1991, 494(497).

179 Vgl. Eicke, Börsen-Zeitung vom 20.2.1991, S. 5, demnach sind Optionsscheine nach dem Wortlaut der §§ 795, 808a BGB nicht genehmigungspflichtig. Dies gilt jedoch dann nicht, wenn § 3 Währungsgesetz

deutschen Wertpapiermärkten 73 deutsche Warrants gehandelt, von denen 47 vor 1988 emittiert worden sind.[181] Die Erfahrung lehrt indes, daß Phasen mit sinkenden Optionsprämien ideale Kaufzeiten an der Börse sind. Bezeichnend ist deshalb die Entwicklung an der Frankfurter Wertpapierbörse bis Dezember 1993, wonach insgesamt 2.021 Optionsscheine deutscher und ausländischer Emittenten zum Handel in allen Marktsegmenten zugelassen waren.[182] Bereits Ende 1990 konnten 530 Optionsscheine gezählt werden [183].

Bereits im ersten Halbjahr 1993 äußerten Spezialisten der Emissionshäuser, daß der Optionsschein-Markt unglaublich gewachsen ist.[184] Sodann bestätigte sich am Markt für gedeckte Optionsscheine auf Aktien die von der Fachpresse für den Beginn der zweiten Jahreshälfte 1993 vorhergesagte Welle von Neuemissionen[185]. Die Prognosen konnten sich auf die Absicht der Emissionshäuser, das verfügbare Warrant-Angebot massiv auszudehnen[186], stützten. Während das Volumen der weltweit emittierten Warrants 1992 im Vergleich zum Vorjahr zurückging, hat die Emissionstätigkeit auf dem deutschen Markt zugenommen

---

einschlägig ist. Nach § 3 Währungsgesetz sind Währungsverbindlichkeiten zwischen Inländern und von Inländern eingegangene DM-Verbindlichkeiten, die durch einen externen Bezugswert indexiert sind, genehmigungspflichtig.

180 Siehe o.V., FAZ vom 29.01.1992, S. 20; Sienel, WirtschaftsWoche, vom 3.1.1992, S. 59.

181 Sienel, a.a.O.

182 Siehe Deutsche Börse AG (Hrsg.), Frankfurter Monatsstatistik Dezember 1993, S. 18.

183 Vgl. o.V., FAZ vom 4.5.1992, S. 27; Geschäftsbericht der Arbeitsgemeinschaft der Deutschen Wertpapierbörsen 1991, S. 33; Frankfurter Wertpapierbörse AG, Börsenstatistik 1991, S. 23; o.V., in: Handelsblatt vom 20.03.1992, S. 39. Gemäß von Metzler, WM 1991, 312, ist Ursache für die Zunahme der an der Frankfurter Wertpapierbörse, insbesondere im Freiverkehr, gehandelten Warrants, daß weitgehend formelle Zulassungsvoraussetzungen fehlen.

184 Andreas Lieven von der Citibank AG, der von Riedl, Das Wertpapier vom 11.6.1993, S. 21, zitiert wird. Loretan/Beck, Neue Zürcher Zeitung vom 26.10.1993, Beilage, S. B 17, weisen darauf hin, daß der schweizer Warrant-Markt im Jahre 1993 stark zugelegt hat.

185 Landgraf, Handelsblatt vom 31.8.1993, S. 25.

186 O.V., Handelsblatt vom 7.9.1993, S. 37.

und im zweiten Halbjahr 1993 einen Weltmarktanteil von 65 % erreicht.[187] Überzogen erscheint es allerdings, wenn diese Entwicklung in einer internationalen Finanzzeitschrift unter dem Titel, "Germany´s Warrantmania"[188] beschrieben wird.[189] Indessen zählt der deutsche Markt für Optionsscheine zu den bedeutendsten Märkten dieser Art in der Welt und dürfte, auf die Anzahl der Optionsscheinemissionen bezogen, sogar der größte sein.[190]

Die an den deutschen Wertpapierbörsen zum Handel zugelassenen Optionsscheine wurden traditionell zusammen mit einer Optionsanleihe gemäß § 221 Abs. 1 AktG emittiert. Der zunächst an eine Optionsanleihe gebundene, später davon trennbare, Warrant verbrieft das Recht, eine bestimmte Anzahl von Aktien des Anleiheemittenten innerhalb einer bestimmten Frist zu einem festgelegten Preis zu erwerben.[191] Die Ausübbarkeit der in einem Warrant verbrieften Rechte kann während der gesamten Laufzeit ("amerikanische Ausgestaltung") oder nur an einem Tag ("europäische Ausgestaltung") vorgesehen sein.[192] Gemäß §§ 192 ff AktG in Verbindung mit § 221 AktG hat der Emittent für den Fall der Optionsausübung ein von der Hauptversammlung eingeräumtes bedingtes Kapital bereitzuhalten. Die Ausübung der verbrieften Optionsrechte führt zu einer Erhöhung des Grundkapitals der emittierenden Aktiengesell-

---

187 Wertschulte, wiedergegeben in: o.V., Börsen-Zeitung vom 9.12.1993, S. 4.

188 Siehe Gerhardt, Börsen-Zeitung vom 18.09.1993, S. 28.

189 Niemann, WM 1993, 777(779).

190 Drathen, Börsen-Zeitung vom 18.09.1993, S. 23. Nach Feingold, Börsen-Zeitung vom 18.09.1993, S. 19, ist der deutsche Markt für Optionsscheine der größte in Europa.

191 Vgl. statt anderer Ziemer, Die Bank 1990, 507(508ff). Er veranschaulicht, daß Warrants traditionell auf die Wertpapiermärkte gelangen, indem der Emittent gemäß § 221 Absatz 1 AktG eine Optionsanleihe mit einem oder mehreren Optionsscheinen begibt. In der Regel kann der Anleger während der gesamten Laufzeit der Anleihe diese entweder inklusive Optionsschein ("cum", d.h. Wertpapier mit Zins-, Dividenden- oder sonstigen Bezugsscheinen), ohne Optionsschein ("ex") oder nach Trennung von der Anleihe nur den Optionsschein erwerben.

192 Instruktiv, Büschgen, unter "Warrant I", S. 777. Gemäß Voigt, Börsen-Zeitung vom 18.09.1993, S. 17, gerät die "europäische Ausgestaltung" gegenüber der "amerikanischen Ausgestaltung" aufgrund deren höherer Flexibilität ins Hintertreffen.

schaft. Deshalb besitzen Aktionäre der Gesellschaft, die eine Optionsanleihe emittiert, ein gesetzliches Bezugsrecht auf diese Anleihe.[193]

Die heute überwiegend emittierten sogenannten Naked Warrants[194] haben mit den herkömmlicherweise im Zusammenhang mit einer Optionsanleihe gemäß § 221 Abs. 1 AktG begebenen Optionsscheinen nur wenig gemeinsam.[195] Naked Warrants werden nicht zusammen mit einer Optionsanleihe emittiert. Sie bieten dem Anleger den Vorteil, daß geringere Spesen als beim Kauf einer entsprechenden Anzahl der optierten Wertpapiere entstehen.[196] Die Optionsrechte von "nackten" Optionsscheinen können sich auf die unterschiedlichsten Basisobjekte beziehen.[197] Zum Teil werden Optionsscheine mit neuartigen Optionsstrukturen unter der Bezeichnung "exotische Optionsscheine" zusammengefaßt.[198] Dieser Sammelbegriff, mit seinen offenen Randzonen, bietet für eine Kategorisierung indes keine geeignete Grundlage.

(a) Aktienoptionsscheine gemäß § 221 Abs. 1 AktG

Aktienoptionsscheine[199] setzen zunächst die Emission einer Optionsanleihe gemäß § 221 Abs. 1 AktG voraus.[200] Die Ersterwerber, in der Regel ein

---

193 Siehe § 221 Abs. 4 AktG i.V.m. § 186 AktG.

194 Gemäß Kollar, Börsen-Zeitung vom 18.09.1993, S. 21, stagniert der "klassische" Optionsscheinmarkt, d.h. der Markt für Aktienoptionsscheine, die mittels Optionsanleihe emittiert werden. Der Anteil der Aktienoptionsscheine an den Neuemissionen hat sich von 28 % am Jahresanfang 1993 auf 5 % in der Mitte des Jahres 1993 verringert.

195 In diesem Sinne Gerhardt, Börsen-Zeitung vom 18.09.1993, S. 28; Voigt, Börsen-Zeitung vom 18.09.1993, S. 17.

196 Loretan/Beck, Neue Zürcher Zeitung vom 26.10.1993, Beilage, S. B 17.

197 Binkowski/Beeck, S. 16.

198 Vgl. Voigt, a.a.O.; Gerhardt, a.a.O.

199 Nach Zwirner, Börsen-Zeitung vom 18.09.1993, S. 26, wurde der erste Aktienoptionsschein im Jahre 1728 von der in den österreichischen Niederlanden, dem heutigen Belgien, gegründeten Kaiserlich Indische Compagnie emittiert.

Bankenkonsortium[201], erhalten die Optionsanleihen einschließlich Optionsrecht. Grundsätzlich sehen die Anleihebedingungen vor, daß mit Beginn der festgesetzten Optionsfrist die Optionsscheine von der Anleihe getrennt werden können.[202] Erst danach sind die im Optionsschein verbrieften Rechte selbständig übertragbar.[203] Aktienoptionsscheine gewähren während einer bestimmten Frist das Recht, zu einem vorher vereinbarten Optionspreis eine bestimmte Anzahl Aktien zu erwerben. Bei Optionsausübung kann der Emittent der Anleihe und nunmehrige Stillhalter die optierten Aktien neu ausgeben, da bereits die Emission einer Optionsanleihe eine bedingte Kapitalerhöhung gemäß § 192 ff AktG voraussetzt.[204] Neuerdings sind Aktienoptionsscheine zu verzeichnen, die dem Emittenten eine Verlängerungsmöglichkeit bzgl. der Laufzeit einräumen, wenn der Optionsschein bei Fälligkeit nicht "im Geld"[205] liegt. Wenn sich diese Konstellation realisiert, kann der Emittent durch eine Laufzeitverlängerung die Wahrscheinlichkeit einer Optionsausübung erhöhen.[206]

Bei Aktienoptionsscheinen beträgt der Optionspreis grundsätzlich nur einen Bruchteil des Kurswertes der optierten Aktien. Aus diesen Komponenten kann unter Berücksichtigung des Bezugspreises die sogenannte Hebelwirkung ("Leverage-Effekt") berechnet werden.[207] Aufgrund der Hebelwirkung fallen

---

200 Dazu II.A.1.a)(1). Aktienoptionsscheine können ebenso als Bestandteil eines Optionsgenußscheins [vgl. II.A.1.a)(4)] emittiert und nach Trennung von diesem selbständig gehandelt werden.

201 Holzheimer, WM 1986, 1169(1170); Hartung, BB 1989, 2411(2412).

202 Schumann, S. 25, stellt heraus, daß nicht von einer Optionsanleihe abtrennbare Optionsscheine lediglich den Charakter eines Legitimationspapiers besitzen.

203 Gemäß Schumann, S. 26, ist in diesem Fall der Optionsschein ein Inhaberpapier.

204 Siehe Lutter, in: Kölner Kommentar zum AktG, § 221 Rn. 18; Silcher, in: FS-Gessler, S. 185(188).

205 Der Begriff "im Geld" bedeutet bei Kaufoptionen, daß der Basispreis unter dem aktuellen Preis des Basisobjektes liegt.

206 Kollar, Börsen-Zeitung vom 18.09.1993, S. 21. Gemäß Zwirner, Börsen-Zeitung vom 18.09.1993, S. 26, haben von dieser Konstruktion bereits Siemens, Veba und Allianz Holding Gebrauch gemacht.

207 Gemäß Fugger, Börse ONLINE vom 8.10.-15.10.1993, S. 81, kann die Hebelwirkung berechnet werden, indem der Kurs des Basisobjekts durch den Kurs des Optionsscheins geteilt wird.

bei eintretenden Aktienkursänderungen die Kursänderungen des Optionsscheins in der Regel um so stärker aus.[208]

Die gemäß § 221 Abs. 1 AktG emittierten Aktienoptionsscheine enthalten Elemente einer Option, die durch Variation der einzelnen Bezugsgrößen und Merkmale vielfältige Gestaltungen zulassen.[209] Deshalb sind Aktienoptionsscheine den Derivaten, die durch Variation der Merkmale eines anderen Finanzinstruments entwickelt werden, zuzurechnen.

(b) Naked Warrants

Naked Warrants[210] sind Optionsscheine, die nicht als ursprünglicher Bestandteil einer Optionsanleihe gemäß § 221 Abs. 1 AktG begeben, sondern direkt, somit "nackt", emittiert werden.[211] Dieses Merkmal haben sie mit den sogenannten Covered Warrants gemein.[212] Naked Warrants unterscheiden sich durch die größere Vielfalt der optierten Basisobjekte von Covered Warrants, deren Underlying grundsätzlich aus bereits im Umlauf befindlichen

---

208 Weger, S. 60; Wulle, WirtschaftsWoche vom 27.11.1992, S. 146.

209 Siehe Schulz, Die Bank 1993, S. 476(477 f), der die Gestaltungsmöglichkeiten von Finanzmarktinstrumenten mit Ausübungsrechten, insbesondere von Optionsscheinen aus Anleiheemissionen, mittels Schaubilder verdeutlicht.

210 Gemäß Canaris, WM 1988, Sonderbeilage Nr. 10, S. 4, werden Naked Warrants gleichfalls als "separately-issued Warrants" bezeichnet; ebenso Weger, S. 13. Nach Schwark, WM 1988, 921(922 Fn. 13), ist diese Bezeichnung vor allem in den USA gebräuchlich.

211 Baxmann, Die Bank 1991, 494(496). Vgl. Steiner, WM 1990, 1776, zur rechtlichen Zulässigkeit der Emission von Naked Warrants. Gemäß Voigt, Börsen-Zeitung vom 18.09.1993, S. 17, hat sich die Bezeichnung Naked Warrant als Oberbegriff für Optionsscheine, die nicht in Zusammenhang mit Finanzierungsvorhaben stehen, eingebürgert. Zwirner, Börsen-Zeitung vom 18.09.1993, S. 26, weist auf den von Trinkaus & Burkhardt im Jahre 1990 emittierten Naked Warrant hin, der zwar durch ein bedingtes Kapital unterlegt war, jedoch ohne zugehörige Optionsanleihe begeben wurde und somit bis heute ein Novum darstellt.

212 Siehe zu Covered Warrants die Ausführungen unter II.A.1.b)(6)(b)(i).

Wertpapieren, z.B. Aktien und Schuldverschreibungen, besteht.[213] Weiterhin ist für die gemäß § 221 Abs. 1 AktG begebenen Naked Warrants charakteristisch, daß die Basisobjekte vom Stillhalter in der Regel erst bei Optionsausübung erworben werden, wenn die Optionsbedingungen eine effektive Lieferung des Basisobjektes und nicht einen Differenzausgleich in Geld vorsehen.

Die auf den deutschen Wertpapiermärkten gehandelten Naked Warrants werden überwiegend von Kreditinstituten begeben.[214] Dabei bedienen sich die Emittenten dem sogenannten Daueremissionsverfahren ("Tap Issue").[215] Für die emittierende Gesellschaft bieten Naked Warrants den Vorteil einer Verstärkung der Eigenmittel, da die aus dem Verkauf der Naked Warrants vereinnahmte Prämie sofort den Kapitalrücklagen zugeführt werden kann. Daneben wird eine größere Feineinstellung auf die besonderen Bedürfnisse der Eigenkapitalplanung ermöglicht.

Indem das Basisobjekt von Naked Warrants nahezu beliebig variiert werden kann, eröffnet sich ein fast unerschöpfliches Innovationspotential zur Kreierung neuer Derivate.[216] Hierin ist ein Grund dafür zu sehen, daß in den letzten zwei

---

213 Dazu II.A.1.b)(6)(b)(i).

214 Steiner, WM 1990, 1776(1777), weist darauf hin, daß, soweit Naked Warrants Optionsrechte auf Aktien der Gesellschaft, die diese Warrants emittiert hat, verbriefen, Rechtsgrundlage für deren Begebung ohne Optionsanleihe § 221 Absatz 1 AktG ist. Allerdings sind dies Ausnahmefälle, da Naked Warrants vornehmlich von Kreditinstituten auf bereits im Umlauf befindliche Aktien anderer Aktiengesellschaften begeben werden. Vgl. hierzu Büschgen, unter "Optionsscheine, nackte", S. 529.

215 Lieven, Börsen-Zeitung vom 18.12.1993, S. 24. Das Tape-Issue-Verfahren ermöglicht die Emission in Tranchen, je nach Marktlage und Kapitalbedarf.

216 Fischer/Lansing, Börsen-Zeitung vom 18.09.1993, S. 21. Den Ideenreichtum der Emissionshäuser verdeutlichen die vom Bankhaus Vontobel Anfang 1991 an der Stuttgarter Wertpapierbörse eingeführten "Öl-Optionsscheine". Die Emissionsbedingungen sahen vor, daß dem Inhaber eines auf US-Dollar lautenden "ÖL-Optionsscheines" das Recht auf Zahlung des Differenzbetrages, der sich aus dem Unterschied zwischen dem nächstgelegenen Terminpreis an der New York Mercantile Exchange

Jahren eine Vielzahl neuer Naked Warrants kreiert und zum Handel an den deutschen Wertpapierbörsen zugelassen worden ist.[217] Ein großer Teil dieser Derivate wurde eigentlich für den institutionellen Bereich entwickelt und wird auch dort gehandelt.[218] Gleichwohl dürften der Anzahl nach die Privatanleger überwiegen.[219]

---

für 1 Barrel Öl gegenüber einem Basispreis von 30 US-Dollar ergibt, zusteht. Die Ausübung konnte jeweils zur Monatsmitte bis spätestens 15. Januar 1992 erfolgen. Vgl. hierzu Eicke, Börsen-Zeitung vom 20.2.1991, S. 5; o.V., Börsen-Zeitung vom 6.2.1991, S. 3.

217 Selbst wenn einem neu kreierten Optionsschein die Genehmigung zur Emission verweigert wird, ist der Erfindungsreichtum der Emissionshäuser noch nicht am Ende. Ein Kreditinstitut in Frankfurt am Main erhielt laut Landgraf, Handelsblatt vom 7.7.1993, S. 27, für die geplante Begebung von Optionsscheinen auf Gold von der Bundesbank mit Verweis auf § 3 Währungsgesetz die hierfür notwendige Genehmigung nicht. Dadurch wurde die Emission dieser Optionsscheine in Deutschland formal verhindert. Das Kreditinstitut ließ die begebenen "Gold-Warrants" allerdings in London notieren. Für diese Optionsscheine werden laufend aktuelle, in D-Mark umgerechnete Preise errechnet, so daß der Privatanleger die Gold Warrants gleichwohl erwerben kann. Diese Idee wurde nunmehr nicht nur von der Goldman, Sachs & Co Wertpapier GmbH, die im Juli 1993 Put- bzw. Call- Optionsscheine auf Gold begeben hat (vgl. o.V., Wirtschaftswoche vom 23.7.1993, S. 85), sondern auch von der DB Capital Markets (Deutschland) GmbH im August 1993 aufgegriffen. Die DB Capital Markets hat, wegen der von der Bundesbank angenommenen Genehmigungspflicht für solche Warrants, bzgl. ihrer "US-$/Gold-Optionsscheine" (WKN 551 102 / 551 103) von einer Börsennotierung abgesehen; vgl. Verkaufsmitteilung der DB Capital Markets (Deutschland) GmbH, Börsen-Zeitung vom 4.8.1993, S. 7. Nach o.V., Börsen-Zeitung vom 5.8.1993, S. 3, vertrete die Deutsche Bank AG als Mutter der DB Capital Markets (Deutschland) GmbH die Auffassung, daß eine Genehmigungspflicht für diese Warrants vermieden werden könne, weil die "Goldoptionsscheine" auf US-Dollar, nicht aber auf D-Mark lauten. Siehe hierzu o.V., FAZ vom 12.8.1993, S. 15.

218 In diesem Sinne, Sienel/Lupp, WirtschaftsWoche vom 21.02.1992, S. 84(88). Gemäß Landgraf, Handelsblatt vom 22.12.1993, S. 27, gehe Andreas Lieven von der Citibank davon aus, daß der Optionsschein-Markt zunehmend für halbprofessionelle und professionelle Anleger an Bedeutung gewinne.

219 Voigt, Börsen-Zeitung vom 18.9.1993, S. 17.

Im Fortgang der Arbeit sollen die vielfältigen Konstruktionsmöglichkeiten auf der Basis von Naked Warrants aufgezeigt werden. Sodann wird versucht, eine Kategorisierung dieser Warrants vorzunehmen.

(i) Covered Warrant

Auf den internationalen Kapitalmärkten sind in den letzten Jahren vor allem Covered Warrants, d.h. gedeckte Optionsscheine, populär geworden. Die an den deutschen Wertpapierbörsen seit Anfang des Jahres 1989 gehandelten Covered Warrants, sahen als Basisobjekte ausschließlich Aktien ausländischer Gesellschaften vor.[220] Erst Mitte 1989 kam es zur Einführung von gedeckten Optionsscheinen auf deutsche Aktien[221]. In der Folgezeit entwickelte sich der Covered Warrant auf dem deutschen Optionsscheinmarkt zu dem am häufigsten emittierten Wertpapier, das im Jahre 1990 bereits 43 % sämtlicher Optionsscheine ausmachte.[222] Nachdem es um den Markt der Covered Warrants im Jahre 1992 etwas stiller geworden war[223], kam es in den ersten acht Monaten des Jahres 1993 zur Emission einer Vielzahl neuer gedeckter Optionsscheine. Seit Jahresbeginn 1993 wurden zirka 90 Covered Warrants begeben, so daß an den Deutschen Wertpapierbörsen im August 1993 etwa 150 gedeckte Optionsscheine zum Handel zugelassen waren.[224] Diese Entwicklung erfuhr durch die am 1. August 1989 in Kraft getretene Börsengesetznovelle eine maßgebliche Unterstützung. Die damals bei Options- und Termingeschäften mit

---

220 Ziemer, Die Bank 1990, 507(514). Gemäß Zwirner, Börsen-Zeitung vom 18.09.1993, S. 26, begann sich der Markt für Covered Warrants Mitte 1989 zu etablieren.

221 Vgl. Klein, Die Bank 1990, 283; Ziemer, Die Bank 1990, 507(514); Kollar, Börsen-Zeitung vom 27.8.1992, S. 21. Gemäß Fugger, Börse ONLINE vom 12.11.-19.11.1993, S. 81, ist für Anleger vorteilhaft, daß Covered Warrants zum Bezug voll dividendenberechtigter "alter" Aktien berechtigen. Hingegen werden nach Ausübung von Optionsrechten aus Aktienoptionsscheinen, die zusammen mit einer Optionsanleihe gemäß § 221 Abs. 1 AktG emittiert wurden, im Rahmen einer bedingten Kapitalerhöhung "junge", d.h. nicht dividendenberechtigte, Aktien ausgegeben.

222 Siehe Binkowski/Beeck, S. 26; Ziemer, Die Bank 1990, 507(513).

223 Kollar, Börsen-Zeitung vom 27.8.1992, S. 21.

224 Landgraf, Handelsblatt vom 31.8.1993, S. 25.

Privatanlegern bestehenden rechtlichen Hindernisse wurden durch die in § 53 Abs.2 BörsG aufgenommene "Termingeschäftsfähigkeit kraft Information" beseitigt.[225]

Covered Warrants werden vornehmlich für den privaten Anleger kreiert, dem keine ausreichenden Finanzmittel zum Erwerb von börsengängigen[226] oder OTC[227]-Optionen zur Verfügung stehen.[228] Für Covered Warrants ist charakteristisch, daß sie in der Regel als selbständiges Recht emittiert und in den Börsenhandel eingeführt werden. Sie sind nicht ursprünglicher Bestandteil einer gemäß § 221 Abs. 1 AktG begebenen Optionsanleihe, bei der die Optionsscheine erst nach Trennung von der Anleihe separat gehandelt werden können.[229] Die Optionsrechte von Covered Warrants beziehen sich entweder auf einen Bestand bereits vorhandener, im Umlauf (Sekundärmarkt) befindlicher Aktien einer börsennotierten Gesellschaft oder auf Optionsscheine bzw. andere Wertpapiere. Der Emittent von Covered Warrants hält einen sogenannten Deckungsbestand der optierten Wertpapiere (sog. underlying securities).[230] Folglich wird durch eine Ausübung der in Covered Warrants verbrieften Optionsrechte das Eigenkapital der Aktiengesellschaft, auf deren Aktien sich die Optionsscheine beziehen, nicht verändert. Hierin liegt ein Grund dafür, daß für die Emission von Covered Warrants auf Aktien keine bedingte Kapitalerhöhung notwendig ist.[231]

---

225 In diesem Sinne Klein, Die Bank 1990, 283.

226 Die an der Deutschen Terminbörse (DTB) gehandelten Optionskontrakte setzen, aufgrund der Kontraktgrößen und der zu leistenden Sicherheiten, eine gewisse Liquidität des Anlegers voraus.

227 "OTC" bedeutet "over the counter". OTC-Optionen sind nicht börsengehandelte Optionen.

228 Kollar, Sparkasse 1991, 366(368).

229 Vgl. Harter/Franke/Hogrefe/Seger, S. 181. Ziemer, Die Bank 1990, 507(512), sieht in der isolierten Begebung von Covered Warrants die Regel und in der Emission mit Schuldverschreibung die Ausnahme. Er nennt als Ausnahme den von der DG-Bank begeben AGAB-Optionsschein, der zum Bezug von AGAB-Aktien aus den Beständen der DG-Bank berechtigt und zusammen mit einer Anleihe der DG-Bank begeben wurde. Siehe Ziemer, Die Bank 1990, 507(512 Fn. 16).

230 Vgl. Klein, Die Bank 1990, 283; Baxmann, Die Bank 1991, 494(496); Ziemer, Die Bank 1990, 507(512); Binkowski/Beeck, S. 26.

231 Baxmann, Die Bank 1991, 494(496); Ziemer, a.a.O.

Für Covered Warrants ist kennzeichnend, daß ihnen die für die Optionsanleihe typische Gefährdung der eigenen Mitgliedschaftsrechte des Emittenten fehlt. Die Begebung von Covered Warants erfordert nicht die aus § 221 AktG folgende Schutzvorkehrung, einen Beschluß der Hauptversammlung. Deshalb werden auch Covered Warrants, die ausnahmsweise in Verbindung mit einer Schuldverschreibung emittiert werden, nicht den Optionsanleihen gemäß § 221 Abs. 1 Satz 1, 2. Alt. AktG zugerechnet.[232]

Emittenten neigten zunächst dazu, Covered Warrants auf Aktien ihrer eigenen Gesellschaft zu beziehen.[233] Inzwischen wird weitgehend dazu übergegangen, als Basisobjekte Aktien Dritter zu verwenden.[234] Teilweise sehen die Emissionsbedingungen von Covered Warrants anstatt einer effektiven Lieferung der optierten Wertpapiere einen Barausgleich vor, so daß sie dann als "Differenz-Optionsscheine" bezeichnet werden.

Covered Warrants sind aufgrund ihrer Konstruktion zwischen einer Kaufoption auf Aktien und einem Optionsschein einer Optionsanleihe einzuordnen.[235] Als Basis dienen die in unterschiedlichster Weise variierten Merkmale einer Option. Aufgrund dieser Ableitung sind Covered Warrants den Derivaten zuzuordnen, die durch die Variation der Merkmale eines Finanzinstruments konstruiert werden.

(ii) Bond Warrant

Bond Warrants[236], die auch Zins-Optionsscheine[237] genannt werden, berechtigen grundsätzlich zum Bezug bestimmter Schuldverschreibungen des

---

232 Schumann, S. 38.

233 Wenn die Basisobjekte von Warrants nicht bereits im Umlauf befindliche Aktien sind, sondern sich auf von der Emittentin der Warrants noch zu begebende Aktien beziehen, sind diese Optionsscheine als Naked Warrants einzustufen. Vgl. unter II.A.1.(b)(6)(b).

234 Vgl. Binkowski/Beeck, S. 26; Baxmann, Die Bank 1991, 494(496).

235 In diesem Sinne, Klein, Die Bank 1990, 283.

236 Gemäß Lendle, Börsen-Zeitung vom 18.09.1993, S. 27, erleben Optionsscheine auf Rentenpapiere seit dem Zinsgipfel im August 1992 einen wahren Boom.

Emittenten oder Dritter.[238] Die Optionsscheinbedingungen können vorsehen, daß anstatt der effektiven Lieferung der Basisobjekte eine Barzahlung in Höhe der Differenz zwischen dem Kassakurs der optierten Anleihe am Ausübungstag und dem Basiskurs des Bond-Warrants, ein sogenanntes cash-settlement, erfolgt.[239]

Eine Novität bedeuteten die von der Dresdner Bank AG emittierten sogenannten BUND-Warrants. Als Basisobjekt wurden die an der LIFFE[240] gehandelten BUND Futures herangezogen, die sich wiederum auf eine synthetische 6 % Bundesanleihe bezogen. Das Grundkonzept der BUND-Warrants orientierte sich, wie das der klassischen Bond Warrants, an einer Anleihe, deren Basisobjekte jedoch in der Regel Bundesanleihen aus dem Kassamarkt sind. Die Optionsrechte der BUND-Warrants räumten dem Inhaber einen Anspruch auf Zahlung eines Differenzbetrages ein, wenn bei einer Optionsausübung zwischen dem 2.1.1990 und dem 21.2.1991 der Preis des BUND Futures einen bestimmten Stand erreicht hatte.[241]

Die Citibank gab zwei Optionsscheine mit dem London interbank offered rate (Libor) als Basisobjekt aus, die auf der Konstruktion eines Bond Warrants aufbauten. Der Libor ist der im Verkehr zwischen Banken am Londoner Geldmarkt angewendete kurzfristige Geldmarktzinssatz, zu dem eine Bank einer anderen Bank Einlagen überläßt bzw. Geldmarktkredite aufnimmt. Die Emissionsbedingungen der beiden Citibank-Warrants sehen vor, daß am Laufzeitende der Inhaber des Optionsscheins die Differenz zwischen dem Basiszins

---

237 Kollar, Börsen-Zeitung vom 18.09.1993, S. 21, hält die die Bezeichnung "Zins-Optionsschein" mit Recht für falsch.

238 Dazu Baxmann, Die Bank 1991, 494(496). Vgl. die von Goldman, Sachs & Co Wertpapier GmbH begebenen "Optionsscheine auf italienische Zinsen" (WKN 588 875, 588 876). Gemäß der Verkaufsmitteilung, Börse ONLINE vom 21.5.-28.5.1993, S. 65, beziehen sich die beiden Tranchen der Goldman Sachs-Optionsscheine auf die 12% BTP (Buoni Poliennali del Tesoro) bzw. auf die 11 1/2 % BTP. Je 100 Optionsscheine berechtigen den Inhaber, bei Ausübung Lit. 10 000 000 nominal der 12 % BTP (bzw. 11 1/2 % BTP) zum Basiskurs von 100,5 % bzw. von 96,0 % zu beziehen.

239 Baxmann, Die Bank 1991, 494(497); Meinhardt, Das Wertpapier 1990, 35.

240 LIFFE ist die Abkürzung für "London International Financial Futures Exchange".

241 Vgl. König, S. 119 f.

des Scheins und dem zu diesem Zeitpunkt gültigen Stand des Libors in Geld ausgezahlt bekommt.[242]

Eine weitere Innovation bedeuten Bond Warrants, deren Basisobjekte sogenannte Reverse-Floater sind.[243] Auf diese Konstruktion bauen zwei Zins-Optionsscheine des Bankhauses Trinkaus & Burkhardt auf.[244] Die Optionsscheine sind so konstruiert, daß der Zinsertrag der optierten "Umkehr-Anleihen" steigt, je weiter der in bezug genommene Zinssatz sinkt. Der Anreiz für den Erwerber von Bond Warrants auf Reverse-Floater besteht darin, daß sinkende Zinsen zu einem erheblichen Gewinnpotential führen.[245] Zu beachten ist, daß es den optierten Reverse-Floater bei der Emission der Bond Warrants oder während deren Laufzeit teilweise nicht gibt, sondern es sich um eine synthetische Finanzkonstruktion handelt. In diesen Fällen sind Bond Warrants als sogenannte europäische Option ausgestattet, so daß eine Ausübung des Optionsrechts nur am Laufzeitende möglich ist und einen Differenzausgleich in Geld auslöst. Für die Anleger besteht dann die Schwierigkeit, daß sie sich

---

242 Citibank Zins-Call Serie A (WKN 807 113) und Citibank Zins-Call Serie B (WKN 807 114). Vgl. Riedl, Das Wertpapier vom 19.3.1993, S. 19. Eine Abwandlung der Citibank-Optionsscheine bilden sogenannte Zins-Kaufoptionsscheine, die als "Zins-Floorzertifikate" ausgestattet sind. Dies sind Ausgleichszertifikate, die sowohl als Zinssicherungs- als auch als Spekulationsinstrument eingesetzt werden können. Sie verbriefen das Recht auf Zinsausgleichszahlungen, um die der Referenzzinssatz, z.B. der 6-Monats-Libor oder der Fibor (Frankfurt interbank offered rate), den in Prozent festgelegten Floorsatz unterschreitet. Vgl. hierzu Neuhofer, Börse ONLINE vom 4.6.-11.6.1993, S. 80 f, der darüber hinaus in einer tabellarischen Übersicht die bisher in Deutschland emittierten "Zins-Floorzertifikate" aufzeigt.

243 Gerhardt, Börsen-Zeitung vom 18.09.1993, S. 28, sieht zu Recht in der Erwartung fallender Zinsen den Grund für den vorübergehenden Boom der Optionsschein-Emissionen auf Reverse Floating Rate Notes in den ersten Monaten 1993.

244 Trinkaus-Europarat-Warrant (WKN 885 486), Trinkaus-Landeskreditbank-Warrant (WKN 806 514). Siehe Riedl, Das Wertpapier vom 19.3.1993, S. 19. Gemäß Philipp, Börse ONLINE vom 19.3.-26.3.1993, S. 61(62), werden von Trinkaus & Burkhardt und Morgan Stanley noch weitere Bond Warrants auf Reverse Floater begeben.

245 Riedl, a.a.O.

während der Laufzeit nicht ständig mittels der Kursinformationsdienste oder der Fachpresse über den Kurs der Bond-Warrants informieren können. Der theoretische Kurs muß daher von jedem Anleger selbst bestimmt werden.[246]

Die Vielzahl der für Bond Warrants verwandten Basisobjekte[247] lassen die derzeitigen Neuemissionen erkennen, deren Basisobjekte u.a. ausländische Staatsanleihen in der jeweiligen Fremdwährung sind. Unter anderem wurden französische oder spanische Staatstitel, sogenannte Bonos, optiert.[248] Der Versuch einer abschließenden Darstellung aller bekannten Basisobjekte von Bond Warrants würde ein hoffnungsloses Unterfangen bedeuten.

Die nahezu unbegrenzt erscheinenden Möglichkeiten, die einzelnen Elemente von Bond Warrants zu variieren, bieten die Basis, um von einer Grundkonstruktion ausgehend eine Vielzahl unterschiedlicher Zins-Optionsscheine zu konstruieren. Diese zählen zu den Derivaten, die auf einer Variation der Merkmale eines Finanzinstruments basieren.

(iii) Currency Warrant

Die ersten Currency Warrants, auch Währungsoptionsscheine genannt, gibt es auf dem deutschen Markt bereits seit 1986.[249] Gemessen an der Stückzahl kommt den Currency Warrants derzeit der größte Anteil am Optionsscheinmarkt zu.[250] Nach einer Untersuchung der Commerzbank AG wurden im

---

246 Vgl. Philipp, Börse ONLINE vom 19.3.-26.3.1993, S. 61.

247 Siehe Lendle, Börsen-Zeitung vom 18.09.1993, S. 27, der eine weitere Variation der Bond-Warrants, sog. Binary-Warrants, vorstellt. Bei der Ausübung des Optionsrechts eines im Geld befindlichen Binary-Warrant ist die Höhe der Auszahlung unabhängig davon, ob der Optionsschein 1 oder 20 Punkte im Geld liegt, bereits vorab fest fixiert.

248 Vgl. o.V., FAZ vom 12.8.1993, S. 15.

249 O.V., FAZ, a.a.O.; a.A. Niemann, WM 1993, 777(779), demzufolge die ersten Devisenoptionsscheine erst im Jahre 1987 begeben wurden.

250 Vgl. Voigt, Börsen-Zeitung vom 18.09.1993, S. 17; Drathen, Börsen-Zeitung vom 18.09.1993, S. 23; Kollar, Börsen-Zeitung vom 18.09.1993, S. 21, der darüber hinaus aufzeigt, daß die Zahl der Währungs-

zweiten Halbjahr 1993 Currency Warrants auf zehn Währungen gehandelt.[251] Dem Inhaber eines Currency-Call-Warrants wird das Recht eingeräumt, zu einem späteren Zeitpunkt einen bestimmten Fremdwährungsbetrag zu einem ex ante festgelegten Wechselkurs zu beziehen[252] oder, soweit er einen Currency-Put-Optionsschein besitzt, diesen Fremdwährungsbetrag zu verkaufen.[253] Den Anlaß zur Emission von Currency Warrants bilden die immer stärker werdenden Schwankungen der Wechselkurse. Dadurch eröffnet der Erwerb von Währungs-Optionsscheinen dem Anleger die Möglichkeit, sein Depot abzusichern oder zu spekulieren.[254]

Eine Neuheit im Bereich der Currency Warrants kreierte das Bankhaus Trinkaus & Burkhardt mit dem sogenannten Drop-in-Optionsschein. Der Basispreis dieses Warrants betrug 1,675 DM je US-Dollar. Die Besonderheit dieser Emission lag darin, daß der Käufer sein Optionsrecht nur dann ausüben konnte, wenn der US-Dollar vorher unter 1,525 DM fiel. Wenn der US-Dollar bis zum Ende der Laufzeit am 12.6.1992 über diesem Limit blieb, waren die Optionsscheine wertlos.[255]

Bei den Drop-in-Optionsscheinen wird das Optionsrecht auf ein herkömmliches Basisobjekt bezogen, jedoch mit einer Bedingung für das Aufleben des Rechts verknüpft. Jedes Optionsrecht kann mit einer aufschiebenden Bedingung verbunden werden. Die Drop-in-Optionsscheine werden unter dem Oberbegriff "Barrier-Optionsscheine"[256] zusammengefaßt.[257]

---

optionsscheine von 45 zu Beginn der 90er Jahre auf über 670 zum 30.07.1993 anstieg.

251 O.V., FAZ vom 28.10.1993, S. 26.

252 Gemäß Voigt, a.a.O., hat sich der US-Dollar/DM-Optionsschein am Markt als Standard-Optionsschein herausgebildet, den es in über 200 Varianten gibt.

253 Sienel, WirtschaftsWoche vom 2.7.1993, S. 96(100).

254 Vgl. o.V., FAZ vom 11.8.1992, S. 15; o.V., FAZ vom 28.10.1993, S. 26.

255 Sienel/Lupp, WirtschaftsWoche vom 21.2.1992, S. 84(86).

256 Vgl. II.A.1.b)(6)(b)(x).

257 Siehe Voigt, Börsen-Zeitung vom 18.09.1993, S. 17; Kollar, Börsen-Zeitung vom 18.09.1993, S. 21; Bräuer/Pechtl/Schwarz, Börsen-Zeitung vom 18.09.1993, S. 22.

Es besteht demnach die Möglichkeit von der Grundkonstruktion der Currency Warrants ausgehend, durch Variation des Basisobjektes und anderer Merkmale vielzählige Abwandlungen von Währungs-Optionsscheinen zu kreieren, die den derivativen Finanzinstrumenten zuzuordnen sind.

(iv) Index-Warrant

Für Index-Warrants ist charakteristisch, daß ihr Ertrag von der Entwicklung eines Index, einer Kennzahl, abhängt.[258] Als Basisobjekt wird anstelle eines materiell lieferbaren Finanzinstruments ein abstrakter Wert, ein "Basiskurs", veroptioniert. Bei Optionsausübung oder am Ende der Laufzeit erfolgt ein Barausgleich, der sich aus der Differenz zwischen dem Stand des Index und dem vereinbarten Basiskurs errechnet (sog. cash settlement).[259]

Als Basiskurs werden überwiegend Aktienindizes, z.B. DAX[260], FAZ-Index, Hypax, Citibank-Hong-Kong-Aktienindex[261] oder Brachenindizes[262]

---

258 Binkowski/Beeck, S. 24; Klein, Die Bank 1991, 75. Richard, S. 8 ff, stellt eingehend die Grundlagen und Konstruktion von Aktienindizes und deren Verwendungsmöglichkeiten dar. Janßen/Rudolph, S. 43 ff, untersuchen die Konstruktion des Deutschen Aktien Index (DAX) und zeigen dessen Anwendungsmöglichkeiten auf.

259 Baxmann, Die Bank 1991, 494(497); Meinhardt, Das Wertpapier 1990, 35.

260 Gemäß Janßen/Rudolph, S. 126, emittierte die Dresdner Bank im September 1989 den ersten in D-Mark begebenen DAX-Indexoptionsschein. Laut Widow, Börsen-Zeitung vom 26.8.1993, S. 4, waren Mitte August 1993 an den deutschen Wertpapierbörsen 71 DAX-Put-Optionsscheine zugelassen. Aufgrund dieser Vielzahl ist es für den Anleger schwer, einen Überblick zu erlangen, zumal die Optionsscheine nicht nur 20 verschiedene Basispreise von 14 Emittenten, sondern auch unterschiedliche Bezugsverhältnisse aufweisen.

261 Siehe o.V., Börse ONLINE vom 10.7.-16.7.1992, S. 61; Beer, Das Wertpapier vom 11.9.1992, S. 45, zur Ausstattung der von der Citibank emittierten Optionsscheine auf den Citibank-Hong-Kong-Aktienindex. Vgl. die Verkaufsmitteilung, in: Börsen-Zeitung vom 26.3.1993, S. 9, zu den Emissions- und Optionsbedingungen von Optionsscheinen auf den Citibank-Hong-Kong-Aktienindex. Eine vergleichbare Konstruktion weisen die von der Citibank AG im Juli 1993 begebenen "Citibank Mexiko

verwandt.[263] Die Indizes dienen dazu, die Kursentwicklung einer bestimmten Anzahl von börsennotierten Aktien zu messen[264]. Ein Novum bedeuten die ersten Optionsscheine[265] auf den Deutschen Rentenindex (REX)[266]. Darüber hinaus dienen auch Währungen, wie der Japanische Yen, das Pfund Sterling[267] oder der US-Dollar[268] als Basiskurs für Index-Warrants.[269]

Aktienkorb Optionsscheine" (WKN 807 186 bis 807 189) auf, die dem Optionsscheininhaber das Recht auf Zahlung eines Differenzbetrages einräumen. Der Differenzbetrag ist ein Zehntel der in US-$ ausgedrückten und in DM umgerechneten Differenz, um den der Schlußkurs des Citibank Mexiko Aktienkorbes am Berechnungstag den Basispreis über- bzw. unterschreitet. Dem Grunde nach wird aus den Schlußkursen der im Korb enthaltenen Aktien ein Index berechnet, der dem Optionsrecht des Anlegers zugrunde gelegt wird. Vgl. hierzu die Verkaufsmitteilung der Citibank AG, Börsen-Zeitung vom 16.7.1993, S. 7. Auf demselben Prinzip basieren die von der Schweizerischer Bankverein (Deutschland) AG begebenen Optionsscheine auf den "DM Südostasien Basket" (WKN 768 234). Vgl. Verkaufmitteilung der Schweizerischer Bankverein (Deutschland) AG, Börsen-Zeitung vom 16.7.1993, S. 5.

262 Vgl. nur die diversen Optionsscheine auf "Branchenindizes" der Citibank AG, in deren Verkaufsmitteilung, Börsen-Zeitung vom 20.8.1993, S. 7, insbesondere "Citibank Auto/Transport Branchenindex" (WKN 807 210 und 807 211), "Citibank Banken/Versicherung Branchenindex" (WKN 807 212 und 807 213), "Citibank Chemie/Pharma Branchenindex" (WKN 807 214 und 807 215) und "Citibank Maschinenbau/Elektro Branchenindex" (WKN 807 216 und 807 217).

263 Siehe nur o.V., Börse ONLINE, 21.02.-27.2.1992, S. 58 f, die eine Übersicht zu den an den deutschen Wertpapierbörsen gehandelten Index-Optionsscheinen enthält. Der Kreierung neuer Indizes als Underlying für Optionsscheine sind nahezu keine Grenzen gesetzt, wie der "Citibank Oil Producers Index" belegt. Vgl. hierzu die Verkaufsmitteilung der Citibank AG, Börsen-Zeitung vom 4.2.1994, S. 9.

264 Klein, Die Bank 1991, 75.

265 Siehe die Verkaufsmitteilung in Börsen-Zeitung vom 1.12.1993, S. 5, zu den Ausstattungsmerkmalen der von der Bayerischen Hypotheken- und Wechsel-Bank emittierten REX-Warrants.

266 REX ist der von der Deutsche Börse AG berechnete Deutsche Rentenindex, der die Entwicklung am deutschen Rentenmarkt widerspiegelt.

267 Vgl. die Verkaufsmitteilung der CSFB-Effectenbank AG, Börse ONLINE vom 21.5.-28.5.1993, S. 15, bzgl. Währungsoptionsscheine auf den Japanischen Yen (WKN 548 060 bis 548 065) bzw. auf das Pfund Sterling

Index-Warrants lassen sich in zwei Arten, in Call- und die Put-Index-Warrants, einteilen. Dem Inhaber von Call-Index-Warrants steht das Recht zu, bei Optionsausübung oder am Laufzeitende von dem Emittenten der Warrants die Zahlung der Differenz zu verlangen, um die der Indexstand des zugrundegelegten Index am Ausübungstag oder Ende der Laufzeit den Basiskurs überschreitet. Auf der anderen Seite räumen Put-Index-Warrants dem Inhaber das Recht ein, die Zahlung der Differenz, um die der Indexstand am Ausübungstag oder am Ende der Laufzeit den Basiskurs unterschreitet, zu fordern. Der Anleger profitiert von einem steigenden Index, wenn er Call-Index-Warrants gezeichnet hat, und umgekehrt von einem fallenden Index, wenn sich in seinem Bestand Put-Index-Warrants befinden.[270]

(WKN 548 066 bis 548 073). Jeder dieser Optionsscheine gewährt dem Inhaber das Recht, nach Maßgabe der Optionsbedingungen die Zahlung des Hundertfachen des in DM ausgedrückten Differenzbetrages zu verlangen, um den am Ausübungstag der an der Frankfurter Devisenbörse festgestellte amtliche Mittelkurs von hundert Japanischen Yen bzw. eines Pfund Sterling den Basiskurs im Falle der Call-Optionsscheine überschreitet bzw. im Falle der Put-Optionsscheine unterschreitet.

268 Gemäß der Verkaufsmitteilung der Goldman, Sachs & Co Wertpapier GmbH, Börsen-Zeitung vom 2.6.1993, S. 7, beinhaltet der als "Quartetto" bezeichnete USD/DM Call-Optionsschein (WKN 588 877) vier Calls mit den Basispreisen USD/DM 1,54; USD/DM 1,64; USD/DM 1,74; USD/DM 1,84. Jeder "Quartetto"-Optionsschein gewährt dem Optionsscheininhaber das Recht, die Summe der Differenzen in DM zu erhalten, "um die der am auf die Ausübung folgenden Börsentag festgestellte USD/DM-Kassamittelkurs die Basiskurse überschreitet, jeweils multipliziert mit 25".

269 Vgl. Drathen, Börsen-Zeitung vom 18.09.1993, S. 23, der davon ausgeht, daß sich der Markt für Warrants auf Indizes erst am Anfang seiner Entwicklung befindet.

270 Siehe Meinhardt, Das Wertpapier 1990, 35 ff, der ausführlich die Bewertung von DAX-Optionsscheinen untersucht. Fugger, Börse ONLINE vom 29.10.-5.11.1993, S. 88, beschreibt das Black-Scholes-Modell, das ursprünglich zur Bewertung von Optionen konzipiert wurde, aber auch für Optionsscheine herangezogen werden kann. Ders., Börse ONLINE vom 5.11.-12.11.1993, S. 78, kritisiert zugleich mit Recht, daß die Berechnung des "fairen Wert" nach der Black-Scholes-Formel "allerhand Vorkenntnisse in Mathematik und Statistik und/oder ein gutes Computerprogramm" voraussetzt.

Die Laufzeit der bisher am deutschen Markt emittierten Index-Warrants beträgt in der Regel ein bis eineinhalb Jahre und ist erheblich kürzer als die der klassischen, d.h. in Verbindung mit einer Optionsanleihe gemäß § 221 Abs. 1 AktG emittierten Optionsscheine.[271] Darüber hinaus ist bei Index-Warrants vor allem das Optionsverhältnis zu berücksichtigen. Hieraus ergibt sich, auf welchen Bruchteil der zu leistenden Differenz zwischen Basiskurs und Indexstand am Ausübungstag sich der Index-Warrant bezieht. Je nach Optionsverhältnis eines Warrants kann der Rückzahlungsanspruch des Optionsschein-Inhabers die Zahlung der vollen, eines Drittels oder der Hälfte der auszugleichenden Differenz betragen.[272]

Inzwischen haben sich neben den dargestellten Aktien-Index-Warrants eine Vielzahl von Modifizierungen herausgebildet.[273] Zu nennen sind die Capped-

---

271 SMH, FOCUS quantitativ, Februar 1991, S. 1(3 f).

272 Siehe Klein, Die Bank 1991, 75(79), der eine weitere Variante der Index-Warrants, die sogenannten "Dresdner Bank Participations", vorstellt. Dem Inhaber wird das Recht auf einen Zahlungsanspruch in Höhe von einem Zehntel des jeweiligen Dax-Schlußkurses eingeräumt.

273 Kollar, Börsen-Zeitung vom 18.09.1993, S. 21, weist darauf hin, daß am Optionsscheinmarkt der Anteil der Index-Optionsscheine seit Beginn der 90er Jahre am stärksten gewachen ist. Siehe, o.V., FAZ vom 30.11.1991, S. 19, demnach werden an der Chicago Board Options Exchange seit Ende Oktober 1991 "Optionsscheine für Vergeßliche" gehandelt. Diese Optionsscheine beziehen sich auf zwei Aktienindizes (Standard & Poor 100 und 500) und sind mit einem automatischen Ausübungskurs ausgestattet. Bei Erreichen eines vorherbestimmten Kurses/Indexstandes werden die Optionsrechte ausgeübt. Vgl. die Verkaufsmitteilung der Bank Morgan Stanley AG, Börsen-Zeitung vom 5.8.1993, S. 9, in der eine Novität auf dem deutschen Markt, die von der Bank Morgan Stanley AG emittierten "Italienische Lire Swap-Optionsscheine" angeboten werden. Die Warrants werden an der Luxemburger Wertpapierbörse notiert. Für den Anleger ist die Optionsausübung nur noch im Wege einer mathematischen Berechnung kalkulierbar. Denn die Bedingungen der "Italienische Lire Swap-Optionsscheine" sehen bei Ausübung für jeden Optionsschein einen Lira-Wert vor, der sich gemäß folgender Formel errechnet: Fiktiver Wert x 2 x (11%-Satz), wobei unter "Satz" der 4-Jahres-Lire-Swap-Satz verstanden wird.

Index-Warrants, bei denen der am Ausübungstag aus der Differenz zwischen dem Indexstand und dem Basiskurs zu errechnende Gewinn auf einen bestimmten Höchstbetrag begrenzt ist.[274] Wenn Capped-Warrants zugleich als Call- und Put-Index-Optionsschein erworben werden, eröffnet dies dem Inhaber die Möglichkeit, daß er am Laufzeitende der mit europäischen Optionsrechten ausgestatteten Warrants einen von vornherein feststehenden Ertrag erzielt. Die kombinierten Capped-Index-Optionsscheine sind dann mit Zerobonds vergleichbar.[275]

Die Berliner Handels- und Frankfurter Bank (BHF-Bank) emittierte im Mai 1990 sogenannte "Look-Back-Call-Index-Optionsscheine"[276]. Der Inhaber eines solchen Warrant erhielt das Recht, von der Emittentin ein Hundertstel des Betrages zu verlangen, um den der am Ausübungstag festgestellte DAX-Schlußstand den niedrigsten, während der Laufzeit der Warrants festgestellten DAX-Schlußstand überschritt.[277]

---

274 Klein, Die Bank 1991, 75(77), weist darauf hin, daß die ersten Capped-Index-Warrants in Deutschland von dem Bankhaus Trinkaus & Burghardt begeben wurden.

275 Siehe Janßen/Rudolph, S. 127, zur Kombination von "gekappten" Call- und Put-Index-Optionsscheinen. Riedl, Das Wertpapier vom 11.6.1993, S. 24, zeigt zwei weitere Beispiele zur Kombination von Optionsscheinen auf.

276 Gemäß Bräuer/Pechtl/Schwarz, Börsen-Zeitung vom 18.09.1993, S. 22, sind Look-Back-Optionsscheine besonders für Anleger geeignet, die mit starken Schwankungen während der Laufzeit rechnen. Denn die maßgebliche Bezugsgröße dieser Warrants ist jeweils das Maximum bzw. das Minimum eines Kursverlaufs innerhalb eines vorher bestimmten Zeitraums.

277 Klein, Die Bank 1991, 75(78). Gemäß o.V., Handelsblatt vom 29.12.1993, S. 19, wurden von der Schweizerischen Bankverein (Deutschland) AG sog. Look-back-Put-Warrants auf den DAX angeboten. Die Salomon Brothers Services GmbH emittierte "Look-Back-Kauf-Optionsscheine" auf den englischen FTSE 100 Aktienindex. Vgl. hierzu o.V., Handelsblatt vom 26.8.1993, S. 23. Gemäß o.V., Handelsblatt vom 30.8.1993, S. 25, wurden von der Goldman, Sachs & Co Wertpapier GmbH sogenannte Look-Back-Optionsscheine auf den Swiss Market Index (SMI) begeben. Gemäß o.V., Handelsblatt vom 29.12.1993, S. 19, bot der Schweizerische Bankverein, Zürich, Look-back-Put-Warrants auf den SMI an. Vgl. SMH, FOCUS

Eine eigenständige Variante der Index-Warrants stellen die von der Merrill Lynch Wertpapiere GmbH emittierten "Market-Timing-Index-Optionsscheine" dar[278]. Die Optionsscheine räumen dem Inhaber bzgl. des Basiskurses ein Wahlrecht zwischen dem Stand eines Index an vier vorgegebenen Terminen ein[279]. Wird das Wahlrecht vom Inhaber nicht ausgeübt, erhält er den für die Index-Optionsscheine gezahlten Emissionspreis unter Abzug der entsprechenden Bankprovisionen zurückerstattet. Demnach beinhalten die "Market-Timing-Index-Optionsscheine" der Merrill Lynch Wertpapiere GmbH eine "Money-Back-Guarantee".[280]

Im ersten Halbjahr 1993 wurden von der DG Bank sogenannte Short-Optionsscheine, die sich auf den DAX bezogen, begeben.[281] Die Laufzeit der, in je drei unterschiedlichen Short-Call und Short-Put-Serien, ausgegebenen Emission betrug lediglich etwa ein Jahr. Am Laufzeitende erfolgte ein Differenzausgleich in Geld, wobei der Rückzahlungsbetrag an die Entwicklung des DAX gekoppelt war. Short-Optionsscheine sollten dem Anleger u.a. ermöglichen, als Optionsverkäufer (sog. Stillhalter) aufzutreten. Die DG Bank versprach sich ein besonderes Interesse der Privatanleger an diesen Warrants, weil von Privatanlegern an der Deutschen Terminbörse nur selten Stillhalterpositionen eingenommen werden. Dies ist durch die für Stillhalter bei ungünstigem Marktverlauf bestehenden unbegrenzten Nachschußpflichten und den an der

---

quantitativ, Februar 1991, S. 1(6), zu Look-Back-Warrants im allgemeinen.

278 Gemäß Klein, Die Bank 1991, 75(79), ist auf dem deutschen Markt die Merrill Lynch Wertpapiere GmbH die erste Emittentin von sog. "Market-Timing-Index-Optionsscheinen".

279 Baxmann, Die Bank 1991, 494(497).

280 Klein, Die Bank 1991, 75(79).

281 Siehe o.V., ZKredW 1993, 364, zur Ausstattung der von der DG Bank emittierten Short-Warrants. Gemäß der Verkaufsmitteilung der DG Bank, Börse ONLINE vom 1.10.-8.10.1993, S. 1 und Handelsblatt vom 30.09.1993, S. 35, wurden im zweiten Halbjahr 1993 erneut Short-Warrants auf den DAX angeboten. Im Juni 1993 bot die DG Bank auf dieser Konstruktion basierend weitere sog. Short-Optionsscheine (WKN 804 800 bis 804 815) an. Die Short-Warrants sind jedoch nicht als Index-Warrants sondern als Aktienoptionsscheine, die dem Anleger bei Optionsausübung die Möglichkeit einer Differenzzahlung einräumen, ausgestattet. Vgl. Verkaufsmitteilung der DG Bank, Börse ONLINE vom 11.6.-18.6.1993, S. 24 f.

Deutschen Terminbörse zu erbringenden hohen Sicherheitsleistungen bedingt.[282]

Eine der neuesten Variationen wurde durch die Verbindung von Elementen eines Index-Warrants mit denen eines Basket-Warrants konstruiert. Für das Basisobjekt wurde ein Korb von Aktien verschiedener Goldminen herangezogen. Der Anleger hat am Laufzeitende einen Anspruch auf eine Differenzzahlung, wenn der Index, der sich aus einem Korb mit einer bestimmten Anzahl von Minenaktien errechnet, über dem vereinbarten Basispreis liegt.[283] Die wesentliche Prägung erhalten die Optionsscheine dadurch, daß der Anspruch des Anlegers auf Auszahlung eines Differenzbetrages entscheidend von dem Stand des zugrunde gelegten Index abhängt.[284] Die Zusammensetzung des Index kann variabel gestaltet werden. Deshalb ist nicht erheblich, ob fünf oder sechs Goldminenaktien herangezogen werden.[285] Die "Goldminen-Optionsscheine" sind demnach den Index-Warrants zuzurechnen.

Ein weiteres Novum bedeuten die von der DG Bank im zweiten Halbjahr 1993 zum Kauf angebotenen "asiatischen Warrants" auf den DAX.[286] Die Besonderheit der asiatischen Warrents liegt darin, daß sich deren Rückzahlungswert aus der Differenz zwischen dem Basispreis und dem Durchschnittswert (geometrisches Mittel) der Schlußkurse des zu Grunde

---

282 In diesem Sinne o.V., FAZ vom 12.8.1993, S. 15.

283 Vgl. o.V., WirtschaftsWoche vom 6.8.1993, S. 65, demnach hat die Goldman, Sachs & Co Wertpapier GmbH (WKN 588 912) und die Bankers Trust GmbH (WKN 801 183) jeweils eine Emission von Warrants auf einen Korb von Goldminen-Aktien begeben.

284 Drathen, Börsen-Zeitung vom 18.09.1993, S. 23, zeigt anhand eines von Salomon Brothers emittierten Optionsscheins auf einen US-Goldminen-Basket auf, daß seit Anfang des Jahres 1993 der Goldpreis um ca. 23 % gestiegen ist, während die Performance des Gold-Warrants im gleichen Zeitraum bei ca. 80 % lag.

285 Die Goldminen-Warrants der Goldman, Sachs & Co Wertpapier GmbH (WKN 588 912) legen einen Index zugrunde, der sich aus fünf Minenaktien errechnet. Anders ist die Zusammensetzung des Index der von der Bankers Trust GmbH emittierten Warrants (WKN 801 183), der sich auf sechs Minenwerte bezieht. Vgl. hierzu o.V., WirtschaftsWoche vom 6.8.1993, S. 65.

286 O.V., Handelsblatt vom 7.9.1993, S. 33.

gelegten Index während der Laufzeit des Optionsscheins errechnet. Dem Anleger wird ein Ausübungsrecht nur bei Fälligkeit eingeräumt.

Alle Index-Warrants weisen das gemeinsame Merkmal auf, daß sie nicht die effektive Lieferung und Übertragung eines Optionsobjektes, sondern einen Differenzausgleich in Geld vorsehen, der sich an einem Index ausrichtet. Index-Warrants sind ein typisches Beispiel für die Kreierung von Derivaten, die durch Variation der Merkmale eines Finanzinstruments, einer Option, geschaffen werden.

(v) Basket-Warrant

Der Inhaber eines Basket-Warrants kann durch Ausübung seines Optionsrechts, je nach Ausgestaltung des Warrants, Aktien einer Gesellschaft oder einen vorher spezifizierten "Korb" von Aktien verschiedener Gesellschaften beziehen.[287] Dem Emittenten steht es darüber hinaus frei, ob er Aktien lediglich einer Branche[288], Aktien eines bestimmten Landes[289] oder Aktien

287 Vgl. Klein, Die Bank 1990, 283(284); Ziemer, Die Bank 1990, 507(514).

288 Siehe o.V., Börse ONLINE vom 16.4.-23.4.1992, S. 23, zu dem Autobasket-Call-Warrant von Morgan Stanley, der zum Bezug je einer Stammaktie von BMW, Daimler und VW berechtigt.

289 Gemäß o.V., Börse ONLINE vom 7.8.-13.8.1992, S. 61, wurden von der Citibank "Japan Top Ten Aktienkorb Optionsscheine" begeben, die zum Bezug bestimmter japanischer Standardaktien berechtigen. Vgl. zu den Emissionsbedingungen die Verkaufsmitteilung, in Börsen-Zeitung vom 18.9.1992, S. 7. In der Folgezeit emittierte die Citibank erneut "Japan Top Ten Aktienkorb Optionsscheine" und zugleich "Japan 100 Aktienkorb Optionsscheine". Vgl. Verkaufsmitteilung, in Börse ONLINE vom 21.5.-28.5.1993, S. 2. Nach diesem Prinzip sind die von der Schweizerischen Bankverein (Deutschland) AG emittierten Optionsscheine auf den "DM China Basket" (WKN 768 156) aufgebaut. Diese Warrants sehen indes bei Ausübung des Optionsrechts nicht die effektive Lieferung der in dem Basked aufgenommenen Aktien chinesischer Gesellschaften vor, sondern die Zahlung eines Differenzbetrages. Siehe die Verkaufsmitteilung der Schweizer Bankverein (Deutschland) AG, in Börsen-Zeitung vom 26.5.1993, S. 7.

von Gesellschaften mit einem bestimmten Produktionszweck in einem "Korb" zusammenfaßt.[290] Der Ausübungspreis von Basket-Warrants wird überwiegend bereits bei der Emission festgelegt.

Allerdings sehen Basket-Warrants in der Regel nicht die Möglichkeit einer effektiven Lieferung der in den Korb einbezogenen Aktien, sondern einen Differenzausgleich in Geld vor. Dem Optionsschein-Inhaber steht das Recht auf Zahlung eines Differenzbetrages zu, wenn die nach einer festgelegten Formel summierten Kurse der im Korb enthaltenen Aktien am Berechnungstag den Basispreis überschreiten (Call-Warrant) bzw. unterschreiten (Put-Warrant). Basked-Warrants, die eine Differenzzahlung in Geld vorsehen, sind den Index-Warrants zuzurechnen. Denn zur Berechnung des Kurswertes des Warrants wird mittels der im Korb befindlichen Aktien dem Grunde nach ein Index ermittelt.

Für Anleger sind Basket-Warrants besonders interessant, wenn an der Deutschen Terminbörse (DTB) bezüglich der in dem Korb enthaltenen Aktien keine Optionen gehandelt werden. Bei dieser Konstellation können mittels der als "Nischenprodukte" zu bezeichnenden Basket-Warrants Anlagekonzepte abgerundet werden.

Basket-Warrants zählen, wenn sie eine effektive Lieferung der in den Korb einbezogenen Aktien vorsehen, zu den Derivaten, die durch Variation des underlying asset konstruiert werden.

(vi) Warrant auf Warrant

Eine weitere Variation auf dem Optionsscheinmarkt verkörpern sogenannte Warrants auf Warrants, die den Inhaber nicht direkt zum Bezug von Aktien, sondern zum Bezug von anderen Warrants, deren Basisobjekte wiederum Aktien sind, berechtigen.[291]

---

290 Binkowski/Beeck, S. 25 f.

291 Vgl. Klein, Die Bank 1990, 283(284), zu "Warrants auf Warrants". Klein ist zuzustimmen, daß diese Art von Warrants den Covered Warrants zuzurechnen ist. Die Covered Warrants wiederum sind eine Untergruppe der Naked Warrants.

Das primäre Optionsrecht eines "Warrant auf Warrant" richtet sich demnach auf den Erwerb eines anderen Warrant. Allerdings wird den Inhabern dieser Warrants mittelbar ein Recht auf das Recht, Aktien zu einem bestimmten Preis zu kaufen, eingeräumt.[292] Aufgrund dieser Gestaltung des underlying assset stellen sogenannte Warrants auf Warrants eine selbständige Variante der Derivate dar, die durch Variation der Merkmale eines Finanzinstruments entstehen.

(vii) Capped Warrant

Das Bankhaus Trinkaus & Burkhardt emittierte im Mai 1990 erstmals Capped Warrants, d.h. "gekappte Optionsscheine", auf dem deutschen Wertpapiermarkt. Capped Warrants sind Optionsscheine auf fallende oder steigende Notierungen von Aktien oder Indizes, bei denen nicht die Verluste begrenzt, sondern die Gewinne auf einen festgelegten Höchstbetrag (sog. Cap) beschnitten werden.[293] Die Warrants eröffnen dem Anleger eine begrenzte Gewinnmöglichkeit und dem Emittenten ein geringeres Risiko.[294]

Mit Capped Warrants lassen sich im wesentlichen zwei Anlagestrategien verfolgen. Als eine absichernde Strategie ist der Erwerb von zwei gegenläufigen Call- und Put-Capped-Warrants[295] zu bewerten. Dagegen ist eine spekulative Variante gegeben, wenn der Anleger nur einen Call-Capped-Warrant oder einen Put-Capped-Warrant kauft und auf steigende oder fallende Kurse spekuliert.[296] Der maßgebliche Grund für die Konstruktion von Capped Warrants ist in der erstgenannten Anlagestrategie, deren "Einsatz als Anleihe", zu sehen. Durch die Verbindung je eines Put- und Call-Capped-Warrants erzielt der Anleger einen

---

292 Binkowski/Beeck, S. 26.

293 Köpf, Handelsblatt vom 20./21.12.1991, S. 29; Binkowski/Beeck, S. 26, mit instruktiven Beispielen.

294 Baxmann, Die Bank 1991, 494(496).

295 Siehe Perina, Die Zeit vom 20.12.1991, S. 29, der des weiteren darauf hinweist, daß es sich bei Capped Warrants um synthetische Wertpapiere handelt.

296 Kreiss, WirtschaftsWoche vom 15.11.1991, S. 158; Köpf, Handelsblatt vom 20./21.12.1991, S. 29.

garantierten Gewinn[297], der bis April 1993 als steuerfrei galt[298]. Diese Gewinngarantie bedingt die spezielle Kombination zweier gegenläufiger Optionsscheine, so daß zum Verfalltermin vom Emittenten genau die Differenz zwischen beiden Basispreisen zu zahlen ist.[299] Bereits beim Kauf steht die am Ende der Laufzeit zu erzielende Rendite fest, da es sich bei Capped Warrants stets um Optionen europäischen Typs[300] handelt, die nur zum Verfallzeitpunkt ausgeübt werden können.

---

297 Baxmann, Die Bank 1991, 494(496).

298 Im Gegensatz zu den steuerpflichtigen Zinsen galt der Ertrag des Capped Warrants als Kursgewinn und war bisher steuerfrei, sofern zwischen Kauf und Verfall mehr als sechs Monate lagen. Vgl. zur vormaligen Rechtslage Perina, Die Zeit vom 20.12.1991, S. 29; Köpf, Handelsblatt vom 20./21.12.1991, S. 29. Bereits kritisch zur Steuerfreiheit von Capped Warrants, o.V., WirtschaftsWoche vom 28.02.1992, S. 146, worin auf die abzusehende Meinungsverschiedenheit zwischen Experten außerhalb der Finanzverwaltung und den Finanzbehörden selbst hingewiesen wurde. Im April 1993 erteilte das Bundesfinanzministerium den obersten Finanzbehörden der Länder eine Anweisung. Demnach zählen zu den Einkünften aus Kapitalvermögen Zinsen, Entgelte und Vorteile, die unabhängig von ihrer Bezeichnung und der zivilrechtlichen Gestaltung bei wirtschaftlicher Betrachtung für die Überlassung von Kapitalvermögen zur Nutzung erzielt werden. Vgl. Narat, Handelsblatt vom 30.12.1993, S. 25; o.V., FAZ vom 28.12.1993, S. 15, demnach wurde die Auffassung des Bundesfinanzministeriums inzwischen durch das am 1. Januar 1994 in Kraft getretene Gesetz zur Bekämpfung des Mißbrauchs und zur Bereinigung des Steuerrechts (BR-Dr 788/93) normiert. Nunmehr sind Kapitalerträge aus den diversen Optionsscheinkonstruktionen, wie z.B. Gleitzinsanleihen, Kombizinsanleihen, Mega-Zertifikaten und Bandbreiten-Optionsscheinen steuerpflichtig.

299 Köpf, Handelsblatt vom 20./21.12.1991 S. 29; Kreiss, WirtschaftsWoche vom 15.11.1991, S. 158; SMH, FOCUS quantitativ, Februar 1991, S. 1(6).

300 Vgl. Binkowski/Beeck, S. 96, demnach kann der Käufer bei einer "europäischen Option" sein Optionsrecht nur an einem bestimmten Tag ausüben, während er bei einer "amerikanischen Option" von seinem Recht bis zum Verfalltag jederzeit Gebrauch machen kann. Gemäß Lieven, Börsen-Zeitung vom 18.09.1993, S. 24, sind am deutschen Markt "amerikanische Optionen" üblich.

Am besten läßt sich diese Anlagestrategie am Beispiel einer der vielzähligen Emissionen von Capped Warrants verdeutlichen. Die Emissionsbedingungen der auf den DAX bezogenen Capped Warrants der amerikanischen Investmentbank Salomon Brothers sehen bei dem Call-Optionsschein vor, daß zum Verfallzeitpunkt ein Betrag pro DAX-Punkt in Deutschen Mark ausgezahlt wird, wenn der Index zu diesem Zeitpunkt über 1800 Punkten steht. Demgegenüber berechtigt der Put-Optionsschein zur Auszahlung der Differenz, die der DAX unter 2400 Punkten steht. Allerdings ist für beide Warrants der Auszahlungsbetrag auf 600,-- DM begrenzt. Deshalb geht der Anleger bei Kauf von Call- bzw. Put-Warrants kein Risiko ein. Er bekommt zum Verfallzeitpunkt auf jeden Fall DM 600,-- ausbezahlt. Dieser Betrag resultiert entweder aus einem Zahlungsanspruch aufgrund des Call, wenn der DAX zu diesem Zeitpunkt über 1800 Punkten steht, oder aus dem Put, wenn der Index sich unter 2400 Punkten befindet. Wenn der DAX zum Verfallzeitpunkt zwischen den Werten 1800 und 2400 liegt, dann hat der Anleger aufgrund jedes Warrants zwar nur einen verringerten Zahlungsanspruch, jedoch zusammen wiederum exakt 600,-- DM.[301]

Der Anleger setzt mit dieser Strategie[302] die kombinierten Capped Warrants der Investmentbank Salomon Brothers wie Zero-Bonds ein. Zero-Bonds werden nicht laufend verzinst, sondern unter pari emittiert und bei Fälligkeit zum Nominalwert eingelöst. Bis zu der gegenteiligen Anweisung des Bundesfinanzministeriums an die obersten Finanzbehörden im April 1993 - und selbst noch danach - wurde vereinzelt innerhalb der Lehre der aufgrund des am 1. Junuar 1994 in Kraft getretenen Mißbrauchsbekämpfungs- und

301 Siehe Kreiss, WirtschaftsWoche vom 15.11.1991, S. 158, zu den Emissionsbedingungen der Capped Warrants von Salomon Brothers.

302 Müller-Schwerin, S. 22 ff; Vosshenrich, Die Bank 1986, 451. Vgl. Kümpel, ZKredW 1981, 464(468), zu den unterschiedlichsten Handelsstrategien für Kapitalanleger. Siehe o.V., FAZ vom 11.05.1992 S. 26, zu Handelsstrategien mit Devisenoptionen. Vgl. von Boehmer, Welt am Sonntag vom 19.01.1992, S. 34; Köpf, Handelsblatt vom 22.09.1988, S. 36; Schmid, BörsenBerater Nr. 2/1993, 12 f, bzgl. einer "Stillhalter-Strategie". Siehe Riedl, Das Wertpapier vom 11.6.1993, S. 24, zu einer absichernden Strategie durch Kombination zweier Aktienindex-Optionsscheine. Siehe Imo/Gith, S. 64 ff, bzgl. Trading-Strategien an der Deutschen Terminbörse. Vgl. Beilner/Schoess, Die Bank 1993, 338(341 f), die Strategien für Options- und Kassamarkt vergleichen.

Steuerbereinigungsgesetzes in jedem Fall nicht mehr haltbare Standpunkt vertreten, daß die Erträge aus den in dieser Weise kombinierten Capped Warrants steuerfrei seien.[303]

Das Grundkonzept der Capped Warrants basiert demnach auf einer Ableitung aus unterschiedlich variierten Optionsmerkmalen, insbesondere denen von Index-Warrants. Dadurch erhalten diese Finanzinstrumente ihren derivativen Charakter. Capped Warrants stellen folglich eine eigenständige Variante der Derivate dar, die durch die Variation der Merkmale eines anderen Finanzinstruments konstruiert werden.

(viii) GROI-Emissionen

Bei den GROI-Emissionen handelt es sich um Warrants mit einem garantierten Rückzahlungsbetrag bzw. einer garantierten Rendite ("Guaranteed Return on Investment"). Hinter dieser Konstruktion steckt eine bekannte Optionsscheintaktik, die 90:10-Strategie.[304] Bei der 90:10-Strategie werden Geldmarkttitel und spekulative Optionspositionen im Verhältnis 90:10 kombiniert. Damit wird sichergestellt, daß im negativen Fall das Anlagekapital nahezu erhalten bleibt.[305] Genauer betrachtet ist eine GROI-Emission eine Synthese aus drei Finanzprodukten, einer verzinslichen Geldmarktanlage und einer Kombination von zwei Optionen.[306] Der verfügbare Anlagebetrag teilt sich wiederum in eine Festgeld- und eine Optionsscheinposition auf. Der Festgeldanteil wird so gewählt, daß er am Laufzeitende des Warrants eine vorgegebene Rendite erreicht, so daß mit dem Optionsschein nahezu risikolos an dem underlying[307] market teilgenommen werden kann. Für den Käufer eröffnet sich die

303 A.A. Köpf, Handelsblatt vom 20/21.12.1991, S. 29, der eine steuerliche Gleichbehandlung von Capped Warrants und Zero-Bonds mangels wirtschaftlicher Vergleichbarkeit ablehnt.

304 Der Platow Brief, Nr. 132 vom 25.11.1991; SMH, Derivative, November 1991, S. 1(3); Narat, Handelsblatt vom 8./9.5.1992, S. 14.

305 Vgl. Jurgeit, Die Bank 1990, 689(690); SMH, Derivative, November 1991, a.a.O., zur 90:10-Strategie.

306 O.V., FAZ vom 10.8.1993, S. 15.

307 Unter "underlying" ist das Basisobjekt, auf das sich das Optionsrecht eines Warrant bezieht, zu verstehen.

Möglichkeit, über die garantierte Mindestrendite hinaus ein progressiv wachsendes Gewinnpotential zu realisieren, wenn die Option auf dem underlying market erfolgreich ist.[308]

In jüngster Vergangenheit wurden von der Schweizer Bankverein Gruppe auf der Basis der 90:10-Strategie GROI-Emissionen, die sich auf den DAX bzw. US-Dollar bezogen, begeben. Dieses Konzept griff ebenso die Deutschen Bank AG auf, deren MEGA-Zertifikate[309] auf dem DAX basierten.[310] In diesem Zusammenhang sind die von der Berliner Bank kreierten "Safe-Return-Options-Scheine" (Saro) zu nennen, die auf derselben Strategie basieren. Allerdings sind deren Gewinnchancen im Gegensatz zu den GROI- oder MEGA-Emissionen nicht begrenzt.[311] Dieses Merkmal weisen gleichfalls die auf einem identischen Konstruktionsprinzip basierenden Warrants mit der Bezeichnung "G.I.R.O." auf.[312]

GROI-Emissionen werden demnach auf der Grundlage eines Optionsscheins konstruiert, wobei ihr Basisobjekt (underlying asset) in der Regel aus einer Verbindung von Festsatz-, Aktienindex- oder Währungsanlage besteht.[313] Diese Grundkonzeption ist allerdings nicht völlig neu, denn die Idee, einen Großteil des eingesetzten Geldes sicher anzulegen und einen Teil in spekulative Anlageformen zu investieren, ist auch unter der Bezeichnung "Asset Allocation" bekannt.[314] Die maßgeblich von Optionsmerkmalen geprägten GROI-Emissionen sind den Derivaten zuzurechnen.

---

308 Siehe o.V., BörsenBerater Nr. 3/1993, S. 13, in dem darüber hinaus auf die steuerliche Behandlung von Warrants in Form von GROI-Emissionen behandelt wird.

309 Gemäß Sienel/Lupp, WirtschaftsWoche vom 21.2.1992, S. 84(91), gab der "Marktabhängige-Ertrag-mit-Garantie"-Optionsschein der Deutschen Bank AG den Anlaß zu dem Kürzel "MEGA".

310 Vgl. die Tabelle, in Der Platow Brief, Nr. 132 vom 25.11.1991, mit weiteren Einzelheiten bzgl. der GROI-Emissionen der Schweizer Bank Gruppe und der Deutsche Bank AG.

311 Siehe Sienel/Lupp, WirtschaftsWoche vom 21.2.1992, S. 84(91), zur Ausgestaltung der Saro-Warrants der Berliner Bank.

312 O.V., BörsenBerater Nr. 4/1993, S. 12.

313 Vgl. o.V., ZKredW 1991, 997 f; Jurgeit, Die Bank 1990, 689, zur grundsätzlichen Konstruktion sog. GROI´s.

314 O.V., BörsenBerater Nr. 4/1993, a.a.O.

(ix) Step-Down-Warrant

Als die erste Innovation dieser Art auf dem deutschen Optionsscheinmarkt sind die vom Bankhaus Trinkaus & Burkhardt begebenen "Step-down-Warrants" zu nennen. Es handelte sich um gedeckte Optionsscheine auf Volkswagen-Aktien, bei denen sich der Basispreis mit sinkendem Kurs der optierten Aktien verminderte. Der anfängliche Basispreis der Warrants lag bei 350,-- DM und sank auf 300,-- DM, wenn die VW-Aktie während der Laufzeit bis Februar 1994 unter die Marke von 300,-- DM fiel.[315] Eine solche Konstruktion ist nicht nur aufgrund des sinkenden Basispreises bei fallenden Aktienkursen anlegerfreundlich, sondern vor allem, weil der Anleger von einer Markterholung voll profitiert, da er wieder über einen Optionsschein "am Geld"[316] verfügt.

Der "Step-Down-Warrant" ist ein durch die Variation der Merkmale einer Option abgeleitetes, derivatives Finanzinstrument, das aufgrund seiner Konstruktion zu einem neuen, eigenständigen Handelsobjekt wird.

(x) Barrier-Warrant

Je nach Emissionsbedingungen können Barrier-Warrants als Nebenbedingungen vorsehen, daß, sobald der Kurs des Basiswertes eine vorabbestimmte Kursschwelle (Barriere) mindestens einmal über- oder unterschritten hat, das Optionsrecht entsteht oder verfällt.[317] Während bei einer Drop-in-Option das Optionsrecht entsteht, wenn der Kurs des ihr zugrundeliegenden Finanzinstruments die vorherbestimmte "Eintrittsschwelle" über- oder unterschreitet, erlischt das Optionsrecht einer sogenannten Knock-out-Option, sobald die

---

315 Siehe Der Platow Brief Nr. 16 vom 7.2.1992; Sienel/Lupp, Wirtschafts-Woche vom 21.2.1992, S. 84(85), zu den Anleihebedingungen der Step-down-Warrants des Bankhauses Trinkaus & Burkhardt.

316 "Am Geld" bedeutet im Optionshandel, daß der Basispreis der Option dem aktuellen Preis des zugrundeliegenden Basisobjekts entspricht.

317 Voigt, Börsen-Zeitung vom 18.9.1993, S. 17; Kollar, Börsen-Zeitung vom 18.9.1993, S. 21. Gemäß o.V., ZKredW 1993, 809, wurden im August 1993 von der DG Bank Barrier-Warrants auf den DAX begeben.

festgelegte "Austrittsschwelle" mindestens einmal erreicht, unter- bzw. überschritten wird.[318]

Barrier-Warrants werden durch die Variation der Ausstattungsmerkmale klassischer Optionscheine, insbesondere durch Aufnahme einer Nebenbedingung bezüglich der Optionsrechte, konstruiert. Sie weisen im Vergleich zu herkömmlichen Optionsscheinen geringere Gewinnchancen auf, dementsprechend ist die Optionsprämie für Barrier-Warrants auch niedriger.[319]

Mithin zählen Barrier-Warrants zu den Derivaten, die durch Variation der Merkmale eines Finanzinstruments entwickelt werden.

(xi) Outperformance Warrant

In Deutschland emittierte erstmals die Westdeutschen Landesbank (WestLB) Outperformance Warrants. Die Warrants wurden als eine VW-Kaufoption mit einem variablen Ausübungspreis, der börsentäglich als 23% des DAX-Eröffnungskurses festgestellt wird, ausgestattet.[320] Aus Sicht des Optionsschein-Inhabers, der eine bessere Kursentwicklung der Aktie im Vergleich zum Gesamtmarkt erwartet, wird die Performance der VW-Aktie mit der Performance des DAX in bezug gesetzt.

Outperformance Warrants bieten nicht nur bei steigenden Kursen Gewinnmöglichkeiten, sondern entsprechend der Emissionsbedingungen auch bei fallenden Kursen. Dies verdeutlicht der Outperformance Warrant der WestLB. Er eröffnet dem Inhaber Gewinnmöglichkeiten, wenn die VW-Aktie stärker als die vom DAX erfaßten 30 Aktienwerte steigt und wenn die VW-Aktie bei fallendem DAX weniger stark fällt oder unverändert bleibt.[321] Zugleich bieten Outperformance Warrants dem Emittenten die Möglichkeit, einen variabel

---

318 Bräuer/Pechtl/Schwarz, Börsen-Zeitung vom 18.9.1993, S. 22; Kollar, a.a.O.

319 Voigt, Börsen-Zeitung vom 18.9.1993, S. 17. Gemäß o.V., ZKredW 1993, 809, wird bei Barrier-Warrants eine "überproportionale Preisreduktion" gewährt.

320 Kollar, Sparkasse 1991, 366(368).

321 Kollar, a.a.O.

festlegbaren Basiskurs der in bezug genommenen Aktien mit einem gewissen Prozentsatz eines (Aktien-) Index-Kurses zu koppeln. Dadurch werden die potentiellen Gewinne des Anlegers in einer bestimmten Bandbreite gehalten.

Demnach sind Outperformance Warrants eine selbständige Variante der derivativen Finanzinstrumente.

(xii) Range Warrant

Die Konstruktion von Range Warrants, die auch Bandbreiten-Optionsscheine genannt werden, basiert grundsätzlich darauf, daß dem Inhaber eine erhöhte Zahlung seitens des Emittenten zusteht, wenn der Kurs des zugrundeliegenden Basiswertes, zum Beispiel einer Aktie[322] oder einer Währung[323], am Ausübungstag innerhalb einer festgelegten Bandbreite liegt.

Die bisher auf dem deutschen Markt emittierten Range-Warrants wurden in der Regel in drei Tranchen begeben, die sich lediglich hinsichtlich der vorgegebenen Bandbreite, mit der das Basisobjekt am Verfalltermin in bezug gesetzt wird, unterschieden. Diese Differenzierung bedingt, daß immer nur eine Tranche bei Fälligkeit innerhalb der vorgegebenen Bandbreite liegen kann. Anleger, die alle drei Tranchen eines solchen Range-Warrants erwerben, erhalten am Laufzeitende in jedem Fall eine Ausgleichszahlung, die nicht nur ihren Einsatz kompensiert, sondern auch eine Rendite beinhaltet. Die Inhaber von zwei der drei Tranchen bleiben bei deren Fälligkeit, wenn auch mit einer geringeren Rendite, ebenfalls in der Gewinnzone. Nur für den Fall, daß am Laufzeitende der Kurs des Basisobjektes außerhalb der feststehenden Bandbreite der Range-Warrants liegt, wird an den Inhaber der Warrants ein geringerer Betrag ausgeschüttet. Die Zahlung liegt jedoch unter dem Einstandspreis, so daß der

---

322 Als erster auf dem deutschen Markt emittierte das Bankhaus Trinkaus & Burkhardt drei Serien sog. Range-Warrants auf VW-Stammaktien. Vgl. hierzu Beer, Das Wertpapier vom 17.7.1992, S. 30; o.V., Börse ONLINE vom 26.6.-2.7.1992, S. 61; o.V., Der Spiegel vom 13.7.1992, S. 91.

323 Siehe die Verkaufsmitteilung, in FAZ vom 22.7.1992, S. 12; o.V., BörsenBerater Nr. 5/1993, S. 12, mit näheren Angaben zu den Ausstattungsmerkmalen der Range-Warrants von Trinkaus & Burkhardt auf den US$/DM-Wechselkurs.

Anleger auch einen Verlust erleiden kann.[324] Daneben ist zu berücksichtigen, daß aufgrund der Marktenge bei vielen Derivaten nur sehr geringe Umsätze stattfinden, so daß nicht immer eine faire Preisbildung gewährleistet ist.[325]

Range-Warrants sind demnach ein typisches Beispiel für die Konstruktion derivativer Finanzinstrumente. Als Grundkonzept wird von einem bereits existierenden Anlageinstrument, einer Option, ausgegangen. Durch die Variation einzelner Ausstattungsmerkmale wird ein neues Derivat kreiert. Range Warrants zählen somit zu den Derivaten, die durch die Variation eines Finanzinstruments entwickelt werden.

(xiii) Chooser-Warrant

Chooser-Warrants sind Optionsscheinkonstruktionen, die auf einem Index-Warrant basieren können.[326] Bei der Emission der Warrants steht noch nicht fest, ob es sich um einen Put- oder Call-Optionsschein handelt. Die Optionsbedingungen räumen dem Käufer das Recht ein, innerhalb einer festgelegten Frist zu bestimmen, ob der Warrant für den Rest der Laufzeit ein Call- oder Put-Optionsschein, unter im übrigen unveränderten Optionsbedingungen, sein soll.[327] Konsequenz dieses Wahlrechts ist, daß die Prämien für Chooser-Warrants im Vergleich zu üblichen Warrants höher sind.[328]

---

324 Eingehend dazu Beer, Das Wertpapier vom 17.7.1992, S. 30; o.V., BörsenBerater Nr. 5/1993, S. 12.

325 In diesem Sinne o.V., BörsenBerater Nr. 5/1993, a.a.O.; Ensel/Kötzing, Börsen-Zeitung vom 18.9.1993, S. 20, plädieren mit guten Gründen dafür, daß sog. Market-Maker auf dem Sekundärmarkt für Optionsscheine tätig werden und laufend Preise stellen, damit die Liquidität für den einzelnen Optionsschein hergestellt wird.

326 Vgl. Landgraf, Handelsblatt vom 1.12.1993, S. 35, der sich im Ergebnis kritisch zu "Chooser-Dollar-Optionsscheinen" äußert.

327 Janßen/Rudolph, S. 128; Voigt, Börsen-Zeitung vom 18.09.1993, S. 17. Siehe statt anderer die Verkaufsmitteilung der Schweizerischen Bankverein (Deutschland) AG, Börsen-Zeitung vom 21.10.1993, S. 5, die "Chooser-Optionsscheine auf den US-Dollar" (WKN 768 315 und 768 316) anboten.

328 Voigt, a.a.O.

Auf dieser Grundkonstruktion aufbauend wurden von der Bankers Trust GmbH sogenannte "Wünsch-Dir-Was-Index-Optionsscheine" begeben, die auf den FAZ-Index bezogen waren.[329] Diese Warrants räumen dem Inhaber das Recht ein, innerhalb einer bestimmten Frist seinen Call- in einen Put-Warrant oder umgekehrt zu wandeln.[330] Bei fristgemäßer Ausübung des dem Optionsscheininhaber zustehenden Wandlungsrechts werden dessen Call-Index-Warrants in Put-Index-Warrants mit gleichem Basiskurs und gleicher Ausübungsfrist gewandelt.[331] Demnach nehmen die "Wünsch-Dir-Was-Optionsscheine" vor Ablauf der Wandlungsfrist eine Zwitterstellung ein, da sie je nach Entscheidung des Anlegers sowohl Call- als auch Put-Optionsschein sein können.

Dieselbe Grundstruktur weisen sogenannte Switch-Optionsscheine auf, bei denen der Käufer die Möglichkeit hat, innerhalb einer festgelegten Frist oder an einem Stichtag einen Call-Warrant in einen Put-Warrant oder umgekehrt, mit gleichem Ausübungspreis, umzuwandeln.[332]

Unabhängig von ihrer Bezeichnung sind die vielfältig variierbaren "Chooser-Warrants" Derivate, die durch Variation der Merkmale eines Finanzinstruments konstruiert werden.

(xiv) Refix Warrant

Einige von japanischen Emittenten begebene Optionsscheine sehen die Möglichkeit vor, daß innerhalb eines bestimmten Intervalls die Optionsbedingungen nachträglich, unabhängig von Kapitalmaßnahmen, allein in Abhängigkeit von der Kursentwicklung der Aktie, verändert werden.[333] Betroffen sind insbesondere Konditionenbestandteile wie der Bezugspreis pro

---

329 Siehe o.V., Handelsblatt vom 6.6.1991, S. 29.
330 Baxmann, Die Bank 1991, 494(496).
331 Vgl. Klein, Die Bank 1991, 75(78), mit eingehenden Ausführungen zu "Wüsch-Dir-Was-Optionsscheinen".
332 SMH, FOCUS quantitativ, Februar 1991, S. 1(6).
333 Vgl. Hörnig/Terstege, Die Bank 1992, S. 528.

Aktie und das Optionsverhältnis. Die in den Emissionsbedingungen enthaltenen Anpassungsbedingungen werden als Refix-Klauseln bezeichnet.

An den deutschen Wertpapierbörsen werden allerdings nur solche japanische Refix Warrants gehandelt, deren Anpassungsklauseln allein eine Bezugspreisminderung (Erhöhung des Optionsverhältnisses) an einem bestimmen Refix-Zeitpunkt vorsehen. Die Minderung darf maximal 20 % der Ausgangswerte betragen. Als Ausgangswerte werden die in den Emissionsbedingungen enthaltenen Daten, unter Berücksichtigung zwischenzeitlich erfolgter Anpassungen, zugrunde gelegt.[334]

Für die Inhaber von Refix Warrants bedeutet die Refix-Klausel grundsätzlich die Möglichkeit einer Wertsteigerung ihres Optionsscheins. Die Emittenten räumen diese Wertkomponente dem Optionsscheininhaber ein, um die Wahrscheinlichkeit einer Optionsausübung und somit die Emissionserlöse aus der Optionsanleihe zu erhöhen.[335]

Refix Warrants sind demnach, bedingt durch ihre Konstruktion, als selbständige Derivate einzuordnen, die durch die Variation der Merkmale eines Finanzinstruments entstehen.

2. ORIGINÄRE FINANZINSTRUMENTE

Zur Gattung der innovativen Finanzinstrumente zählen neben den unter II.A.1. dargestellten Derivaten auch Wertpapiere, mit denen zwar eine Innovation einhergeht, die aber aufgrund einer Ableitung von Merkmalen anderer Finanzinstrumente nicht zu einem neuen eigenständigen Handelsobjekt, einem Derivat, werden. Die Entwicklung von Finanzinnovationen erfolgt, indem auf der Grundlage eines bereits vorhandenen Finanzinstruments lediglich dessen Emissionsbedingungen geringfügig modifiziert werden. Das Wesen des zugrunde liegenden Wertpapiers wird nicht verändert. Finanzinnovationen bieten die Möglichkeit, den aktuellen Bedürfnissen des Kapitalmarktes in einem

334 Hörnig/Terstege, Die Bank 1992, S. 528 f, die sich des weiteren mit der Wertermittlung von Refix Warrants beschäftigen.

335 Hörnig/Terstege, Die Bank 1992, S. 528(529).

feststehenden Rahmen Rechnung zu tragen. Folglich ist insoweit von "originären Finanzinstrumenten" auszugehen.

Zur Gruppe der originären Finanzinstrumente in dem hier verstandenen Sinne zählen jedoch nicht die als tradierte Kassamarktinstrumente zu bezeichnenden Aktien und Rentenpapiere, da ihnen kein innovativer Gehalt anhaftet.

Hiervon ausgehend sollen im weiteren die an den deutschen Wertpapierbörsen gehandelten originären Finanzinstrumente erfaßt und kategorisiert werden.

a) Optionen

Als Option wird das Recht - jedoch nicht die Pflicht - des Optionserwerbers verstanden, eine gewisse Menge eines bestimmten Finanztitels innerhalb eines festgelegten Zeitraumes (sog. amerikanische Option) oder zu einem bestimmten zukünftigen Zeitpunkt (sog. europäische Option) zu einem beim Optionsabschluß festgelegten Preis (Basispreis) zu kaufen (Kaufoption/Call) bzw. zu verkaufen (Verkaufsoption/ Put).[336] Der eine Vertragspartner hat die Entscheidung des anderen zur Nicht- oder zur Ausübung der Option hinzunehmen. Er wird deshalb als Stillhalter bezeichnet. Für das vom Stillhalter einseitig übernommene Risiko erhält er eine Prämie[337], die vom "Optionär"[338] zu zahlen ist.
Auf dieser Grundstruktur bauen alle an den deutschen Wertpapierbörsen gehandelten Optionen auf, die sich allein durch den Basiswert (sog. underlying

---

336 Gemäß von Rosen, in: Optionen und Futures, S. 33(37), ist davon auszugehen, daß private Anleger die an Wertpapierbörsen gehandelten Optionen bevorzugen, während institutionelle Anleger sich eher auf Terminkontrakte der Terminbörsen konzentrieren.

337 Vgl. Binkowski/Beeck, S. 96 f, zu den Grundbegriffen im Zusammenhang mit Optionen.

338 Beilner/Schoess, Die Bank 1993, 338(340), die untersuchen, warum Optionen benutzt werden, und wie der typische Anwender von Optionen - der Optionär - sich verhält bzw. verhalten sollte. Sie gelangen u.a. zu dem Ergebnis, daß der Optionär im Vergleich zum typischen Aktionär entscheidungsfreudiger und engagierter sei und in der Lage wäre, Totalverluste in der Optionssituation verkraften zu können.

asset) unterscheiden. An den deutschen Wertpapierbörsen sind als underlying asset für Optionsgeschäfte eine fest bestimmte Anzahl von Aktien[339] und Renten zugelassen.[340] Im Gegensatz dazu können an Terminbörsen oder im außerbörslichen Handel auch Devisen[341] und Aktienindizes als Basisobjekt für Optionen verwendet werden.[342]

Durch die beschränkte Möglichkeit, die Basiswerte variabel zu gestalten, wird die Optionseigenschaft dieser Finanzinstrumente nicht aufgehoben. Die gesetzlich vorgegebenen Basisinstrumente und Kontraktgrößen können zumindest im gewissen Umfang variiert werden. Damit wird auf die Bedürfnisse der Marktteilnehmer reagiert. Andererseits kann der Anleger die begrenzten Variationsmöglichkeiten bei Optionen durch eine Vielzahl von Handelsstrategien kompensieren.[343]

Optionen erhalten, trotz der an den deutschen Wertpapierbörsen standardisierten Optionsbedingungen, durch die Kombination einzelner Elemente einen innovativen Charakter, ohne jedoch die Wesensmerkmale einer Option zu verlieren. Deshalb zählen Optionen nicht zu den Derivaten, sondern zu den originären Finanzinstrumenten.[344]

---

339 Vgl. Ebneter, S. 13 ff, 31 ff, zu den Grundlagen und Strategien des Aktienoptionsgeschäfts.

340 Vgl. § 1 Besondere Bedingungen für Optionsgeschäfte an den deutschen Wertpapierbörsen.

341 Siehe Lombard/Marteau/Bontin, S. 19 ff; Manthey, Die Bank 1986, 358 ff, zu Devisenoptionen.

342 Baxmann, Die Bank 1991, 494(495); Franke, in: Optionen und Futures, S. 43(49).

343 Vgl. Müller-Schwerin, S. 22 ff; Vosshenrich, Die Bank 1986, 451; o.V., FAZ vom 11.05.1992 S. 26, zu Handelsstrategien mit Devisenoptionen. Siehe von Boehmer, Welt am Sonntag vom 19.01.1992, S. 34, bzgl. einer "Stillhalter-Strategie"; Köpf, in: Handelsblatt vom 22.09.1988, S. 36; Schmid, BörsenBerater Nr. 2/1993, S. 12 f.

344 Nach Schulz, Die Bank 1993, 476(482), sind Optionen das ursprüngliche, unverfälschte Grundinstrument, von dem andere Papiere abgeleitet werden können.

b) Commercial Paper

In der Bundesrepublik Deutschland ist die Begebung von DM-Commercial Paper dem Grunde nach erst durch die Aufhebung des Genehmigungsverfahrens für die Emission von inländischen Inhaberschuldverschreibungen gemäß §§ 795, 808 a BGB möglich geworden. Die Abschaffung der Börsenumsatzsteuer mit Wirkung vom 1. Januar 1991 hat zu dieser Entwicklung gleichfalls beigetragen.[345] Der Markt reagierte auf die veränderten Rahmenbedingungen im Dezember 1991 mit der Einführung des DM-Commercial Paper-Programms der Sixt AG in den Freiverkehr der Frankfurter Wertpapierbörse. Damit wurden erstmals Geldmarktpapiere an einer deutschen Börse gehandelt.[346]

Commercial Paper sind Teilschuldverschreibungen, die im Rahmen eines Daueremissionsprogramms in mehreren Tranchen - zugeschnitten auf den jeweiligen Finanzierungsbedarf - mit Laufzeiten von sieben Tagen bis zu zwei Jahren als Inhaberschuldverschreibungen begeben werden.[347] Auf dieser Basis wird ein Commercial-Paper-Programm zunächst zwischen dem Emittenten - in der Regel einem Industrieunternehmen - und einem sogenannten Plazeur - einer Bank - durch eine Rahmenvereinbarung festgelegt. Damit erhält der Emittent das Recht, nicht aber die Verpflichtung, jederzeit sehr kurzfristig Wertpapiere zu begeben. Dieses Verfahren ähnelt einer Daueremission, die in mehreren Tranchen begeben werden kann.[348]

Durch eine Börsennotierung erlangen die als Teilschuldverschreibungen ausgestalteten Commercial Paper einen erweiterten Abnehmerkreis. Sie könnnen jedoch ebenso wie bisher direkt bei interessierten Investoren privat plaziert werden. Daneben bieten börsenzugelassene Commercial Paper insbesondere für Investmentfonds erweiterte Investitionsmöglichkeiten. Denn diese Fonds haben gemäß § 8 Abs. 2 KAGG lediglich die Möglichkeit, bis zu 10 % ihres Kapitals in nichtbörsennotierten Wertpapieren anzulegen.

---

345 Rohleder/Schäfer, Die Bank 1991, 204.

346 O.V., Börsen-Zeitung vom 14.12.1991, S. 4.

347 Vgl. Kudiss, Der Langfristige Kredit 1991, 728; Rohleder/Schäfer, Die Bank 1991, 204(205 ff), die eingehend die Technik eines DM-CP-Programms erläutern.

348 O.V., FAZ vom 10.01.1992, S. 19.

Commercial Paper sind wegen ihrer Grundstruktur als Teilschuldverschreibungen einzustufen, die, je nach den Bedürfnissen des Emittenten oder der Anleger, eine Modifizierung der Emissionsbedingungen und der Plazierungsweise erfahren.[349] Dadurch erhalten sie zwar ein innovatives Gepräge, allerdings werden sie nicht zu einem neuen eigenständigen Finanzinstrument, einem Derivat. Folglich sind Commercial Paper den originären Finanzinstrumenten zuzurechnen.

B. Zwischenergebnis

Die vorstehende Untersuchung verdeutlicht, daß die an den deutschen Wertpapierbörsen gehandelten Finanzinstrumente, mit Ausnahme der tradierten Aktien- und Rentenwerte, von einem innovativen Charakter geprägt werden. Es zeigte sich allerdings, daß der Begriff "innovative Finanzinstrumente" häufig mit unterschiedlichen Inhalten verbunden wird, bzw. lediglich als Schlagwort verwendet wird.[350]

Nachdem die für Innovationen wesentlichen Faktoren aufgezeigt und eine Kategorisierung derivativer Finanzinstrumente vorgenommen wurde, konnte deren Abgrenzung über das Merkmal "innovativ" hinaus durch Einteilung in zwei Hauptgruppen erreicht werden. Innovative Finanzinstrumente basieren auf einer derivativen oder einer originären Konstruktion. Dementsprechend zählen sie entweder zur Hauptgruppe der sogenannten "Derivate" oder zur Gruppe der "originären Finanzinstrumente", die jeweils eine Teilmenge der innovativen Finanzinstrumente bilden.

---

349 Vgl. o.V., Handelsblatt vom 29./30.11.1991, S. 39, demnach existiert in Deutschland im Unterschied zu anderen Commercial-Paper-Märkten bisher weder eine offizielle Zulassungsstelle, noch reguliert oder erfaßt die Bundesbank den CP-Markt statistisch. Einzige Marktzugangsbeschränkung zum DM-Commercial-Paper-Markt ist der Standort, zumal Emittent und Arrangeur eines CP-Programms im Inland niedergelassen sein müssen. Deshalb wird verstärkt ein Rating für Commercial Paper in Deutschland gefordert.

350 In diesem Sinne Wende, S. 7 f, m.w.N.

Wenn ein Finanzinstrument aus den Merkmalen mehrerer Finanzinstrumente abgeleitet wird und eine eigenständige Konstruktion aufweist, zählt es zur Kategorie der Derivate. Andererseits liegt ein originäres Finanzinstrument vor, wenn entsprechend den aktuellen Bedürfnissen des Kapitalmarktes die Merkmale eines bereits vorhandenen Finanzinstruments lediglich modifiziert werden, ohne dessen Wesen zu verändern.

Darüber hinaus unterteilt sich die Hauptgruppe der derivativen Finanzinstrumente in Derivate, die durch Kombination der Merkmale verschiedener Finanzinstrumente oder durch Variation der Merkmale nur eines Finanzinstrumentes entwickelt werden.

Durch die Gliederung der innovativen Finanzinstrumente in die beiden Hauptgruppen der derivativen und originären Finanzinstrumente wird die Vielzahl neuer Kapitalmarktinstrumente untereinander abgrenzbar und zugleich die Basis für eine rechtliche Qualifikation geschaffen.

Die Kategorisierung der innovativen Finanzinstrumente zeigt, daß die überwiegende Anzahl dieser Produkte den sogenannten Derivaten zuzuordnen ist. Die Derivate werden wiederum von Optionsscheinen, sog. Warrants, dominiert. Andererseits werden in weit geringerem Maße sogenannte originäre Finanzinstrumente, z.B. Optionen und Commercial Papers, als Unterfall der innovativen Kapitalmarktinstrumente geschaffen.

Für die zu den Derivaten zählenden Wertpapieren ist im Vergleich zu den originären Finanzinstrumenten bezeichnend, daß sie das größere "Innovationspotential" in sich bergen. Dies ist dadurch bedingt, daß die originären Finanzinstrumente ausschließlich an feststehende Strukturen eines Kapitalmarktinstruments anknüpfen, ohne dieses grundsätzlich zu verändern. Den durch entsprechende Modifizierungen kreierten originären Finanzinstrumenten haftet lediglich ein innovativer "Charakter" an. Die sogenannten Derivate können hingegen durch Kombination oder Variation der Merkmale verschiedener oder eines Finanzinstruments, durch Schaffung eigenständiger Konstruktionen, in fast beliebiger Anzahl kreiert werden.[351]

351 Durrer/Lenhard, Neue Zürcher Zeitung vom 26.10.1993, Beilage, S. B 24. In diesem Zusammenhang stellt Wolfgang Gerhardt vom Schweizerischen Bankverein (SBV), der von Riedl, Das Wertpapier vom 11.6.1993, S. 21,

Vor allem in jüngster Vergangenheit ist auffällig, daß der Markt für Derivate, die auf der Basis von Optionsscheinen entwickelt werden, durch eine besondere Innovationsdynamik gekennzeichnet ist. Zugleich haben die zusammen mit einer Optionsschuldverschreibung gemäß § 221 Abs. 1 AktG emittierten Optionsscheine an Bedeutung verloren. Das Interesse der Anleger richtet sich zunehmend auf Naked Warrants, deren Basisobjekte u.a. Währungen, Zinsinstrumente und Indizes sind.[352] Gemäß Kollar[353] stagniert der "klassische" Optionsscheinmarkt, d.h. der Markt für Aktienoptionsscheine, die mittels Optionsanleihe emittiert werden. Der Anteil der Aktienoptionsscheine an den Neuemissionen hat sich von 28 % am Jahresanfang 1990 auf 5 % in der Jahresmitte 1993 verringert.[354]

Den Derivaten kommt demnach auf dem Kapitalmarkt aufgrund ihres Innovationspotentials und ihrer Innovationsdynamik eine größere Bedeutung zu als den originären Finanzinstrumenten. Die Entwicklung spiegelt sich in statistischen Erhebungen wider.[355] In den letzten drei Jahren hat sich die Anzahl der an der Frankfurter Wertpapierbörse gehandelten Derivate in Form von Optionsscheinen nahezu vervierfacht. Während im Dezember 1990 noch 530 Optionsscheine gehandelt wurden[356], waren im Dezember 1993 bereits 2.021 Optionsscheine zum Handel in allen Marktsegmenten zugelassen[357].

---

zitiert wird, die nicht nachvollziehbare These auf, "der Erfolg des deutschen Marktes (sc. für Optionsscheine) beruht auf der Standardisierung".

352 In diesem Sinne Potthoff, WM 1993, 1319, m.w.N; ebenso Gerhardt, Börsen-Zeitung vom 18.09.1993, S. 28; Voigt, Börsen-Zeitung vom 18.09.1993, S. 17; Jung, Börsen-Zeitung vom 18.09.1993, S. 23.

353 Kollar, Börsen-Zeitung vom 18.09.1993, S. 21; Riedl, Das Wertpapier vom 18.1.1994, S. 14.

354 Kollar, a.a.O.; Zwirner, Börsen-Zeitung vom 19.2.1994, S. 17.

355 Gemäß Fugger, Börse ONLINE vom 1.10.-8.10.1993, S. 79, ist "nachdem Optionsscheine in den letzten beiden Jahren an deutschen Börsen wenig gefragt waren, 1993 eine deutliche Trendwende festzustellen".

356 O.V., FAZ vom 4.5.1992, S. 27; Fischer/Lansing, Börsen-Zeitung vom 18.09.1993, S. 21. Gerhardt, Börsen-Zeitung vom 18.09.1993, S. 28, zeigt von einem anderen Berechnungszeitraum ausgehend auf, daß sich die Zahl der Optionsscheine von 200 im Jahr 1989 auf rund 1750 im August 1993, somit nahezu verneunfacht hat.

357 Deutsche Börse AG (Hrsg.), Frankfurter Monatsstatistik Dezember 1993, S. 18.

Korrespondierend hierzu ist im Vergleich zu 1992 die Zahl der Optionsschein-Emittenten um 7 auf insgesamt 33 angestiegen.[358] Daneben untermauert eine Untersuchung des Bankhauses Trinkaus & Burkhardt die besondere Bedeutung von Warrants. Der Optionsscheinmarkt weist zwar jährlich einen durchschnittlichen Zeitwertverlust[359] von 5 % auf, jedoch führt jedes Prozent Performance am Aktienmarkt in der Regel zu 1,65 % Performance am Optionsscheinmarkt.[360]

Bei Optionen, die den originären Finanzinstrumenten zuzuordnen sind, zeichnete sich in einem vergleichbaren Zeitraum eine stark rückläufige Tendenz ab. Im Jahre 1989 wurden an der Frankfurter Wertpapierbörse etwa zwei Millionen Optionsgeschäfte neu abgeschlossen, während 1991 nur knapp 300.000 Abschlüsse im Optionshandel gezählt werden konnten.[361] Für diese Entwicklung ist neben der Eröffnung der Deutschen Terminbörse vor allem die begrenzte Anzahl der Bezugsobjekte im Aktienoptionshandel verantwortlich. Zum Optionshandel an den Wertpapierbörsen sind nur bestimmte in- und ausländische Aktien zugelassen. Darüber hinaus beschränkt sich der Rentenoptionshandel wegen der vorgegebenen Bedingungen lediglich auf einige der umsatzstärksten Anleihen von Bund, Bundesbahn und Bundespost. Bis Dezember 1993 hat sich die Anzahl der Optionshandelsgeschäfte (Aktien Erst- und Zweitmarkt) an der Frankfurter Wertpapierbörse mit 308.990 Kauf- und Verkaufsoptionen (Anzahl) wieder auf das Niveau von 1989 eingepegelt.[362] Dennoch ist der deutsche Aktienoptionshandel im internationalen Vergleich bedeutungslos.[363] In der Bundesrepublik Deutschland existiert kein funktionsfähiger und liquider Rentenoptionshandel.[364]

---

358 Landgraf, Handelsblatt vom 22.12.1993, S. 27.

359 Vgl. Fugger, Börse ONLINE vom 15.10.-22.10.1993, S. 77, der den Begriff "Zeitwertverlust" damit umschreibt, daß ein Optionsschein bei ansonsten unveränderten Kennzahlen, insbesondere bei unverändertem Kurs des Basisobjekts, allein durch das Näherrücken seines Verfallsdatums an Wert verliert.

360 O.V., Börsen-Zeitung vom 22.1.1993, S. 4.

361 O.V., Blick durch die Wirtschaft vom 19.06.1992, S. 3.

362 Deutsche Börse AG, Monatsstatistik Dezember 1993, S. 8.

363 Imo, Rn. 105 a.E.

364 Imo, Rn. 106 a.E.

Zwischenzeitlich wurde befürchtet, daß der Markt für Aktienoptionen langsam ausstirbt.[365] Für die Prognose sprach zu diesem Zeitpunkt, daß an der Rheinisch-Westfälischen Börse zu Düsseldorf, die nach der Frankfurter Wertpapierbörse die zweithöchsten Umsatzzahlen in Deutschland verzeichnet, aufgrund des erheblichen Rückgangs der Geschäfte mit unverbrieften Optionen der Optionshandel bereits eingestellt war.[366]

Andererseits ist die quantitative Zunahme der derivativen Finanzinstrumente an den deutschen Wertpapierbörsen unter anderem darauf zurückzuführen, daß Derivate überwiegend auf der Basis von Optionsscheinen konstruiert werden. Diese bieten die Möglichkeit, flexibel und kurzfristig wirtschaftlichen Erwägungen zu genügen. Allerdings ist bei erster Betrachtung der Geschäfte mit Derivaten in Form von Optionsscheinen eine eindeutige rechtliche Qualifikation nicht möglich. In Rechtsprechung und Lehre hat sich bislang nur zur Rechtsnatur der Geschäfte mit unverbrieften Optionen eine nahezu einheitliche Meinung herausgebildet. Dagegen ist die rechtliche Einordnung der Geschäfte mit Derivaten in Form von Optionsscheinen umstritten. Erschwerend wirkt insoweit, daß innerhalb von Rechtsprechung und Lehre keine Einigkeit über das Wesen des Börsentermingeschäfts besteht. Schließlich haben die in jüngster Vergangenheit zunehmenden Emissionen von unterschiedlichst ausgestalteten Optionsscheinen die Unsicherheit noch vergrößert.

Im weiteren soll untersucht werden, ob Geschäfte mit derivativen Finanzinstrumenten in Form von Optionsscheinen[367] als Börsentermingeschäfte im Sinne des Börsengesetzes einzustufen sind. Zunächst wird versucht, die Bestimmungsgrößen des Börsentermingeschäfts im Sinne des Börsengesetzes näher zu beschreiben. Anhand der gewonnen Erkenntnisse soll die Rechtsnatur der Geschäfte mit Optionsscheinen beurteilt werden.

Für diese Vorgehensweise besteht neben dem wissenschaftlichen Erkenntnisinteresse das praktische Bedürnis des Anlegerschutzes. Den Geschäften mit Finanzinstrumenten in Form von Optionsscheinen haften spezifische, nicht unerhebliche Risiken an. Es ist daher geboten, die mit solchen Geschäften einhergehenden Rechtsfolgen zu untersuchen.

---

365 Siehe o.V., Blick durch die Wirtschaft vom 19.06.1992, S. 3.
366 Vgl. Burgmaier, WirtschaftsWoche vom 30.10.1992, S. 144(145).
367 Dazu II.A.1.b)(6).

III. Sind Geschäfte mit derivativen Finanzinstrumenten in Form von Optionsscheinen Börsentermingeschäfte?

Zu den derivativen Finanzinstrumenten, die auf einer Optionsschein-Konstruktion basieren, zählen die nach Trennung von einer Optionsanleihe[368] bzw. von einem Optionsgenußschein[369] selbständig handelbaren Aktienoptionsscheine und die ohne Optionsanleihe emittierten Naked Warrants[370]. Die Beurteilung, ob Geschäfte mit diesen derivativen Finanzinstrumenten Börsentermingeschäfte im Sinne des Börsengesetzes sind, setzt die Kenntnis der Grundstrukturen des Börsentermingeschäfts voraus.

A. Wesen und Begriff des Börsentermingeschäfts

Wesen und Begriff des Börsentermingeschäfts wurden maßgeblich von der Entwicklung des Terminhandels in Deutschland geprägt. Deshalb soll nach einer Aufarbeitung der historischen Entwicklung des Börsengesetzes auf die zum Abschluß von Börsentermingeschäften führenden Motive und auf den Schutzzweck des Börsengesetzes eingegangen werden. Das hieraus gewonnene Gesamtverständnis wird die rechtliche Würdigung der Ausgangsfrage ermöglichen und erleichtern.

1. Entstehungsgeschichtlicher Hintergrund

Der Ursprung der Termingeschäfte geht auf den Handel an internationalen Rohstoffmessen zurück, bei dem neben den sofort erfüllbaren Kassageschäften auch die Geschäfte auf spätere Lieferung zunehmend an Bedeutung gewannen.[371] Im Zuge dessen entwickelten sich in Deutschland bereits im ausgehenden 16. Jahrhundert die ersten Börsen, auf denen Waren und Wertpapiere gehandelt wurden. Der von Kaufleuten betriebene Handel beruhte auf Gewohnheitsrecht, das auch den Rahmen für den Abschluß von "Börsentermingeschäften" im weitesten Sinne bildete. Im 19. Jahrhundert griff

368 Vgl. II.A.1.a)(1).
369 Dazu II.A.1.a)(4).
370 Siehe II.A.1.b)(6)(b).
371 Eingehend Wach, Rn. 22.

erstmals der Staat durch Einzelmaßnahmen hoheitlich in den Terminhandel ein. In Preußen wurde der Terminhandel mit einzelnen Wertpapieren untersagt.[372] Um 1890 wendete das Reichsgericht zunehmend den Spielbegriff auf Börsentermingeschäfte an und entzog ihnen damit die Klagbarkeit. Den Börsengeschäften, die nicht in der Absicht der dauernden Kapitalanlage, sondern der Spekulation geschlossen wurden, wurde somit der gesetzliche Schutz versagt. Die Landesgesetzgebung enthielt jedoch nur vereinzelt Bestimmungen über das Börsenwesen.[373]

Trotz teilweiser Restriktionen[374] nahmen die Termingeschäfte in Deutschland zwischen 1860 und 1896 quantitativ stark zu, so daß der Terminhandel immer mehr zum Kennzeichen des Börsenhandels wurde[375]. Von den im Zeitraum zwischen 1881/82 und 1892/93 an den deutschen Börsen getätigten Geschäften waren etwa 50 % den rein spekulativen Termingeschäften in Aktien zuzurechnen.[376] Diese Entwicklung wurde dadurch bedingt, daß die Geschäftsformen des börsenmäßigen Terminhandels dem Publikum ermöglichten, sich mit geringen Mitteln zu beteiligen und große Umsätze zu bewirken.[377] Aufgrund der breiten Beteiligung aller Schichten an den risikoreichen Börsenspekulationen und infolge starker Kursrückgänge bei Effekten im Jahre 1891 kam es zu großen Verlusten für das Publikum.[378] Zugleich fielen in diese Periode der Zusammenbruch bedeutender inländischer Bankhäuser[379], Depotveruntreuungen und Zahlungseinstellungen ausländischer Staaten, deren Papiere an den deutschen Börsen zum Handel zugelassen waren.[380] Durch die Ausfälle wurden besonders die teilnehmenden Schichten schwer getroffen, die es sich im Grunde finanziell nicht leisten konnten, solche Börsengeschäfte abzuschließen. Trotzdem konnten die eingetretenen Verluste das kapitalschwache Publikum

---

372 Vgl. Henning, S. 39(40); Gömmel, S. 133(163).

373 Siehe Trumpler, Börsen- und Bankwesen, S. 1.

374 Nach Düringer-Hachenburg-Breit, HGB, Anhang II, Anm. 1, existierten bis zum Jahre 1896 keine besonderen zivilrechtlichen Normen für den Börsenterminhandel.

375 Gömmel, S. 133(163 f).

376 Eschenbach, Die Erträgnisse, S. 879(889).

377 Instruktiv Weber, DJZ I. (1896), 207 ff.

378 Vgl. Göppert, Das Recht, S. 3; Bremer, Grundzüge, S. 27.

379 Thorwart, S. 1, 8.

380 Trumpler, Börsen- und Bankwesen, S. 204.

nicht davon abbringen, im Terminhandel mit Wertpapieren eine leicht zu realisierende Gewinnmöglichkeit zu sehen.[381]

Als Konsequenz des Zusammenbruchs dieser Spekulationsperiode kam es zu aufsehenerregenden Strafprozessen gegen ungetreue Bankiers. Schließlich wurde für diese Entwicklung das Zeitgeschäft und seine unzureichende börsengesetzliche Regelung verantwortlich gemacht.[382] Der wachsende Unmut der Bevölkerung und der Parteien fand Ausdruck in zahlreichen Petitionen an den Reichstag, mit denen eine Unterstellung der Börse unter staatliche Aufsicht gefordert wurde.[383] Es versprach nur noch die Schaffung einer einheitlichen gesetzlichen Regelung durch den Gesetzgeber zu helfen.[384]

Die daraufhin angestoßene Reformbewegung veranlaßte die Regierung im Deutschen Reich, eine Börsen-Enquete-Kommission, die aus 28 Mitgliedern bestand, einzuberufen.[385] Nach Auffassung der Kommission stellten die Folgen des eingetretenen Kursverfalls einen großen sozialen Schaden dar.[386] Die Börsen-Enquete-Kommission fügte ihrem dem Reichstag im Jahre 1893 vorgelegten Abschlußbericht[387], dem die Anhörung von 115 Sachverständigen vorausging[388], Grundzüge für ein Börsengesetz bei. Die Grundzüge wurden

---

381 Andrè, S. 57.
382 Vgl. Göppert, Das Recht, S. 33 f; Schlicht, S. 28 ff, der ausführlich die Entwicklung des Terminhandels in Deutschland darlegt.
383 Siehe Göppert, Das Recht, S. 34; Henning, S. 39(41); Bremer, Grundzüge, S. 27 f.
384 Bremer, Grundzüge, S. 27.
385 Bremer, Grundzüge, S. 28; Gömmel, S. 133(171); anders Düringer-Hachenburg-Breit, HGB, Anhang II, Anm. 1, nach dessen Angaben der Kommission 23 Mitglieder angehörten. Nicht zutreffend Schlicht, S. 29, demzufolge die Kommission aus 115 Mitgliedern bestand. Zu Recht Gömmel, a.a.O., der darauf hinweist, daß von der Börsen-Enquete-Kommission 115 Sachverständige vernommen wurden.
386 Vgl. Pfleger/Geschwind, 3. Abschn., S. 44; RGZ 44, 109.
387 Schlicht, S. 29.
388 Gömmel, S. 133(171).

nach Änderungen durch das Reichsamt[389] am 22. Juni 1896[390] als Börsengesetz verkündet, das am 1.1.1897 in Kraft trat.[391]

Der in Deutschland weiterhin in starkem Ausmaß stattfindende Terminhandel wurde demnach erstmals durch das Börsengesetz von 1896 einheitlich geregelt.[392] Vor Erlaß des Börsengesetzes von 1896 gab es keine reichsgesetzliche Regelung des Börsenwesens[393]. Das Börsengesetz von 1896 schrieb die Führung eines gebührenpflichtigen Börsenregisters vor. Mit diesem Register wurde bezweckt, "Personen vom Börsenterminhandel fernzuhalten, welche ihn lediglich zur Befriedigung ihrer Spiellust benützten".[394]

Der Gesetzgeber hatte 1896 das Idealbild vor Augen, ein "groß angelegtes Schutzgesetz" zu verabschieden.[395] Mit dem Börsengesetz von 1896 verband er ein Schutzgesetz in doppeltem Sinne. Das am Börsenverkehr teilnehmende Publikum sollte in zweierlei Hinsicht geschützt werden. Bezweckt wurde der Schutz vor den schädigenden Handlungen anderer, insbesondere unredlicher oder unzuverlässiger Kommissionäre und der Schutz vor Gefahren aus eigenen Handlungen und Entschließungen, nämlich aus der Teilnahme an riskanten oder gar ruinösen Spekulationen.[396]

---

389 Gemäß Düringer-Hachenburg-Breit, HGB, Anhang II, Anm. 2, erfuhren die Entwürfe der Börsen-Enquete-Kommission durch das Reichsamt eine "erhebliche Verschärfung".

390 RGBl. 1896, S. 157. Gemäß Göppert, Bank-Archiv XXIV. (1924/25), 480, war das Börsengesetz von 1896 ein "Schulbeispiel eines Gelegenheitsgesetzes, und zwar eines Gesetzes ab iratio bedenklichster Art", das sich gegen die Börse richtete.

391 Vgl. Göppert, Das Recht, S. 35; ausführlich Häuser/Welter, § 15 Rn. 3.

392 In diesem Sinne Nußbaum, Komm., IV. Abschn., Vorbem. III., Rn. 43 (S. 230).

393 Trumpler, Börsen- und Bankwesen, S. 203.

394 Entwurf eines Börsengesetzes, Sonderdruck, Berlin 1895, S. 58, zitiert nach Häuser/Welter, § 15 Rn. 5.

395 Bernstein, ZHR 1908, 137(138).

396 Bernstein, ZHR 1908, 137(139). Gemäß Weber, ZHR 45 (1896), 100(114), hatte sich die Gesetzgebung "die Verhinderung der ungesunden Spekulation" zur Aufgabe gemacht.

Zur Herbeiführung eines Gesamtverständnisses der in Grundzügen dargelegten historischen Entwicklung des Termingeschäfts und der Gesetzgebung sollen im weiteren die das Publikums zum Abschluß von Börsentermingeschäften bewegenden Motive untersucht werden.

2. MOTIVE FÜR BÖRSENTERMINGESCHÄFTE

Mangels gefestigter Untersuchungen dürfte es nur schwerlich möglich sein, die für den einzelnen Anleger maßgeblichen Gründe und Überlegungen für den Entschluß zur Beteiligung an Börsentermingeschäften bis ins letzte zu erforschen und in ein grobes Schema zu pressen.[397] Die beim Anleger vorhandenen Strukturen der Entscheidungsfindung können nur soweit interpretiert werden, als diese sich in der Außenwelt niederschlagen. Außerdem wird die weitere Untersuchung auf den Handel mit Effekten abgestellt.

Durch die Einführung von Börsentermingeschäften sollte, unabhängig von den Motiven des Einzelnen, eine Vervollkommnung des Marktes erreichen werden, aufgrund derer nicht nur Vorteile für den Kreditmarkt[398], sondern unter anderen auch für das Effektengeschäft entstehen. Zugleich wurde mit Termingeschäften, die über die Börse getätigt werden, die Möglichkeit einer Überwachung und die Schaffung einer besseren Vertrauensbasis für das Publikum, insbesondere im Ausland, verbunden.[399] Termingeschäfte sind dem Grunde nach als Zeitgeschäfte zu charakterisieren, bei denen die Erfüllung des Vertrages, die Abnahme und Lieferung der Ware, des Wertpapiers oder der Devisen im Rahmen einer gewissen Standardisierung zu einem späteren Termin und zu einem vorher vereinbarten bzw. börsenmäßig festgestellten Kurs erfolgt. Die Verträge sind aufgrund der feststehenden Merkmale austauschbar und

397 In diesem Sinne Ludwig, S. 44.

398 Gemäß Weber, ZHR 45 (1896), 100(105), ist die "spezifische Leistung des Terminhandels", die Spekulation auf Kredit zu ermöglichen, indem "die Festlegung von Kapital in den Spekulationsgeschäften den Spekulanten erspart" wird. Folglich kann ein Markt entstehen, auf dem "eine große Zahl von Spekulanten auch mit mittlerem Vermögen, ja selbst ohne nennenswertes Vermögen, an der spekulativen Kursbildung mitwirken" kann.

399 Henning, S. 39(43).

können selbst gehandelt werden.[400] Zu den technischen Bedingungen sind die ökonomischen Beweggründe der Anleger in bezug zu setzen.

Die wirtschaftliche Aufgabe des Börsentermingeschäfts wurde in den Anfängen des Terminhandels mit Effekten darin gesehen, der Spekulation das technisch vollendete Mittel[401] zur leichteren Bewältigung ihrer Umsätze unter möglichst geringer Bewegung von Geld und Wertpapieren zu geben.[402] Zugleich erfuhren Effektentermingeschäfte eine Stigmatisierung, indem ihnen zugeschrieben wurde, lediglich aus der Spekulation und um ihretwillen entstanden zu sein.[403] Heute ist den Termingeschäften überwiegend ein zweifacher Zweck zuzuordnen. Sie stellen die Rahmenbedingungen für Spekulationsgeschäfte zur Verfügung und ermöglichen Kurssicherungs- (sog. Hedge-Geschäfte[404]) bzw. Gegengeschäfte.[405]

---

400 Vgl. Wach, Rn. 35; ebenso Weber, ZHR 45 (1896), 100(106).

401 Bereits Weber, ZHR 45 (1896), 100(102), attestierte dem Termingeschäft, "die technisch höchst entwickelte Form des Spekulationsgeschäfts" zu sein.

402 Meyer/Bremer, § 50 Anm. 3. Göppert, Bank-Archiv XXIV. (1924/25), 480(485), hebt als beträchtlichen allgemeinwirtschaftlichen Vorteil des Zeitgeschäfts, neben der Erleichterung des Wertpapierhandels, die Abschwächung großer Umsätze auf dem Geld- und Stückemarkt hervor. Gemäß Meyer/Bremer, a.a.O., dient das Effektengeschäft im Warenhandel u.a. dazu, die Lieferung der Waren in einem künftigen Zeitpunkt unter Vermeidung von Unkosten wie Lagergeld usw. zu gestatten und der Sicherung von Preisschwankungen.

403 Düringer-Hachenburg-Breit, HGB, Anhang II, Anm. 10.

404 An der Einteilung der Termingeschäfte nach der Motivation des Anlegers knüpft ein bislang unausgefochtener Streit über die Verbindlichkeit sogenannter Hedge-Geschäfte unter dem Börsengesetz an. Zu Recht unterliegen nach BGH, ZIP 1988, 1445, Hedge-Geschäfte dem in §§ 53, 55 BörsG geregelten Termineinwand. Ebenso Kleinschmitt, S. 124. Anderer Ansicht ist Hey, ZIP 1989, 824(826), der sich gegen die Anwendung des Termineinwandes auf Hedge-Geschäfte ausspricht. In diesem Sinne bereits Hellwig/de Lousanoff, in: FS-Stiefel, S. 309(336), nach denen das Hedge-Geschäft von vornherein nicht den Regeln des Börsengesetzes unterfällt.

405 Vgl. Hopt, BB 1984, 417; Schmidt, S. 74 ff; Lau, BuB, Rn. 7/210(227); ausführlich Hartung, S. 52-80, der die vielfältigen, insbesondere mit Optionsgeschäften angestrebten Ziele, mittels eines wirtschaftswissenschaftlichen Ansatzes aufzeigt. Vgl. o.V., FAZ vom 2.9.1993, S. 23,

Trotz der theoretischen Vielfalt individuell ausgeprägter Beweggründe, die zum Abschluß von Börsentermingeschäften führen, ist bezeichnend, daß sich das Publikum im wesentlichen von zwei Hauptmotiven leiten läßt. Während sich der spekulativ motivierte Börsenteilnehmer eine riskante Position bzgl. des gehandelten Gegenstandes zu verschaffen sucht, ist der auf Sicherheit bedachte Teilnehmer an der Einräumung eines Schutzes für eine bereits innegehaltene Marktposition interessiert.[406] Das vom Publikum mit dem Abschluß von Börsentermingeschäften verfolgte Motiv kann folglich die bloße Spekulation auf die Differenz zwischen dem Kurs am Tage des Vertragsschlusses und dem Kurs am Fälligkeitstag oder die Kurssicherung für spätere Effektivgeschäfte sein.[407] Es handelt sich in diesen Fällen dann um reine Spekulations- oder um Kurssicherungsgeschäfte, sogenannte Hedge-Geschäfte[408].

Für den Abschluß von Börsentermingeschäften können demnach zumindest zwei Hauptmotive, Spekulation und Kurssicherung, ursächlich sein.[409]

3. Schutzzweck des Börsengesetzes

Die Erfassung der mit dem Börsengesetz verfolgten Schutzzwecke könnte Rückschlüsse auf Wesen und Begriff des Börsentermingeschäfts eröffnen. Deshalb sind mit Blick auf die Entstehungsgeschichte des Börsengesetzes dessen Schutzzwecke herauszustellen.

---

demnach führten die am deutschen Aktienmarkt im dritten Quartal 1993 zu verzeichnenden Kurssprünge zu einem verstärkten Erwerb von Put-Optionsscheinen, mit denen Aktien-Depots abgesichert ("gehedged") werden sollen oder auf fallende Aktienkurse spekuliert wird.

406 In diesem Sinne Weddige, S. 7.

407 Schönle, S. 466; Hartung, a.a.O.; ders., BB 1989, 2411(2412 f); Hopt, a.a.O.; Weger, S. 29.

408 Nach Durrer/Lenhard, Neue Zürcher Zeitung vom 26.10.1993, Beilage, S. B 24, gehört das Hedging zum ursprünglichen Verwendungszweck derivativer Finanzinstrumente. Lieven, Börsen-Zeitung vom 18.12.1993, S. 24, beschreibt, wie sich Emittenten von Optionsscheinen - Banken - selbst hedgen.

409 Siehe Hartung, S. 52 ff, der eine differenzierte Einteilung der für den Abschluß von Börsentermingeschäften, insbesondere Geschäften mit Optionen, maßgeblichen Motive aufzeigt. Ebenso Ludwig, S. 44 ff.

Der Gesetzgeber reagierte auf die im 19. Jahrhundert in Deutschland einsetzenden übertriebenen Terminspekulationen mit dem Erlaß des Börsengesetzes von 1896[410]. Er verfolgte mit dem Börsengesetz und mit dessen Neufassung im Jahre 1908[411] das Ziel, das unkundige - nicht börsentermingeschäftsfähige - Publikum durch prohibitive Maßnahmen vor den mit der Teilnahme am Börsenterminhandel verbundenen Gefahren zu schützen. Termingeschäfte wurden seinerzeit als "sozial gefährlich"[412] eingestuft.[413] Die im Börsengesetz enthaltenen Regelungen zum Terminhandel sollten wirtschaftlich die börsenmäßigen Termingeschäfte einschränken.[414] Damit versprach sich der Gesetzgeber, "Unberufene" von der Teilnahme an der Spekulation in Form von Börsentermingeschäften abzuhalten[415].

Als regelungsbedürftig wurden, wegen der besonderen Gefährlichkeit der reinen Spekulation, nur Termingeschäfte betrachtet, nicht das Spekulieren im allgemeinen Sinne, bei dem eine Gewinnerzielung durch Ausnutzen von Preisschwankungen eines Marktgutes angestrebt wird.[416] Das Börsengesetz von 1896 sah deshalb ein Börsenregister[417] vor. Mit der Eintragung der Beteiligten

---

410 RGBl. 1896, S. 157.

411 Neufassung vom 27.05.1908, RGBl. S. 215.

412 In diesem Sinne die Feststellung der vor Erlaß des BörsG von 1896 einberufenen Börsen-Enquete-Kommission, zitiert nach Pfleger/Geschwind, 3. Abschn., S. 44.

413 Thorwart, S. 28; Bernstein, ZHR 1908, 137(147); Rössner/Lachmaier, BB 1986, 1377; Canaris, in: Großkomm. HGB, Anhang nach § 357, Anm. 800.

414 Düringer-Hachenburg-Breit, HGB, Anhang II, Anm. 8.

415 In diesem Sinne Begründung des Regierungsentwurfs zur Änderung des Börsengesetzes, Verhandlungen des Reichstags, 1908, Bd. 243, Anlagen zu den Stenographischen Berichten, RT-Aktenstück Nr. 483, S. 2597(2603). Ebenso Trumpler, Börsen- und Bankwesen, S. 226; Sommerfeld, S. 32. Lippert, in: Die Börsengesetzgebung, Einleitung, S. XVIII, stellt die Motive des Gesetzgebers deutlicher heraus. Mit dem Börsengesetz wurde "die Fernhaltung ungeeigneter Elemente aus dem Terminhandel" bezweckt.

416 Weber, DJZ I. (1896), 207; André, S. 65; RGZ 44, 111.

417 Siehe Eschenbach, Zur Revision, S. 116(120), der sich als "Vater" des Börsenregisters bezeichnet. Er gehörte der Börsen-Enquete-Kommission als "Hilfsarbeiter" an (sc. Aus der Anmerkung auf Seite 116 der vorgenannten Abhandlung geht hervor, daß Eschenbach auch zu den

in das Register ging die zivilrechtliche Verbindlichkeit der getätigten Termingeschäfte einher, wodurch Rechtssicherheit[418] herbeigeführt werden sollte.[419] Das Börsenregister sollte zugleich eine abschreckende Wirkung auf die Personen ausüben, "deren gewerbliche Stellung ein Bedürfnis zur Eingehung derartiger Geschäfte nicht mit sich bringt, sondern für welche dieselben nur als Mittel zur Befriedigung der Spielleidenschaft Wert haben".[420] Vereinzelt wurde dem Register attestiert, als neue Institution tatsächlich absolute Rechtssicherheit mit sich gebracht zu haben. Andererseits setzte eine "ungeheure Agitation" gegen das Börsenregister, als eine die Rechtssicherheit garantierende Maßnahme, ein.[421] Im Zuge der Neufassung des Börsengesetzes im Jahre 1908 wurde das Börsenregister mangels Akzeptanz durch das Publikum[422] und

---

Konferenzen im Handelsministerium im Herbst 1901 zugezogen wurde. Dies stand im Zusammenhang mit dem von Eschenbach im Oktoberheft der "Preußischen Jahrbücher" von 1891 erschienenen Aufsatz "Zur Reorganisation des Terminhandels". Der Aufsatz führte in der Folge zu Erörterungen in der Presse sowie in der Börsen-Enquete-Kommision und wurde zur Grundlage für wesentliche Bestimmungen des Börsengesetzes). Nach Weber, ZHR 45 (1896), 100(150) wurde die Einführung eines "Börsenregisters" von der Börsen-Enquete-Kommission zunächst für die Produktenbörse vorgeschlagen, bevor diese Idee auf Effekten-Termingeschäfte übertragen wurde. Ebenso Göppert, Bank-Archiv XXIV. (1924/25), 480(485).

418 Siehe Begründung des Regierungsentwurfs zur Änderung des Börsengesetzes, Verhandlungen des Reichstags, 1908, Bd. 243, Anlagen zu den Stenographischen Berichten, RT-Aktenstück Nr. 483, S. 2597(2600).

419 Nach der Begründung des Regierungsentwurfs zur Änderung des Börsengesetzes, Verhandlungen des Reichstags, 1908, Bd. 243, Anlagen zu den Stenographischen Berichten, RT-Aktenstück Nr. 483, S. 2597(2602), war die Aufnahme des Börsenregisters in das Börsengesetz von 1896 nur ein "Notbehelf", "weil man die Bezeichnung derjenigen Personenkreise, denen die Teilnahme am Terminhandel gestattet werden sollte, im Gesetz für untunlich hielt, ohne dem Verkehr übermäßige Schranken aufzuerlegen".

420 Staub, Rechtsgutachten, S. 17.

421 Eschenbach, Zur Revision, S. 116(125 f).

422 Siehe Schlicht, S. 31; Kümpel/Häuser, S. 13. Vgl. Düringer-Hachenburg-Breit, HGB, Anhang II, Anm. 3, der darüber hinaus das Börsenregister als "vollständiges Fiasko" bezeichnete. Gemäß Walter, S. 132, wurde das

wegen zunehmender Umgehungsgeschäfte[423] abgeschafft.[424] Zu dieser Entscheidung führte, daß sich im Jahre 1897 in das Börsenregister lediglich 94 Personen und in den Jahren 1901 bis 1903 durchschnittlich nur 350 Personen eintragen ließen.[425]

Das Börsengesetz von 1896 erfüllte die mit ihm verbundenen Erwartungen nicht. Es führte vielmehr aufgrund seines nicht immer eindeutigen Wortlautes zu "moralischen Schäden" und zu einer "übermäßigen Rechtsunsicherheit".[426] Deshalb wurde das Börsenregister durch die in § 53 Abs. 1 des Börsengesetzes von 1908 aufgenommene Umschreibung der nicht schutzbedürftigen Personenkreise ersetzt. Diese Klausel regelte fortan die sogenannte Börsentermingeschäftsfähigkeit.[427] Beiderseitig verbindliche Börsentermingeschäfte lagen gemäß § 53 Abs. 1 BörsG von 1908 vor, wenn diese zwischen "börsenmündigen", d.h. börsentermingeschäftsfähigen Personen, geschlossen wurden. Zu ihnen zählten eingetragene Vollkaufleute, sogenannte Bank- bzw. Börsenleute[428] und Ausländer.[429] Für das nicht börsentermingeschäftsfähige Publikum bestand, nach entsprechender Sicherheitsleistung gemäß § 54 BörsG von 1908[430], ebenso die Möglichkeit, am Terminhandel teilzunehmen. Damit

---

Börsenregister vom Publikum als "Spielregister" bezeichnet. Kritisch bereits Rosenstern, S. 47; Düringer, Bank-Archiv VII. (1907/08), S. 113(114). Gemäß Wermert, S. 7, hatte das Börsenregister seinen Zweck verfehlt.

423 Düringer-Hachenburg-Breit, a.a.O.

424 Vgl. Laband, Bank-Archiv VII. (1907/08), 81(82), der dem Börsenregister kritisch gegenüber stand. Er sah in der "Beseitigung der legislatorischen Mißgeburt des Börseregisters" die wichtigste Verbesserung der Novellierung des Börsengesetzes im Jahre 1908.

425 Pinner, S. 124; Nußbaum, Die Novelle, S. 4.

426 Begründung des Regierungsentwurfs zur Änderung des Börsengesetzes, Verhandlungen des Reichstags, 1908, Bd. 243, Anlagen zu den Stenographischen Berichten, RT-Aktenstück Nr. 483, S. 2597(2600).

427 Vgl. Häuser/Welter, § 15 Rn. 5, 10; Weber, DJZ XIII. (1908), 609(612).

428 Nußbaum, Komm., § 53 BörsG, Anm. IV. (S. 256), unter "Börsenleute" verstand man Personen, die mit dem Börsenhandel vertraut waren und deshalb eines staatlichen Schutzes nicht bedurften.

429 Eingehend Bernstein ZHR 1908, 137(151f); Weber, a.a.O.; Pilz, S. 72.

430 Vgl. Breit, ZHR 72 (1912), 442(445 ff), der die Entstehungsgeschichte des § 54 BörsG aufzeigt. Demnach bestand nach Einführung des § 54 BörsG aufgrund der nicht einheitlichen Rechtsprechung des Reichsgerichts große

war gewährleistet, daß sich der berufsmäßige Börsenhandel, trotz der grundsätzlichen Unverbindlichkeit der Geschäfte mit Privatpersonen, unter bestimmten Voraussetzungen aus der geleisteten Sicherheit befriedigen konnte. Der Nicht-Termingeschäftsfähige sollte bei Begründung seiner Haftung durch die gemäß § 54 BörsG zu leistende Sicherheit die Höhe des bei ungünstigen Geschäftsverlauf maximal von ihm zu tragenden Verlustes klar erkennen und fest begrenzen können.[431]

Der Gesetzgeber glaubte, mit Hilfe des Börsengesetzes von 1908 und des Differenzeinwandes gemäß § 764 BGB den Kampf gegen die sich stark ausbreitende Börsenspekulation mit zivilrechtlichen Mitteln aufnehmen und eindämmen zu können.[432] Die Legislative wollte demnach über den Sozialschutz hinaus dem Bedürfnis der börsentermingeschäftsfähigen Personen nach Rechtssicherheit genügen. Durch die Neufassung des Börsengesetzes im Jahre 1908 sollte eine geschützte "Börsenrechtssphäre" geschaffen werden, die "dem Börsenterminhandel umfassende Freiheit gewährt".[433] Bis zur späteren

---

Unsicherheit über den rechtlichen Charakter von "Einschußzahlungen auf die eingegangenen und noch einzugehenden Engagements". Ob der "Bareinschuß" als eine "bloße Sicherheitenbestellung" einzustufen ist, so daß dem Kunden ein Rückforderungsanspruch bezüglich dieser Sicherheitsbestellung wegen des Differenzcharakters der Spekulation zusteht oder einer "Vorauszahlung" gleichkommt, die nicht dem Regelungsbereich des § 54 BörsG unterfällt und somit nicht zurückgefordert werden kann, war zweifelhaft. Allerdings bedarf diese Ungewißheit aufgrund der ersatzlosen Streichung des § 54 BörsG nunmehr keiner Klarstellung mehr. Bereits vor Einführung des § 54 in das Börsengesetz von 1908 bezweifelte Weber, ZHR 45 (1896), 100(144), daß eine Sicherheitsleistung das Publikum vom Terminhandel abschrecken könne. Er ging davon aus, daß "die Beschränkung der Haftbarkeit auf einen vorherigen Einschuß, ... die Zahl der Spieler mit ziemlicher Sicherheit nicht unbeträchtlich vermehrt".

431 Kümpel, WM 1985, 1121(1124) m.w.N.

432 Göppert, Bank-Archiv XII. (1912/13), S. 271(272); Verhandlungen des Reichstages, XII. Leg.-Per., 1908, Bd. 243, Anlagen zu den Stenographischen Berichten, RT-Aktenstück Nr. 483, S. 2597(2606); Samtleben, Rabels Zeitschrift XLV (1981), 218(223); RGZ 47, 112.

433 Begründung des Regierungsentwurfs zur Änderung des Börsengesetzes, Verhandlungen des Reichstags, 1908, Bd. 243, Anlagen zu den Stenographischen Berichten, RT-Aktenstück Nr. 483, S. 2597(2602); Nußbaum, Komm., § 53 BörsG, Anm. 1 (S. 253).

Börsengesetznovelle von 1975 verfolgte der Gesetzgeber nicht allein den Individualschutz, sondern daneben auch den Schutz der Allgemeinheit durch das Unterbinden gefährlicher und wirtschaftlich nicht förderungswürdiger Geschäfte.[434] Aufgrund dessen ist das Börsengesetz in der Fassung von 1908 als ein "Kompromißgesetz" einzustufen, das dem Ruf nach Anlegerschutz und den volkswirtschaftlichen Interessen an einem funktionsfähigen Börsenterminverkehr gleichermaßen gerecht werden sollte.[435]

Mit den Novellierungen des Börsengesetzes in den Jahren 1975[436] und 1986[437] gab die Legislative die ursprünglich klare Zweiteilung der Schutzrichtungen des Börsengesetzes auf. Dem Börsengesetz ist nunmehr eine dreifache Schutzrichtung[438] immanent. Aus den erheblichen Beschränkungen des Terminhandels läßt sich schließen, daß noch immer der Anlegerschutz im Vordergrund steht.[439] Der Anleger soll im Rahmen eines Terminengagements nicht nur vor unbegrenzten, sondern auch vor begrenzten Risiken geschützt werden. Selbst solche Risiken sind für den einzelnen gefahrvoll und insgesamt volkswirtschaftlich unerwünscht.[440] Durch das Börsengesetz sollten im Bereich der börsentermingeschäftsfähigen Personen, die eines individuellen Schutzes nicht bedürfen, aus Gründen des Verkehrsschutzes und im Interesse

---

434 Canaris, in: Großkomm. HGB, Anhang nach § 357, Anm. 800; in diesem Sinne bereits Eschenbach, Zur Revision, S. 116(118); RGZ 55, 183(184).

435 Henssler, ZHR 153(1989), 611(613 f), der auf die Begründung der Regierungsvorlage zur Börsengesetznovelle von 1908, RT-Drucks. XII. Legislaturp. I. Session, Nr. 483, S. 12 und den Bericht der Reichstagskommission, RT-Drucks. XII. Legislaturperiode I. Session, Nr. 847, S. 89 verweist; in diesem Sinne Imo, Rn. 259; Mann, in: FS-von Caemmerer, S. 737.

436 Gesetz zur Änderung des Börsengesetzes vom 28.04.1975, BGBl I, 1013.

437 Änderungen des Börsengesetzes durch Gesetz vom 15.05.1986 (BGBl. I, 721) und durch BörsenZulassG 16.12.1986 (BGBl. I, 2478).

438 Vgl. Häuser/Welter, § 16 Rn. 26 ff, die eingehend die mit den Regelungen zum Termingeschäft im Börsengesetz verbundenen Schutzzwecke, Anleger-, Verkehrs- und Unternehmensschutz, behandeln.

439 Kümpel/Häuser, S. 16 f.

440 Vgl. BGHZ 92, 317(321) = WM 1984, 1598(1599); Jäger, ZBB 1991, 82(85).

der Rechtssicherheit, über den Sozialschutz hinaus, sonstige Hindernisse ausgeräumt werden.[441]

Darüber hinaus blieb nach den Börsengesetznovellen von 1975 und 1986 der in § 63 BörsG von 1908 manifestierte Gedanke des Unternehmensschutzes[442], wenn auch in abgeschwächter Form, erhalten.[443] Andererseits wurde der noch in § 63 BörsG a.F. enthaltene Genehmigungsvorbehalt für Börsentermingeschäfte in Anteilen von Bergwerken und Fabrikunternehmen zwar aufgegeben, aber zum Schutz des Publikums die Möglichkeit vorgesehen, Börsentermingeschäfte nachträglich zu verbieten, zu beschränken oder die Zulässigkeit von Bedingungen abhängig zu machen.

Der Gesetzgeber ging bei der anschließenden Reform des Börsengesetzes im Jahre 1989[444] einen Schritt weiter, indem er in § 53 Abs. 2 BörsG das sogenannte "Informationsmodell" aufnahm. Nach diesem Modell erlangen Privatpersonen die Börsentermingeschäftsfähigkeit kraft Information. Sie sind vor Abschluß von Termingeschäften über die mit Börsentermingeschäften verbundenen Risiken schriftlich aufzuklären. Der Gesetzgeber folgte ausdrücklich dem im Verbraucherschutzrecht[445] anzutreffenden Gedanken des Schutzes durch Information.[446] Dem Informationsmodell wurde grundsätzlich zugestanden, es könne dazu beitragen, den Konflikt zwischen dem Schutz des Publikums vor gefährlichen, ruinösen Geschäften und der Privatautonomie bzw. dem Selbstbestimmungsrecht des mündigen Bürgers[447] zu lösen.[448] Die

441 Kümpel/Häuser, S. 18.

442 Vgl. RGZ 47, 104(109); 52, 178(190).

443 Kritisch Kümpel/Häuser, S. 19.

444 Novellierung durch das "Gesetz zur Änderung des Börsengesetzes" vom 11.07.1989, BGBl. I, S. 1412.

445 Der Gesetzgeber (Amtl. Begründung, BT-Drucks. 11/4177, S. 19) verweist insbesondere auf das AGB-Gesetz, Abzahlungsgesetz, Gesetz über den Widerruf von Haustürgeschäften, Bundesdatenschutzgesetz und die EG-Verbraucherkredit-Richtlinie.

446 Amtl. Begründung, BT-Drucks. 11/4177, S. 19.

447 Vgl. Amtl. Begründung, BT-Drucks. 11/4177, S. 10. Der Gesetzgeber verfolgte mit der Einführung des sog. Informationsmodells u.a. den Gedanken des "mündigen Bürgers". Zustimmend Schäfer, ZIP 1989, 1103; Steuer, Die Bank 1989, 364(369).

448 Horn, ZIP 1990, 2(6).

Novellierung des Börsengesetzes im Jahre 1989 zielte vor allem darauf ab, die rechtlichen Rahmenbedingungen für die Errichtung einer deutschen Terminbörse für Optionen und Futures zu verbessern.[449] Hierdurch sollte der mit den anderen internationalen Börsenplätzen konkurrierende Finanzplatz Deutschland gestärkt werden.[450]

Den bisherigen Neufassungen bzw. Novellierungen des Börsengesetzes ist dem Grunde nach die Intention des Gesetzgebers von 1896 zu entnehmen, ein "groß angelegtes Schutzgesetz"[451] zu schaffen. Als vorrangiges Ziel des Börsengesetzes ist noch immer der Schutz des einzelnen Anlegers vor den mit Börsentermingeschäften verbundenen Gefahren zu sehen. Daneben soll aus Gründen des Verkehrsschutzes und im Interesse der Rechtssicherheit die Privatautonomie in der vom Börsengesetz normierten Börsenrechtssphäre weitestgehend unangetastet bleiben. Schließlich ist der mit dem Börsengesetz bezweckte Unternehmensschutz, wenn auch in rudimentärer Form, aufrechterhalten worden.[452]

4. Begriff des Börsentermingeschäfts

Die Versuche, das Börsentermingeschäft zu definieren, haben mit dem Börsengesetz von 1896 ihren Anfang genommen und sind bisher weder von der Rechtsprechung noch von der Lehre aufgegeben worden. Nach wie vor werden die unterschiedlichsten Definitionen des Börsentermingeschäfts vertreten und

---

449 Die Deutsche Terminbörse (DTB) nahm am 26. Januar 1990 den elektronischen Handel in standardisierten Optionen auf deutsche Standardaktien auf.

450 Siehe Amtl. Begründung, BT-Drucks. 11/4177, S. 9 (abgedruckt in ZIP 1989, 266).

451 Bernstein, ZHR 1908, 137(138).

452 A.A. André, S. 154, der mit nicht überzeugenden Argumenten aus der Novellierung des Börsengesetzes im Jahre 1989 schließt, daß der Gesetzgeber mit den im Börsengesetz aufgenommenen Bestimmungen zum Terminhandel "nur noch die individuellen Belange des Einzelnen, nicht aber darüber hinausgehende Interessen der Allgemeinheit verfolgen und schützen wolle".

einschlägige Abhandlungen lassen bei der rechtlichen Einordnung von Termingeschäften Unsicherheiten erkennen.

Im weiteren soll versucht werden, Wesen und Begriff des Börsentermingeschäfts zu erforschen und einen Beitrag zur Rechtssicherheit zu leisten. Von der früheren Legaldefinition des Börsentermingeschäfts im Börsengesetz von 1896 ausgehend, werden die von Rechtsprechung und Lehre unternommenen Versuche, das Börsentermingeschäft zu umschreiben, untersucht.

a) Historische Legaldefinition des Börsentermingeschäfts durch das Börsengesetz von 1896

Mit dem Erlaß des Börsengesetzes von 1896 sollte der bereits zuvor untersagte Terminhandel in Anteilen von Industrie- und Bergwerksunternehmungen und der Terminhandel in Getreide- und Mühlenfabrikaten[453] weiterhin verboten werden. Der Gesetzgeber nahm deshalb eine Legaldefinition des Börsentermingeschäfts in das Börsengesetz auf. Dadurch sollten seine Verbote praktikabel werden.[454] Die Begriffsbestimmung in § 48 des Börsengesetzes von 1896 lautete:

> "Als Börsentermingeschäft in Waren oder Wertpapieren gelten Kauf- oder sonstige Anschaffungsgeschäfte auf eine festbestimmte Lieferungszeit oder mit einer festbestimmten Lieferfrist, wenn sie nach Geschäftsbedingungen geschlossen werden, die von dem Börsenvorstande für den Terminhandel festgesetzt sind, und wenn für die an der betreffenden Börse geschlossenen Geschäfte solcher Art eine amtliche Feststellung von Terminpreisen (§§ 29, 35) erfolgt."

Nach der Definition waren für Börsentermingeschäfte drei Kriterien maßgeblich: eine fest bestimmte Lieferungszeit, der Abschluß nach

453 Bremer, Grundzüge, S. 28.

454 Siehe Bruns/Rodrian, Kennzahl 405, Erläuterungen zum Börsengesetz, Vorbem. zum IV. Abschn. Terminhandel, Anm. 8 (S. 155).

festgesetzten Geschäftsbedingungen und eine amtliche Kursfeststellung. Hieraus wurde abgeleitet, daß, sobald nur eins der vorgenannten Essentialien fehlt, kein Börsentermingeschäft, sondern nur ein einfaches Termingeschäft vorliegt.[455]

In der Folgezeit nahm das Publikum die Legaldefinition des Börsentermingeschäfts in § 48 BörsG von 1896 zum Anlaß, seine Geschäfte unter Vermeidung der für die Qualifikation von börsenmäßigen Zeitgeschäften als Börsentermingeschäft maßgeblichen Kriterien abzuschließen.[456] Damit sollte eine Ächtung als Spekulant umgangen werden. Denn die Wirksamkeit von Börsentermingeschäften hing von der Eintragung beider Parteien in das Börsenregister ab, das jedoch als "Spielregister" verschrien war[457]. Die Entwicklung entsprach allein im Ergebnis den Erwartungen der Börsen-Enquete-Kommission, die sich von dem Register und nicht der Definition in § 48 BörsG eine "abschreckende Wirkung" versprach, da es "die Scham" des Spekulanten wachrufen sollte.[458]

Bereits kurze Zeit nach Verabschiedung des Börsengesetzes von 1896 offenbarten die vielzähligen Umgehungsgeschäfte die mit der Legaldefinition des Börsentermingeschäfts verbundenen praktischen Schwierigkeiten. Die in § 48 BörsG enthaltene Definition erwies sich als zu starr, um die vielfältigen geschäftlichen Ausgestaltungsmöglichkeiten des Terminhandels zu erfassen.[459] Deshalb wurden die Bestimmungen über den Börsenterminhandel im Börsengesetz von 1896 als "Fehlschlag" eingestuft.[460] Göppert[461] klassifizierte das Börsengesetz von 1896 als "ungewöhnlich schlecht", da es

---

455 Vgl. Hoffmann, Reichs-BörsG, § 48 Anm. I.2, (S. 83); Kahn, BörsG, 1896, Anm. IV.2.b), (S. 166); Trumpler, Differenzgeschäfte, S. 95.

456 Ausführlich Bremer, Grundzüge, S. 29.

457 Gemäß Pinner, S. 17, wurde das Börsenregister mit dem "Pranger" verglichen.

458 Thorwart, S. 27.

459 Schlicht, S. 30.

460 Vgl. Trumpler, Börsen- und Bankwesen, S. 204. Der Centralverband des Deutschen Bank- und Bankiergewerbes, S. 27, 58, vertrat die Auffassung, der Gesetzgeber habe den mit dem Börsengesetz von 1896 verbundenen wesentlichen Zweck nicht erreicht.

461 Börse und Publikum, S. 4 f, 8.

bzgl. der Regelung des Börsentermingeschäfts "böse entgleist" sei und "plump" in dieses "mit der Keule" eingreifen würde.[462]

Das Reichsgericht sah sich auf Grund der Erfahrungen aus der Praxis schon frühzeitig zu einer Korrektur der in § 48 BörsG von 1896 enthaltenen Definition des Börsentermingeschäfts veranlaßt. Es sollte auch bei solchen Geschäften, bei denen die Begriffsmerkmale des Börsentermingeschäfts bewußt vermieden wurden, die jedoch ebenso der reinen Spekulation dienten, der mit dem Börsengesetz verfolgte Anlegerschutz zur Geltung gebracht werden.[463] Das Reichsgericht erklärte deshalb die in der Legaldefinition des § 48 BörsG von 1896 enthaltenen Kriterien des Börsentermingeschäfts nicht allein für maßgeblich. Von den Gerichten wurden die im Börsengesetz von 1896 enthaltenen Regelungen über den Börsenterminhandel auch auf solche an der Börse getätigten Zeitgeschäfte angewandt, die nach ihrem materiellen Inhalt und nach ihrer wirtschaftlichen Natur und Zweckbestimmung den Geschäften zuzuordnen waren, die der Gesetzgeber hatte regeln wollen.[464] Das Reichsgerichts stützte seine Auffassung darauf, daß der Gesetzgeber die Umgehungsgeschäfte nicht nur habe treffen wollen, sondern diese auch getroffen hätte, wenn er ihre Einkleidung in eine andere Rechtsform als diejenige, die er formuliert hatte, vorausgesehen hätte.[465] Hieran knüpfte mit Recht die Kritik an, das Börsengesetz im Wege einer ausdehnenden Interpretation zu weit ausgelegt zu haben.[466]

---

462 Vgl. Zadig, S. 40, der die "recht mangelhafte Gesetzestechnik" kritisiert.

463 Siehe Nußbaum, Komm., IV. Abschn., Vorbem. III., Rn. 46 (S. 231 f); Kümpel, in: FS-Coing (II), S. 211(215).

464 Vgl. RGZ 42, 43; 44, 103(107); in diesem Sinne RGZ 47, 104. Nußbaum, Komm., IV. Abschn., Vorbem. III., Rn. 46 (S. 232), zeigt eingehend die einzelnen Etappen dieser Entwicklung der Judikatur auf, in denen das RG bei der Einordnung als Börsentermingeschäft maßgeblich auf den "wirtschaftlichen Zweck" abstellte.

465 RGZ 44, 103(107).

466 Vgl. Centralverband des Deutschen Bank- und Bankiergewerbe, S. 29, der insbesondere die Entscheidungen RGZ 42, 43 und 44, 103 kritisiert. Wermert, S. 17, bescheinigt darüber hinaus dem RG zu Recht, eine Aufgabe vollzogen zu haben, die nicht Sache des Richters, sondern diejenige des Gesetzgebers ist. A.A. Eschenbach, Zur Revision, S. 116(121), demzufolge die Behauptung, daß das RG eine über die Intention

Die Rechtsprechung des Reichsgerichts zum Börsenterminhandel bewirkte in den beteiligten Verkehrskreisen eine erhebliche Rechtsunsicherheit.[467] Deshalb verlor die in § 48 BörsG 1896 enthaltene Definition des Börsentermingeschäfts trotz aller hehren Ziele, die der Gesetzgeber mit dieser verband, für Rechtsprechung und Publikum jeden Wert. Kurz nach Inkrafttreten des Börsengesetzes entwickelten sich Reformbestrebungen.[468] Der Ruf nach einer Reform führte schließlich unter Aufgabe der begrifflichen Definition des Börsentermingeschäfts im Börsengesetz zu dessen Neufassung im Jahre 1908.[469] Seither nahm der Gesetzgeber Abstand davon, eine begriffliche Umschreibung des Börsentermingeschäfts in das Börsengesetz aufzunehmen.

b) Merkmale des Börsentermingeschäfts nach Rechtsprechung und Lehre

Die Vorschriften über den Terminhandel im Börsengesetz von 1896 bildeten keine ausreichende Rechtsgrundlage für eine geregelte Entwicklung des Terminhandels[470]. Außerdem sah sich der Gesetzgeber mit seinen schlechten Erfahrungen bzgl. der bisherigen Legaldefinition des Börsentermingeschäfts in § 48 BörsG konfrontiert[471], so daß er diese Definition mit der Neufassung des Börsengesetzes im Jahre 1908 ersatzlos strich. Er wurde von der Erkenntnis geleitet, daß Börsentermingeschäfte aufgrund ihrer wechselnden Erscheinungsformen nicht an äußeren Merkmalen, sondern an ihrer Funktion feststellbar sind.[472]

---

des Gesetzgebers hinausgehende Auslegung des Börsengesetzes vorgenommen habe, eine "absolute Unrichtigkeit" sei.

467 Bremer, Grundzüge, S. 29; Eschenbach, Zur Revision, a.a.O.

468 Bremer, Grundzüge, S. 32.

469 Gemäß Mann, in: FS-von Caemmerer, S. 737, waren auch die Bestimmungen des Börsengesetzes von 1908, soweit sie sich auf den Börsenterminhandel bezogen, inhaltlich kompliziert und vom rechtstechnischen Standpunkt vielfach schlecht formuliert.

470 Schlicht, S. 31.

471 In diesem Sinne Kümpel/Häuser, S. 29.

472 Vgl. Meyer/Bremer, § 50 Anm. 3; Kümpel, in: FS-Coing (II), S. 211(214), der des weiteren unter Bezugnahme auf die Begründung des Regierungsentwurfs zur Änderung des Börsengesetzes, Verhandlungen des Reichstags, 1908, Bd. 243, Anlagen zu den Stenographischen Berichten, RT-

Der Gesetzgeber glaubte, nur mit einem Verzicht auf eine Legaldefinition des Börsentermingeschäfts zukünftige Geschäftsformen, die der bisherigen Definition nicht mehr entsprechen, aber wirtschaftlich betrachtet vergleichbar sind, noch als Börsentermingeschäft einstufen zu können.[473] Als Begründung führte er ausdrücklich an:

> "Die Gerichte haben es bisher vermocht, auch ohne gesetzliche Begriffsbestimmung das Wesen des Börsentermingeschäfts zutreffend zu erfassen. Es würde die Durchführung des Gesetzes gefährden, wenn der Rechtsprechung für die Beantwortung der Frage, ob ein Börsentermingeschäft vorliegt, nicht freie Hand gelassen würde. Denn nur bei völliger Freiheit wird die Rechtsprechung in der Lage sein, den wechselnden Formen des Handels zu folgen."[474]

Der Gesetzgeber ging davon aus, daß das Börsentermingeschäft nicht durch eine bestimmte Geschäftsform im Sinne eines Vertragstypus gekennzeichnet wird, sondern durch eine spezielle Handelsform, die darauf abzielt, durch den Abschluß eines Gegengeschäfts eine Deckung des getätigten Termingeschäfts zu erreichen.[475] Hieraus folgerte Nußbaum, daß die Ergebnisse der Rechtsprechung des Reichsgerichts[476] vom Gesetzgeber gebilligt worden seien.[477]

Aktenstück Nr. 483, S. 2597(2606), darauf verweist, daß der deutsche Gesetzgeber durch das der Neufassung des Börsengesetzes von 1908 vorausgegangene österreichische Terminhandelsgesetz von 1903 beeinflußt worden sei, das ebenfalls auf eine Definition des Börsentermingeschäfts verzichtete.

473 Nußbaum, Kommentar, IV. Abschn., Vorbem. III., Rn. 46 (S. 232).

474 Begründung des Regierungsentwurfs zur Änderung des Börsengesetzes, Verhandlungen des Reichstags, 1908, Bd. 243, Anlagen zu den Stenographischen Berichten, RT-Aktenstück Nr. 483, S. 2597(2606).

475 Kümpel/Häuser, S. 30.

476 Siehe Nußbaum, Kommentar, IV. Abschn., Vorbem. III., Rn. 48 ff (S. 232 ff), zu den einzelnen Etappen der Rechtsprechung des Reichsgericht.

477 Vgl. Nußbaum, Die Börsengeschäfte, S. 20; in diesem Sinne Maser, S. 24; Hartung, S. 146; differenzierter Meyer/Bremer, § 50 Anm. 3, nach denen der Verzicht auf die Begriffsbestimmung des Börsentermingeschäfts im BörsG von 1908 "weniger mit Rücksicht auf die Erfahrungen mit der Begriffsbestimmung des früheren § 48 vorgenommen worden sei, als in

Dieser Wertung steht entgegen, daß die in der Begründung zur Börsengesetznovelle von 1908 enthaltenen Ausführungen zum Wesen des Börsentermingeschäfts nicht mit den allgemein gebilligten, auf den Begriff des Börsentermingeschäfts beziehenden Entscheidungen des Reichsgerichts, übereinstimmen. Zudem weist selbst die Rechtsprechung des Reichsgerichts Unstimmigkeiten und Gegensätzlichkeiten auf.[478]

Weiter geht Eva Jäger, indem sie aus den Gesetzesmaterialien ableitet, daß der Gesetzgeber aufgrund der freien Entscheidungsbefugnis der Rechtsprechung dieser mittelbar die Begriffsbestimmung des Börsentermingeschäfts überlassen hat.[479] Dem steht jedoch die von Göppert[480] vorgenommene Analyse der Intentionen des Gesetzgebers entgegen. Mit guten Gründen zeigt er auf, daß mit der Gesetzesneufassung weder die Absicht verbunden war, die Bestimmung des Börsentermingeschäfts der Wissenschaft bzw. der Rechtsprechung zu überlassen, noch für diese Begriffsbestimmung die Rechtsprechung des Reichsgerichts zugrunde zu legen. Dies käme ansonsten der Lösung der Quadratur des Zirkels durch die Rechtsprechung gleich. Wäre es möglich, das Börsentermingeschäft mittels einer Begriffsbestimmung zu erfassen, hätte der Gesetzgeber selbst eine Definition in das Börsengesetz aufgenommen. Daher kann allenfalls eine Beschreibung des "Wesens" und nicht des "Begriffs" des Börsentermingeschäfts gegeben werden.[481]

Auch die Neufassung des Börsengesetzes im Jahre 1908 blieb nicht ohne Kritik[482]. Dem mit der Novellierung verbundenen Verzicht auf eine Definition des Börsentermingeschäfts wurde zugeschrieben, in der Rechtsprechung eine

---

der Erkenntnis, daß das Börsentermingeschäft eine wechselnde wirtschaftliche Erscheinungsform ist".

478 Bernstein, Börsengesetz 1908, S. 194.

479 Jäger, S. 29.

480 Göppert, Bank-Archiv XII. (1912/13), 271(273 f).

481 In diesem Sinne Göppert, a.a.O.

482 Kritisch Laband, Bank-Archiv VII. (1907/08), 81(83 f); Düringer, Bank-Archiv VII. (1907/08), 113(117). Gemäß Pinner, S. 16, hätte eine wirkliche Revision nicht vor der Aufgabe zurückschrecken dürfen, eine genügende Definition zu geben und den Begriff des Börsentermingeschäfts so abzugrenzen, daß kein Zweifel übrig bleibt, was der Gesetzgeber gewollt hat.

willkürliche Handhabung des Börsengesetzes zu begründen.[483] Daneben bezeichneten Teile des Publikums die Neufassung des Börsengesetzes ohne Definition des Börsentermingeschäfts sogar als "Paradox". Denn mit der Börsengesetznovelle von 1908 verfolgte der Gesetzgeber das Ziel, "eine endgültige und klare Regelung des börsenmäßigen Zeitgeschäfts herbeizuführen".[484] Im übrigen erfuhr das 1908 novellierte Börsengesetz überwiegend Zustimmung. Man glaubte, mit dem Verzicht auf eine Legaldefinition des Börsentermingeschäfts im Börsengesetz der Rechtsprechung die erforderliche Elastizität zur Beurteilung der im Börsenwesen wechselnden Geschäftsarten und Geschäftsformen an die Hand gegeben zu haben.[485]

Die bis zur Novellierung des Börsengesetzes am 1. August 1989 durchgeführten Börsengesetzreformen[486] brachten im wesentlichen keine einschneidenden Veränderungen der gesetzlichen Regelungen zum Börsentermingeschäft. Da sich das Gesetz trotz aller Neufassungen in vielen Bereichen als schwerfällig und unpraktikabel erwies[487], wurde mit der Novelle von 1989 der IV. Abschnitt des Börsengesetzes, der bisher den "Börsenterminhandel" regelte, nicht nur durch die Umbennung in "Terminhandel", einschneidend umgestaltet. Mit der Novelle sollten die gesetzlichen Voraussetzungen für einen funktionsfähigen deutschen Terminhandel geschaffen werden.[488] Die Änderung des Börsengesetzes zielte unter anderem darauf ab, den Begriff des Börsentermingeschäfts in Anlehnung an die bisherige inhaltliche Ausfüllung durch Literatur und Rechtsprechung zu erweitern und den neuen Entwicklungen anzupassen.[489] Der Gesetzgeber brachte mit dem Begriff des "Börsentermingeschäfts" einen komplexen wirtschaftlichen Tatbestand in Verbindung, der einer fortlaufenden Entwicklung unterliegt, so daß er wie

483 Laband, Bank-Archiv VII. (1907/08), 81(84).
484 Bernstein, ZHR, 1908, 137(148).
485 Siehe Weber, DJZ XIII. (1908), 609(613); von Arnim, JZ 1982, 843(846); Schlicht, S. 41.
486 Vgl. zu den einzelnen Novellierungen des Börsengesetzes bis 1989 die Ausführungen unter III.A.3.
487 Pilz, S. 71.
488 Abdruck des Regierungsentwurfs und der Allgemeinen Begründung bzgl. des Änderungsgesetzes zum Börsengesetz - BR-Drucks. 40/89 vom 27.1.1989; BT-Drucks. 11/4177 vom 13.3.1989 -, in: ZIP 1989, 266.
489 Vgl. Abdruck der Besonderen Begründung zu §§ 30 bis 63 des Entwurfs eines Änderungsgesetzes zum Börsengesetz, in: ZIP 1989, 337.

bisher von einer abschließenden Begriffsbestimmung des Börsentermingeschäfts absah. Die Ausfüllung des unbestimmten Rechtsbegriffs sollte in Zukunft unter Berücksichtigung neuer Geschäftsformen und -arten der Rechtsprechung und Literatur überlassen werden.[490]

Dennoch wurde in § 50 Abs. 1 BörsG ein zweiter Satz aufgenommen. Zu den Börsentermingeschäften zählten fortan Geschäfte, "die wirtschaftlich gleichen Zwecken dienen, auch wenn sie nicht auf Erfüllung ausgerichtet sind". Mit dieser Klarstellung[491] reagierte der Gesetzgeber auf die vermehrt aufgetretenen Terminkontrakte, die nicht auf Erfüllung ausgerichtet sind.

Dem Gesetzgeber ist eine praxisorientierte Sichtweise zuzugestehen. Dennoch wird ihm mit Recht eine "ungewöhnliche und auf den ersten Blick befremdliche Gesetzestechnik" vorgehalten. Mit der Einfügung von Satz 2 in § 50 Abs. 1 BörsG wird eine "ausdehnende (analoge?) Anwendung" des Begriffs Börsentermingeschäft vorgeschrieben, obwohl dieser nicht definiert wird.[492] Daneben ist der Kritik von Henssler zuzustimmen, daß es an einem gesetzlichen Vergleichsmaßstab für solche, "wirtschaftlich gleichen Zwecken dienenden" Geschäfte, fehlt.[493] Der geänderten Gesetzesfassung des § 50 Abs. 1 BörsG kann keine neue, in sich schlüssige Struktur entnommen werden. Vielmehr hat diese Änderung entgegen dem von der Rechtsprechung zuvor geprägten eindeutigen Rechtszustand erstmals zu Unsicherheiten bzgl. der Bestimmung

---

490 Vgl. Abdruck der Besonderen Begründung zu §§ 30 bis 63 des Entwurfs eines Änderungsgesetzes zum Börsengesetz, a.a.O., S. 337. Bruns/Rodrian, Kennzahl 405, Vorbem. zum IV. Abschn. Terminhandel, Anm. 18 (S. 159), halten dem Gesetzgeber zu Recht vor, daß die Literatur die Rechtsfindung nur unterstützen, jedoch nicht gestalten dürfe. Die Staatsgewalt werde nur durch besondere Organe der Gesetzgebung, der vollziehenden Gewalt und der Rechtsprechung (Art. 20 Abs. 2 GG) ausgeübt, zu denen die Literatur nicht gehöre. Gemäß Noll, S. 49, könne der Richter den Gesetzgeber weitgehend ersetzen, wo es um die Entscheidung von Konflikten gehe.

491 Abdruck der Besonderen Begründung zu §§ 30 bis 63 des Entwurfs eines Änderungsgesetzes zum Börsengesetz, a.a.O., S. 337.

492 Horn, ZIP 1990, 2(9), zustimmend Häuser, ZBB 1992, 249(254).

493 Henssler, ZHR 153 (1989), 611(634).

des Wesens des Börsentermingeschäfts geführt.[494] Hierfür sind zudem die wenig durchdachten Hinweise in den Gesetzesmaterialien verantwortlich.[495] Andererseits ist der Börsengesetznovelle von 1989 und insbesondere der Erweiterung des Begriffs des Börsentermingeschäfts zugute zu halten, daß entsprechend der Bedürfnisse des Marktes der erforderliche Gestaltungsspielraum und die Rahmenbedingungen für den Terminhandel an der Deutschen Terminbörse geschaffen wurden.[496]

Im Laufe der Zeit wurden von Rechtsprechung und Lehre die als wesentlich zu betrachtenden Merkmale des Börsentermingeschäfts in unterschiedlichster Weise festgelegt. Vor allem innerhalb der Lehre, die sich durch die Judikatur veranlaßt sah, sich verstärkt mit der Eingrenzung des Termingeschäftscharakters des börsenmäßigen Optionsgeschäfts zu beschäftigen, werden verschiedene Definitionen des Börsentermingeschäfts vertreten. In der nachfolgenden Untersuchung sollen die Unterschiede und Gemeinsamkeiten der einzelnen Standpunkte zum Wesen und Begriff des Börsentermingeschäfts herausgearbeitet werden.

(1) Rechtsprechung des Bundesgerichtshofes zum Begriff des Börsentermingeschäfts

Der Bundesgerichtshof hatte bisher erst wenige Rechtsstreite zu entscheiden, die Anlaß gaben, sich unmittelbar mit dem Begriff des Börsentermingeschäfts zu befassen. Dazu trugen die sehr geringen Umsätze im deutschen Wertpapieroptionshandel in dessen Anfangszeit[497] bei. Der Optionshandel wurde nach seiner Einstellung durch die Notverordnung vom 13.7.1931[498] erst am 1.7.1970[499] wieder aufgenommen.

---

494 Henssler, ZHR 153 (1989), 611(634 f). Nach Assmann, in: FS-Heinsius, S. 1(9), hat der Zusatz in § 50 Abs. 1 Satz 2 BörsG Unklarheiten ausgelöst.
495 Henssler, ZHR 153 (1989), 611(641).
496 In diesem Sinne auch Kümpel, WM 1989, 1485(1496).
497 Siehe Hartung, S. 153.
498 RGBl. I, S. 359.
499 Verordnung über die Zulassung von Wertpapieren zu Börsentermingeschäften vom 26. Juni 1970, (BGBl. I, S. 993).

Die Rechtsprechung des Bundesgerichtshofes zum Begriff des Börsentermingeschäfts läßt eine sehr starke Anlehnung an die Judikatur des Reichsgerichts erkennen.[500] Das Reichsgericht hatte in einem grundlegenden Urteil als Merkmal der Börsentermingeschäfte deren "schablonenhaften Charakter" herausgestellt. Diese Prägung erhalten Börsentermingeschäfte dadurch, "daß sie nach vorher an der Börse für alle Geschäfte dieser Art festgesetzten gemeinsamen Bedingungen auf dieselbe fest bestimmte Zeit über feste Mengeneinheiten geschlossen und daß für sie an der Börse fortdauernd Terminpreise amtlich festgestellt und veröffentlicht werden"[501]. Die Gleichartigkeit aller Geschäfte bzgl. Menge, Termin und Terminpreis eröffnete für jeden Kontrahenten die Möglichkeit, sich von den Geschäften durch Abschluß eines Gegengeschäftes oder durch eine Differenzzahlung zu lösen. Weite Kreise der Bevölkerung konnten sich somit an Termingeschäften ohne entsprechende Mittel zur Effektiverfüllung beteiligen. Dem Publikum bot sich die Möglichkeit, diese Geschäfte zu einfachen Differenz- und Spielgeschäften zu benutzen.

Die Untersuchung der Rechtsprechung zum Wesen des Börsentermingeschäfts[502] wird auf die neueren Entscheidungen des Bundesgerichtshofes beschränkt[503], da er überwiegend die Tradition des Reichsgerichts fortsetzt. Der Bundesgerichtshof prüfte im Urteil vom 21. Juni 1965[504] die Börsentermineigenschaft von Geschäften an dem Londoner Edelmetallmarkt (London Bullion Market). Der Senat beschrieb gegenüber dem Reichsgericht[505] nur leicht modifizierend das Börsentermingeschäft als ein Geschäft zu typischen Bedingungen über Waren und Wertpapiere, das in Beziehung zu

---

500 Kümpel/Häuser, S. 32.

501 RGZ 44, 103(111).

502 Folgende jüngere Urteile befassen sich mit dem Börsentermingeschäft, RGZ 86, 406(410); 101, 361(362); BGHZ 92, 317(320); BGH, WM 1988, 289(290); BGH, WM 1965, 766; BGH, WM 1979, 1381(1382); KG, WM 1963, 629(631); OLG Bamberg, WM 1989, 745(747); zustimmend Eicke, Börsen-Zeitung vom 20.2.1991; LG Hamburg, WM 1989, 568; KG, WM 1963, 629(630f); OLG München, WM 1986, 586(587); OLG Frankfurt am Main, WM 1986, 449(450); LG Stuttgart, WM 1989, 984(987) und WM 1989, 990; OLG München, NJW 1986, 586(587).

503 Eingehend zur neueren Rechtsprechung zum Begriff des Börsentermingeschäfts Kümpel/Häuser, S.32 ff; Hartung, S.147 ff.

504 BGH, WM 1965, 766.

505 RGZ 101, 361(362).

einem Terminmarkt steht, der es ermöglicht, jederzeit ein völlig gleiches Gegengeschäft abzuschließen.

In der Folgezeit fand vor allem das Urteil des Bundesgerichtshofes vom 22. Oktober 1984[506] große Beachtung. Durch den II. Zivilsenat wurde erstmals höchstrichterlich zum Termingeschäftscharakter des inländischen Aktienoptionsgeschäfts Stellung bezogen. Besondere Bedeutung fand, daß er von den früheren Erkenntnissen einiger Untergerichte[507] und von Teilen der Lehre[508] zum Begriff des Börsentermingeschäfts abwich. Im Ergebnis vertrat der Bundesgerichtshof die Auffassung, daß Optionsgeschäfte über Aktien Börsentermingeschäfte sind.[509]

Ausgehend von der historischen Entwicklung des Begriffs Börsentermingeschäft, setzte der Bundesgerichtshof sich mit dessen unabdingbaren Kriterien und dem nur begrenzten Risiko des Aktienoptionsgeschäfts auseinander. Er entwickelte im Sinne der §§ 50 ff BörsG und unter Berücksichtigung der überwiegend von Rechtsprechung und Lehre vertretenen Merkmale des börsenmäßigen Termingeschäfts eine allgemeine Definition des Börsentermingeschäfts. Der Bundesgerichtshof umschrieb Börsentermingeschäft als Verträge über Wertpapiere, vertretbare Waren oder Devisen nach gleichartigen Bedingungen, die von beiden Seiten erst zu einem bestimmten späteren Zeitpunkt zu erfüllen sind. Daneben setzte er eine Beziehung zu einem Terminmarkt voraus, die es ermöglicht, jederzeit ein Gegengeschäft abzuschließen.[510]

Der Bundesgerichtshof sah anders als vereinzelt die Lehre die Eigenschaft als Fixgeschäft zu Recht nicht als ein unabdingbares Erfordernis des Börsen-

---

506 BGHZ 92, 317 = WM 1984, 1598 = NJW 1985, 634 = BB 1985, 149 = DB 1985, 272 = ZIP 1985, 153 = AG 1985, 79; dazu Bundschuh, WM 1986, 725 ff.

507 Siehe OLG München WM 1980, 535; OLG Köln WM 1983, 1072, das der BGH (BGHZ 92, 317) im Wege der Revision zu überprüfen hatte.

508 Vgl. statt anderer Rössner/Weber, BB 1979, 1049(1050); Kümpel, WM 1982, Sonderbeilage Nr. 6, S. 17.

509 Vgl. BGH WM 1984, 1598(1599); bestätigt durch BGH, WM 1988, 289(290) = NJW 1988, 1086.

510 BGH WM 1984, 1598(1599 f).

termingeschäfts an.[511] Von der Praxis wurde das Urteil im Ergebnis mit Überraschung aufgenommen.[512]

Der II. Senat verdeutlichte schließlich, daß die Rechtsprechung von jeher abweichende Geschäftsgestaltungen als Börsentermingeschäfte angesehen habe, wenn sie wirtschaftlich dem gleichen Zweck dienten.[513] In der Folgezeit bestätigte nicht nur der II. Senat die in seiner Entscheidung von 1984 aufgezeigten unabdingbaren Kriterien des Börsentermingeschäfts. Auch nach dem Wechsel der Zuständigkeit für das Bankrecht auf den neu eingerichteten XI. Senat des Bundesgerichtshofes wurde an der bisherigen Rechtsprechung festgehalten.[514] Die Untergerichte lehnen sich in der Regel kommentarlos an die Rechtsprechung des Bundesgerichtshofes an.[515]

Der Rechtsprechung ist im Ergebnis entgegenzuhalten, daß sie bei der rechtlichen Einordnung neuer Geschäftsformen zunehmend von einer äußeren Beschreibung des Börsentermingeschäfts abweicht und aus den erkannten Mängeln der Definition des Börsentermingeschäfts nicht die Konsequenz einer systematischen Überarbeitung ihrer Dogmen zieht.[516]

(2) Meinungsstand der Lehre zum Begriff des Börsentermingeschäfts

Innerhalb der Lehre[517] sind überwiegend Auffassungen zu finden, die sich an der von der Rechtsprechung entwickelten Definition des Börsentermingeschäfts

---

511 BGH, WM 1984, 1598(1599). Der BGH orientierte sich wiederum an der Judikatur des Reichsgerichts, wie ein Vergleich mit RGZ 47, 105(112) zeigt.

512 In diesem Sinne Kümpel, WuB I G 5.-7.89, S. 852.

513 BGH WM 1984, 1598(1599) m.w.N.

514 Siehe nur BGH WM 1989, 807; BGH, WM 1990, 94.

515 Vgl. statt anderer die Entscheidung des OLG Schleswig vom 7. Januar 1993, WM 1993, 503(504), die bzgl. der rechtlichen Würdigung von Geschäften mit Aktienoptionsscheinen, auf die vom BGH entwickelten Begriffsmerkmale des Börsentermingeschäfts Bezug nimmt.

516 In diesem Sinne Kleinschmitt, S. 17, 30.

517 Siehe Canaris in: Großkomm. HGB, Anhang nach § 357, Anm. 802; ders., Bankvertragsrecht, Rn. 1872; Baumbach/Duden/Hopt, HGB, vor § 50

orientieren. Übereinstimmend wird das Börsentermingeschäft mit folgenden Merkmalen beschrieben:

> Es muß sich um ein Zeitgeschäft handeln, dem als Gegenstand fungible Handelsobjekte, die gattungsmäßig bestimmt sind und deren Vertragsbedingungen in standardisierter Form ausgestaltet sind (Schablonisierung), zugrunde liegen. Darüber hinaus muß das Geschäft zu einem Terminmarkt in Beziehung stehen, der gleichartige Gegengeschäfte ermöglicht.

Daneben wird seit den Ursprüngen des Börsengesetzes vereinzelt die Eigenschaft als Fixgeschäft im Sinne der §§ 361 BGB, 376 HGB als ein zwingendes Merkmal des Börsentermingeschäfts angesehen.[518] Jedoch trifft diese Voraussetzung allenfalls auf die Grundform des Termingeschäfts, das sog. Festgeschäft[519] zu, für Optionsgeschäfte ist sie zu eng.[520] Bei wirtschaftlicher

---

BörsG, Anm. 1) A.; Müko-Pecher, § 764 Rn. 8; Soergel-Häuser, § 764 Rn. 22; Erman/Seiler, § 764 Rn. 5; RGRK-Seibert, § 764 Rn. 12; Beyer-Fehling/Bock, § 64 Anm. 2; Wach, Rn. 636 ff; Rössner/Lachmaier, BB 1986, 1377(1378); Niehoff, Sparkasse 1987, 409(410). Imo, Rn. 213 ff, sieht jedoch die Verbindung des Termingeschäfts zu einem Terminmarkt nicht als Begriffsmerkmal des Börsentermingeschäfts an. Er hält allein die jederzeitige Glattstellungsmöglichkeit für ausreichend. Ebenso Bletz, BB 1987, 627(631, 636).

518 Siehe Nußbaum, Die Börsengeschäfte, S. 24; ders., Komm., IV. Abschn., Vorbem. III., Rn. 49 (S. 232 f), der sich darauf stützt, daß das RG "prinzipiell stets" an dem Merkmal des Fixgeschäfts, auch in RGZ 44, 103, festgehalten habe. Mit der Abkehr des BGHZ 92, 317(321 oben) von der Rechtsprechung des Reichsgerichts, ist der Standpunkt von Nußbaum allerdings obsolet. Vgl. weiterhin Kahn, BörsG, 1908, IV. Börsenterminhandel, Anm. 5 b), S.227; Bremer, Grundzüge, S. 118; Würdiger/Röhricht, Großkomm. HGB, § 376 Anm. 11; Schönle, S. 467; Schwark, Komm., Einl §§ 50-70, Rn. 1; ders. verlangt in WM 1988, 921(925) nur noch "Fixgeschäftsähnlichkeit"; Häuser, ZIP, 1981, 933(936); von Arnim, JZ 1982, 843(847); Bletz, BB 1987, 627(631); Imo, Rn. 216 ff, 220 a.E.; Walter, S. 152, 195.

519 Siehe zum Festgeschäft, Häuser/Welter, § 16 Rn. 407.

520 Gemäß BGHZ 92, 317(321 oben), habe der häufig geforderte Fixcharakter des Geschäfts, die Grundform des Börsentermingeschäfts, das sog. Festgeschäft, im Auge, sei aber kein unabdingbares Erfordernis des

Betrachtungsweise sind demnach Geschäfte mit Optionen den Börsentermingeschäften zuzuordnen, auch wenn bei ihnen aufgrund der innerhalb eines feststehenden Zeitraums möglichen Ausübung der Fixcharakter nicht gegeben ist.[521]

Bruns/Rodrian sind der Auffassung, daß eine Begriffsbestimmung des Börsentermingeschäfts nach der Börsengesetznovelle von 1989 weniger bedeutsam sei als früher. Die Novelle habe den Begriff des Termingeschäfts nahezu unbegrenzt ausgeweitet. Zudem sei der Börsenterminhandel nur noch in Randbereichen verboten und könne nur ausnahmsweise untersagt werden. Darüber hinaus könnten die von den deutschen Börsenvorständen zum Terminhandel zugelassenen Wertpapiere zur Begriffsbestimmung des Börsentermingeschäfts herangezogen werden.[522] Diese Einschätzung wird jedoch durch das tatsächliche Interesse der Lehre an der Begriffsbestimmung des Börsentermingeschäfts und die nach wie vor uneinheitliche rechtliche Einordnung der Geschäfte mit Optionsscheinen widerlegt.

Neuere Stimmen sehen in der Tatsache, daß der mit Termingeschäften verbundene Einsatz nur einen Bruchteil des Wertes der Gegengeschäfte beträgt, an deren Kursbewegung der Spekulant während der gesamten Laufzeit teilnimmt (sog. Hebelwirkung oder Leverage-Effekt), zu Recht ein Merkmal für das Börsentermingeschäft. Die Spekulation unter Nutzung der sogenannten Hebelwirkung macht schließlich das Börsentermingeschäft aus.[523] Gleichzeitig verdeutlicht das Merkmal die besondere Gefährlichkeit der Börsentermingeschäfte. Bereits geringe Marktschwankungen können den Verlust des gesamten eingesetzten Kapitals bewirken.[524]

Börsentermingeschäfts (unter Abkehr von RGZ 101, 364). Ebenso OLG München WM 1986, 586 = NJW-RR 1986, 586.

521 Vgl. Lippert, in: Die Börsengesetzgebung, Einleitung, S. XVIII, der unter Berücksichtigung des BörsG von 1908 das Merkmal "Fixgeschäft" ablehnt. Ebenso Canaris, in: Großkomm. HGB, Anhang nach § 357, Anm. 802; Göppert, Bank-Archiv XII. (1912/13), S. 271(275); Müko-Pecher, § 764 Rn. 8; Jäger, S. 32 ff. Maser, S. 26, der die Rechtslage nach der Börsengesetznovelle von 1989 berücksichtigt.

522 Bruns/Rodrian, Kennzahl 405, Vorbem. zum IV. Abschn. Terminhandel, Anm. 18 (Seite 159).

523 Wach, Rn. 642; zustimmend Hartung, S. 188; Kleinschmitt, S. 39; Koller, ZBB 1993, 54(55).

524 In diesem Sinne Wach, a.a.O.

Innerhalb der Lehre besteht allerdings in dogmatischen Grundsatzfragen zum Begriff des Börsentermingeschäfts keine einheitliche Auffassung. Zum Teil wird unter Hinweis auf praktische Erfordernisse eine enge Auslegung des Börsentermingeschäfts gefordert.[525] Andere vertreten gleichfalls unter der Prämisse einer wirtschaftlichen Betrachtungsweise eine weite Auslegung.[526] Der mit dem Börsengesetz vorrangig verfolgte Anlegerschutz[527] verlangt jedoch eine weite Auslegung des Börsentermingeschäfts. Allein dadurch kann erreicht werden, daß die an Börsentermingeschäften beteiligten Privatpersonen vollumfänglich über die mit diesen Geschäften einhergehenden Risiken im Sinne von § 53 Abs. 2 BörsG aufgeklärt werden.

Die besondere Schwierigkeit einer Begriffsbestimmung des Börsentermingeschäfts veranschaulicht in besonderer Weise die wechselnde Argumentation von Kümpel, der sicherlich zu denjenigen zählt, die im letzten Jahrzehnt am intensivsten an einer Definition bzw. einer Umschreibung des Börsentermingeschäfts gearbeitet haben.

Den Anlaß für Kümpels vielzählige Abhandlungen gab eine vom Bundesgerichtshof[528] als Abgrenzungskriterium für das Börsentermingeschäft entwickelte "Faust"-Formel. Anfänglich hielt Kümpel diese Formel im Interesse der Rechtssicherheit für präzisierungsbedürftig, damit Geschäften nicht Börsentermingeschäftscharakter beigemessen werde, obwohl sie ihrem Wesen nach keine Börsentermingeschäfte sind.[529] Er vertrat zunächst die Auffassung, ein Börsentermingeschäft sei immer auch ein Differenzgeschäft, d.h. es werde mit diesem kein wirtschaftlich gerechtfertigter Zweck verfolgt, was er als zusätzliches Kriterium in seine Definition des Börsentermingeschäfts

---

525 Vgl. Luer, JZ 1979, 171(172).

526 Siehe Maser, S. 29, der in diesem Zusammenhang auf eine eigene Definition des Börsentermingeschäfts verzichtet (S. 29, Fn. 1). Ebenso Bruns/Rodrian, Kennzahl 405, Vorbem. zum IV. Abschn. Terminhandel, Anm. 16 (S. 158), die aufgrund der mit der Börsengesetznovelle von 1989 eingeführten "Termingeschäftsfähigkeit kraft Information", keinen Grund mehr für eine einschränkende Auslegung des Begriffs Börsentermingeschäft sehen.

527 Dazu III.A.3.

528 BGH, WM 1979, 1381(1383).

529 Kümpel, WM 1982, Sonderbeilage Nr. 6, S. 4, 6; ders., in: FS-Coing (II), S. 211(213).

aufnahm.[530] Diese zusätzliche Zweckkomponente wurde von Kümpel zwischenzeitlich wieder aufgegeben und findet sich in seiner späteren Definition des Börsentermingeschäfts nicht wieder.[531]

Kümpel setzte sich zugleich dafür ein, den Begriff des Börsentermingeschäfts durch ein subjektives Merkmal zu konkretisieren. Als maßgebliches Abgrenzungskriterium forderte er die Absicht[532], das spekulationseröffnende Geschäft mit Hilfe eines Gegengeschäftes abwickeln zu wollen. Die bloße abstrakte Möglichkeit von Gegengeschäften, wie sie insbesondere der Markt mit hinausgeschobenem Erfüllungszeitpunkt ermöglicht, wollte er nicht ausreichen lassen.[533] Demnach käme es im konkreten Einzelfall maßgeblich auf die wirtschaftliche Funktion des Zeitgeschäfts an.

Bevor Kümpel ein subjektives Element forderte, wurde diesem Kriterium bereits von einem Teil der Lehre mit guten Gründen keine Bedeutung beigemessen. Für die Einordnung als Börsentermingeschäft kommt es nicht darauf an, ob das Geschäft in der Absicht geschlossen wird, durch ein Gegengeschäft verwirklicht zu werden, oder ob nur eine spekulative Absicht

---

530 Kümpel, WM 1982, Sonderbeilage Nr. 6, S. 11, 26; ders. in: FS-Coing (II), S. 211(228, 237); kritisch Häuser/Welter WM 1985, Sonderbeilage Nr. 8, S. 4 Fn. 6.

531 Kümpel, WM 1986, 661(663); offensichtlich anders ders., WuB I G 5.-3.89, S. 176(180).

532 Die von der Börsen-Enquete-Kommission [abgedruckt bei Weber, ZHR 45 (1896), 100(152, Fn. 125)], definierten Vorschläge zur Fassung des ersten Börsengesetzes von 1896 enthielten eine Definition des "Börsenspiels", die u.a. bereits eine "gewinnsüchtige Absicht" voraussetzte. In der Folgezeit wurde das Merkmal der Absicht eines Vertragsschließenden, nicht effektiv erfüllen zu wollen und die Kenntnis des Kontrahenten hiervon, auch vom Centralverband des Deutschen Bank- und Bankiergewerbes, S. 34, für die Feststellung herangezogen, ob bei Termingeschäften der Differenzeinwand erhoben werden kann. Ebenso Trumpler, Differenzgeschäfte, S. 13, der die "Differenzgewinnungsabsicht" als maßgebliches Merkmal für die Abgrenzung von Differenzgeschäften betrachtete.

533 Kümpel, WM 1982, Sonderbeilage Nr. 6, S. 6, 11 ff; ders. in: FS-Coing (II), S. 211(228, 237); ders. WM 1986, 661(663); Kümpel/Häuser, S. 41; später auch Maser, S. 32.

vorliegt.[534] Die Forderung von Kümpel rief zunehmend Ablehnung hervor. Zu Recht wurde ihm entgegengehalten, daß ein Börsentermingeschäft sowohl spekulativen als auch absichernden Charakter aufweisen kann. Für dessen Abgrenzung kommt es deshalb allein auf die Möglichkeit eines jederzeitigen Gegengeschäfts an.[535] Gegen Kümpels Auffassung spricht weiterhin, daß das von ihm geforderte Merkmal der Differenzabsicht eine Einschränkung des Begriffs des Börsentermingeschäfts bewirkt. Folglich wäre mit diesem subjektiven Merkmal das vom Gesetzgeber mit der Börsengesetznovelle von 1989 verfolgte Ziel, den Begriff des Börsentermingeschäfts auszuweiten[536], schwerlich erreichbar gewesen. Des weiteren kann eine spekulative Absicht sowohl beim Kassageschäft als auch beim Börsentermingeschäft vorliegen.[537] In diesem Merkmal ist folglich kein hinreichendes Unterscheidungskriterium zu sehen.[538]

Der ablehnenden Argumentation schloß sich die Rechtsprechung an. Kümpels Auffassung widerspricht dem Zweck des Gesetzes, für den Kreis der börsentermingeschäftsfähigen Personen eine Sphäre weitgehender Freiheit einzuräumen. Deshalb ist es gleichgültig, welchen Zweck die einzelne Vertragspartei mit Börsentermingeschäften verbindet, ob diese Geschäfte wirtschaftlich zweckmäßig oder spekulativ sind.[539]

Kümpel gab im Zuge seiner weiteren Untersuchungen das von ihm zunächst als unabdingbar eingestufte Merkmal der sogenannten Differenzabsicht[540] wieder auf. Zunächst ging er noch von der Möglichkeit einer begrifflichen Definition des Börsentermingeschäfts aus.[541] Im weiteren räumte er ein, wie schwierig es

---

534 Siehe Bernstein, Börsengesetz 1908, S. 199; Kahn, BörsG, 1908, IV. Börsenterminhandel, Anm. 5 a, S. 226; Bremer, Grundzüge, S. 119.

535 Rollinger, S. 4 Fn. 14; Horn, ZIP 1990, 2(10), mit dem Hinweis auf Rechtssicherheit; Kleinschmitt, S. 32.

536 Müko-Pecher, § 764 Rn. 8; Horn, ZIP 1990, 2(9); André, S. 77; Jäger, S. 38 ff, insb. S. 57, lehnt nach eingehender Auseinandersetzung mit der Auffassung Kümpels diese im Ergebnis gleichfalls ab.

537 Siehe bereits Weber, ZHR 45 (1896), 100(105); Rosenstern, S. 47.

538 Vgl. nur Schwark, EWiR § 50 BörsG 1/89, S. 255(256).

539 BGHZ 105, 263(268) = WM 1988, 1717(1718) = NJW 1989, 300.

540 Vgl. Kümpel, seit WM 1986, 661(663 f).

541 Kümpel, WM 1989, 81(83).

sei, "eine passende Begriffsdefinition zu entwickeln".[542] Die Meinungsänderung von Kümpel erscheint verständlich, denn bereits Göppert[543] äußerte Zweifel an der Möglichkeit einer begrifflichen Definition des Börsentermingeschäfts. Ein solcher Versuch käme eher der Quadratur des Zirkels gleich. Da es sich um einen wirtschaftlichen und nicht um einen rechtlichen Begriff handeln würde, könnte mittels einer Begriffsbestimmung das Börsentermingeschäft niemals erfaßt werden. Allenfalls sei eine Beschreibung des "Wesens" und nicht des "Begriffs" des Börsentermingeschäfts möglich. Die von Göppert zu Recht geäußerten Zweifel wurden ebenso von Breit getragen. Nach dessen Auffassung entbehre das Börsentermingeschäft jeder scharfen Umgrenzung, so daß mit oder ohne dessen Legaldefinition eine vollkommene Rechtssicherheit auf diesem Gebiet nicht möglich sei.[544]

Gleichwohl ging Kümpel weiterhin von einem allgemeinen Bedürfnis nach einer zeitgemäßen Modifizierung der von Rechtsprechung und Lehre vertretene Definition des Börsentermingeschäfts aus.[545] Als begriffswesentlich sah er an, daß Gewinne aus den Marktschwankungen ohne Einsatz eigenen Vermögens und ohne Inanspruchnahme eines förmlichen Bankkredites erzielt werden sollen.[546] In diesem Zusammenhang verwies Kümpel bereits pauschal auf Koller[547] als einen Vertreter der Literaturmeinung. Allerdings setzte er sich zu diesem Zeitpunkt noch nicht mit dessen Theorie auseinander oder bekannte sich zu dieser. Nach Koller ist das Börsentermingeschäft nicht begrifflich fest umrissen, sondern fällt in die Kategorie des Typus.[548]

In der Anmerkung von Kümpel zum Urteil des OLG Bamberg vom 17. April 1989[549] wird sodann dessen Abkehr von einer begrifflichen Definition des Börsentermingeschäfts deutlich. Er nimmt zu den Urteilsgründen anhand der von ihm als "geschäftstypisch" oder "typologisch prägend" erachteten

---

542 Kümpel, WM 1989, 1313(1317 f).
543 Göppert, Bank-Archiv, XII. (1912/13), 271(273).
544 Düringer-Hachenburg-Breit, HGB, Anhang II, Anm. 4.
545 Kümpel, WM 1989, 1313(1317 f).
546 Kümpel, WM 1989, 1313(1317 Fn. 42).
547 Koller, WM 1985, 593.
548 Vgl. Koller, a.a.O.
549 OLG Bamberg, WM 1989, 745.

Merkmale des Börsentermingeschäfts Stellung.[550] Schließlich wird die Meinungsänderung von Kümpel, anläßlich seiner Besprechung der neu verfaßten Allgemeinen Geschäftsbedingungen der Banken für Börsentermingeschäfte im März 1990, stringent. Er spricht sich, unter Berufung auf die Zweifel des Schrifttums an der Möglichkeit einer abschließenden Definition des Börsentermingeschäfts, ausdrücklich für eine "typologische Gesamtbetrachtung" aus.[551] Nunmehr verweist er zur Untermauerung seines neuen Standpunktes neben anderen auf Koller[552], dessen typologischer Ansatz ihn noch im September 1989[553] nicht zur Abkehr von einer begrifflichen Definition des Börsentermingeschäfts bewegen konnte. Bestärkt fühlte sich Kümpel in seiner neuen Betrachtungsweise durch die Öffnung des herkömmlichen Begriffs des Börsentermingeschäfts aufgrund der Börsengesetznovelle von 1989.[554] Gemäß dem neu in § 50 Abs. 1 BörsG aufgenommenen Satz 2 zählen zu den Börsentermingeschäften ebenso solche Geschäfte, die wirtschaftlich gleichen Zwecken dienen, auch wenn sie nicht auf Erfüllung gerichtet sind. Dennoch ließ Kümpel zu diesem Zeitpunkt eine Auseinandersetzung mit der Kategorie des Typus vermissen.

Die Lücke einer fehlenden rechtstheoretischen Vertiefung schloß Kümpel im Januar 1991, indem er sich eingehend mit dem Phänomen Börsentermingeschäft auseinandersetzte.[555] Er gelangte zu der Erkenntnis, daß sich das Börsentermingeschäft einer abschließenden Begriffsbestimmung entziehen würde. Inzwischen hatte das neuere Schrifttum bereits erkannt, daß die Versuche einer Definition des Börsentermingeschäfts scheitern mußten, weil diese Geschäftsart im Sinne des Börsengesetzes begrifflich nicht fest umrissen ist und deshalb eine Definition im eigentlichen Sinne nicht existiert.[556] Kümpel fordert jetzt zumindest eine Umschreibung des Börsentermingeschäfts. Er hält eine solche für möglich, da er in dem Börsentermingeschäft nicht mehr

---

550 Kümpel, WuB I G 5.-7.89, S. 852 ff (insbes. S. 854).
551 Kümpel, WM 1990, 449(451).
552 Kümpel, a.a.O.
553 Siehe Kümpel, WM 1989, 1313(1317).
554 Vgl. Kümpel, WM 1990, 449(451).
555 Kümpel, WM 1991, Sonderbeilage Nr. 1, S. 3 ff.
556 Siehe statt anderer Hartung, S. 186; Horn, ZIP 1990, 2(12); bereits zuvor Franke, DB 1975, 1541; und Eschenbach, Zur Revision, S. 116(117).

einen genauen Rechtsbegriff, sondern einen "Typus" sieht.[557] Beim Typus müßten nicht alle zur Umschreibung dienenden Merkmale von dem konkreten Sachverhalt ausgefüllt werden. Vielmehr reiche es aus, wenn "typische" Merkmale in unterschiedlicher Anzahl und Stärke vorhanden sind, daß der Sachverhalt dem Typus entspricht.[558]

Die nunmehr von Kümpel vertretene Zuordnung des Börsentermingeschäfts in die Kategorie des Typus ist nicht so neu, wie sie auf den ersten Blick erscheint. Bereits vor dem Inkraftreten des Börsengesetzes am 1. Januar 1897 gelangte Max Weber in seiner Untersuchung der technischen Funktion des Terminhandels zu dem Ergebnis, daß die spekulativen Geschäfte durch die zunehmende Standardisierung der Höhe der Beträge, die Gegenstand eines Abschlusses sind und durch die Vereinheitlichung der Fristen, während der die Engagements laufen, somit durch Abstreifen des Individuellen ihren "endgültigen maßgebenden Typus" gewinnen.[559]

Innerhalb der Lehre[560] ordneten des weiteren verschiedene Stimmen schon vor der Meinungsänderung von Kümpel das Börsentermingeschäft ausdrücklich der Kategorie des Typus zu. Diese Vertreter lassen jedoch durchgehend eine differenzierte Auseinandersetzung mit der klassischen Typuskonzeption, insbesondere mit der logischen Struktur und der rechtstheoretischen Bedeutung des Typus, vermissen. Es könnte deshalb der Eindruck gewonnen werden, daß die Schwierigkeit, das Börsentermingeschäft im streng begrifflichen Sinne zu

557 Kümpel, WM 1991, Sonderbeilage Nr. 1, S. 3.

558 In diesem Sinne Kümpel, a.a.O., mit Verweis auf Larenz, Methodenlehre der Rechtswissenschaft, Studienausgabe, 1983, S. 102 und 324.

559 Weber, DJZ I. (1896), 207(209).

560 Vgl. bereits Nußbaum, Die Börsengeschäfte, S. 23, der drei wesentliche Merkmale des Börsentermingeschäfts hervorhebt. Ohne es zu merken, geht er vom "Typus" Börsentermingeschäft aus, indem seiner Auffassung nach "geringfügige Abweichungen vom normalen Typus die Anwendung der Vorschriften über Börsentermingeschäfte nicht ausschließen". Dies gilt gleichfalls für Wach, Rn. 636 ff. Eine Zuordnung des Börsentermingeschäfts zum Typus fordern ausdrücklich Koller, LM H 7/1992, (Nr. 32/33), Bl. 1361; ders., EWiR § 50 BörsG 2/89, S. 257(258); ders., WM 1985, 593f; Rössner/Lachmaier, BB 1986, 1377(1378); dies., BB 1989, 1989 (1991 f); Wach, Rn. 634 ff; Canaris, WM 1988, Sonderbeilage Nr. 10, S. 6, 15; Schwintowski, ZIP 1988, 1021(1024 f); Hartung, S. 186 ff.

definieren, dazu verleitet, zu einem auf den ersten Blick bequemen Mittel zu greifen und ohne theoretische Auseinandersetzung lediglich das Modewort[561] "Typus" zu übernehmen.

Die Gegenüberstellung der innerhalb von Rechtsprechung und Lehre zum Begriff des Börsentermingeschäfts vertretenen Standpunkte offenbart erhebliche Unsicherheiten[562]. Deutlich wird, daß es sich bei den vielfachen Begriffsbestimmungen nicht um Definitionen des Börsentermingeschäfts im eigentlichen Sinne handelt, sondern um die gescheiterten Versuche, durch Abstrahierung der als typisch angesehenen Sachverhalte, die wesentlichen Merkmale dieser Geschäftsart festzuhalten. Die bisherigen Stellungnahmen zum Börsentermingeschäft bedürfen deshalb einer systematischen Aufarbeitung und einer Weiterentwicklung zu einem gesicherten theoretischen Ansatz. Ansonsten könnte sich die These bestätigen, daß der Grundsatz, die Richter wenden das Gesetz an, sich oftmals nur schwer und manchmal auch gar nicht mit dem in Einklang bringen läßt, was diese tatsächlich tun[563].

Nach einer theoretischen Auseinandersetzung mit der klassischen Typuskonzeption soll sodann deren grundsätzliche Anwendbarkeit auf die Geschäftsart "Börsentermingeschäft" untersucht werden.

5. Börsentermingeschäft als "Typus"

Die Typologik könnte möglicherweise die Basis für eine Umschreibung bzw. Abgrenzung des Börsentermingeschäfts bieten. Zur Überprüfung dieser These ist jedoch eine Auseinandersetzung mit den Grundstrukturen der Lehre vom Typus[564] notwendig. Innerhalb des reichhaltigen Schrifttums zum Typus wird die Ansicht vertreten, daß wissenschaftlich noch nicht klar sei, was unter dem Typus zu verstehen ist.[565] Ein Grund für diese Auffassung könnte vorder-

---

561 Strache, S. 19.
562 Kümpel, WM 1982, Sonderbeilage Nr. 6, S. 4.
563 In diesem Sinne Fikentscher, S. 3 m.w.N.
564 Siehe zur Lehre vom Typus, statt anderer Bydlinski, S. 543 ff; Hassemer, S. 96 ff; Koller, Arnold, S. 1 ff; Kuhlen, S. 1 ff; Leenen, S. 1 ff; Strache, S. 19 ff; Zippelius, S. 65 ff.
565 Hassemer, S. 111.

gründig sein, daß sich heute zwar zahlreiche Wissenschaften dieser Denkform bedienen[566], indes nicht immer in dem gleichen Sinne. Dies gilt gleichfalls für die höchstrichterliche Rechtsprechung, die inzwischen auf typologische Argumentationen zurückgreift.[567] Bei näherer Betrachtung bestätigt sich, daß selbst in der juristischen Literatur der Typusbegriff oftmals lediglich bzgl. seines schlichten Wortsinns im Sinne eines Schlagwortes und nicht mit einem wissenschaftlichen Hintergrund gebraucht wird.[568]

Deshalb sollen die Grundstrukturen der Typuskonzeption herausgearbeitet werden.

a) Die klassische Typuskonzeption

Aus der klassischen Typuskonzeption ist als methodologische Erkenntnis deren scharfe Unterscheidung zwischen dem "Typusbegriff" und dem "Klassenbegriff" im engeren Sinne hervorzuheben.[569] Der Typus wird als konkretes Gegenstück zum abstrakten Begriff verstanden.[570] Während allein der Begriff durch definitorische Merkmale so bestimmt wird, daß er auf einen konkreten Sachverhalt nur dann anzuwenden ist, wenn dieser sämtliche Merkmale erfüllt, trifft dies auf den Typus nicht zu. Im Gegensatz zum Begriff wird der Typus durch eine Reihe von Merkmalen beschrieben, die aber nicht alle vorliegen müssen. Sie brauchen lediglich in solcher Zahl und Stärke vorhanden sein, daß der Sachverhalt im ganzen dem Erscheinungsbild des Typus entspricht.[571] Der Inhalt des Begriffs wird definiert, während Typen nur beschrieben werden können.

Demnach setzt Begriffslogik ein geschlossenes System voraus und verbleibt in diesem System. Unter den Begriff kann nur dasjenige Objekt subsumiert

---

566 Larenz, Methodenlehre, S. 461.

567 Siehe Leenen, S. 18, der Beispiele aus der Rechtsprechung aufzeigt.

568 In diesem Sinne Koller, Arnold, S. 10.

569 Vgl. Bydlinski, S. 544.

570 Koller, Arnold, S. 27, der folgert, daß sich Typus und Begriff nicht ausschließen, sondern aufs Beste ergänzen.

571 Vgl. Larenz, Methodenlehre, S. 221; Leenen, S. 173, 183; Kuhlen, S. 16, der sich eingehend mit der klassischen Lehre vom Typus befaßt.

werden, das alle begrifflichen Merkmale erfüllt. Alle anderen Objekte sind auszuschließen.[572] Begriffliches Denken folgt somit einem "entweder-oder". Dagegen ist typologisches Denken durch seine Offenheit gekennzeichnet.[573] Die dem Typus zugehörigen Objekte sind durch fließende Übergänge verbunden, also reihenförmig geordnet. Ob ein Objekt noch dem Typus zuzurechnen ist oder nicht mehr, wird im Wege einer Gesamtbetrachtung durch vergleichende Zuordnung ermittelt.[574] Diese Zuordnung hat wertenden Charakter[575] und bedient sich des Komperativs "je mehr-desto".[576]

Grundgedanke der als Typenvergleich zu bezeichnenden Methode ist folglich die Gleichbehandlung wesentlich gleicher und die Ungleichbehandlung wesentlich ungleicher Sachverhalte.[577] Die Zugehörigkeit eines Sachverhaltes zum Typus wird somit nach dem "Grad der Ähnlichkeit" in bezug auf "Musterbilder" bzw. deren Merkmalskombination bestimmt.[578] Eine Zuordnung zum Typus ist nicht dadurch ausgeschlossen, daß ein typisches Merkmal fehlt.[579] Denn der Typus ist als eine beschreibende Merkmalskombination zu verstehen, in der jedes Merkmal für sich allein genommen nur die Bedeutung eines Kennzeichens oder Indiz aufweist.[580] Während der Begriff das in vielen Erscheinungen Gleiche und Gemeinsame zusammenfaßt, will der Typus das Ähnliche erfassen.[581]

Aus alledem folgern die Verfechter der klassischen Typuskonzeption, daß der Typus konkreter als der Begriff sei.[582] Dafür wird angeführt, daß der Typus

---

572 Larenz, Methodenlehre, S. 216.

573 Kuhlen, S. 93.

574 Koller, Arnold, S. 22; in diesem Sinne auch Bydlinski, S. 544.

575 Bydlinski, a.a.O.

576 Hassemer, S. 115; Bydlinski, S. 548.

577 Zippelius, S. 66.

578 Strache, S. 53, der unter "Musterbilder" einzelne Typenobjekte, die den Typus repräsentieren und häufig mit ihm identifiziert werden, versteht.

579 Larenz, Methodenlehre, S. 218, 468; Leenen, S. 34.

580 Larenz, Methodenlehre, S. 221.

581 Vgl. Larenz, Methodenlehre, S. 221 f, für den es bei der Einordnung des Sachverhalts zu einem Typus auf das "Gesamtbild" ankommt. Dabei läßt die Variationsbreite des Typus ein "elastisches Verfahren" zu. Ebenso Strache, a.a.O.

582 Siehe nur Larenz, Methodenlehre, S. 303.

wegen der Abstufbarkeit seiner Merkmale besonders geeignet sei, fließende Übergänge zu erfassen.[583] Andererseits wird ebenso die methodologische Brauchbarkeit der Typologik verneint.[584] Es gilt daher zu prüfen, ob diese Kritik berechtigt ist. Daran anknüpfend soll herausgearbeitet werden, ob die Typologik oder möglicherweise ein anderer theoretischer Ansatz zur Bestimmung bzw. Abgrenzung der Geschäftsart "Börsentermingeschäft" beitragen kann.

b) Kritik an den Grundzügen der Typologik

Die klassische Typuskonzeption ist in den letzten Jahren nicht unwidersprochen geblieben.[585] Oftmals begnügen sich Kritiker mit der Widerlegung der von ihnen abgelehnten Position; eine konstruktive Kritik lassen sie indes vermissen. Es wird angeführt, daß die aus der klassischen Typuskonzeption folgenden Konsequenzen für eine durchschaubare und kontrollierbare juristische Methode unbrauchbar seien.[586] Andere wiederum werfen der Lehre vom Typus Unklarheit bzgl. der Unterscheidung zwischen Begriff und Typus vor.[587] Daneben wird dem typologischen Denken die Gefahr einer völligen Auflösung der Konturen zugeschrieben. Indem von einer atypischen Form zu immer stärker atypischen weiteren Formen übergeleitet wird, werde schließlich jegliche Gemeinsamkeit mit den typischen Fällen aufgegeben.[588]

Vor allem wird der Typologik entgegengehalten, daß sie sich zwar um methodologisch brauchbare Regeln bemühe, solche aber nur in geringem Umfang tatsächlich geliefert habe. Was sie liefere, würde im wesentlichen einer - überflüssigen - Wiederholung des Postulats teleologischer Rechtsanwendung gleichen.[589] Schließlich müsse auch im Rahmen der Typologik auf die gesetzlichen Wertungen zurückgegriffen werden, so daß der praktische Gewinn

---

583 Koller, Arnold, S. 21.
584 Vgl. statt anderer Kuhlen, S. 116.
585 Siehe nur Zippelius, in: FS-Engisch, S. 224 ff; Kuhlen, S. 166; kritisch Ott, S. 103ff, 143; Bydlinski, S. 546 f.
586 So im Ergebnis Kuhlen, S. 169.
587 Zippelius, in: FS-Engisch, S. 224 ff.
588 Siehe Canaris, WM 1988, Sonderbeilage Nr. 10, S. 19.
589 In diesem Sinne Bydlinski, S. 546.

gegenüber einer teleologischen Gesetzesanwendung, die zu bestimmten Begriffsmerkmalen führt, nicht deutlich zutage trete.[590]

Die kritischen Stimmen lassen sich auf wenige Ursachen zurückzuführen. Eine der wichtigsten ist, daß der Typusbegriff in den letzten Jahren in nahezu allen Wissenschaften zum Modebegriff geworden ist[591], aber nicht immer im gleichen Sinne gebraucht wird[592]. Die vielzähligen Versuche, das Börsentermingeschäft der Kategorie des Typus zuzuordnen, ohne sich mit der Typologik auseinanderzusetzen[593], bestätigen diese Erkenntnis. Indem innerhalb mancher Arbeiten bei der Verwendung der Bezeichnung Typus nicht klargestellt wird, was darunter zu verstehen ist, wird eine zusätzliche Ursache für die heftige Kritik an der Lehre vom Typus gesetzt. Ein weiterer Grund für die ablehnende Haltung gegenüber der Typologik liegt darin, daß diese Lehre in der Regel als ein Verfahren auftritt, das Rechtsbegriffe meist einschränkt und seltener ausweitet. Aufgrund dessen wird befürchtet, die Typologik wolle allgemein den Begriffen im Recht die Existenzberechtigung absprechen.[594]

Den Kritikern ist zuzugeben, daß der Gebrauch der Bezeichnung Typus vielfach eine deutliche Abgrenzung zum Begriff und einen methodologischen Ansatz vermissen läßt. Dies ist überwiegend auf die unbedachte Verwendung der Bezeichnung Typus als eine Zeiterscheinung zurückzuführen. Dies darf nicht den Blick auf die von den Verfechtern der klassischen Typuskonzeption vorgetragenen Argumente versperren.

Der Typus läßt sich im Gegensatz zum Begriff nicht definieren, sondern ausschließlich beschreiben. Folglich müssen die Begriffe, mit denen gearbeitet wird, soweit sie Typusbegriffe sind, nicht definiert werden.[595] Neben diesem Vorteil spricht für den Typus, daß er im Unterschied zum Begriff zumindest zum Teil abstufbar ist. Der Typus eignet sich deshalb besonders für fließende

---

590 Häuser/Welter, § 16 Rn. 79.
591 Strache, S. 19.
592 Larenz, Methodenlehre, S. 461.
593 Siehe statt anderer, die eine solche Auseinandersetzung vermissen lassen, Koller, WM 1985, 593 f; Rössner/Lachmaier, BB 1986, 1377(1378); Schwintowski, ZIP 1988, 1021(1024 f); André, S. 71 ff.
594 In diesem Sinne Leenen, S. 20.
595 Kuhlen, S. 17 m.w.N.

Übergänge.[596] Aus Sicht des Begriffs wird hierin zwar eine Schwäche des Typus gesehen, dennoch liegt dessen Vorzug darin, daß er auf ein besseres Verständnis der Dinge ausgerichtet ist.[597] Aufgrund der fließenden Übergänge der Merkmale des Typus zu anderen Erscheinungsformen und deren Unschärfe, können sich seine Merkmale mit der Zeit verschieben und somit faktische Veränderungen erfassen.[598]

Für den Typus spricht des weiteren, daß er eine größere Anzahl von Merkmalen seiner Objekte als der Begriff enthält. Aufgrund seines Inhaltsreichtums ist er enger an die Wirklichkeit angelehnt, "realitätsnäher" als der Begriff.[599] Schließlich besitzt der Typus den Vorteil, daß er, weil seine Merkmale zu einem sinnvollen Gesamtgefüge verknüpft sind, auch die maßgebliche - typische - Interessenlage einfängt.[600] Der entscheidende Vorzug typologischen Denkens ist, daß es die begrifflich-formale Subsumtion überwindet und durch wertende Zuordnung ersetzt.

Vor diesem Hintergrund erkennen selbst Kritiker des Typus dessen Tauglichkeit für die Rechtspraxis an. Vorausgesetzt wird, daß das Verfahren der Typologie in bezug auf die Objektivierung der Typen, die Angabe der typischen und der atypischen Momente und die Festlegung der Grenze zwischen Typizität bzw. Atypizität, konkretisiert wird.[601] Mit Erfüllung dieser Bedingungen wird der Vorwurf einer unzureichenden Abgrenzung von Typus und Begriff, ebenso wie die in Frage gestellte methodologische Brauchbarkeit der Typologik, entkräftet.

Im Rahmen der weiteren Untersuchung soll geprüft werden, ob die Geschäftsart Börsentermingeschäft der Kategorie des Typus im Sinne der Typologik zuzuordnen ist.

---

596 Strache, S. 47.
597 Siehe Koller, Arnold, S. 25 f; Strache, S. 47.
598 In diesem Sinne Strache, S. 48.
599 Strache, S. 43.
600 Vgl. Koller, Arnold, S. 55.
601 Ott, S. 143 f.

c) Beschreibung des Typus "Börsentermingeschäft"

Der Typologik begegnen keine grundsätzlichen Bedenken, wenn insbesondere eine Objektivierung des Typus und eine Bestimmung dessen typischer bzw. atypischer Merkmale erfolgt. Um typgerecht auslegen zu können, muß deshalb ein Typus in eindeutiger Weise und mit Anspruch auf Objektivität ermittelt werden.[602] Ausgangspunkt für eine solche Konkretisierung ist die Erkenntnis, daß der Typus aus dem Gesetz gewonnen werden muß, damit der Boden des geltenden Rechts nicht verlassen wird. Unter dem gesetzlichen Typus ist das Leitbild zu verstehen, das dem Gesetzgeber vorgeschwebt und sich in den von ihm erlassenen Normen niedergeschlagen hat.[603]

Auf das Börsentermingeschäft übertragen ist davon auszugehen, daß der Gesetzgeber diese Geschäftsart aufgrund der im 19. Jahrhundert einsetzenden übertriebenen Terminspekulationen[604] vorfand. Mit der Einführung des Börsengesetzes von 1896 definierte er das Börsentermingeschäft erstmals in § 48. Sodann räumte der Gesetzgeber im Zuge der Börsengesetznovelle von 1908 ein, daß er für eine Korrektur der Definition des Börsentermingeschäfts "kaum überwindliche Schwierigkeiten"[605] sehe, da diese Geschäftsart nicht nach äußeren Merkmalen umschrieben werden könne. Die Erfahrung hatte gezeigt, daß dem Börsentermingeschäft keine bestimmte Geschäftsformen eigentümlich sind, die es scharf von anderen Zeitgeschäften unterscheidet.[606] Breit wertete den Begriff Börsentermingeschäft sogar als einen "willkürlich geschaffenen und vagen Begriff".[607]

Der Gesetzgeber betrachtete demnach das Börsentermingeschäft aus Anlaß der Börsengesetznovelle von 1908 als eine "wechselnde wirtschaftliche

---

602 Siehe Ott, S. 111.

603 Ott, S. 107.

604 Siehe unter III.A.1.

605 Begründung des Regierungsentwurfs zur Änderung des Börsengesetzes, Verhandlungen des Reichstags, 1908, Bd. 243, Anlagen zu den Stenographischen Berichten, RT-Aktenstück Nr. 483, S. 2597(2606).

606 Begründung des Regierungsentwurfs zur Änderung des Börsengesetzes, Verhandlungen des Reichstags, 1908, Bd. 243, Anlagen zu den Stenographischen Berichten, RT-Aktenstück Nr. 483, a.a.O.

607 Düringer-Hachenburg-Breit, HGB, Anhang II, Anm. 8.

Erscheinungsform"[608], die nicht an äußeren Merkmalen, sondern an ihrer Funktion feststellbar ist.[609] Die gesamten Verhältnisse des Marktes sollten in Betracht gezogen werden.[610] Deshalb verzichtete der Gesetzgeber bei der Neufassung des Börsengesetzes im Jahre 1908 bewußt auf eine Definition des Börsentermingeschäfts. Noch bei Erlaß des Börsengesetzes im Jahre 1896 wollte er die Geschäftsart "Börsentermingeschäft" definieren, jedoch kam der Versuch eher einer Beschreibung ohne klare Grenzen gleich. Von einem "Begriff" kann nur ausgegangen werden, wenn es möglich ist, ihn durch alle ihn kennzeichnenden Merkmale eindeutig zu definieren.[611] Mit der Aufgabe der Definition des Börsentermingeschäfts in § 48 BörsG wird die These bestätigt, daß der Versuch, Typen in begrifflichen Definitionen zu erfassen, fehlschlagen muß[612].

Für eine Anwendung der Denkform des Typus auf die wechselnden Formen des Börsentermingeschäfts sind schließlich seine Offenheit und seine fließenden Übergänge anzuführen. Auch beim Fehlen eines typischen Merkmals ist eine Zuordnung zum Typus - anders als beim begriffslogischen Denken - nicht ausgeschlossen. Dieser Ansatz der Typologik findet sich bereits unausgesprochen in den Überlegungen von Breit wieder. Er geht bezüglich eines essentiellen Merkmals des Börsenterminhandels davon aus, daß sich das Merkmal je nach Fall in dem einen Handel auf Momente erstrecken könnte, die bei einem anderen Handel fehlen würden. Deshalb könne ein und derselbe Grad dieses essentiellen Merkmals bei einem Geschäft genügen, um es als

---

608 In diesem Sinne Begründung des Regierungsentwurfs zur Änderung des Börsengesetzes, Verhandlungen des Reichstags, 1908, Bd. 243, Anlagen zu den Stenographischen Berichten, RT-Aktenstück Nr. 483, S. 2597(2606).

609 Meyer/Bremer, § 50 Anm. 3.

610 Begründung des Regierungsentwurfs zur Änderung des Börsengesetzes, Verhandlungen des Reichstags, 1908, Bd. 243, Anlagen zu den Stenographischen Berichten, RT-Aktenstück Nr. 483, S. 2597(2608). Der historische Gesetzgeber ging bei der Beurteilung, ob ein Börsentermingeschäft vorliegt, von einer "wirtschaftlichen Betrachtungsweise" aus. Diese wirtschaftlich bzw. funktionale Betrachtungsweise hat sich nach Erlaß der Börsengesetznovelle von 1908 allgemein durchgesetzt. Vgl. Imo, Rn. 213 m.w.N.

611 Larenz, Methodenlehre, S. 216.

612 Larenz, Methodenlehre, S. 137.

Börsenterminhandel anzusehen und bei einem anderen Geschäft nicht.[613] Nach Breit gibt es keine "ein für alle Male gültige und stets ausreichende Bestimmung der Begriffselemente des Börsentermingeschäfts".[614]

Anders sieht es heute Kleinschmitt[615], der mit der typologischen Denkweise die Gefahr der völligen Auflösung der Konturen des Ausgangstypus verbindet. Er befürchtet eine übermäßige Ausdehnung des Begriffs Börsentermingeschäft, die "nicht nur überflüssig, sondern auch unerwünscht" sei. Deshalb lehnt er eine Zuordnung des Börsentermingeschäfts zur Kategorie des Typus ausdrücklich ab.[616] Der Auffassung von Kleinschmitt ist entgegenzuhalten, daß der Typus von dem Normzweck und den hinter der Regelung stehenden Rechtsgedanken bestimmt wird. Der Typus ist durch seine Offenheit, da einzelne Merkmale verzichtbar sind, und seine Abstufbarkeit enger als der Begriff an die Wirklichkeit angelehnt. Die Befürchtungen von Kleinschmitt überzeugen deshalb im Ergebnis nicht.

Die im Börsengesetz umschriebene Geschäftsart "Börsentermingeschäft" zählt demnach zur Kategorie des Typus.[617] Es handelt sich nicht um einen definitiv konstruktiven Begriff, sondern um einen deskriptiven, der die dynamische Vielfalt kaufmännischer Verhaltensweisen zu erfassen hat.[618] Von

---

613 Düringer-Hachenburg-Breit, HGB, Anhang II, Anm. 9.

614 Düringer-Hachenburg-Breit, HGB, Anhang II, Anm. 10.

615 Kleinschmitt, S. 42. Häuser, ZBB 1992, 249(259 ff), lehnt die Zuordnung des Börsentermingeschäfts zur Kategorie des Typus ebenso ab.

616 Kleinschmitt, S. 50.

617 Vgl. bereits Nußbaum, Die Börsengeschäfte, S. 23; Wach, Rn. 634 ff. Das Börsentermingeschäft wird ausdrücklich dem Typus zugeordnet von: Koller, LM H 7/1992, (Nr. 32/33), Bl. 1361; ders., EWiR § 50 BörsG 2/89, S. 257(258); ders., WM 1985, 593 f; Rössner/Lachmaier, BB 1986, 1377(1378); dies., BB 1989, 1990(1991 f); Canaris, WM 1988, Sonderbeilage Nr. 10, S. 6, 15; Schwintowski, ZIP 1988, 1021(1024 f); Hartung, S. 186 ff; ders., BB 1989, 2411(2415 f); ders., ZIP 1991, 1185(1187); nunmehr auch Kümpel, WM 1990, 449(451); ders., WM 1991, Sonderbeilage Nr. 1, S. 3 ff; André, S. 71.

618 Vgl. Lau, BuB, Rn. 7/210(220), der unausgesprochen von der Möglichkeit einer begrifflichen Definition des Börsentermingeschäfts ausgeht. Er räumt allerdings ein, daß es nicht zwingend nur eine sondern mehrere Definitionen gäbe (BuB, Rn. 7/210(221). Konsequent weitergedacht, spricht der

Werner/Machunsky wird offen ausgesprochen, daß Termingeschäfte zwar durch die von der Rechtsprechung und Lehre entwickelten Kriterien charakterisiert werden, diese indes keine Definition sondern eine Beschreibung enthalten.[619] Das typologische Denken ist demnach in besonderem Maße für eine Erfassung des Börsentermingeschäfts unter Berücksichtigung der Intention des Gesetzgebers und der mit dem Börsengesetz verbundenen Schutzzwecke geeignet.

Bei der Prüfung, ob ein Geschäft zum Typus Börsentermingeschäft zählt, ist im Wege einer wertenden Gesamtbetrachtung auf den Grad der Ähnlichkeit mit den typischen Merkmalen des Börsentermingeschäfts abzustellen, ohne daß diese Merkmale vollständig vorliegen müssen. Hierzu sind zunächst die wesentlichen Merkmale des Typus Börsentermingeschäft herauszuarbeiten, an denen sodann verschiedene Geschäftsarten, insbesondere die Geschäfte mit derivativen Finanzinstrumenten in Form von Optionsscheinen, gemessen werden können.

Im weiteren wird eine Objektivierung des Typus "Börsentermingeschäft" angestrebt, indem dessen typische Merkmale abgeleitet werden. Ausgangspunkt einer jeden Typengewinnung ist das Gesetz.[620]

Der Gesetzgeber hat in § 50 Abs. 1 BörsG von 1989 den Begriff des Börsentermingeschäfts nicht definiert, sondern durch folgenden Satz 2,

> "zu den Börsentermingeschäften gehören auch Geschäfte, die wirtschaftlich gleichen Zwecken dienen, auch wenn sie nicht auf Erfüllung ausgerichtet sind",

sogar erweitert. Aus dem Wortlaut des § 50 Abs. 1 Satz 2 BörsG könnte geschlossen werden, daß die Umschreibung "auch Geschäfte, die wirtschaftlich gleichen Zwecken dienen" ein typisches Merkmal des Typus Börsentermingeschäft ist. Diese Ergänzung dient indes ausschließlich der Klarstellung, daß zu den Börsentermingeschäften auch solche Geschäfte zählen, die nicht auf

---

Standpunkt von Lau jedoch für eine Einordnung des Börsentermingeschäfts zur Kategorie des Typus.

619 Werner/Machunsky, Bankenhaftung, S. 74.

620 Koller, Arnold, S. 59.

Erfüllung ausgerichtet sind.[621] Allein aus dem klarstellenden Hinweis des Gesetzgebers kann nicht auf ein typisches Merkmal des Typus Börsentermingeschäft geschlossen werden.

Außerdem dienen die mit § 50 Abs. 1 Satz 2 BörsG von 1989 angesprochenen Termingeschäfte dem Publikum, abgesehen von den seltener vorkommenden Kurssicherungsgeschäften[622] (sog. Hedge-Geschäfte), im wesentlichen der Spekulation. Durch Einsatz geringer Mittel und unter Ausnutzung von Kursdifferenzen können große Umsätze und hohe Gewinne erzielt werden. Derselbe Zweck wird jedoch gleichfalls mit Kassageschäften verfolgt, wenn der Käufer nicht bezweckt, die erworbenen Wertpapiere endgültig zu behalten, sondern nach entsprechendem Kursanstieg mit Gewinn wieder zu verkaufen.[623] Der Bundesgerichtshof hat für den Fall der Ausnutzung von Kursgewinnen im Kassamarkt ausdrücklich entschieden, daß das ernstgemeinte Kassageschäft nicht zum Differenzgeschäft[624] und folglich nicht zum Börsentermingeschäft wird. Die in § 50 Abs. 1 Satz 2 BörsG aufgenommene Umschreibung, "auch Geschäfte, die wirtschaftlich gleichen Zwecken dienen", ist demnach kein charakteristisches Merkmal für den Typus Börsentermingeschäft. Die mit dieser Umschreibung angesprochene Geschäftsart kann sowohl ein Termin- als auch ein Kassageschäft sein.

Demnach stellt die in § 50 Abs. 1 Satz 2 BörsG einbezogene Kennzeichnung weder eine abschließende noch hinreichend genaue Definition des Börsentermingeschäfts dar. Die Geschäftsart bedarf der Ergänzung durch eine Vielzahl von typischen Merkmalen, die sich durch Rückschluß aus der gesetzlichen Regelung[625] ergeben. Die Auswahl der wesentlichen Merkmale des Typus wird durch den Normzweck und durch die der gesetzlichen Regelung zugrunde liegenden Rechtsgedanken mitbestimmt. Unklar ist, ob der Bundesgerichtshof und die überwiegende Lehre im Bewußtsein der mit dem Börsengesetz

---

621 Vgl. Gesetz zur Änderung des Börsengesetzes, Besondere Begründung zum IV. Abschnitt des Börsengesetzes, abgedruckt in ZIP 1989, 337.

622 Siehe zu den Hedge-Geschäften, unter III.A.2.

623 So bereits Loeb, S. 24, der darauf hinweist, daß das Kassageschäft durch Lombardierung gleichfalls spekulativen Zwecken dienstbar gemacht werden kann. Ebenso Göppert, Bank-Archiv XXIV. (1924/25), 480(485).

624 Vgl. BGH WM 1989, 669; BGH MDR 1988, 473.

625 Larenz, Methodenlehre, S. 136.

verbundenen Schutzzwecke und der Funktion des Terminhandels bereits die für das Börsentermingeschäft typischen Merkmale durch die Definition des Börsentermingeschäfts als

> gegenseitiger Vertrag über vertretbare Waren, Wertpapiere, Devisen nach gleich-artigen Bedingungen, der von beiden Seiten erst zu einem späteren Zeitpunkt zu erfüllen ist und der in Beziehung zu einem Terminmarkt steht, der es ermöglicht, jederzeit ein Gegengeschäft abzu-schließen,[626]

aufgezeigt haben.

André versteht die vorgenannte Definition ex post als "typusmäßige Umschreibung".[627] Er leitet aus dieser Definition als typische Merkmale des Börsentermingeschäfts im wesentlichen den für beide Vertragsparteien hinausgeschobenen Erfüllungszeitpunkt, die Möglichkeit des Abschlusses eines Gegengeschäfts auf einem Terminmarkt und die Schablonisierung der Geschäfte ab[628]. Der pauschalen Schlußfolgerung von André steht entgegen, daß sich der Bundesgerichtshof bei der Bestimmung der Merkmale des Börsentermingeschäfts sehr stark an der Judikatur des Reichsgerichts orientierte, das einen Typus "Börsentermingeschäft" nicht vor Augen hatte.[629]

Gegen die Wertung von André spricht des weiteren die vom Bundesgerichtshof selbst vorgenommene Erläuterung seiner Definition. Das Gericht wies darauf hin, daß die Rechtsprechung von jeher abweichende Geschäftsgestaltungen als Börsentermingeschäfte angesehen hat, wenn sie wirtschaftlich dem gleichen Zweck dienen.[630] Damit räumt der Bundesgerichtshof ein, daß seine bisherige Definition des Börsentermingeschäfts die im Terminhandel ständig neu auftretenden Geschäftsformen nicht erfaßt und eine Erweiterung durch die nahezu generalklauselartige Ergänzung in § 50 Abs. 1 Satz 2 BörsG erforderlich wurde. Mit seiner Begriffsdefinition werden die Merkmale der heutigen

---

626 Siehe zu den von Rechtsprechung und Lehre vertretenen Merkmalen des Begriffs Börsentermingeschäft die Ausführungen unter III.A.4.b).

627 André, S. 71.

628 André, S. 95, 101.

629 Siehe unter III.A.4.b)(1).

630 BGH WM 1984, 1598(1599) m.w.N.

Geschäftsformen des Börsentermingeschäfts nicht im Sinne eines Typus beschrieben. Es hätte ansonsten der Aufnahme eines ergänzenden Hinweises in § 50 Abs. 1 Satz 2 BörsG im Zuge der Novellierung des Börsengesetzes im Jahre 1989 nicht bedurft.

Aus heutiger Sicht kann demnach die von tradierten Merkmalen ausgehende Definition des Börsentermingeschäfts der Rechtsprechung nicht in eine Beschreibung der charakteristischen Merkmale des Typus Börsentermingeschäft umgedeutet werden. Gleiches gilt für die innerhalb der Lehre vertretenen Definitionen des Börsentermingeschäfts. Diese orientieren sich, abgesehen von vereinzelt gebliebenen Ausnahmen, an der von der Rechtsprechung entwickelten begrifflichen Definition.[631]

Eine Beschreibung des Typus Börsentermingeschäft muß vom Gesetz ausgehen und die vielfältigen Geschäftsformen des Börsenterminhandels sowie dessen Funktion berücksichtigen. Bei der Bildung des Typus sind normative und empirische Gesichtspunkte maßgeblich.[632] In der Regel knüpft der Gesetzgeber bei der Erstellung neuer Gesetze an den entsprechenden Lebenssachverhalt an und geht von der Vielfalt der Gestaltungen aus.[633] Folglich ist zur Bestimmung der für den Typus Börsentermingeschäft charakteristischen Merkmale von den Schutzzwecken[634] des Börsengesetzes auszugehen. Die von Rechtsprechung und überwiegender Lehre vertretenen Definitionen des Börsentermingeschäfts sind hierzu nicht heranzuziehen.

Als Ratio des Börsengesetzes, insbesondere der Regelungen zum Börsentermingeschäft, konnte eine dreifache Schutzrichtung herausgearbeitet werden:

- Schutz des unkundigen Publikums vor den mit der Teilnahme am Börsenterminhandel verbundenen Gefahren (Individualschutz),

631 Siehe unter III.A.4.b).
632 Larenz, Methodenlehre, S. 461; Ott, S. 107.
633 Siehe Koller, Arnold, S. 86. Gemäß Koller, Arnold, S. 59, ist auf den Sinnzusammenhang der Normen, die Gesetzesmaterialien und die historische und soziale Entwicklung abzustellen.
634 Siehe unter III.A.3.

- Schaffung einer "geschützten Börsenrechtssphäre" für die börsentermingeschäftsfähigen Personen (Verkehrsschutz),

- Schutz der Allgemeinheit durch Untersagung gefährlicher und wirtschaftlich nicht förderungswürdiger Geschäfte (Unternehmensschutz).

Bei der Bestimmung der typischen Merkmale des Börsentermingeschäfts ist zugleich dessen ursprüngliche Funktion, die Ermöglichung der Spekulation mit geringem Kapitaleinsatz, zu berücksichtigen. Deshalb nehmen einige Verfechter des Typus Börsentermingeschäft, aufgrund des Abschlusses solcher Geschäfte zu gleichartigen Bedingungen und über einen standardisierten Handelsgegenstand,[635] die "Schablonisierung" als ein typisches Merkmal dieser Geschäftsart an.[636] Das Merkmal eröffnet die Möglichkeit, jederzeit ein deckungsgleiches Gegengeschäft zu tätigen und die Terminposition aufzulösen.[637]

---

635 Vgl. Kleinschmitt, S. 40, der als Verfechter einer begrifflichen Definition des Börsentermingeschäfts zu Recht in der "Standardisierung" von Terminkontrakten kein eigenständiges Begriffsmerkmal des Börsentermingeschäfts sieht.

636 Siehe Koller, WM 1985, 593; Rössner/Lachmair, BB 1986, 1377(1378); Canaris, WM 1988, Sonderbeilage Nr. 10, S. 6; Hartung, S. 187. Vgl. Maser, S. 29, der sich nicht ausdrücklich für eine Einordnung des Börsentermingeschäfts als Typus ausspricht, dennoch dieses - vielleicht ohne es zu bemerken - als der Kategorie des Typus zugehörig umschreibt. André, S. 71, 74, gibt keine eigene dogmatische Begründung für das Merkmal "Schablonisierung", sondern entlehnt dieses aus der von Rechtsprechung und Lehre vertretenen Begriffsdefinition, die er ungerechtfertigt als "typusmäßige Umschreibung" versteht.

637 Vgl. Rössner/Lachmair, BB 1986, 1377(1378); Maser, S. 25; Hartung, S. 187, die in der Möglichkeit zum Abschluß eines Gegengeschäfts und der "Schablonisierung" der Termingeschäfte ein für das Börsentermingeschäft einheitliches, typisches Merkmal sehen. A.A. André, S. 73 f; Canaris, WM 1988, Sonderbeilage Nr. 10, S. 6, die beide die "Schablonisierung" und die Möglichkeit des Abschlusses eines Gegengeschäftes als zwei selbständige Merkmale des Typus "Börsentermingeschäft" einstufen.

Dem Typus-Merkmal "Schablonisierung" steht die Funktion der Börse als weitest entwickelte Organisationsform des Massenhandels entgegen. Der Börsenhandel setzt Fungibilität der Handelsobjekte voraus, zu denen grundsätzlich nur solche Gegenstände zählen, die nach Zahl, Maß oder Gewicht bestimmt werden. Die Börse hat zur Erleichterung der Vertragsabschlüsse und zu ihrer Abwicklung zum Teil selbst Börseneinrichtungen getroffen.[638] Dies korrespondiert mit den der Börse um die Jahrhundertwende zugeschriebenen, volkswirtschaftlichen Aufgaben, nämlich die Erleichterung von Kauf und Verkauf, der Herbeiführung einer richtigen Preisbildung, der Förderung der Rechtssicherheit und der Erleichterung der Qualitätswahl bzw. der Qualitätsprüfung für das Publikum.[639] Aus heutiger Sicht werden den Wertpapierbörsen neben einer Marktbildungsfunktion auch eine Zirkulationsfunktion und eine Finanzierungsfunktion, zu der insbesondere die Emissions-, Ausgleichs- sowie Allokationsfunktion zählt, zugeschrieben.[640]

Für das überwiegende Börsengeschäft wird demnach ein Abstraktionsgrad erreicht, der nicht nur die Möglichkeit zum Handel mit den Kontrakten selbst, sondern den Abschluß deckungsgleicher Gegengeschäfte und dadurch die Auflösung der Terminposition ermöglicht.[641] Eine Schablonisierung ist deshalb außer bei Termingeschäften auch bei den übrigen, an der Börse anzutreffenden Geschäftsarten, zu beobachten und kann bereits aus diesem Grund nicht als "typisches" Merkmal des Typus "Börsentermingeschäft" betrachtet werden.

Darüber hinaus sind vermehrt vom traditionellen Terminhandel in Form des sogenannten verdeckten Differenzgeschäfts, bei dem nach entsprechender Kursveränderung durch Abschluß eines Gegengeschäfts Kursgewinne realisiert werden, abweichende Geschäftsarten zu beobachten. Zu den neuen Geschäftsarten, den sog. offenen Differenzgeschäften, zählen unter anderem Index-Terminkontrakte. Diese machen, aufgrund ihres nicht lieferbaren Bezugsobjektes, ein den traditionellen Terminhandel kennzeichnendes Gegengeschäft

638 Lippert, in: Die Börsengesetzgebung, Einleitung, S. VII.
639 Loeb, S. 17.
640 Vgl. Rudolph, in: Deutsche Börsengeschichte, S. 314. Müller-Schwerin, S. 28, sieht als Funktionen der Börse die Preisbildung, die Finanzierung und die Liquidisierung.
641 Imo, Rn. 214.

überflüssig. Die Emissionsbedingungen sehen ausschließlich einen Differenzausgleich in Geld vor.[642] Folglich ist bei dieser Geschäftsart die ein deckungsgleiches Gegengeschäft ermöglichende Schablonisierung als typisches Merkmal nicht festzustellen.

Schließlich spricht gegen das Merkmal der Schablonisierung als Kennzeichen des Typus Börsentermingeschäft, daß es seinen Ursprung in der Charakterisierung des Warenterminhandels findet. Der Warenterminhandel erfuhr gegen Ende des 19. Jahrhunderts eine zunehmende Standardisierung bzgl. Lieferqualität, Zahl, Maß und Gewicht, während es für den damaligen Effektenterminhandel keine besonderen Bestimmungen über die Beschaffenheit der zu liefernden Waren gab.[643] Deshalb wandte bereits Nußbaum gegen das Merkmal der Schablonisierung ein, daß der Unterschied zwischen Börsentermin- und anderen Börsengeschäften in dieser Hinsicht nur ein gradueller ist.[644]

Nach alledem ist die Schablonisierung der an der Börse getätigten Termingeschäfte und die damit eröffnete Möglichkeit zum Abschluß eines deckungsgleichen Gegengeschäfts, kein kennzeichnendes Merkmal für den Typus Börsentermingeschäft.

Darüber hinaus werden die "Beziehung zu einem Terminmarkt"[645] und der "Bezug auf eine Börse"[646] als charakteristische Merkmale des Typus Börsentermingeschäft eingestuft. In den Kennzeichen spiegelt sich die für Anleger bestehende Möglichkeit zum Abschluß eines deckungsgleichen Gegengeschäftes wider.[647]

Anhand der Vielzahl neu entwickelter Geschäftsarten, denen zum Teil nicht lieferbare Basisobjekte zugrunde liegen, konnte bereits aufgezeigt werden, daß

642 In diesem Sinne Kümpel, WM 1991, Sonderbeilage Nr. 1, S. 2 f.
643 Nußbaum, Die Börsengeschäfte, S. 24.
644 Nußbaum, Die Börsengeschäfte, S. 21 Fn. 20.
645 Vgl. Rössner/Lachmair, BB 1986, 1377(1378); Wach, Rn. 639; Hartung, ZIP 1991, 1185(1187); ders., S. 187, verwendet in diesem Zusammenhang den Begriff "Marktbezug".
646 Koller, WM 1985, 593.
647 In diesem Sinne Rössner/Lachmair, a.a.O.

die Möglichkeit zum Abschluß eines deckungsgleichen Gegengeschäftes kein charakteristisches Merkmal des Typus Börsentermingeschäft ist. Gleiches gilt demnach für die Merkmale "Beziehung zu einem Terminmarkt" und "Bezug auf eine Börse". Mit diesen Kennzeichen wird immanent der Abschluß eines Gegengeschäftes auf einem dieser Märkte verbunden. Folglich kommt einer "Beziehung" zu einem bestimmten Markt keine charakteristische Bedeutung für das Börsentermingeschäft im Sinne der Typologik zu.

Des weiteren wird von Koller der "Bezug auf Kursdifferenzen im Zeitablauf" als charakteristisches Merkmal des Typus Börsentermingeschäft bewertet.[648] Hierin ist jedoch keine typische Eigenheit des Börsentermingeschäfts zu sehen. Ein Bezug auf Kursdifferenzen im Zeitablauf findet sich gleichfalls bei jedem herkömmlichen Kassageschäft in Wertpapieren.

Demnach sind die von Teilen der Lehre für den Typus Börsentermingeschäft als "charakteristisch" eingestuften Merkmale nicht für eine im Sinne der Typologik vorzunehmende "Beschreibung" dieser Geschäftsart geeignet.

Im weiteren wird versucht, ein Gesamtbild des Typus Börsentermingeschäft zu entwickeln. Dabei sind alle kennzeichnenden Merkmale zur Beschreibung des Typus heranzuziehen, ohne daß auf solche Charakteristika, die im Einzelfall fehlen könnten, zu verzichten ist. Ansonsten würden nur einige isolierte Merkmale übrigbleiben, die für sich betrachtet mehr oder weniger nichtssagend wären und zum Verständnis der im Börsengesetz enthaltenen Normen zum Börsenterminhandel nicht beitragen könnten.[649]

Anderer Auffassung ist Kümpel. Er rechnet der Kategorie des Typus bestimmte unverzichtbare "Kernmerkmale" neben anderen nur "symptomatischen Merkmalen" zu. Sodann beschreibt Kümpel den Typus Börsentermingeschäft ausschließlich mittels unverzichtbaren Kernmerkmalen.[650] Er weist zwar unter

---

648 Koller, WM 1985, 593.

649 In diesem Sinne Larenz, Methodenlehre, S. 468.

650 Kümpel, WM 1991, Sonderbeilage Nr. 1, S. 3 ff, der auf Canaris, WM 1988, Sonderbeilage Nr. 10, S. 6, 15, Bezug nimmt. Canaris, a.a.O., unterscheidet zwar einerseits zwischen "unverzichtbaren Merkmalen" und "prägenden Merkmalen", die notwendig (wenngleich nicht hinreichend) sein sollen. Er beschränkt sich jedoch dann auf die unverzichtbaren

Bezugnahme auf Larenz darauf hin, daß, soweit dem Typus bestimmte unverzichtbare Kernmerkmale neben anderen nur symptomatischen Merkmalen eigen sind, der Typus sich dem Begriff nähert. Die hieraus zu ziehende Konsequenz einer Beschreibung des Typus mittels aller evident typischen Merkmale, auch derer, die im konkreten Einzelfall nicht vorliegen müssen, zieht er allerdings nicht. Vielmehr ist nach der von Kümpel aufgestellten Prämisse eine Geschäftsart, der nur eines der - von ihm als unverzichtbar eingestuften - drei typischen Merkmale des Börsentermingeschäfts fehlt, nicht diesem Typus zuzuordnen.[651] Er verdeutlicht im Sinne der Typologik, daß die Auswahl typischer Merkmale häufig durch den Schutzgedanken und dem der gesetzlichen Regelung zugrunde liegenden Rechtsgedanken mitbestimmt werden.[652]

Aus den Motiven zum Börsengesetz folgt indes nicht die - von Kümpel angenommene - Notwendigkeit, dem Typus Börsentermingeschäft "unverzichtbare" Merkmale zuzuordnen. Es steht dem Gesetzgeber frei, ob er einen Lebenssachverhalt mittels möglichst scharf abgegrenzter, als unverzichtbar und abschließend eingestufter Merkmale, demnach als Begriff abgrenzen will, oder durch eine Beschreibung des Typus, die er gegebenenfalls durch exemplarisch verstandene Züge oder Beispiele ausfüllt.[653]

Eine im Gesetz vorangestellte Kennzeichnung, die keine abschließende und hinreichend genaue Definition ist, bedarf nach der Lehre vom Typus der Ergänzung durch eine Vielzahl von Merkmalen, die sich wiederum durch Rückschluß aus der gesetzlichen Regelung ergeben.[654] Diesem Anspruch wird nicht entsprochen, wenn die Beschreibung eines Typus auf wesentliche oder

---

Merkmale des Typus Börsentermingeschäft. Schließlich verwendet Canaris zur Beschreibung des Typus Börsentermingeschäft, anders als Kümpel, eine dritte Gruppe von Merkmalen, die "atypischen Besonderheiten".

651 Gemäß Kümpel, WM 1991, Sonderbeilage Nr. 1, S. 7, mangelt es bei Geschäften mit Optionsscheinen an zwei von drei, der von ihm als unverzichtbar eingestuften typischen Merkmale des Börsentermingeschäfts, so daß er diese Geschäfte nicht dem Typus Börsentermingeschäft zurechnet.

652 Kümpel, WM 1991, Sonderbeilage Nr. 1, S. 4, 6; ebenso Ott, S. 107; Koller, Arnold, S. 53.

653 Larenz, Methodenlehre, S. 221; Leenen, S. 96 ff.

654 Larenz, Methodenlehre, S. 468.

sogar nur unverzichtbare Merkmale beschränkt wird. Denn ein konkreter Lebenssachverhalt kann typische Merkmale des umschriebenen Typus in mehr oder minder starker Ausprägung aufweisen, wobei einzelne Merkmale auch ganz fehlen können.[655]

Kümpel ist lediglich bzgl. des Grundsatzes zu folgen, daß ein Typus möglicherweise ein oder mehrere unverzichtbare Merkmale aufweisen kann.[656] Daneben sind dem Typus jedoch andere, nur symptomatische, Merkmale eigen.[657] Der Typus besteht nicht nur aus abgrenzenden, zur Unterscheidung notwendigen Merkmalen, sondern ebenso aus zusätzlichen, d.h. bedeutsamen, aber nicht unbedingt unterscheidenden Merkmalen. Er setzt die Koppelung dieser Merkmale voraus. Ansonsten wäre der Typus mit dem Begriff identisch.[658]

Wenn der Typus Börsentermingeschäft lediglich durch unverzichtbare Merkmale beschrieben werden könnte, wären diese vom Gesetzgeber in die Bestimmungen zum Termingeschäft, insbesondere in § 50 Abs. 1 des Börsengesetzes, oder den Gesetzesmaterialien aufgenommen oder durch Beispiele umschrieben worden. Von dieser Möglichkeit hat der Gesetzgeber keinen Gebrauch gemacht, was gegen die Existenz von unverzichtbaren Merkmalen des Typus Börsentermingeschäft spricht.

Im übrigen ist der in § 50 Abs. 1 BörsG enthaltene Hinweis, daß zu den Börsentermingeschäften ebenso "Geschäfte gehören, die wirtschaftlich gleichen Zwecken dienen", lediglich von klarstellender Natur.[659] Der Wortlaut läßt keinen Rückschluß auf unverzichtbare typische Merkmale zu. Auch die Gesetzesmaterialien zur Novelle des Börsengesetzes von 1989 begründen keine

---

655 Larenz, a.a.O.

656 Vgl. Kümpel, WM 1991, Sonderbeilage Nr. 1, S. 3 f, der von diesem Verständis der Kategorie Typus ausgehend, ausschließlich drei unverzichtbare Merkmale des Typus Börsentermingeschäft herausstellt.

657 In diesem Sinne Larenz, Methodenlehre, S. 223. Canaris, WM 1988, Sonderbeilage Nr. 10, S. 6, geht insoweit von "prägenden Merkmalen" aus, die notwendig, wenn auch nicht hinreichend, sind und neben "unverzichtbaren Merkmalen" den Typus charakterisieren.

658 Strache, S. 44.

659 Siehe unter III.A.4.b).

andere Wertung. Mittels § 50 Abs. 1 Satz 2 BörsG sollte der Begriff des Börsentermingeschäfts erweitert werden, damit neue Geschäftsformen und -arten erfaßt werden können. Starre und nicht austauschbare Merkmale des Börsentermingeschäfts hätten dieser Intention entgegen gestanden. Der Begriff des "Börsentermingeschäfts" wurde als ein komplexer wirtschaftlicher Tatbestand, der einer fortlaufenden Entwicklung unterliegt, eingestuft.[660]

Schließlich ist zu berücksichtigen, daß der Typus Börsentermingeschäft durch eine Charakterisierung, die allein auf unverzichtbare Merkmale abstellt, zu einer statischen, begrifflichen Umschreibung werden würde. Eine solche Beschreibung könnte nicht der Intention des Gesetzgebers entsprechend auf wechselnde Erscheinungen des Termingeschäfts flexibel angewandt werden.

Indem Kümpel den Typus Börsentermingeschäft ausschließlich durch "unverzichtbare" Merkmale beschreibt[661], kommt dies dem Versuch einer begrifflichen Definition gleich, der aber fehlschlagen muß[662]. Die Beschreibung der Kategorie Typus allein durch unverzichtbare Merkmale widerspricht den Grundzügen der Typologik. Zumal es sich dann um einen Gattungsbegriff handeln würde.[663] Der Typus ist im Rahmen einer Gesamtbetrachtung an einem "Mehr" oder "Weniger" der für ihn charakteristischen Merkmale zu messen. Die festgestellten Merkmale haben für sich allein genommen nur die Bedeutung von Anzeichen oder Indizien. Erst ihre jeweilige Verbindung in der konkreten Erscheinung macht den Typus aus.[664] Bei der Beschreibung des Typus kommt es somit auf die Offenlegung aller typischen Merkmale ohne deren Gewichtung an. Dadurch wird die Zuordnung eines Sachverhaltes im Wege einer Gesamtbetrachtung möglich. Schließlich ist der Typus nicht allein aufgrund der Summe seiner Merkmale, sondern aufgrund deren Verknüpfung

660 Vgl. Gesetz zur Änderung des Börsengesetzes, Besondere Begründung zu Abschnitt IV des Börsengesetzes, abgedruckt in ZIP 1989, 337.

661 Kümpel, WM 1991, Sonderbeilage Nr. 1, S. 4 ff.

662 Vgl. Larenz, Methodenlehre, S. 136, 137, der mit Recht die Auffassung vertritt, daß der Versuch, Typen in begrifflichen Definitionen zu erfassen, fehlschlagen muß.

663 Leenen, S. 53.

664 Larenz, Methodenlehre, S. 221.

im Gesamtgefüge zu beurteilen.[665] Der Typus setzt folglich das bedeutungsvolle Zusammensein einer Vielzahl von Merkmalen voraus.[666]

Von diesen Prämissen ausgehend wird zu zeigen sein, daß für den Typus Börsentermingeschäft die folgenden Merkmale charakteristisch sind:

- hinausgeschobener Erfüllungszeitpunkt der rechtsgeschäftlichen Verbindlichkeiten (Zeitgeschäft),

- Anreiz zur Spekulation aufgrund der sog. Hebelwirkung ("Leverage-Effekt"),

- Risiko, zusätzliche Geldmittel zur Erfüllung der eingegangenen Verbindlichkeiten entgegen der ursprünglichen Absicht aufbringen zu müssen,

- Risiko eines Totalverlustes der eingesetzten Geldmittel.

(1) Hinausgeschobener Erfüllungszeitpunkt der rechtsgeschäftlichen Verbindlichkeiten (Zeitgeschäft)

Die Auswahl der Merkmale des Typus wird durch die Normzwecke der im Börsengesetz enthaltenen Regelungen zum Terminhandel und durch die diesen Normen zugrunde liegenden Rechtsgedanken mitbestimmt.[667] Hiervon ausgehend könnte ein kennzeichnendes Merkmal des Typus Börsentermingeschäft der hinausgeschobene Erfüllungszeitpunkt der rechtsgeschäftlich begründeten Verbindlichkeiten sein.

Börsentermingeschäfte zeichnen sich dadurch aus, daß sie durch ein Ereignis in ihrer Laufzeit begrenzt sind.[668] Bereits aus dem Begriffsbestandteil "Termin"

---

665 Koller, Arnold, S. 19.
666 Strache, S. 24.
667 Siehe oben unter III.A.5.a).
668 Wach, Rn. 643; zustimmend Hartung, S. 188; in diesem Sinne Koller, WM 1985, 593; Maser, S. 29.

folgt, daß für die besonders gefährlichen Börsentermingeschäfte das Merkmal der Zeitbegrenzung typisch ist. Mittels dieses Kennzeichens wird eine Unterscheidung von den ebenso zur Spekulation geeigneten, aber weniger gefährlichen Kassageschäften[669] ermöglicht.[670] Im Unterschied zu den Kassageschäften, die sofort bzw. innerhalb einer zweitägigen Frist bzgl. der Stückelieferung und der Zahlung des Gegenwertes zu erfüllen sind[671], wird bei Börsentermingeschäften die Erfüllung, Abnahme und Lieferung der Wertpapiere für einen späteren Termin vereinbart. Das Börsentermingeschäft ist damit ein Zeitgeschäft.

In dem Merkmal eines hinausgeschobenen Erfüllungszeitpunktes der rechtsgeschäftlich begründeten Verbindlichkeiten spiegeln sich die vom Publikum verfolgten Motive[672] zum Abschluß von Börsentermingeschäften wider. Durch diese Eigenschaft wird die Spekulation auf die Differenz zwischen dem Kurs am Tage des Vertragsschlusses und dem Kurs am Fälligkeitstag oder die Kurssicherung für spätere Effektivgeschäfte begünstigt. Der Gesetzgeber sah sich deshalb veranlaßt, zum Schutz des unkundigen Publikums vor den Gefahren der Zeitgeschäfte das Börsengesetz von 1896 mit den darin enthaltenen Regelungen über das Börsentermingeschäft zu erlassen.[673]

Die Motive, die das Publikum zum Abschluß von Börsengeschäften bewegten und die mit dem Börsengesetz verfolgten Normzwecke setzen demnach voraus, daß die in Frage stehenden Geschäfte einen hinausgeschobenen Erfüllungszeitpunkt der durch sie begründeten Verbindlichkeiten aufweisen. Für den Typus Börsentermingeschäft ist folglich charakteristisch, daß dessen Erfüllung vereinbarungsgemäß erst nach dem Vertragsschluß zu einem späteren Zeitpunkt erfolgen soll. Trotz dieses Merkmals ist eine Abgrenzung von Kassageschäften und Zeitgeschäften nicht immer einfach durchzuführen, da beide

669 Bereits Göppert, Bank-Archiv XXIV. (1924/25), 480(485) wies darauf hin, daß nicht allein das Zeitgeschäft in Wertpapieren die spezifische Geschäftsform der reinen Spekulation ist, sondern sich auch des Kassageschäfts zur Spekulation bedient wird.

670 Wach, Rn. 641.

671 Siehe § 15 Absatz 1 und 2 der Bedingungen für Geschäfte an der Frankfurter Wertpapierbörse.

672 Dazu III.A.2.

673 Siehe III.A.3.

Geschäftsformen ineinander übergehen. Daneben sind Börsengeschäfte bereits aus tatsächlicher Sicht in beschränktem Umfang Zeitgeschäfte, denn auch beim Kassageschäft liegt die Erfüllung zeitlich nach dem Vertragsschluß.[674]

Der Gesetzgeber weist in der Begründung zur Börsengesetznovelle von 1908 bzgl. der Nichtaufnahme einer Legaldefinition des Börsentermingeschäfts darauf hin, "es scheint nicht einmal unbedingt erforderlich zu sein, daß die Geschäfte auf eine festbestimmte Lieferungszeit oder mit einer festbestimmten Lieferungsfrist geschlossen werden"[675].

Die Argumentation des Gesetzgebers wird im Ergebnis von Horn gestützt, der eine Unterscheidung zwischen Kassa- und Termingeschäft nach dem Zeitmoment für "weniger eindeutig" hält.[676] Dafür spricht, daß gemäß dem Gesetzgeber[677] die sog. Leerverkäufe nach der Novellierung des Börsengesetzes im Jahre 1989 als Börsentermingeschäfte einzustufen sind.[678] Unter Leerverkäufen sind sofort bzw. innerhalb einer zweitägigen Frist, bezüglich der Stückelieferung und der Zahlung des Gegenwertes, zu erfüllende Kassageschäfte[679] zu verstehen, bei denen der Verkäufer die zu liefernden Wertpapiere noch nicht besitzt.[680] Er kann jedoch die Zeit bis zum Deckungskauf durch Wertpapier-Leihgeschäfte[681], die rechtlich Darlehen im Sinne des § 607 BGB sind, überbrücken. Die Geschäfte weisen ein Zeitmoment auf.

---

674 Düringer-Hachenburg-Breit, HGB, Anhang II., Anm. 32.

675 Zitiert nach Trumpler/Weißbart/Abt, BörsG-Komm., IV. Börsenterminhandel, Anm. D.3. (S. 157); gleichfalls Kahn, BörsG, 1908, IV. Börsenterminhandel, Anm. 5 (S. 225).

676 Horn, ZIP 1990, 2(9).

677 Entwurf eines Gesetzes zur Änderung des Börsengesetzes mit Begründung, BT-Drucks. 11/4177, S. 4 ff.

678 In diesem Sinne Wach, Rn. 724 f, zur Rechtslage vor der Börsengesetznovelle von 1989.

679 Siehe zum Zeitpunkt der Belieferung von Börsengeschäften (Kassageschäften) § 15 Absatz 1 und 2 der Bedingungen für Geschäfte an der Frankfurter Wertpapierbörse.

680 Vgl. Büschgen, unter "Leerverkauf", S. 455.

681 Siehe Beck, Blick durch die Wirtschaft vom 12.11.1993, S. 3, der darauf hinweist, daß sich in Deutschland neben dem institutionalisierten Wertpapierleihprogramm der Deutschen Kassenverein AG, Euroclear und Cedel, ein eigener Interbankenmarkt etabliert hat. Die sog. Wertpapierleihe

Von Kleinschmitt wird das für Börsentermingeschäfte charakteristische Merkmal eines hinausgeschobenen Erfüllungszeitpunktes als zu eng eingestuft. Hintergrund der Börsengesetznovelle von 1989 sei gewesen, daß eine klassische Erfüllungsvereinbarung entbehrlich ist, was in § 50 Abs. 1 Satz 2 BörsG seinen Niederschlag gefunden habe.[682]

Die Bedenken von Horn und Kleinschmitt sprechen allerdings nicht dagegen, den "hinausgeschobenen Erfüllungszeitpunkt der rechtsgeschäftlich begründeten Verbindlichkeiten" als ein für den Typus Börsentermingeschäft charakteristisches Merkmal einzustufen. Dieses Kennzeichen soll nicht einer begrifflichen Abgrenzung von Kassageschäften und Börsentermingeschäften dienen. Es ist vielmehr im Sinne der Typologik als Bestandteil einer Merkmalssumme zu verstehen, die wiederum die Grundlage für eine Gesamtbetrachtung liefert und innerhalb derer einzelne typische Merkmale verzichtbar sind. Das Merkmal "hinausgeschobener Erfüllungszeitpunkt" der rechtsgeschäftlichen Verbindlichkeiten ist aus der zeitlichen Begrenzung der Laufzeit von Börsentermingeschäften abgeleitet. Aus einer Zeitbegrenzung folgt für den Anleger die Gefahr, daß gegen Ende der Laufzeit die Kurse der dem Geschäft zugrunde liegenden Wertpapiere nicht das erhoffte Kursniveau erreichen. Wenn ihm Optionsrechte eingeräumt wurden, wird er in einer solchen Situation aus wirtschaftlichen Überlegungen zur Schadensbegrenzung die Rechte nicht ausüben. Der Stillhalter ist bei Optionsgeschäften immer dann von dem aus einer zeitlichen Begrenzung resultierenden Risiko betroffen, wenn die Kurse der dem Geschäft zugrunde liegenden Wertpapiere deutlich von den ursprünglich von ihm erwarteten Kursniveau abweichen. In diesem Fall wird dessen Kontrahent spätestens am Verfalltag der Option sein Optionsrecht ausüben. Die Situation ist anders zu beurteilen, wenn zur Spekulation Kassageschäfte getätigt werden. Dann kann der Spekulant grundsätzlich beliebig lange warten, bis die Kurse der von ihm erworbenen Wertpapiere wieder den erwarteten Stand erreicht haben.

---

funktioniert nach folgenden Prinzip: Der Inhaber eines Wertpapiers (natürliche oder juristische Person) überträgt einem Vertragspartner sein Wertpapier unter der Bedingung, daß er nach Ablauf einer in der Regel kurzen Frist von wenigen Tagen Wertpapiere von gleicher Art und Güte zurückübertragen bekommt. Dafür zahlt ihm sein Vertragspartner eine Gebühr.

682 Kleinschmitt, S. 39.

Für das Merkmal des hinausgeschobenen Erfüllungszeitpunktes der rechtsgeschäftlich begründeten Verbindlichkeiten ist nicht der Zeitraum entscheidend, der zwischen Abschluß des Geschäfts und dem späteren Kauf bzw. Verkauf der Effekten vergeht. Dieser Zeitraum kann bei Kassaspekulationen zum Teil wesentlich länger dauern als bei Börsentermingeschäften. Maßgeblich ist vielmehr die Tatsache, daß die aus dem Börsentermingeschäft zu erbringenden gegenseitigen Leistungen spätestens an einem festgesetzten Termin fällig sind.

Demnach ist der hinausgeschobene Erfüllungszeitpunkt der rechtsgeschäftlich begründeten Verbindlichkeiten ein für den Typus Börsentermingeschäft charakteristisches Merkmal.[683]

(2) Anreiz zur Spekulation aufgrund der sogenannten Hebelwirkung ("Leverage-Effekt")

Börsentermingeschäfte bieten für das Publikum die Möglichkeit, über die Laufzeit des Vertrages hinweg, überproportional an auftretenden Preisveränderungen teilzunehmen. Dies wird durch den Einsatz nur eines Bruchteils der durch das jeweilige Geschäft tatsächlich kontrollierten Vertragsgegenstände (Aktien, festverzinsliche Wertpapiere, Indizes etc.) ermöglicht.[684] Der Einsatz liegt demnach deutlich unter dem mit dem Geschäft kontrollierten Wert. Die Preisveränderungen werden überproportional wirksam.[685]

Diese Möglichkeit zur Spekulation wird als sogenannte Hebelwirkung oder "Leverage-Effekt" bezeichnet.[686] Bereits geringe Kursveränderungen des zugrunde liegenden Handelsobjekts können im Verhältnis zum eingesetzten

---

683 Vgl. Andrè, S. 72; Canaris, WM 1988, Sonderbeilage Nr. 10, S. 6; Kümpel, WM 1991, Sonderbeilage Nr. 1, S. 4; Rössner/Lachmair, BB 1986, 1377(1378); Hartung, BB 1989, 2411(2416). Ebenso Maser, S. 29 f, der allerdings nicht ausdrücklich von einem typologischen Ansatz ausgeht.

684 Sieper, S. 243.

685 Hartung, S. 188; Kleinschmitt, S. 39, der zwar das Börsentermingeschäft nicht der Kategorie des Typus zuordnet, aber gleichwohl die Hebelwirkung als ein Merkmal für Börsentermingeschäfte herausstellt.

686 Vgl. Büschgen, unter "leverage (2)", S. 457.

Kapital zu überproportionalen Gewinnen führen, aber auch zu beträchtlichen Verlusten.

Die Ambivalenz der Hebelwirkung verdeutlicht ein theoretisches Beispiel eines Optionsgeschäfts. Ausgegangen wird davon, daß der Kurs einer Aktie im Januar bei 300,-- DM liegt. In Erwartung eines Kursanstiegs wird eine Kaufoption mit einer Laufzeit bis Mitte Juni abgeschlossen, zum Basispreis von ebenfalls 300,-- DM. Für diese Chance ist der Käufer bereit, etwa 10 % Prämie zu zahlen, das heißt einen Optionspreis von 30,-- DM. Der Stillhalter auf der Gegenseite war zu diesen Konditionen ebenfalls bereit. Seine Überlegungen gehen in eine andere Richtung. Er hofft auf sinkende oder stagnierende Kurse. Der Käufer würde dann die Option nicht ausüben, da er an der Börse das betreffende Papier billiger erwerben kann. Dem Stillhalter verbleibt in diesem Fall der Optionspreis.

Steigt der Aktienkurs, wie vom Erwerber erwartet, während der Laufzeit auf beispielsweise 360,-- DM, d.h. um 60,-- DM, wäre der theoretische Wert der Kaufoption jetzt bei 60,-- DM, was einem Anstieg von 100 % entspräche.

Mit der Hebelwirkung ist demnach der Anreiz verbunden, einen Umsatz bezüglich des Basisobjektes zu bewirken, der das jeweils verfügbare Objekt um ein Vielfaches übersteigt.[687] Hierfür braucht bei Abschluß des Geschäfts im Verhältnis zur späteren Ausübung ein nur relativ geringer Kapitaleinsatz erbracht werden.

Ein vergleichbarer Anreiz existiert bei Kassageschäften mangels Hebelwirkung nicht. Außerdem sind die mittels eines Kassageschäftes zwecks Kursspekulation erworbenen Wertpapiere am zweiten Börsentag nach dem Tage des Geschäftsabschlusses zu beliefern. Zusätzlich ist der Gegenwert bei Lieferung - frühestens jedoch am zweiten Börsentag nach Geschäftsabschluß - in voller Höhe zu bezahlen.[688] Zur Erfüllung dieser Pflichten muß somit entsprechendes Bargeld oder ein Kreditrahmen vorhanden sein. Bereits aus diesem Grund wird das Publikum von einer solchen Kassaspekulation Abstand nehmen. Damit ist es vor Gefahren geschützt. Für den Nicht-Termingeschäftsfähigen bestehen

---

687 Düringer-Hachenburg-Breit, HGB, Anhang II., Anm. 9.

688 Siehe § 15 Absatz 1 und 2 der Bedingungen für Geschäfte an der Frankfurter Wertpapierbörse.

bereits faktische Barrieren. Diese machen für Kassageschäfte besondere gesetzliche Schutzvorkehrungen, wie sie für Terminspekulationen getroffen worden sind, entbehrlich.[689]

Dieser Effekt ist bei den nur einen verhältnismäßig geringen Kapitaleinsatz voraussetzenden Börsentermingeschäften mit ihrer Hebelwirkung nicht zu verzeichnen. Es ist daher erforderlich, den nicht termingeschäftsfähigen Anleger vor den besonderen Gefahren der Termingeschäfte zu schützen.[690] Dies geschieht durch die Möglichkeit zur Erhebung des Termineinwandes im Sinne des Börsengesetzes und der damit einhergehenden Unwirksamkeit des Termingeschäfts.

Der mit der Hebelwirkung verbundene Anreiz zur Spekulation ist daher ebenso ein charakteristisches Merkmal für den Typus Börsentermingeschäft.[691]

(3) Risiko, zusätzliche Geldmittel zur Erfüllung der eingegangenen Verbindlichkeiten entgegen der ursprünglichen Intention aufbringen zu müssen

Ein weiteres Kennzeichen für den Typus Börsentermingeschäft ist das für den Anleger bestehende Risiko, entgegen seiner Intention zusätzliche Geldmittel zur Erfüllung der eingegangenen Verbindlichkeiten aufbringen zu müssen.

---

689 Kümpel/Häuser, S. 44; im Anschluß daran BGH WM 1988, 323(324).

690 Vgl. BGH WM 1988, 323(324); Kümpel WM 1989, 81(83); ders., WM 1990, 449(451); ders. WM 1991, Sonderbeilage Nr. 1, S. 6.

691 Hartung, S. 188; ders., BB 1989, 2411(2416); ders., ZIP 1991, 1185(1187); Kümpel, WM 1990, 449(451); ders., WM 1991, Sonderbeilage Nr. 1, S. 6; Schwark, WM 1988, 921(927); Horn, ZIP 1990, 2(10), der das Börsentermingeschäfts zwar nicht der Kategorie des Typus zuordnet, jedoch als dessen "Eigentümlichkeit" die Hebelwirkung (Leverage-Effekt) aufzeigt; BGH, WM 1988, 323(324); des weiteren Wach, Rn. 642, der jedoch das Börsentermingeschäft nicht der Kategorie des Typus zuordnet; a.A. Canaris, WM 1988, Sonderbeilage Nr. 10, S. 6, der das Börsentermingeschäft zwar als Typus einordnet, jedoch das Merkmal der Hebelwirkung nicht herausarbeitet. Für Canaris ist die Hebelwirkung bereits für den Schutzzweck der §§ 50 ff BörsG nicht ausschlaggebend (ders., a.a.O., S. 10, Fn. 38); ebenso André, S. 164.

Das Merkmal resultiert aus der enttäuschten Hoffnung der Beteiligten, daß sich die Börsenkurse in eine bestimmte Richtung entwickeln. Der Anleger glaubt, durch Abschluß eines "offenen Differenzgeschäftes", einen Zahlungsanspruch aufgrund eines positiven Differenzbetrages gegen seinen Vertragspartner realisieren zu können, wenn die erwartete Kursentwicklung eintritt. Entgegengesetzte Erwartungen bewegen den Verkäufer. Er hofft, daß er aufgrund der Kursentwicklung am Laufzeitende nicht zur Zahlung eines Differenzausgleichs in Geld oder zur Lieferung von Wertpapieren verpflichtet ist. Für den Anleger besteht weiterhin die Möglichkeit, ein "verdecktes Differenzgeschäft" abzuschließen. Dieses basiert auf zwei Geschäften. Zunächst auf einem spekulationseröffnenden Geschäft und einem zeitlich nachfolgenden, möglichst günstigeren Glattstellungsgeschäft. Mit ihm soll die eingegangene Terminverbindlichkeit ausgeglichen werden.[692] Treten die erhofften Kursentwicklungen nicht ein, wird der Kalkulationsgrundlage die Basis entzogen, so daß die Beteiligten durch Aufwendung ursprünglich nicht eingeplanter zusätzlicher Geldmittel ihre rechtsgeschäftlich begründeten Verbindlichkeiten erfüllen müssen. Darin liegt ein besonderes Risiko für den Anleger.[693]

In die entgegengesetzte Richtung gehen die Überlegungen des Anlegers beim Kassageschäft. Er plant eine sofortige, innerhalb einer zweitägigen Frist vorgeschriebene Stückelieferung bzw. die Zahlung des Gegenwertes[694] ein. Bei einem Kassaverkauf sollen die im Eigentum des Verkäufers stehenden Wertpapiere geliefert oder bei einem Kassakauf der vom Käufer geschuldete Kaufpreis aus dessen Kontoguthaben bezahlt werden. Hierzu korrespondierend sieht Nr. 31 Abs. 2 der AGB-Banken (bzw. Nr. 36 Abs. 5 AGB-Sparkassen) vor, daß die Bank die Ausführung von Kauf- oder Verkaufsaufträgen unterlassen oder rückgängig machen darf, wenn das Geldguthaben oder der Depotbestand des Anlegers nicht ausreicht.

---

692 Siehe Kümpel, WM 1987, 1321(1322 f), zu den beiden Varianten des Differenzgeschäfts, dem verdeckten sowie dem offenen Differenzgeschäft.

693 In diesem Sinne auch Kümpel, WM 1991, Sonderbeilage Nr. 1, S. 5.

694 Siehe hinsichtlich des Zeitpunktes der Belieferung von Börsengeschäften und zur Zahlung des Gegenwertes § 15 Absatz 1 und 2 der Bedingungen für Geschäfte an der Frankfurter Wertpapierbörse.

Börsentermingeschäfte können anders als Kassageschäfte abgeschlossen werden, ohne daß die Beteiligten oder eine Vertragspartei bei Geschäftsabschluß die gesamte Gegenleistung als liquides Vermögen besitzen oder einzahlen müßten.[695] Der Anleger kann so, ohne über entsprechende Deckungswerte zu verfügen, wirtschaftliche Risiken übernehmen.

An dieser Stelle knüpft das Börsengesetz mit seinen Schutzzwecken an, das vorrangig den Anlegerschutz verfolgt.[696] Der geschäftlich Unerfahrene soll durch den im vierten Abschnitt des Börsengesetzes verankerten Termineinwand[697] geschützt werden. Aufgrund dieses Einwandes wird die eingegangene Terminverbindlichkeit nicht einklagbar.[698] Nach der Entstehungsgeschichte und den Gesetzesmaterialien zum Börsengesetz soll mit den Bestimmungen über Termingeschäfte erreicht werden, daß der nicht börsentermingeschäftsfähige Kunde klar erkennt, welchen Einsatz er wagt und wie hoch er im ungünstigsten Fall verlieren kann.[699]

Dieser Gedanke wurde vom Bundesgerichtshof zur Abgrenzung von Kassa- und Termingeschäften aufgegriffen und fortgeführt. Für Spekulationen auf dem Kassamarkt seien keine gesetzlichen Schutzbestimmungen erforderlich, weil der Kunde für solche Geschäfte entsprechendes Barvermögen einsetzen oder einen Bankkredit in Anspruch nehmen muß. So erfährt er bereits eine faktische Warnung. Bei Börsentermingeschäften wäre dies anders zu beurteilen. Der Kunde erkenne aufgrund der nur in relativ geringer Höhe zu erbringenden Einschüsse[700] den wahren Umfang der von ihm eingegangenen Verpflichtungen nicht. Deshalb könne der Anleger einen schwer voraussehbaren Schaden aus dem Abschluß eines Glattstellungsgeschäftes zu einem dann verlust-

---

695 In diesem Sinne Hartung, S. 188; ders., ZIP 1991, 1185(1187).

696 Vgl. III.A.3.

697 Bereits Göppert, Bank-Archiv XXIV. (1924/25), 480(486), bemängelte, die Regelung des Termineinwandes im Börsengesetz von 1908 sei "so künstlich geworden, daß das Börsengesetz in seinem 4. Abschnitt vielleicht das am schwersten verständliche und am wenigsten übersichtliche deutsche Gesetz ist".

698 Kümpel, WM 1991, Sonderbeilage Nr. 1, S. 5.

699 RGZ 87, 18(20).

700 Der BGH ging von der vor Novellierung im Jahre 1989 gültigen Fassung des Börsengesetzes aus, die gemäß § 54 die Pflicht zur Sicherheitsleistung des Nicht-Börsentermingeschäftsfähigen vorsah.

bringenden Marktpreis erleiden.[701] Demnach hat der Bundesgerichtshof, wenn auch im Verständnis einer begrifflichen Umschreibung, das Verlustrisiko für den Anleger uneingeschränkt als charakteristisches Merkmal für den Typus Börsentermingeschäft vorgegeben. Das Risiko besteht darin, entgegen der ursprünglichen Intention zusätzliche Geldmittel zur Erfüllung der eingegangenen Verbindlichkeiten aufbringen zu müssen.

Nach Kümpel bedarf dieses typische Merkmal einer Einschränkung dahingehend, daß das Risiko betragsmäßig unbegrenzt und unüberschaubar sein müsse.[702] Begrenzte (Verlust-)Risiken würden nicht erfaßt. Unter alleiniger Bezugnahme auf Canaris führt Kümpel aus, daß nach dem Willen des Gesetzgebers und den Gesetzesmaterialien ein Bedürfnis zum Schutz des Anlegers vor Risiken nur in den Fällen bestehe, in denen sich dieser in eine bei Vertragsabschluß betragsmäßig nicht feststehende und unüberschaubare, zukünftige Leistungspflicht verstrickt habe.[703]

Sowohl Kümpel als auch Canaris stützen ihre einschränkende Auslegung auf den vormaligen § 54 BörsG[704]. Aus diesem folge, daß es dem Nicht-Termingeschäftsfähigen an einem Schutzbedürfnis hinsichtlich eines von vornherein begrenzten Verlustrisikos fehle. Diese Folgerung war selbst vor ersatzloser Streichung des § 54 BörsG durch die Börsengesetznovelle von 1989 nicht vertretbar. Mit dem ehemaligen § 54 BörsG war der Rechtsgedanke verbunden, der nicht börsentermingeschäftsfähigen Partei die "möglichste Klarheit über das von ihr eingegangene Risiko zu geben"[705].

---

701 BGH WM 1988, 323(324); im Anschluß an Kümpel/Häuser, S. 44 f.

702 Kümpel, WM 1991, Sonderbeilage Nr. 1, S. 5.

703 Kümpel, a.a.O., S. 5, Fn. 14, der auf Canaris, WM 1988, Sonderbeilage Nr. 10, S. 10 verweist.

704 Vgl. nur Kümpel, WM 1991, Sonderbeilage Nr. 1, S. 5; Canaris, WM 1988, Sonderbeilage Nr. 10, S. 11.

705 Meyer-Bremer, § 54 Anm. 3. Siehe zur Systematik des § 54 BörsG, Hartung, S. 264 ff. Zu Unrecht folgert Kümpel, WM 1985, 1121(1124), der Gesetzgeber habe mit § 54 BörsG bezweckt, daß dem Nicht-Termingeschäftsfähigen klar erkennbar und "fest begrenzt" das Maß seines Einsatzes, den er im ungünstigsten Fall verlieren kann, vor Augen geführt wird.

Aus der ratio legis des § 54 BörsG folgt somit nicht, wie von Kümpel[706] vertreten, daß der Nicht-Termingeschäftsfähige nur vor betragsmäßig unbegrenzten und unüberschaubaren Risiken geschützt werden sollte. Durch § 54 BörsG wurde der Verlust des Anlegers grundsätzlich auf die summenmäßig erfaßbare Sicherheitsleistung begrenzt. Der Gesetzgeber hatte aber die uneingeschränkte Gefährlichkeit des Börsentermingeschäfts erkannt. Er bezweckte mit § 54 BörsG, dem Anleger die Möglichkeit zu geben, sich die mit solchen Geschäften einhergehenden Risiken bewußt zu machen.[707] Dies geschieht durch einen Appell, in Form einer konkreten Sicherheitsleistung. Eine Differenzierung der Börsentermingeschäfte nach der Höhe des mit ihnen einhergehenden Risikos folgte hieraus nicht. Es kann nicht aus der Höhe einer zu leistenden Sicherheit darauf geschlossen werden, daß der vom Gesetzgeber mit dem Börsengesetz verfolgte Anlegerschutz sich ausschließlich auf "unbegrenzte" Verlustrisiken beschränke.

Darüber hinaus steht der Auffassung von Kümpel die Grundsatzentscheidung des Bundesgerichtshofes vom 22. Oktober 1984[708] zur Rechtsnatur von Optionsgeschäften über Aktien entgegen. Der II. Senat zeigte überzeugend auf, daß der Gesetzgeber mit dem Börsengesetz den Nicht-Termingeschäftsfähigen vor den Risiken der Börsentermingeschäfte schützen will. Dabei wird nicht zwischen Börsentermingeschäften mit unbegrenztem und solchen mit eingeschränktem Risiko unterschieden. "Es gibt auch keinen sachlich gerechtfertigten Grund, das Optionsgeschäft nur wegen der Begrenzung des Verlustrisikos des Käufers auf den Optionspreis aus dem Schutzbereich des Börsengesetzes herauszunehmen. Auch diese Verluste können für den einzelnen gefahrvoll und insgesamt volkswirtschaftlich unerwünscht sein".[709] Aus dem vormaligen § 54 BörsG und den Gesetzesmaterialien kann deswegen nicht der Wille des Gesetzgebers entnommen werden, den Anleger nur vor unbegrenzten Risiken zu schützen.

---

706 Kümpel, WM 1991, Sonderbeilage Nr. 1, S. 5; ders., WM 1990, 449(452); ders., WM 1985, 73(75); Canaris, WM 1988, Sonderbeilage Nr. 10, S. 10 f.

707 In diesem Sinne Meyer-Bremer, a.a.O.

708 Vgl. BGHZ 92, 317 = WM 1984, 1598.

709 BGHZ 92, 317(321) = WM 1984, 1598(1599).

Der These von Kümpel, daß eine solche "Wertentscheidung des Gesetzgebers durch die Börsengesetznovelle von 1989 nicht korrigiert worden sei"[710] und demnach noch heute Gültigkeit habe, wird somit die Grundlage entzogen. Anstelle des in § 54 BörsG a. F. verankerten Sicherheitenmodells wurde zwar im Zuge der Novellierung des Börsengesetzes von 1989 das sogenannte Informationsmodell ("Termingeschäftsfähigkeit kraft Information") in § 53 Abs. 2 BörsG aufgenommen. Der Gesetzgeber konnte jedoch mangels Existenz des von Kümpel und Canaris angenommenen Regelungsgehaltes des § 54 BörsG a.F. nicht an diesem festhalten bzw. ihn in andere Normen des Börsengesetzes übernehmen.

Demnach ist das für den Typus Börsentermingeschäft charakteristische Merkmal eines Risikos für den Anleger, entgegen seiner Intention zusätzliche Geldmittel zur Erfüllung der eingegangenen Verbindlichkeiten aufbringen zu müssen, nicht dahingehend einzuschränken, daß ausschließlich das betragsmäßig unbegrenzt und unüberschaubare Risiko erfaßt wird.

(4) Risiko eines Totalverlustes der eingesetzten Geldmittel

Das Börsentermingeschäft als Typus wird des weiteren durch das Risiko eines Totalverlustes bzgl. der eingesetzten Geldmittel geprägt. Der mit diesen Geschäften verbundene Leverage-Effekt bedingt nicht nur den typischen Anreiz zur Spekulation aufgrund überproportionaler Gewinnchancen[711], sondern auch das Risiko, die eingesetzten Geldmittel in voller Höhe zu verlieren.[712]

---

710 Kümpel, WM 1991, Sonderbeilage Nr. 1, S. 5.

711 Vgl. zum Leverage-Effekt III.A.5.c)(2).

712 In diesem Sinne Schwark, WM 1988, 921(926), der zwar von einer begrifflichen Definition des Börsentermingeschäfts ausgeht, gleichwohl als Kriterium für Börsentermingeschäfte deren "besonderes wirtschaftliches Risiko" und die dadurch drohenden "gefahrvollen wie auch volkswirtschaftlich unerwünschten Verluste" herausstellt. Differenzierend Schwintowski, ZIP 1988, 1021(1026), der die für den Anleger mit dem Kauf von Optionen und Optionsscheinen - ab einer Restlaufzeit von 9 Monaten - verbundene Gefahr, "leicht das gesamte eingesetzte Kapital zu verlieren", hervorhebt.

Bei einem Optionsgeschäft gibt die Hebelwirkung an, um wieviel die prozentuale Kursänderung der Option größer ist als die prozentuale Kursänderung der zugrundeliegenden Aktie. Zur Berechnung der Hebelwirkung ist die prozentuale Optionspreisänderung durch die prozentuale Kursänderung der Aktie zu dividieren.[713] Die Hebelwirkung kann somit nie kleiner sein als eins. Im Rahmen von Optionsgeschäften ist daraus zu schließen, daß bei übereinstimmenden Anlagesummen der absolute mögliche Verlust immer größer ist als bei Aktiengeschäften. Daraus resultiert weiterhin, daß mit steigender Hebelwirkung ein Geschäft zunehmend als spekulativ einzustufen ist. In diesem Fall sind nicht nur die Chancen, Kursgewinne, sondern auch die Risiken, Kursverluste zu erleiden, erheblich größer als bei Kassageschäften über Aktien.[714]

Bei Börsentermingeschäften bewirkt die Hebelwirkung, daß bereits geringe Kursschwankungen der Basiswerte oder Basiskurse, auf die sich das Geschäft bezieht, für den Kontrahenten ein überproportionales Risiko bedingen. Das Risiko besteht darin, nicht nur einen hohen Verlust, sondern die insgesamt eingesetzten Geldmittel einzubüßen.[715] Dieses Risiko existiert bei Kassageschäften aufgrund der fehlenden Hebelwirkung nicht in vergleichbarer Weise.

Demnach ist das Risiko eines Totalverlustes der eingesetzten Geldmittel ein charakteristisches Merkmal für den Typus Börsentermingeschäft.

6. Zwischenergebnis

Wesen und Begriff des Börsentermingeschäfts können nicht in eine begriffliche Definition gefaßt werden. Die Entstehungsgeschichte des Börsengesetzes, insbesondere dessen Schutzzwecke und die Motive, die das Publikum zum Abschluß von Börsentermingeschäften bewegen, zeigen, daß das Börsentermingeschäft der Kategorie des Typus zuzurechnen ist.

Der Typus Börsentermingeschäft weist folgende charakteristische Merkmale auf:

---

713 Sieper, S. 248; Kramer, ZKredW 1984, 890.
714 Sieper, S. 246.
715 In diesem Sinne Horn, ZIP 1990, 2(12); Kümpel, WM 1990, 449(451).

- hinausgeschobener Erfüllungszeitpunkt der rechtsgeschäftlichen Verbindlichkeiten (Zeitgeschäft)

- Anreiz zur Spekulation aufgrund der sog. Hebelwirkung ("Leverage-Effekt")

- Risiko, zusätzliche Geldmittel zur Erfüllung der eingegangenen Verbindlichkeiten entgegen der ursprünglichen Intention aufbringen zu müssen

- Risiko eines Totalverlustes der eingesetzten Geldmittel.

Aus der Zuordnung des Börsentermingeschäfts zum Typus folgt, daß die für Börsentermingeschäfte typischen Merkmale nicht statisch festgeschrieben sind. Sie sind vielmehr aufgrund ihrer fließenden Übergänge zu anderen Erscheinungsformen und ihrer Unschärfe geeignet, faktische Veränderungen zu erfassen und sich mit der Zeit stetig zu verschieben. Infolgedessen können sich zukünftig weitere Merkmale des Typus Börsentermingeschäft herausbilden.

B. Auswirkungen der Mehrstufigkeit der Geschäfte mit derivativen Finanzinstrumenten in Form von Optionsscheinen auf die Börsentermineigenschaft

Von der Beantwortung der Ausgangsfrage, ob Geschäfte mit derivativen Finanzinstrumenten in Form von Optionsscheinen als Börsentermingeschäfte einzustufen sind, sind folgende Fragen zu unterscheiden: Stellen die jeweiligen Phasen des Primär- und Sekundärgeschäfts mit derivativen Finanzinstrumenten jeweils ein einheitliches Rechtsgeschäft dar? Handelt es sich jeweils um zwei rechtlich selbständige Verträge?

Die letzte Frage ist zuerst zu prüfen. Hieraus ergeben sich Konsequenzen für die weitere Untersuchung. Diese können sich vor allem in bezug auf die Qualifikation der Geschäfte mit Optionsscheinen als Börsentermingeschäfte ergeben. Vom Ergebnis hängt u.a. ab, ob der im Börsengesetz in §§ 52, 55 BörsG geregelte Termineinwand auf Primär- und/oder Sekundärgeschäfte mit Optionsscheinen Anwendung findet.

Zunächst soll versucht werden, die Rechtsnatur der Geschäfte mit unverbrieften Option darzulegen. Die hieraus folgenden Erkenntnisse könnten präjudiziell für die rechtliche Einordnung von Optionsscheingeschäften sein. Zur juristisch-dogmatischen Einordnung der Geschäfte mit unverbrieften Optionen haben sich die unterschiedlichsten Auffassungen herausgebildet. Der Begriff der Option wird im Rechtsleben als ein mehrdeutiger, nicht fest umrissener Begriff verwendet. Diese Entwicklung wurde aufgrund einer fehlenden gesetzlichen Regelung der Option als allgemeines Rechtsinstitut und dem im Schuldrecht vorherrschenden Grundsatz der Vertragsfreiheit begünstigt.[716]

Beim Abschluß eines börsenmäßigen Optionsgeschäfts erwirbt der Käufer bei Geschäften mit unverbrieften (Kauf-)Optionen auf Aktien das Recht, innerhalb der Optionsfrist jederzeit vom Verkäufer, dem sogenannten Stillhalter in Aktien, die Lieferung bestimmter, zum Optionsgeschäft zugelassener Aktien zu dem vereinbarten Basispreis zu fordern. Spiegelbildlich hierzu erlangt der Käufer einer (Verkaufs-) Option das Recht, innerhalb der Optionsfrist jederzeit vom Verkäufer, dem sogenannten Stillhalter in Geld, die Abnahme bestimmter, zum Optionsgeschäft zugelassener Aktien zu dem vereinbarten Basispreis zu fordern. Aus dem Ablauf wird gefolgert, daß Optionsgeber und Optionsnehmer, mit den Parteien des durch Optionsausübung zustandegekommenen Vertrages, identisch sind.[717] Wird das Optionsrecht bezüglich der Lieferung oder Abnahme der Wertpapiere ausgeübt, dann erfolgt in einer zweiten Phase die Abwicklung.

Es besteht jedoch keine Einigkeit, ob mit der Einräumung der Option, somit mit Abschluß des Optionsvertrags, für den Käufer das Recht geschaffen wird, durch einseitige Erklärung ein inhaltlich bereits fixiertes Vertragsverhältnis "zu verlängern" oder "zu begründen". Je nachdem, welchem Ansatz gefolgt wird, führt dies bezüglich der rechtlichen Einordnung von Primär- und Sekundärgeschäften mit unverbrieften Optionen zu unterschiedlichen Ergebnissen.

---

716 Siehe v. Einem, S. 15; Henrich, S. 229; Lorenz, in: FS-Dölle (I), S. 103(110).

717 Canaris, WM 1988, Sonderbeilage Nr. 10, S. 7; André, S. 91.

Hieraus könnten sich wiederum Auswirkungen auf die rechtliche Einordnung der Geschäfte mit Optionsscheinen ergeben.

1. Rechtliche Einordnung von Primärgeschäften mit unverbrieften Optionen

In Rechtsprechung und Lehre ist streitig, ob durch die Ausübung des Optionsrechts neben dem Optionsgeschäft im Sinne der sogenannten Trennungstheorie ein selbständiges Wertpapiergeschäft begründet wird oder ob das Optionsgeschäft mit dem späteren Wertpapiergeschäft gemäß der sogenannten Einheitstheorie eine Einheit bildet. Allein diese beiden Hauptströmungen sind für die weitere Untersuchung relevant. Die Vielzahl der unterschiedlichen Auffassungen[718] geht nicht von grundsätzlich anderen theoretischen Ansätzen aus. Damit wird letztendlich die hier in Frage stehende rechtliche Einordnung der Optionsgeschäfte nicht beeinflußt. Deshalb ist im Rahmen der weiteren Untersuchung der Geschäfte mit unverbrieften Optionen die Trennungstheorie der Einheitstheorie gegenüberzustellen, um einen eigenen Lösungsansatz zu finden.

a) Trennungstheorie

Nach der sogenannten Trennungstheorie, die auch als "Doppelvertragsthese"[719] bezeichnet wird, stellt das Primärgeschäft mit Aktienoptionen bei wirtschaftlicher Betrachtung ein einheitliches Terminengagement dar. Dennoch spalte es sich rechtlich in zwei selbständige Kaufverträge auf.[720]

---

718 Vgl. von Arnim, AG 1983, 29(39 f); v. Einem, S. 1 ff; Georgiades, in: FS-Larenz, S. 409 ff; Henrich, S. 225 ff; Pulver, S. 1 ff; Blomeyer, in: FS-Raape, S. 269; Lorenz, in: FS-Dölle (I), S. 103(110 ff). Siehe zur Rechtsnatur von Optionen im allgemeinen, Walter, S. 48 ff.

719 Häuser, DB 1985, 1169(1170).

720 Kümpel, WM 1982, Sonderbeilage Nr. 6, S. 17; hierauf OLG Köln, WM 1983, 1072(1073); OLG Karlsruhe, WM 1984, 21(23); in diesem Sinne bereits Rössner/Weber, BB 1979, 1049(1054); Imo, Rn. 252 ff; a.A. Jäger,

Die Einordnung in zwei rechtlich selbständige Verträge, dem eigentlichen Optionsvertrag und dem durch ihn vorbereiteten Hauptvertrag, kann unter anderem durch die rechtlich-dogmatische Konstruktion eines sogenannten Angebotsvertrages[721] begründet werden[722]. In diesem Fall wird dem Optionsnehmer durch den zeitlich vorgelagerten Optionsvertrag nicht nur das Optionsrecht eingeräumt, sondern es werden auch die Bedingungen, unter denen das Optionsrecht ausgeübt werden kann, festgelegt. Der Optionsgeber gibt gleichzeitig ein bindendes Angebot zum Abschluß eines rechtlich selbständigen Hauptvertrages ab. Insoweit wird teilweise die Einräumung des Optionsrechts als "Kauf" gewertet.[723] Folglich schließen die Beteiligten zunächst einen zeitlich vorangestellten Kaufvertrag zwecks Begründung des

---

S. 67, die die Doppelvertragsthese ausdrücklich ablehnt und Optionsvertrag sowie Hauptvertrag als Einheit bewertet.

721 Vgl. OLG Düsseldorf, BB 1979, 962; eingehend v. Einem, S. 42 ff; Köhler, Jura 1979, 465(467 f); Hartung, S. 178.

722 Darüber hinaus werden weitere rechtlich-dogmatische Ansätze zur Erfassung des Optionsgeschäfts vertreten, die gleichfalls von zwei rechtlich selbständigen Verträgen im Sinne der Trennungstheorie ausgehen. Vgl. insoweit Georgiades, in: FS-Larenz, S. 409(424), der in dem Optionsrecht ein Gestaltungsrecht sieht, so daß er den Optionsvertrag als selbständigen, den Hauptvertrag vorbereitenden Vertrag einstuft. Im Anschluß daran ebenso von Arnim, AG 1983, 29(40). Siehe Ebenroth/Einsele, ZIP 1988, 205(210), die hinsichlich des Optionsvertrages von einem "vorbereitenden Vertrag sui generis" ausgehen. Nach Häuser, DB 1985, 1169(1170), kommt das Optionsgeschäft durch einen "Kaufvertrag mit Optionsvorbehalt" zustande. Siehe Pulver, S. 243, der der Gestaltungsrechtstheorie folgt, die zwischen Optionsvertrag und Hauptvertrag unterscheidet. Walter, S. 77, vertritt die Gestaltungsrechtstheorie mit der Einschränkung, daß im Einzelfall auch die Angebots- und Angebotsvertragstheorie herangezogen werden könnten. Eingehend zu den unterschiedlichen Ansätzen Hartung, S. 178 ff.

723 Vgl. OLG Köln, WM 1983, 1072(1073). So bereits Düringer-Hachenbug-Breit, HGB, Anhang II, Anm. 41, der von einem bedingten Kaufvertrag hinsichtlich des Prämiengeschäfts als Unterfall des Börsentermingeschäfts ausgeht; Schönle, S. 469; Kümpel, WM 1982, Sonderbeilage Nr. 6, S. 17; Häuser, DB 1985, 1169(1170).

Optionsrechts und anschließend durch Optionsausübung einen weiteren selbständigen Kaufvertrag bezüglich der optierten Wertpapiere.[724]

Hiergegen wird - auch wenn gleichfalls von zwei Verträgen beim Optionsgeschäft ausgegangen wird - eingewandt, daß es sich bei der Einräumung des Optionsrechts nicht um einen Kaufvertrag handeln könne, da das Optionsrecht kein zuvor vorhandenes Recht und auch keine zuvor vorhandene Sache darstelle.[725] Das Optionsrecht werde erst durch den Optionsvertrag begründet.[726] Auf Grund dessen sei von einem Vertrag sui generis auszugehen.[727]

Diesem Einwand ist allenfalls im Ergebnis, nicht jedoch in der Argumentation, zuzustimmen. Denn gemäß § 433 BGB setzt ein Kauf nicht zwingend voraus, daß die vom Verkäufer zu übergebende Sache bzw. das zu verschaffende Recht bereits bei Vertragsschluß existiert.[728] Ein Optionsvertrag kann auch dann abgeschlossen werden, wenn "durch diesen das Optionsrecht erst eingeräumt wird"[729]. Gleichwohl braucht an dieser Stelle nicht entschieden zu werden, ob das Optionsgeschäft als Kauf oder als Vertrag sui generis einzustufen ist, da hiervon die Beantwortung der Ausgangsfrage nicht beeinflußt wird.

Nach der sogenannten Trennungstheorie werden mit dem zweiten, dem sogenannten Hauptvertrag, die Rechte an den optierten Wertpapieren geregelt. Inhaltlich ist der Optionsvertrag im Vergleich zum Hauptvertrag umfassender. Durch ihn werden neben den Einzelheiten des Hauptvertrages auch die Art und die Zeit des Vertragsschlusses, die Einräumung und die Dauer des Options-

---

724 Kümpel, WM 1982, Sonderbeilage Nr. 6, S. 17.

725 Hammen ZIP 1987, 151(155); zustimmend Ebenroth/Einsele, ZIP 1988, 205(210).

726 Vgl. Henrich, S. 229; Georgiades, in: FS-Larenz, S.409(424); Hammen, a.a.O.

727 Hammen, ZIP 1987, 151(155), Ebenroth/Einsele, ZIP 1988, 205(210); a.A. Häuser, DB 1985, 1169(1170), der von einem Kaufvertrag mit Optionsvorbehalt ausgeht. Nach Georgiades, in: FS-Larenz, S. 409(424) ist der Optionsvertrag ein "selbständiger Vertrag vorbereitender Natur".

728 Vgl. MüKo-Westermann, § 433 Rn. 5.

729 In diesem Sinne Henrich, S. 229; von Arnim, AG 1983, 29(40) und 67(70); Ebenroth/Einsele, ZIP 1988, 205(210); Jäger, S. 61.

rechts und die Vereinbarung einer Optionsprämie geregelt.[730] Ausgehend hiervon folgern die Verfechter der Trennungstheorie, daß der Optionsvertrag als Kassageschäft einzustufen sei. Denn die aus diesem Vertrag resultierenden Ansprüche sind nicht mit einem Termin verknüpft.[731]

Würde man dieser These folgen, könnten auf den Optionsvertrag die im Börsengesetz enthaltenen Regelungen über den Terminhandel nicht angewendet werden. Der nicht termingeschäftsfähige Kunde könnte dem Anspruch der Bank aus der ersten Phase des Optionsgeschäfts, dem Optionsvertrag, den Termineinwand gemäß §§ 52, 55 BörsG nicht entgegenhalten. Erst hinsichtlich der zweiten Stufe des Optionsgeschäfts, dem Hauptvertrag, würden die im Börsengesetz enthaltenen Normen zum Terminhandel Anwendung finden.

Deshalb vermag die Erklärung in Sinne der Trennungstheorie, daß die Einstufung des Optionskaufs als Kassageschäft im "wohlverstandenen Interesse des nicht-termingeschäftsfähigen Kunden"[732] liege, nicht zu überzeugen. Hierfür wird weiterhin angeführt, daß, soweit bereits der Optionskauf als Börsentermingeschäft gewertet werde, dieser auch für die börsentermingeschäftsfähige Bank unverbindlich wäre. Aufgrund dessen besäße der nicht-termingeschäftsfähige Kunde keine einklagbaren Ansprüche auf Verschaffung des Optionsrechts. Er wäre auf die freiwillige Vertragserfüllung seitens der Bank angewiesen. Die unsichere Rechtsstellung des Kunden könne vor allem bei einer Insolvenz der Bank nicht zufriedenstellend sein.[733]

Diese Schlußfolgerung ist jedoch als eine theoretische Überlegung zu betrachten, da in Deutschland die Anzahl der Insolvenzen von Kreditinstituten zu vernachlässigen ist. Die Schlußfolgerung überzeugt deshalb nicht als Argument für die Anwendung der Doppelvertragsthese. Gegen die mit der Doppelvertragsthese einhergehenden rechtlichen Wertungen spricht außerdem, daß danach der Optionskäufer immer seine Prämie verlieren würde, während der Stillhalter für den Fall einer für den Optionskäufer günstigen Kursent-

---

730 Georgiades, in: FS-Larenz, S. 409(424); von Arnim, AG 1983, 29(40).

731 Kümpel, WM 1982, Sonderbeilage Nr. 6, S. 17; hierauf OLG Köln, WM 1983, 1072(1073); OLG Karlsruhe, WM 1984, 21(23); in diesem Sinne bereits Rössner/Weber, BB 1979, 1049(1054).

732 Kümpel, WM 1985, 73(75).

733 Vgl. Kümpel, a.a.O.

wicklung den Termineinwand oder den Differenzeinwand bei Optionsausübung erheben könnte.[734] Der Stillhalter hätte nach dieser Theorie einen klagbaren Anspruch auf die Optionsprämie aus dem Optionsvertrag. Er könnte jedoch seiner Verpflichtung aus dem Hauptvertrag durch Erhebung des Termineinwandes gegenüber dem Optionsinhaber entgehen.[735]

b) Einheitstheorie

In seiner Grundsatzentscheidung vom 22. Oktober 1984 hat der II. Zivilsenat des Bundesgerichtshofes[736] die "Doppelvertragsthese" zurückgewiesen. Dabei hat er sich ausdrücklich mit der Auffassung von Kümpel[737] auseinandergesetzt, der die Doppelvertragsthese stützt. Der Bundesgerichtshof wertet Optionsgeschäfte im Sinne der sogenannten Einheitstheorie als ein einheitliches Rechtsgeschäft mit der Besonderheit, daß bei diesem Geschäft die Erfüllung der beiderseitigen Leistungspflichten auf den Zeitpunkt der Optionsausübung hinausgeschoben ist.[738] Deshalb werden Geschäfte mit Aktienoptionen nicht als Kassageschäfte, sondern als Börsentermingeschäfte eingestuft, auf die die Normen des Börsengesetzes über den Terminhandel, insbesondere die §§ 52, 55 BörsG hinsichtlich des Termineinwandes, Anwendung finden.[739]

Für die vom Bundesgerichtshof vertretene Einheitstheorie ist anzuführen, daß bei wirtschaftlicher Betrachtungsweise das Optionsgeschäft als einheitliches Geschäft einzustufen ist. Diese Wertung entspricht zugleich dem Schutzzweck des Börsengesetzes. Die Regelungen zum Terminhandel bezwecken den Schutz des nicht-termingeschäftsfähigen Anlegers vor Verlusten, auch wenn diese begrenzt sind.[740] Auf welche rechtliche Konstruktion sich der Bundesgerichtshof stützt, geht aus den einschlägigen Entscheidungen nicht ausdrücklich

---

734 Ebenroth/Einsele, ZIP 1988, 205(208).
735 Canaris, WM 1988, Sonderbeilage Nr. 10, S. 9.
736 BGHZ 92, 317 = WM 1984, 1598 = NJW 1985, 634.
737 Siehe Kümpel, WM 1982, Sonderbeilage Nr. 6, S. 17.
738 BGH, WM 1984, 1598(1599).
739 Vgl. BGH, WM 1984, 1598(1599); bestätigt durch BGH, WM 1989, 807; BGHZ 102, 204(205) = WM 1988, 144(146); BGH WM 1985, 744; BGH, WM 1985, 563.
740 BGH, WM 1984, 1598(1599).

hervor. Offenkundig lehnt er sich mit seiner Auffassung vom einheitlichen Optionsgeschäft an seine ältere Rechtsprechung zum Optionsgeschäft an.[741] In früheren Entscheidungen der Rechtsprechung wurde die rechtliche Konstruktion der Option als ein von der Ausübung des Optionsrechts abhängiger, "bedingter" Vertrag in Erwägung gezogen[742] oder ausdrücklich aufgegriffen[743].

Soweit das Optionsgeschäft im Sinne eines bedingten Vertrages[744] verstanden wird, räumt der Optionsgeber dem Optionsnehmer ein aufschiebend bedingtes Ankaufsrecht bezüglich der optierten Wertpapiere ein. Dadurch entsteht nur ein aufschiebend bedingter Anspruch auf die Wertpapiere, d.h. auf die Übertragung von Eigentum und Einräumung von Besitz. Dieser Anspruch steht unter der Bedingung, daß der Optionsnehmer durch eine (spätere) Erklärung die Rechte aus dem Vertrag geltend macht. Dem Optionsnehmer steht es frei, ob er von seinem Recht Gebrauch macht oder nicht. Insgesamt handelt es sich um ein einheitliches Rechtsgeschäft.

Der Bundesgerichtshof setzt sich in seiner Entscheidung vom 22. Oktober 1984 nicht mit der, bislang uneinheitlichen, Rechtsprechung zum Optionsgeschäft auseinander. Obwohl der II. Senat in diesem Urteil von einem wirtschaftlich einheitlichen Rechtsgeschäft ausgeht, unterscheidet er dennoch zwischen dem Optionsgeschäft "im engeren Sinne" und dem Kaufgeschäft über die Aktien.[745] Hieraus folgt, daß das börsenmäßige Optionsgeschäft durch einen einheitlichen

---

741 Nach Kümpel/Häuser, S. 157, steht der BGH mit seiner Einordnung des Aktienoptionsgeschäfts in der Kontinuität der Rechtsprechung des Reichsgerichts zu dem Vorprämiengeschäft.

742 Vgl. BGHZ 47, 387(391); BGH, LM BGB § 433 Nr. 16, Bl. 435(436); BGH, BB 1967, 648; BGH, WM 1965, 356; BGH, DNotZ 1963, 230(231); RGZ 136, 132(134); RGZ 104, 98(100).

743 Vgl. RGZ 94, 291(297); RGZ 77, 415; RGZ 72, 385; RGZ 69, 281(283); RGZ 67, 42(45).

744 Im Ergebnis lehnt Kümpel, ZKredW 1981, 352(354), als rechtliche Konstruktion für die Begründung des Optionsrechts dessen Einordnung "als echte rechtsgeschäftliche Bedingung (§ 158 Abs. 1 BGB)" ab.

745 BGH, WM 1984, 1598(1599); Beer, WM 1986, 693(700), lehnt das Urteil des BGH aus pragmatischen Gründen im Ergebnis ab, da die Entscheidung des BGH die Abwicklung des deutschen börsenmäßigen Optionsgeschäfts mit nicht termingeschäftsfähigen Kunden erschwere.

Kaufvertrag mit "Optionsvorbehalt" zustande kommt.[746] Die vereinbarten Liefer- und Zahlungsverbindlichkeiten entstehen erst, wenn der Optionsnehmer sein Gestaltungsrecht ausübt. Folglich unterliegt die Abrede über den entgeltlichen Optionsvorbehalt als Bestandteil des Abschlußtatbestandes denselben Wirksamkeitsschranken wie der intendierte Hauptvertrag.[747]

Dem Bundesgerichtshof wird entgegengehalten, daß eine wirtschaftliche Betrachtungsweise nicht geeignet sei, die von ihm im Sinne einer Einheitstheorie vertretene Rechtsfolge zu begründen.[748] Auch der Verweis des Gerichts auf den Schutzzweck des Börsengesetzes könne zumindest nicht voll überzeugen.[749] Kümpel als Verfechter der Doppelvertragsthese lehnt den Ansatz des Bundesgerichtshofes ab, den Stillhalter dadurch zu schützen, daß diesem bereits bzgl. der ersten Phase des Optionsgeschäfts der Termineinwand zugebilligt wird. Dem Schutzbedürfnis des Stillhalters werde ausreichend Genüge getan, wenn er den Termineinwand erst gegen seine Liefer- oder Kaufpreisverbindlichkeit aus dem späteren Wertpapiergeschäft, der zweiten Phase, geltend machen könne. Erst dann aktualisiere sich dessen latentes Spekulationsrisiko.[750]
Die vornehmlich von Kümpel[751] auch nach der Grundsatzentscheidung des Bundesgerichtshofes vom 22. Oktober 1984 vertretene Doppelvertragsthese ist im Ergebnis abzulehnen.[752] Nach der Doppelvertragsthese müßte der Optionskäufer immer die Optionsprämie bezahlen. Der Stillhalter könnte, wenn die Kurse sich für den Optionskäufer günstig entwickeln sollten, dem Optionskäufer bei Ausübung der Option den Termineinwand gemäß §§ 52, 55 BörsG entgegenhalten. Dies bedeutet eine nicht vertretbare Ungleichbehandlung. Während der Optionskäufer die Optionsprämie immer verlieren würde, könnte der Stillhalter immer nur gewinnen. Diese Konsequenz ist weder mit der

---

746 Siehe Kümpel/Häuser, S. 156.
747 Häuser, DB 1985, 1169(1170).
748 Hammen, ZIP 1987, 151(152).
749 Maser, S. 134.
750 In diesem Sinne Kümpel, WM 1985, 73(74).
751 Die erstmals von Kümpel in WM 1982, Sonderbeilage Nr. 6, S. 17, vertretene Doppelvertragsthese wird auch nach der seine Auffassung ablehnenden Entscheidung BGHZ 92, 317 = WM 1984, 1598, von ihm vertreten, siehe WM 1985, 73(78).
752 Ebenso Koller, WM 1985, 593(594).

Interessenlage der an dem Geschäft Beteiligten noch mit dem Schutzzweck der §§ 50 ff BörsG vereinbar.[753] Die börsenrechtlichen Regelungen zum Termingeschäft sollen auch gegen begrenzte Verluste, wie etwa den Verlust einer Optionsprämie, schützen.[754] Schließlich haben sich in der Folgezeit die Instanzgerichte[755] der vom Bundesgerichtshof vertretenen Einheitstheorie angeschlossen.

Allerdings gelangte der Bundesfinanzhof[756] aus Anlaß eines Verfahrens zur einkommenssteuerrechtlichen Behandlung von Optionsprämien zu einer widersprüchlichen rechtlichen Einordnung der Geschäfte mit Optionen. Er stufte Optionsgeschäfte zwar als Börsentermingeschäfte ein, jedoch gliederte er diese, unter Hinweis auf die vom OLG Köln vertretene "Doppelvertragsthese"[757], in zwei selbständige Verträge. Zudem verwies der Bundesfinanzhof darauf, daß beim Optionsgeschäft die beiderseitigen Leistungpflichten sofort erfüllt werden müßten. Er schloß bezüglich der Optionsprämie den Differenzeinwand gemäß § 764 BGB aus.[758] Allerdings übersah der Bundesfinanzhof, daß bei Urteilsverkündung am 28. November 1984 die zur Grundlage seines Urteils gemachte Entscheidung des OLG Köln[759] vor allem wegen der vertretenen Doppelvertragsthese bereits aufgehoben[760] worden war.

---

753 Vgl. Ebenroth/Einsele, ZIP 1988, 205(208 f); Nassall, WuB I G 5.-7.91, S. 1094(1096), der darüber hinaus zu Recht in der Theorie Kümpels einen Wertungswiderspruch sieht.

754 BGH, WM 1984, 1598(1599).

755 Vgl. KG, WM 1989, 173; OLG Düsseldorf, WM 1988, 1404; OLG München, WM 1988, 257; OLG Köln, WM 1988, 116; LG Würzburg, WM 1988, 1559; LG Frankfurt am Main, WM 1988, 1332; LG Mönchengladbach, WM 1987, 681(682); LG Mannheim, WM 1987, 253; a.A. Kümpel, WM 1987, 669(673), der ausdrücklich die Entscheidung des LG Mönchengladbach, a.a.O., ablehnt.

756 BFHE 143, 38 = WM 1985, 621 = ZIP 1985, 434.

757 OLG Köln, WM 1983, 1072.

758 BFHE 143, 38(42).

759 WM 1983, 1072.

760 Vgl. BGH, Urteil vom 22. Oktober 1984 = BGHZ 92, 317 = WM 1984, 1598 = NJW 1985, 634.

In der Folgezeit sah der Bundesgerichtshof[761] trotz der widersprüchlichen Entscheidung des Bundesfinanzhofs keinen Grund, dieses Urteil dem Gemeinsamen Senat der obersten Gerichtshöfe des Bundes zur Entscheidung vorzulegen. Er erkannte zu Recht, daß der Bundesfinanzhof in seinem Urteil lediglich geprüft hatte, ob es sich bei Aktienoptionsgeschäften um Differenzgeschäfte gemäß § 764 BGB handelt. Der Bundesgerichtshof nahm in seiner Entscheidung vom 22. Oktober 1984[762] zur Anwendung des Differenzeinwandes keine Stellung.

Schließlich wurde der Auffassung des Bundesgerichtshofes zur rechtlich-dogmatischen Einordnung des Optionsgeschäfts mit den unterschiedlichsten Begründungen im Schrifttum überwiegend zugestimmt.[763] Gegen die als Doppelvertragsthese bezeichnete Trennungstheorie wird, mit Hinweis auf das tatsächliche Zustandekommen eines Börsenoptionsgeschäfts, neben anderen Argumenten die Einheitlichkeit dieser Geschäftsart angeführt. Bereits in der ersten Phase des Optionsgeschäfts werde eine, von der gestaltenden Erklärung des Optionsinhabers abhängende, "schwebende" Verpflichtung des Stillhalters begründet.[764] Dies spricht gegen die Annahme eines selbständigen Vertrages über das Optionsrecht.[765]

---

761 BGHZ 93, 307 = WM 1985, 563; ebenso BGH, WM 1985, 744(745).

762 BGHZ 92, 317 = WM 1984, 1598 = NJW 1985, 634.

763 Vgl. Kleinschmitt, S. 59; Jäger, S. 66, 167; Koller, WM 1985, 593; Schwark, WuB I G 5.-13.89, S. 1168(1169); ders., WM 1988, 921 ff; ders., ZHR 151 (1987), 325(349); ders., Jura 1985, 403(406) unter Abkehr der noch von ihm in: Börsengesetz, 1976, Einl §§ 50-70, Rn. 19 vertretenen "Doppelvertragsthese"; Soergel-Häuser, § 724, Rn. 24; Kümpel/Häuser, S. 156; Häuser, ZBB 1992, 249(256); Rössner/Lachmair, BB 1986, 1377(1384); Wach, Rn. 629; Canaris, WM 1988, Sonderbeilage Nr. 10, S. 7, 9, der die Anwendung der Einheitstheorie ausschließlich auf unverbriefte Optionen befürwortet; Baumbach/Duden/Hopt, HGB, vor § 50 BörsG, Anm. 2)B.; Beer/Müller/Niehoff, S. 70; Maser, S. 134, der die Argumentationslinie des BGH zwar kritisiert, aber im Ergebnis zustimmt; Häuser/Welter, § 16 Rn. 121; a.A. nach wie vor Kümpel, WM 1985, 73(78).

764 Schwark, Jura 1985, 403(406).

765 Häuser, DB 1985, 1169(1170).

Mithin hat sich die Lehre[766] überwiegend der vom Bundesgerichtshof vertretenen Einheitstheorie angeschlossen. Sie stuft das Optionsgeschäft als ein einheitliches Terminengagement ein.

c) Eigener Lösungsansatz

Nach der Doppelvertragsthese ist das Optionsgeschäft in zwei Verträge aufzuspalten. Die Anhänger dieser Theorie ziehen hieraus die Konsequenz, daß nur der in der zweiten Phase des Optionsgeschäfts durch Ausübung der Option begründete Hauptvertrag ein Börsentermingeschäft sei. Dagegen ist anzuführen, daß sich gemäß § 139 BGB die Verbindlichkeitsschranken des Hauptvertrages ebenso auf den in der ersten Phase begründeten Optionsvertrag erstrecken.[767] Denn die erste Phase des Optionsgeschäfts stellt sich bei diesem theoretischen Ansatz als ein "vorbereitendes Hilfsgeschäft" dar.[768]

Daneben gehen selbst die Verfechter der Doppelvertragsthese davon aus, daß die Aufspaltung des Optionsgeschäfts in zwei Phasen, in die Begründung des selbständigen Optionsvertrages und den Abschluß eines Hauptvertrages, nichts daran ändert, daß beide Phasen nicht nur "wirtschaftlich"[769] gesehen eine

---

766 Siehe Wach, Rn. 629; Rössner/Lachmaier, BB 1986, 1377(1384); Koller, WM 1985, 593(594); Schwark, Jura 1985, 403(406); Jäger, S. 64, 66; Soergel-Häuser, § 724, Rn. 24; undifferenziert André, S. 49 f, für den es hinsichtlich der Rechtsnatur des Optionsrechts "letztendlich belanglos ist, ob man der Bedingung oder der Gestaltungserklärung das größere Gewicht beimißt"; A.A. Hartung, S. 94, 188 ff, der das Optionsgeschäfts in zwei selbständige Phasen einstuft, die er jeweils unter den Typus Börsentermingeschäft subsumiert. Einen anderen Ansatz wählt Walter, S. 153 ff, 162, der zwar gleichfalls das Optionsgeschäft in zwei selbständige Phasen einteilt, aber keine der beiden als Börsentermingeschäft einstuft.

767 Häuser, WM 1984, 23(24).

768 In diesem Sinne Lau, BuB, Rn. 7/210(294).

769 Für eine "wirtschaftliche Gesamtbetrachtung", Wach, Rn. 629; Koller, WM 1985, 593(594); Ebenroth/Einsele, ZIP 1988, 205(210); Kleinschmitt, S. 37 f.

Einheit bilden, sondern "juristisch verklammert" sind. Sie bilden Tatbestandsmerkmale des Hauptvertrages.[770]

Infolge dieser Verklammerung und vor allem aufgrund des mit dem Börsengesetz vorrangig verfolgten Anlegerschutzes[771] ist im Sinne der Einheitstheorie von einer einheitlichen Betrachtungsweise des Optionsgeschäftes auszugehen. Die Bestätigung hierfür liefert die Doppelvertragsthese selbst. Ihre Anwendung führt zu der Konsequenz, daß bei Optionsgeschäften der Optionsvertrag (erste Phase) anders als der Hauptvertrag (zweite Phase) nicht als Börsentermingeschäft einzustufen ist. Somit findet auf die erste Phase der Termineinwand im Sinne des §§ 52, 55 BörsG keine Anwendung. Hierfür wird angeführt, daß der Optionsnehmer hinsichtlich der ersten Phases des Optionsgeschäfts nicht des Schutzes durch den im Börsengesetz verankerten Termineinwand bedürfe. Das Börsengesetz solle nur vor unbegrenzten Verlusten schützen.[772]

In diesem Verständnis des Optionsgeschäfts liegt eine einschränkende Auslegung der Regelungen zum Terminhandel im Börsengesetz. Diese wird mit dem Sinn und Zweck des Börsengesetzes, somit im Wege einer teleologischen Reduktion[773], begründet. Eine solche einschränkende Auslegung ist jedoch unter Berücksichtigung der Schutzzwecke des Börsengesetzes nicht haltbar. Das Börsengesetz bezweckt vorrangig den Schutz des einzelnen Anlegers. Demnach soll der nicht börsentermingeschäftsfähige Optionsnehmer vor den mit Börsentermingeschäften verbundenen Gefahren geschützt werden, ohne daß eine Differenzierung nach der Höhe des eingegangenen Risikos erfolgt.[774] Eine teleologische Reduktion der Bestimmungen des Börsengesetzes zum Terminhandel hat sich an diesem Schutzzweck zu orientieren. Im Ergebnis kann sie ausschließlich den Schutz des Optionsnehmers begründen oder aber verbessern. Die von Kümpel vorgenommene Reduktion konterkariert jedoch den mit

---

770 Vgl. von Arnim, AG 1983, 29(40); ders., AG 1983, 67(70); Georgiades, in: FS-Larenz, S. 409(423 f); Häuser, DB 1985, 1169(1170); Maser, S. 136; Jäger, S. 64; in diesem Sinne Hammen, ZIP 1987, 151(155), der in dem Optionsgeschäft ein "Geschäft sui generis" sieht.

771 Dazu, III.A.3.

772 Kümpel, WM 1985, 73(75).

773 Siehe zur teleologischen Reduktion, Larenz, Methodenlehre, S. 391 ff.

774 Dazu III.A.3.

dem Börsengesetz verfolgten Anlegerschutz. Er gesteht dem nicht börsentermingeschäftsfähigen Optionsnehmer nicht den Termineinwand bezüglich des durch den Optionsvertrag begründeten Rechtsverhältnisses zu. Folglich ist die Doppelvertragsthese bereits aus methodologischer Sicht nicht haltbar. Soweit im Optionsgeschäft mit Aktien ein Börsentermingeschäft zu sehen ist, muß den Parteien uneingeschränkt der in den börsengesetzlichen Regelungen verankerte Schutz zur Seite stehen.[775]

Darüber hinaus findet das Argument von Kümpel, daß das Börsengesetz nur vor begrenzten Verlusten des Anlegers schützen solle, keine Bestätigung durch die Gesetzesmaterialien oder den Willen des Gesetzgebers. Das Börsengesetz soll den Anleger im Rahmen eines Terminengagements vor unbegrenzten und vor begrenzten Risiken schützen.[776] Schließlich ist die enge tatbestandliche Verknüpfung von beiden Phasen des Optionsgeschäfts zu berücksichtigen, die gegen deren Trennung anzuführen ist.

Die überwiegenden Gründe führen zur Anwendung der sogenannten Einheitstheorie auf Primärgeschäfte mit unverbrieften Optionen. Aus wirtschaftlicher[777] und rechtlicher Sicht bilden diese in zwei Phasen ablaufenden Geschäfte jeweils ein einheitliches Rechtsgeschäft.[778]

---

775 In diesem Sinne Hammen, ZIP 1987, 151(154 f).

776 Siehe III.A.3.

777 Vgl. Wach, Rn. 629.

778 Ebenso die überwiegende Rechtsprechung und Lehre, BGHZ 92, 317 = WM 1984, 1598 = NJW 1985, 634; bestätigt durch BGH, WM 1989, 807; BGHZ 102, 204(205) = WM 1988, 144(146); BGH, WM 1985, 563; BGH, WM 1985, 744; im Anschluß zustimmend KG, WM 1989, 173; OLG Düsseldorf, WM 1988, 1404; OLG München, WM 1988, 257; OLG Köln, WM 1988, 116; LG Würzburg, WM 1988, 1559; LG Frankfurt am Main, WM 1988, 1332; LG Mönchengladbach, WM 1987, 681(682); LG Mannheim, WM 1987, 253; Koller, WM 1985, 593; Schwark, Jura 1985, 403(406) unter Abkehr der zuvor von ihm vertreten "Doppelvertragsthese"; ders., Komm., Einl §§ 50-70, Rn.19; Soergel-Häuser, § 724, Rn. 24; Kümpel/Häuser, S. 156; Canaris, WM 1988, Sonderbeilage Nr. 10, S. 7; Baumbach/Duden/Hopt, HGB, vor § 50 BörsG, Anm. 2)B.; Maser, S. 134, der die Argumentationslinie des BGH kritisiert, aber im Ergebnis zustimmt; Häuser/Welter, S. 439; a.A. nach wie vor Kümpel, WM 1985, 73(78).

2. Rechtliche Einordnung von Sekundärgeschäften mit unverbrieften Optionen

Einer Klärung bedarf die Frage, ob die festgestellte Rechtskonstruktion bezüglich des Primärgeschäfts mit unverbrieften Optionen gleichfalls für den Verkauf bereits begründeter, d.h. laufender Optionen, somit für Sekundärgeschäfte gilt.

Die Übertragung laufender Optionen ist als Kaufvertrag im Sinne von § 433 BGB einzustufen. Leistungsgegenstand ist das bestehende Optionsrecht.[779] Zwischen dem Ersterwerber der Option bzw. dem jetzigen Zweitverkäufer und dem Zweiterwerber wird ein Rechtskauf im Sinne von § 433 Abs. 1 Satz 2 BGB vereinbart.[780]

Für die Verfechter der sogenannten Doppelvertragsthese stellt sich die Frage nach der rechtlichen Einordnung von Optionsgeschäften im Sekundärmarkt grundsätzlich nicht.[781] Nach deren Verständnis ist bereits bei Geschäften im Primärmarkt die Einräumung des Optionsrechts (erste Phase) als Kassageschäft zu werten. Erst bei Ausübung des Optionsrechts (zweite Phase) finden die

---

779 So die überwiegende Meinung, vgl. OLG Köln, WM 1983, 1072(1073); bereits Düringer-Hachenburg-Breit, HGB, Anhang II, Anm. 41, der von einem bedingten Kaufvertrag hinsichtlich des Prämiengeschäfts als Unterfall des Börsentermingeschäfts ausgeht; Schönle, S. 469; Kümpel, WM 1982, Sonderbeilage Nr. 6, S. 17; ders., WuB I G 5.-5.87, S. 936(937); ders., WM 1987, 669(673); Häuser, DB 1985, 1169(1170); MüKo-Pecher, § 764 Rn. 23. A.A. Ebenroth/Einsele, ZIP 1988, 205(210), die eine Übertragung von laufenden Optionen als Vertragsübernahme werten.

780 Vgl. BGH, NJW 1992, 1630, demzufolge im Rahmen des Sekundärgeschäfts das "verkaufte" Optionsrecht nach §§ 413, 398 BGB übertragen wird. Nach MüKo-Westermann, § 433 Rn. 59, erfolgt die Erfüllung der Rechtspflichten aus einem Rechtskauf u.a. durch Abtretung nach §§ 398, 413 BGB. A.A. Ebenroth/ Einsele, a.a.O., die ihr Modell einer Vertragsübernahme damit begründen, daß Ansprüche aufgrund verspäteter Erfüllung oder Nichterfüllung ausschließlich im Verhältnis zwischen Zweiterwerber als Optionsberechtigter und Stillhalter bestehen würden. Seitens des Stillhalters läge eine formularmäßig erteilte antizipierte Zustimmung hinsichtlich der Übertragung der Option durch den Ersterwerber vor.

781 In diesem Sinne Häuser/Welter, § 16 Rn. 129.

Normen über den Terminhandel im Börsengesetz Anwendung. Dieser strikten Trennung in zwei selbständige Rechtsgeschäfte[782] folgend, wird auch die Veräußerung einer Option durch den Primärkäufer an einen Dritten im Sekundärmarkt als ein Kassageschäft eingestuft. Der im Sekundärgeschäft als Verkäufer auftretende Käufer des Primärgeschäfts gebe alle termingeschäftsspezifischen Risiken auf. Außerdem sei der Vertrag über die Veräußerung der bereits begründeten Option nicht auf Erwerb der zugrunde liegenden Aktien, sondern nur auf die Übertragung des Rechtes, vom Stillhalter die Lieferung der Aktien verlangen zu können, gerichtet. Schließlich könne der Zweiterwerber einer Option die Lieferung der optierten Aktien nicht von seinem Verkäufer, sondern nur von dem Stillhalter fordern. Allein gegen seinen Verkäufer habe er einen Anspruch auf Übertragung des Optionsrechts gegen Zahlung des Optionpreises.[783]

Die Vertreter der Doppelvertragsthese würdigen jedoch im Rahmen des Sekundärgeschäfts die berechtigten Interessen des Käufers nicht ausreichend. Wenn der Zweiterwerber einer bereits begründeten Option nur einen Anspruch gegen den Stillhalter auf Lieferung der optierten Basiswerte erlangt, so geht jedoch zugleich das Risiko des Ersterwerbers auf Verlust des Optionspreises auf ihn über.[784] Der Zweiterwerber muß wie der Ersterwerber die Option wertlos verfallen lassen, wenn der Kurs der optierten Basiswerte den im Optionsvertrag vereinbarten Basispreis nicht erreicht. Dies verdeutlicht der technische Ablauf des Primär- und Sekundärgeschäfts mit Optionen. Auf dem Primärmarkt werden derartige Geschäfte nach Auftragserteilung seitens des Kunden durch seine Bank in der Regel im eigenen Namen an der Börse abgewickelt, indem sie eine entsprechende Option erwirbt. Der Stillhalter der erworbenen Option ist überwiegend ein Kunde einer anderen Bank, der seiner Bank eine entsprechende Verkaufsorder angeboten hat. Die Bank des auftragserteilenden Käufers

---

782 Eine solche Aufspaltung in zwei Rechtsgeschäfte im Sinne der Doppelvertragsthese wird gleichfalls von Hartung, S. 107, vertreten, der aus Sicht der Typologik das Optionsgeschäft als zwei Börsentermingeschäfte einstuft.

783 Kümpel, WuB I G 5.-5.87, S. 936(937); ders., WM 1987, 669(673 f); ders., WM 1989, 81(83); in diesem Sinne auch Schwark, WuB I G 5.-1.89, S. 20(21).

784 Vgl. Nassall, WuB I G 5.-7.91, S. 1094(1096); ebenso BGH, NJW 1992, 1630(1631) m.w.N.

verkauft dann zum gleichen Kurs als Eigenhändlerin eine entsprechende Option an diesen.

Bei einem anschließenden Verkauf dieser laufenden Option geht die Bank des vormaligen Käufers und nunmehrigen Verkäufers erneut an die Börse. Dort verkauft sie im eigenen Namen diese Option und nimmt als Eigenhändlerin zum gleichen Kurs die Option vom Verkäufer zurück. Wirtschaftlich betrachtet[785] kommt der Verkauf einer laufenden Option zwischen dem Verkäufer der Option und dem Zweiterwerber zustande. Die eingeschaltete Bank tritt im Ergebnis lediglich als Vermittler auf.[786]

Der technische Ablauf der Optionsgeschäfte bestätigt das Argument der Vertreter der Doppelvertragsthese, daß bei Primärgeschäften Stillhalter und Optionsveräußerer identisch sind. Diese Position fällt bei der Weiterveräußerung der Option auseinander. Hierin kommt jedoch allein die notwendige Konsequenz der Handelbarkeit der Option zum Ausdruck. Dies hat keine Auswirkungen auf die rechtliche Einordnung des Optionsgeschäfts.[787]

Die Anwendung der Doppelvertragsthese auf Primärgeschäfte mit Optionen wurde bereits abgelehnt und damit der Einheitstheorie[788] gefolgt. Der Wechselwirkung zwischen Erwerb einer laufenden Option und deren späterer Ausübung kommt eine entscheidende Bedeutung für die Anwendbarkeit der Einheitstheorie auf Sekundärgeschäfte mit Optionen zu.

Zu vertiefen ist die Frage, ob auch beim Sekundärerwerb von Optionen eine einheitliche Betrachtungsweise vertreten werden kann. Anders als bei Primär-

---

785 Vgl. Imo, Rn. 213 m.w.N., der darauf hinweist, daß die "wirtschaftliche Betrachtungsweise" des Optionsgeschäfts sich ganz allgemein durchgesetzt hat und von der ganz herrschenden Meinung in Rechtsprechung und Lehre angewandt wird. Ebenso Jäger, ZBB 1991, 82, nach deren Auffassung es nur auf diese Weise möglich sei, Umgehungsgeschäften wirksam zu begegnen und den Schutzzweck der §§ 50 ff BörsG zu gewährleisten.

786 OLG Karlsruhe, WM 1991, 936(939 f).

787 Tilp, DB 1989, 2365(2367); Kleinschmitt, S. 60 f.

788 Ebenso Schwark, WuB I G 5.-1.89, S. 20(21) hinsichtlich des Sekundärgeschäfts mit Optionen.

geschäften ist bei Sekundärgeschäften der Veräußerer einer Option nicht mit dem Stillhalter identisch.

Aus Sicht der Einheitstheorie ist aufgrund einer wirtschaftlichen Betrachtungsweise das Primär- und Sekundärgeschäft, d.h. der Optionshandel an sich, als ein einheitliches Rechtsgeschäft zu bewerten. Folglich sind Primär- und Sekundärgeschäfte mit unverbrieften Optionen als Börsentermingeschäfte einzustufen.[789] Dem steht das Auseinanderfallen von Stillhalter und Zweitverkäufer im Rahmen des Sekundärgeschäfts nicht entgegen. Für den Zweiterwerber ist unerheblich, ob sein Vertragspartner oder ein Dritter sogenannter Stillhalter ist.[790] Zugleich ist es dem Zweiterwerber einer Option gleichgültig, ob der Verkäufer seine Pflichten durch Übertragung einer laufenden Option oder durch die originäre Begründung einer neuen Option erfüllt und gleichzeitig als Stillhalter auftritt.[791] Gleiches gilt für den Stillhalter; denn die Veräußerungsmöglichkeit einer Option wird bereits im Rahmen des Primärgeschäfts vereinbart. Aus Sicht des Stillhalters liegt so eine bloße Auswechslung des Vertragspartners vor.[792] Für die rechtliche Einordnung des Sekundärhandels mit Optionen kann somit die Identität von Stillhalter und Optionsveräußerer nicht konstitutiv sein.[793]
Das von den Vertretern der Doppelvertragsthese ins Feld geführte Argument der fehlenden Personenidentität zwischen Stillhalter und Optionsveräußerer entspricht lediglich dem tatsächlichen technischen Ablauf, nicht jedoch den Interessen der Beteiligten. Demnach ändert die fehlende Personenidentität von Verkäufer und Stillhalter beim Verkauf einer laufenden Optionen nichts an der Anwendbarkeit der Einheitstheorie auf Primär- und Sekundärgeschäfte. Schließlich dürfen Weiterveräußerungen im Sekundärmarkt nicht isoliert vom Optionsgeschäft als einheitliches Terminengagement gesehen werden. Demnach ist die von den Vertretern der Doppelvertragsthese, je nach Risiko der

789 Vgl. BGH, NJW 1992, 1630 f; BGH, WM 1984, 1598; OLG Karlsruhe, WM 1991, 936(939); BGH, WM 1989, 807; OLG Düsseldorf, WM 1988, 1404; LG Mönchengladbach, WM 1987, 681(682).
790 OLG Karlsruhe, WM 1991, 936(939).
791 André, S. 131; Häuser/Welter, § 16 Rn. 128; ebenso BGH, NJW 1992, 1630(1631).
792 Schwark, Jura 1985, 403(406).
793 In diesem Sinne Tilp, DB 1989, 2365(2367).

Beteiligten, vorgenommene Trennung nicht mit dieser einheitlichen Betrachtungsweise vereinbar.[794]

Kümpel nähert sich der Einheitstheorie als einer der vehementesten Verfechter der Doppelvertragsthese, indem er mit Rücksicht auf die Rechtsprechung des Bundesgerichtshofes empfiehlt, "auch den Verkauf einer bereits begründeten Option als Börsentermingeschäft zu behandeln".[795]

Weiterhin ist für die Anwendung der Einheitstheorie auf den Sekundärhandel mit Optionen anzuführen, daß damit die enge Verbindung zwischen dem "Optionsvertrag" und dem späteren Kauf der Wertpapiere, bis auf den Austausch von Erst- und Zweiterwerber, erhalten bleibt.[796] Die Option ist deshalb nach wie vor auf den Erwerb der zugrundeliegenden Wertpapiere bei Ausübung der Option durch einen Zweit- oder Dritterwerber angelegt.[797] Dem Optionskäufer am Sekundärmarkt geht es nicht um das Optionsrecht als solches, sondern um die aus diesem Recht folgende Berechtigung zum Erwerb der optierten Wertpapiere.[798] Zwar erwirbt der Zweit- oder Dritterwerber hierbei die Option nicht vom Stillhalter selbst, gleichwohl hat dies keinen Einfluß auf die Einheitlichkeit des Geschäfts.[799]

Die für die Anwendung der Einheitstheorie auf das Sekundärgeschäft mit Optionen angeführten Argumente werden dadurch bestärkt, daß bei einer wirtschaftlichen Betrachtung die Interessen der an Sekundärgeschäften Beteiligten sich nicht von denen unterscheiden, die an Primärgeschäften mitwirken. Diesen Interessen, vor allem dem vorrangig mit dem Börsengesetz verfolgten

---

794 Jäger, S. 89.

795 Kümpel, WM 1987, 669(674). André, S. 137, 143, gelangt zu einer differenzierenden, wenn auch nicht überzeugenden, Auffassung. Für ihn hängt bei der mehrfachen Übertragung einer Option die Durchsetzbarkeit der Vertragspflichten von der Termingeschäftsfähigkeit der beteiligten Personen, somit von der Anwendung des Termineinwandes, ab. Er geht von einer "dynamischen Lösung" aus, deren Durchsetzbarkeit einem "dynamisch pulsierenden Wandel" unterliege.

796 Steuer, Die Bank 1983, 80(81).

797 Vgl. Steuer, a.a.O.

798 In diesem Sinne Maser, S. 136.

799 Maser, a.a.O.; Tilp, DB 1989, 2365(2367).

Anlegerschutz[800], wird allein die Anwendbarkeit der Einheitstheorie gerecht. Demnach ist entsprechend der Einheitstheorie der Sekundärhandel mit Optionen, wie bereits der Primärhandel, ein einheitliches Rechtsgeschäft.

3. Übertragbarkeit der Grundsätze zur Rechtsnatur der Geschäfte mit unverbrieften Optionen auf Primär- und Sekundärgeschäfte mit derivativen Finanzinstrumenten in Form von Optionsscheinen

Die Ausgangsfrage, ob die von der Rechtsprechung und überwiegenden Lehre auf den Primär- und Sekundärhandel mit unverbrieften Optionen angewandte Einheitstheorie[801] auch auf Geschäfte mit derivativen Finanzinstrumenten in Form von Optionsscheinen übertragbar ist, hat in der Vergangenheit kontroverse Diskussionen ausgelöst. Hiervon abzugrenzen ist die Prüfung, ob die auf der Einheitstheorie basierende rechtliche Beurteilung von Optionsgeschäften durch den Bundesgerichtshof gleichfalls für Geschäfte mit Optionsscheinen gilt. Nach der Wertung des Bundesgerichtshofes sind Geschäfte mit unverbrieften Optionen Börsentermingeschäft im Sinne des Börsengesetzes. Die Frage nach der Rechtsnatur der Geschäfte mit derivativen Finanzinstrumenten in Form von Optionsscheinen ist somit von der Verbindlichkeit solcher Geschäfte gemäß §§ 50 ff BörsG zu unterscheiden.[802]

Selbst nach der ersten die Ausgangsfrage verneinenden höchstrichterlichen Entscheidung[803] scheinen die Diskussionen nicht beendet zu sein.[804] Mit

800 Siehe zu den Schutzzwecken des Börsengesetzes, III.A.3.

801 Siehe hierzu III.B.1. und 2.

802 In diesem Sinne Tilp, DB 1989, 2365(2368).

803 Vgl. BGH, WM 1991, 982 = DB 1991, 1767, der die Vorinstanzen, OLG Stuttgart WM 1990, 628 und LG Stuttgart WM 1989, 984(987), im Ergebnis bestätigt. Ebenso der Trennungstheorie folgend LG Frankfurt am Main, WM 1989, 750(752); LG Frankfurt am Main, WM 1989, 909(910); LG München, WM 1989, 1505 f; LG Stuttgart, WM 1990, 990(992); LG Stuttgart, WM 1989, 993(994); LG Karlsruhe, WM 1990, 497(499f); OLG Frankfurt am Main, WM 1990, 1452 f; OLG Hamburg, WM 1991, 581f. A.A., da der Einheitstheorie folgend, LG Hamburg, WM 1989, 568(570); LG Würzburg, WM 1988, 1409(1410), das durch OLG Bamberg, WM

dieser Entscheidung hatte der XI. Zivilsenat des Bundesgerichtshofes[805] ausschließlich Geschäfte mit abgetrennten Aktienoptionsscheinen aus Wandelschuldverschreibungen gemäß § 221 Abs. 1 AktG zu beurteilen. Er stufte diese Geschäfte als Kassa- und nicht als Börsentermingeschäfte im Sinne von §§ 50 ff BörsG ein. Darüber hinaus befaßte sich der Senat in diesem Verfahren nicht mit sogenannten Naked Warrants, die nicht als ursprünglicher Bestandteil einer Optionsanleihe begeben werden. Eine höchstrichterliche Entscheidung zur Rechtsnatur von Naked Warrants im allgemeinen liegt soweit ersichtlich nicht vor. Das Urteil des XI. Senats trägt deshalb zu keiner endgültigen Klärung der Rechtslage bei, weil sich aus den Urteilsgründen ein ausdrückliches Bekenntnis zu der erstmals vom II. Zivilsenat[806] verworfenen Trennungstheorie nicht entnehmen läßt. Der XI. Senat hatte die Rechtsnatur von Geschäften mit von Optionsanleihen[807] abgetrennten Optionsscheinen zu beurteilenden. Dennoch ist eine Hinwendung des XI. Zivilsenats zur Trennungstheorie unbestreitbar.[808] Dem Senat wird vorgehalten, den selbst entwickelten Grundsatz einer wirtschaftlichen Betrachtungsweise nicht auf die in Frage stehenden Geschäfte mit Aktienoptionsscheinen angewandt zu haben und "praktisch" eine Begründung seines Standpunktes schuldig geblieben zu sein.[809] Von einer gefestigten Rechtsprechung, die sämtliche Optionsscheinenarten erfaßt, insbesondere Naked Warrants, die nicht zusammen mit Optionsanleihen gemäß § 221 Abs. 1 AktG begeben werden, kann somit nicht ausgegangen werden.[810]

1989, 745 aufgehoben wurde; der BGH, WM 1989, 1881, nimmt in dem von ihm hinsichtlich der Entscheidung des OLG Bamberg, a.a.O., abgewiesenen Prozeßkostenhilfeverfahren in der Sache indes keine Stellung.

804 Siehe Häusele, DB 1992, 667, der in seiner Anmerkung zum Urteil des BGH, WM 1991, 982, dessen Standpunkt ausdrücklich ablehnt. A.A. Canaris, EWiR § 52 BörsG 1/91, S. 671, der dem BGH, a.a.O., im Ergebnis zustimmt.

805 WM 1991, 982 = DB 1991, 1767 = NJW 1991, 1956.

806 Vgl. BGHZ 92, 317 = WM 1984, 1598, das Urteil bezog sich auf Primärgeschäfte mit unverbrieften Optionen.

807 Nach Weger, S. 12, sind Wandelschuldverschreibungen wiederum in Wandel- und Optionsanleihen zu unterteilen, aus denen Optionsscheine ihren Ursprung ableiten können.

808 In diesem Sinne Häusele, DB 1992, 667, der von einer Wiederauflage der Trennungstheorie spricht.

809 Kleinschmitt, S. 59.

810 Siehe Schwark, WuB I G 5.-8.91, S. 1253(1256), der in seiner Urteilsanmerkung zu BGH WM 1991, 982, ausdrücklich darauf hinweist, daß

Bereits vor der Entscheidung des XI. Zivilsenats wurde von Teilen der Lehre die Übertragung der vom Bundesgerichtshof auf Primär- und Sekundärgeschäfte mit unverbrieften Optionen angewandte Einheitstheorie auf Geschäfte mit Optionsscheinen abgelehnt. Neben der Tatsache, daß sich Optionen von Optionsscheinen durch deren Verbriefung unterscheiden, wird darauf abgestellt, daß bei Sekundärgeschäften mit Optionsscheinen Verkäufer (Kreditinstitut) und Stillhalter (Emittent) nicht wie bei Optionsgeschäften zwingend identisch seien, sondern auseinanderfallen würden.[811] Ausgangspunkt für diese Annahme ist die Überlegung, Optionsscheine würden im Gegensatz zu den börsenmäßigen Optionen nahezu ausnahmslos von dem Emittenten zunächst an ein Konsortium[812] von Kreditinstituten übertragen (Primärgeschäft). Das Kreditinstitut übernehme die Plazierung im Publikum (Sekundärgeschäft). Da im Rahmen der Zweitgeschäfte nicht dieselben Parteien wie im Erst- oder im Drittgeschäft beteiligt sind, sei es "rechtslogisch" ausgeschlossen, von einem einheitlichen Rechtsgeschäft auszugehen und die Einheitstheorie auf Optionsscheingeschäfte anzuwenden.[813]

Die Schlußfolgerung basiert auf der Annahme, daß es sich bei einem Börsentermingeschäft zwingend um ein Zweipersonenverhältnis handeln müsse.[814] Die Annahme eines notwendigen Zweipersonenverhältnisses lehnt sich zwar an Festgeschäfte und Differenzgeschäfte an. Beide Geschäftsarten werden von zweiseitigen Rechtsverhältnissen, wie z.B. Kauf-, Tausch-, Kommissions- und Auftragsverhältnissen, geprägt. Diese Zweiseitigkeit ist jedoch für die in Frage stehenden Differenzgeschäfte nicht zwingend.[815]

---

sich die Entscheidung des BGH nur auf den mit einer Anleihe in Verbindung stehenden Optionsscheinhandel bezieht.

811 Vgl. Canaris, WM 1988, Sonderbeilage Nr. 10, S. 7, 13, 16; ders., EWiR § 52 BörsG 1/91, S. 671(672); Kümpel, WuB I G 5.-7.89, S. 852(853); Maier-Reimer, WuB I G 5.-8.89, S. 857(858); ders., AG 1988, 317(318 f); ders., WuB I G 5.-13.88, S. 1345(1347).

812 In diesem Sinne Holzheimer, WM 1986, 1169 f.

813 Siehe nur Canaris, WM 1988, Sonderbeilage Nr. 10, S. 7.

814 Maier-Reimer, WuB I G 5.-13.88, S. 1345(1347); ders. WM 1988, 317(318); Kümpel, WuB I G 5.-7.89, S. 852(853); BGHZ 92, 317(320) = WM 1984, 1598(1599).

815 Schwark, WM 1988, 921(926); im Ergebnis ebenso Häusele, DB 1992, 667(668).

Daneben wird das angeführte Argument, die Einheitstheorie sei auf Geschäfte mit Optionsscheinen nicht übertragbar, weil die Identität zwischen Veräußerer und Stillhalter nicht gegeben sei[816], bereits aus tatsächlicher Sicht widerlegt. Die Vertreter dieser These gehen davon aus, daß der Primärerwerb von Optionsscheinen in der Regel zwischen dem Stillhalter und einem Konsortium von Kreditinstituten, das die Optionsscheine anschließend an die Anleger veräußert, erfolgen würde.[817] In den letzten Jahren hat sich jedoch das Emissionsgeschäft grundlegend verändert. Die Emission von Optionsanleihen gemäß § 221 Abs. 1 AktG und die Zahl der hiervon abgetrennten, selbständig handelbaren Optionsscheine ist rückläufig. Deutlich zugenommen hat indes die Emissionstätigkeit bezüglich Naked Warrants, die unabhängig von Optionsanleihen emittiert werden.[818] Vom Bundesverband der Banken wird deshalb zu Recht angenommen, daß der Marktanteil von Naked Warrants den Anteil von Aktienoptionsscheinen, die von einer Aktiengesellschaft zur Kapitalbeschaffung gemäß § 221 Abs. 1 AktG begeben wurden, erheblich übersteigt.[819] Gemessen an der Anzahl der Emissionen war im September 1993 für die mittels einer Optionsanleihe emittierten Aktienoptionsscheine nur noch einen Marktanteil von 5 % gegenüber 28 % zum Jahresbeginn 1990 zu verzeichnen.[820]

Das traditionelle Geschäft mit Optionsanleihen nebst separierbaren Optionsrechten gemäß § 221 Abs. 1 AktG verliert mit seiner Finanzierungsfunktion zunehmend an Bedeutung.[821] Es werden verstärkt Naked Warrants auf

---

816 Vgl. nur Canaris, WM 1988, Sonderbeilage Nr. 10, S. 6 f; Kümpel, WM 1991, Sonderbeilage Nr. 1, S. 7.

817 Vgl. Canaris, WM 1988, Sonderbeilage Nr. 10, S. 7; Maier-Reimer, AG 1988, 317(319).

818 Vgl. Ziemer, Die Bank 1990, 507(513), der bereits 1990 die wachsende Bedeutung der Covered Warrants, als Unterfall der Naked Warrants, herausstellte. Covered Warrants machten 1990 einen Anteil von 43 % sämtlicher Aktienoptionsscheine aus. Vgl. hierzu II.A.1.b)(6)(b((i), demnach hat sich der Trend seitdem fortgesetzt.

819 Der Bankenverband informiert, Teil III, Recht, Wertpapier und Börse, Nr. 12, Juli 1991, S. 283(284).

820 Kollar, Börsen-Zeitung vom 18.09.1993, S. 21.

821 Vgl. Potthoff, WM 1993, 1319, m.w.N; Gerhardt, Börsen-Zeitung vom 18.09.1993, S. 28; Voigt, Börsen-Zeitung vom 18.09.1993, S. 17; Jung,

unterschiedliche Basiswerte wie Aktien, Zinsentwicklungen, Indizes und Devisen emittiert. Dem Trend folgend, treten Kreditinstitute nach wie vor als Vermittler für die von institutionellen Anlegern begebenen Covered Warrants auf.[822] Diese Optionsscheine berechtigen zum Bezug von Aktien, die sich im Deckungsbestand der Emittenten befinden. Daneben begeben Kreditinstitute die den überwiegenden Anteil der Optionsscheine ausmachenden Naked Warrants selbst.[823] Für die Plazierung von Warrant-Emissionen werden in der Regel keine Konsortien gebildet, sondern der Emittent tritt als "Sole-Manager" auf.[824] Bei diesen Primärgeschäften fungieren Kreditinstitute gegenüber dem Anleger demnach gleichzeitig als Verkäufer und Stillhalter. Beide Funktionen fallen, wie bei Primärgeschäften mit Optionen, nicht auseinander. Gleiches gilt für die von Kreditinstituten emittierten Covered Warrants, soweit die Optionsrechte dieser Optionsscheine sich auf Aktien aus dem Deckungsbestand des emittierenden Kreditinstituts beziehen.

Folglich wird die Nichtanwendung der Einheitstheorie auf Geschäfte mit Optionsscheinen auf eine unzutreffende tatsächliche Annahme gestützt. Aufgrund dessen vergleichen die Vertreter dieser ablehnenden Auffassung, ohne es zu realisieren, die Emission von unverbrieften Optionen (Primärgeschäft) mit der Weiterveräußerung von Optionsscheinen nach deren vorheriger Emission an ein Konsortium aus Kreditinstituten, folglich mit dem Sekundärgeschäft. Es werden demnach zwei verschiedene Marktsegmente verglichen.[825] Mit dem verfehlten Untersuchungsansatz ist allerdings die Ablehnung der Anwendbarkeit der Einheitstheorie auf Optionsscheingeschäfte nicht zu begründen.

Zu Recht weist Schwark darauf hin, daß "die dreiseitige Vertragsstruktur des Handels mit von Wandelschuldverschreibungen getrennten Optionsscheinen im Sinne des § 221 Abs. 1 AktG bei einer Gesamtbetrachtung außer Betracht zu

---

Börsen-Zeitung vom 18.09.1993, S. 23; Zwirner, Börsen-Zeitung vom 19.2.1994, S. 17; Riedl, Das Wertpapier vom 18.2.1994, S. 14.

822 Ziemer, Die Bank 1990, 507(512); Schwark, WuB I G 5.-13.89, S. 1168(1169).

823 Siehe Jung, Börsen-Zeitung vom 18.09.1993, S. 23, der davon ausgeht, daß Kreditinstitute Optionsscheine meist eigenständig und ohne Optionsanleihe emittieren.

824 Wertschulte, Handelsblatt vom 23.09.1993, Beilage, S. B 2.

825 In diesem Sinne Häuser, WuB I G 5.-14.89, S. 1538(1538).

lassen" sei.[826] Schließlich besteht auch beim Sekundärhandel mit Optionen Personenverschiedenheit zwischen Veräußerer und Stillhalter.[827] Demnach spricht der im Ansatz verfehlte Vergleich zwischen Primärgeschäften mit Optionen und Sekundärgeschäften mit Optionsscheinen und die für Börsentermingeschäfte nicht vertretbare Voraussetzung eines Zwei-Personen-Verhältnisses dagegen, diese Geschäfte unterschiedlich zu behandeln. Im Ergebnis kommt dem Auseinanderfallen von (Zweit-)Verkäufer (Kreditinstitut) und Stillhalter (Erstverkäufer/Emittent) bei der Emission von Optionsscheinen keine konstitutive Bedeutung für die Übertragbarkeit der Einheitstheorie auf Optionsscheingeschäfte zu.[828] Ausgehend von einer wirtschaftlichen Betrachtungsweise bei Sekundärgeschäften mit Optionsscheinen ist trotz des möglichen Auseinanderfallens von Rechtsverkäufer und Optionsverpflichteten die Einheitstheorie wie bei Geschäften mit unverbrieften Optionen anzuwenden.[829]

Nachdem die einer Anwendung der Einheitstheorie auf Geschäfte mit Optionsscheinen entgegenstehenden Auffassungen nicht überzeugen konnten, soll zunächst die Anwendung dieser Theorie auf das Primärgeschäft mit Optionsscheinen untersucht werden.

Beim Primärerwerb von Optionsscheinen[830] wird, wie bei Primärgeschäften mit Optionen, bereits das Optionsrecht begründet. Beiden Geschäftsarten ist gemein, daß gegenseitige Rechte und Pflichten mit auf beiden Seiten hinausgeschobener Erfüllung begründet werden.[831] Allein aus der Tatsache, daß die Rechtsposition bei Optionsscheinen im Gegensatz zu Optionen in einem Wertpapier verbrieft ist, läßt sich keine unterschiedliche rechtliche Einstufung beider Geschäftsarten begründen. Dieser Ansatz spricht für eine Anwendung der Einheitstheorie auf Primärgeschäfte mit Optionsscheinen.

---

826 Schwark, WuB I G 5.-13.89, S. 1168(1169); ders., EWIR § 50 BörsG 4/89, S. 679(680); ders., WM 1988, 921(926); Häusele, DB 1992, 667(668); Horn, ZIP 1990, 2(12).

827 Jäger, S. 235 m.w.N.; ebenso Schwark, WuB I G 5.-8.91, S. 1253(1256), der darauf hinweist, daß auch beim Optionsgeschäft die Parteien wechseln können.

828 In diesem Sinne Tilp, DB 1989, 2365(2367).

829 Rössner/Lachmaier, BB 1989, 1990(1992); Häusele, DB 1992, 667(668).

830 Siehe III.C.2. und 3.

831 André, S. 95; Maier-Reimer, AG 1988, 317(321).

Innerhalb der Lehre wird der Versuch, das Sekundärgeschäft mit Optionsscheinen durch Gegenüberstellung der Sekundärgeschäfte mit Optionen zu untersuchen, nicht unternommen. Maier-Reimer[832] nimmt einen solchen Vergleich aus tatsächlichen Gründen erst gar nicht in seine Überlegungen über die Qualifikation des Optionsscheinhandels auf. Denn beim börsenmäßigen Optionsgeschäft lägen in aller Regel nur Erstgeschäfte zwischen Bank und Kunden vor. Canaris[833] geht in diesem Zusammenhang etwas weiter. Er reflektiert zwar über die Möglichkeit eines Sekundärhandels mit Optionen, sieht hierin jedoch weder einen Regelfall noch einen sehr häufigen Fall. Er glaubt deshalb, daß eine Auseinandersetzung mit der Rechtsnatur des Sekundärhandels mit Optionen innerhalb der Untersuchung der Verbindlichkeit von Optionsscheingeschäften keiner Vertiefung bedürfe.[834]

Allerdings weist Tilp darauf hin, daß seit 1.4.1983 der Sekundärhandel mit laufenden Optionen funktioniert.[835] Somit kann die Annahme von Maier-Reimer und Canaris, ein solcher Handel sei praktisch nicht existent, nicht aufrecht erhalten werden. Des weiteren wird die These durch mehrere Entscheidungen der Untergerichte[836] und durch die erste höchstrichterliche Entscheidung des Bundesgerichtshofes[837] mittelbar widerlegt. Diese Gerichte hatten über die Börsentermineigenschaft von Veräußerungsgeschäften laufender unverbriefter Aktienoptionen zu entscheiden.

Bei Sekundärgeschäften mit Optionsscheinen wird zwischen dem Ersterwerber bzw. dem jetzigen Zweitverkäufer und dem Zweiterwerber ein Rechtskauf gemäß § 433 Abs. 1 Satz 2 BGB vereinbart (erste Phase).[838] Hierdurch wird der Zweitverkäufer zur Übertragung des Optionsrechts und der Zweiterwerber

---

832 Vgl. Maier-Reimer, AG 1988, 317(318).
833 Siehe Canaris, WM 1988, Sonderbeilage Nr. 10, S. 14.
834 Canaris, a.a.O.
835 Tilp, DB 1989, 2365(2366), der insoweit statistische Erhebungen anführt.
836 Vgl. OLG Düsseldorf, WM 1988, 1404; LG Mönchengladbach, WM 1987, 681.
837 Vgl. BGH, NJW 1992, 1630.
838 Siehe nur Rössner/Weber, BB 1979, 1049(1051), die im Zusammenhang mit Warenterminoptionen darauf hinweisen, daß allein deren Verbriefung diese noch nicht zu einem Wertpapier im engeren Sinne mache, so daß deren Übertragung auf Grund eines Rechtskaufes erfolge.

zur Leistung des Kaufpreises verpflichtet.[839] Die Parteien sehen als Gegenstand dieser Vertragsbeziehung vornehmlich die während der Laufzeit des Optionsscheins zu beziehenden Basisobjekte bzw. den vorzunehmenden Differenzausgleich in Geld (zweite Phase). Dabei kommt es dem Zweiterwerber nicht darauf an, ob er von seinem Vertragspartner ein Optionsrecht aus einem bereits begebenen Optionsschein übertragen bekommt oder ein solches Recht aufgrund der originären Übertragung eines Optionsscheins erhält. Für ihn ist es ohne Bedeutung, ob ein Dritter oder sein Kontrahent Stillhalter ist.

Folglich ist der bei Sekundärgeschäften mit Optionsscheinen abgeleitete Erwerb der Optionsrechte durch den Zweiterwerber mit dem originären Erwerb eines solchen Rechts durch den Ersterwerber (Primärgeschäft) gleichzusetzen. Das Auseinanderfallen von Zweitverkäufer und Stillhalter beim Sekundärgeschäft ist unbeachtlich. Von einer wirtschaftlichen Betrachtungsweise ausgehend ist die Einheitstheorie demnach auf den Sekundärhandel mit Optionsscheinen anzuwenden. Die zwei Phasen des Sekundärhandels bilden folglich ein einheitliches Rechtsgeschäft. Daraus folgt, daß die zwei Phasen des Primärgeschäfts mit Optionsscheinen - die Begründung des Optionsvertrages (erste Phase) und die des Hauptvertrages (zweite Phase) - ein einheitliches Rechtsgeschäft bilden.

Mithin ist die auf Primär- und Sekundärhandel mit unverbrieften Optionen angewandte Einheitstheorie gleichfalls auf Primär- und Sekundärgeschäfte mit Optionsscheinen anzuwenden.[840]

4. ZWISCHENERGEBNIS

Zunächst wurde die Anwendbarkeit der sogenannten Einheitstheorie auf Primär- und Sekundärgeschäfte mit unverbrieften Optionen festgestellt. Die Einheitstheorie setzt eine wirtschaftliche Betrachtungsweise voraus, so daß innerhalb des Primär- bzw. des Sekundärgeschäfts die Begründung des Optionsvertrages (erste Phase) und des Hauptvertrages (zweite Phase) ein einheitliches Rechtsgeschäft darstellt. Geschäfte mit derivativen Finanz-

839 Siehe zum Rechtskauf, MüKo-Westermann, § 433 Rn. 7 f.
840 Ebenso Jäger, S. 170, 237; Kleinschmitt, S. 59.

instrumenten in Form von Optionsscheinen werden gleichfalls mehrstufig, jeweils in zwei Phasen, abgewickelt.

Aufgrund der gleichartigen Strukturen des Primär- bzw. Sekundärhandels mit Optionen und Optionsscheinen, ist die Einheitstheorie ebenfalls auf Geschäfte mit Optionsscheinen anwendbar. Hieraus folgt, daß die beiden Phasen der Primär- bzw. Sekundärgeschäfte mit Optionsscheinen jeweils einheitliche Rechtsgeschäfte sind.

Im weiteren Verlauf der Arbeit soll, unter Berücksichtigung der aufgezeigten rechtlichen Strukturen, die Börsentermineigenschaft der Geschäfte mit derivativen Finanzinstrumenten in Form von Optionsscheinen untersucht werden. Hierfür sind die bereits offengelegten Merkmale des Typus Börsentermingeschäft heranzuziehen.

C. Primärerwerb derivativer Finanzinstrumente in Form von Optionsscheinen - ein Börsentermingeschäft?

Die vielfältigen Ausgestaltungen der an den deutschen Wertpapierbörsen zum Handel zugelassenen Optionsscheine lassen eine globale Untersuchung deren Primärgeschäfte nicht zu. Es soll daher auf die eingangs der Arbeit vorgenommene Kategorisierung der Optionsscheine zurückgegriffen werden. Derivative Finanzinstrumente lassen sich in zwei Hauptgruppen, in Derivate als Kombination der Merkmale verschiedener Finanzinstrumente und in Derivate als Variation der Merkmale nur eines Finanzinstruments, einteilen.[841] Daneben können die zu diesen beiden Hauptgruppen zählenden Optionsscheine nach ihrer rechtlichen Grundlage unterschieden werden. Traditionell werden Optionsscheine zusammen mit Optionsanleihen[842] gemäß § 221 Abs. 1 AktG begeben.[843] Die heute überwiegend emittierten Optionsscheine sind nicht ursprünglicher Bestandteil einer Schuldverschreibung im Sinne von § 221 Abs.

841 Siehe II.A.1.a) und II.A.1.b).

842 Vgl. II.A.1.a.(1).

843 In seltenen Fällen werden Optionsgenußscheine begeben, von denen selbständig handelbare Optionsscheine abgetrennt werden können.

1 AktG.[844] Das Optionsrecht wird in diesen Fällen als isolierte Inhaberschuldverschreibung gemäß §§ 793 ff BGB begeben. Deshalb werden diese Wertpapiere als Naked Warrants[845] bezeichnet.

Die rechtliche Zweiteilung in Optionsscheine gemäß § 221 Abs. 1 AktG und in sogenannte Naked Warrants[846] ermöglicht eine Abgrenzungsmöglichkeit der unzähligen Optionsscheinvarianten. Die Unterteilung bietet demnach den Rahmen für eine Untersuchung von Optionsscheinen und ihrer Zuordnung zum Typus Börsentermingeschäft.[847] Daneben sind die vier Merkmale des Typus Börsentermingeschäft[848] heranzuziehen. Für das Gesamtverständnis der Rechtslage ist es notwendig, die Standpunkte von Rechtsprechung und überwiegender Lehre zur Börsentermineigenschaft der Geschäfte mit Optionsscheinen kritisch zu würdigen.

1. Stand der Rechtsprechung und Lehre zur Börsentermineigenschaft der Geschäfte mit Optionsscheinen

Geschäfte mit abgetrennten Aktienoptionsscheinen waren bereits mehrfach Gegenstand der Urteilsfindung seitens der Gerichte. In der Vergangenheit bestand jedoch innerhalb der Rechtsprechung nicht immer eine einheitliche

---

844 Dazu II.A.1.b)(6)(a).

845 Vgl. II.A.1.b.(6)(b).

846 Mit den gemäß § 221 Absatz 1 AktG emittierten Optionsscheinen sind ebenso solche Covered Warrants als Unterfall der Naked Warrants gleichzusetzen, die zwar nicht ursprünglicher Bestandteil einer Optionsanleihe sind, aber deren Optionsrechte den Bezug von Aktien, die von der die Covered Warrants emittierenden Gesellschaft noch zu begeben sind, vorsehen. Unter dieser Prämisse wird im Fortgang der Arbeit zwischen Aktienoptionsscheinen gemäß § 221 Absatz 1 AktG, einschließlich der vorgenannten Covered Warrants, und den Naked Warrants, die nicht gemäß § 221 Absatz 1 AktG begeben werden, unterschieden.

847 Siehe Rössner/Lachmaier, BB 1989, 1990(1993), die im Bestreben einer "differenzierten Betrachtungsweise" in bezug auf die Rechtsqualität von Optionsscheinkäufen, eine vergleichbare Zweiteilung der verschiedenen Optionsscheine wählen.

848 Vgl. III.A.5.c).

Meinung bezüglich deren Einstufung als Börsentermingeschäft im Sinne der §§ 50 ff BörsG. Vor allem zwei Entscheidungen der Untergerichte fanden besondere Beachtung: Das LG Hamburg[849] und das LG Würzburg[850] stuften erstmals Geschäfte mit von Wandelschuldverschreibungen abgetrennten Optionsscheinen als Börsentermingeschäfte ein. Deren Emission wird vom Anwendungsbereich des § 221 Abs. 1 AktG erfaßt. Das Urteil des LG Würzburg wurde sodann in der Berufung durch das OLG Bamberg[851] aufgehoben, das die zu beurteilenden Geschäfte mit Aktienoptionsscheinen den Kassageschäften zuordnete. Im Revisionsverfahren bestätigte der Bundesgerichtshof[852] das Urteil des OLG Bamberg mittelbar, indem er den Antrag des Klägers auf Prozeßkostenhilfe mangels hinreichender Aussicht auf Erfolg der beabsichtigten Rechtsverfolgung abwies. In der Sache nahm der Bundesgerichtshof jedoch nicht ausdrücklich Stellung. Darüber hinaus stufen ebenso die überwiegenden Untergerichte[853] und der Bundesgerichtshof[854] in

---

849 ZIP 1989, 230 = WM 1989, 568 = WuB I G 5.-11.89, S. 1161 = EWiR § 50 BörsG 2/89, S. 257; ablehnend Werner/Machunsky, Bankenhaftung, S. 81.

850 WM 1988, 1409 = WuB I G 5.-13.88, S. 1345; ablehnend Maier-Reimer, WuB I G 5.-13.88, S. 1345-1347; Hartung, BB 1989, 2411(2414 f); Schumann, S. 33, Fn. 98; ebenso Stützle, EWiR § 812 BGB 4/88, S. 985(986); Werner/Machunsky, a.a.O.

851 WM 1989, 745 = WuB I G 5.-7.89, S. 851; zustimmend Kümpel, WuB I G 5.-7.89, S. 852; ebenso Möller, EWiR § 50 BörsG 3/89, S. 677(678).

852 WM 1989, 1881; zustimmend Eicke, Börsen-Zeitung vom 20.2.1991, S. 5.

853 Vgl. OLG Schleswig, WM 1993, 503(504), das jedoch keine eigene Begründung liefert, die für eine Einordnung von Geschäften mit Aktienoptionsscheinen als Kassageschäfte herangezogen werden könnte, sondern allein auf OLG Bamberg, WM 1989, 745 und BGH, WM 1989, 1881 verweist; zustimmend Vortmann, WuB I G 5.-5.93, S. 690; OLG Frankfurt am Main, WM 1990, 1452; OLG Stuttgart, WM 1990, 627 und 628; LG München I, WM 1989, 1505; LG Stuttgart, WM 1989, 984 sowie 990 und 993; LG Frankfurt am Main, WM 1989, 750 und 909.

854 WM 1991, 982 = DB 1991, 1767; zustimmend LG Marburg, WM 1993, 640 und Schwark, WuB I G 5.-8.91, S. 1255 f. Der BGH, WM 1988, 144(146), hatte zuvor offen gelassen, ob Geschäfte mit "Fluor Corporation Warrants" Börsentermingeschäfte sind, denn allein die Annahme des Berufungsgerichts, daß es sich um spekulative Papiere handele, reiche hierfür nicht aus. Siehe auch BGH WM 1989, 1881.

einer Entscheidung aus dem Jahre 1991 Geschäfte mit abgetrennten Aktienoptionsscheinen aus Wandelschuldverschreibungen, somit Sekundärgeschäfte, als Kassageschäfte ein.

Innerhalb der Lehre werden wie in der Rechtsprechung unterschiedliche Auffassungen[855] zur rechtlichen Einordnung von Geschäften mit abgetrennten Aktienoptionsscheinen aus Wandelschuldverschreibungen gemäß § 221 Abs. 1 AktG vertreten. Insbesondere nach der Entscheidung des Bundesgerichtshofes von 1991[856] lebte innerhalb der Lehre die Diskussion wieder auf.[857]

Die Entscheidung des Bundesgerichtshofes von 1991 befaßte sich ausschließlich mit von Wandelschuldverschreibungen abgetrennten Aktienoptionsscheinen gemäß § 221 Abs. 1 AktG. Deshalb ist nach wie vor unklar, ob Geschäfte mit sogenannten Naked Warrants, die ohne Optionsanleihe gemäß § 221 Abs. 1 AktG begeben werden, als Kassa- oder Börsentermingeschäfte zu behandeln sind.

---

855 Von einer begrifflichen Definition des Börsentermingeschäfts ausgehend, wird das Aktienoptionsscheingeschäft überwiegend als Kassageschäft einstuft, vgl. nur Baumbach/Duden/Hopt, HGB, vor § 50 BörsG, Anm. 2.A); Maier-Reimer, AG 1988, 317(322), der jedoch hinsichtlich Optionsscheinen, die nicht im Sinne von § 221 AktG emittiert werden, die Möglichkeit der Einstufung als Börsentermingeschäft einräumt; ders., WuB I G 5.13.88, S. 1347; ders., WuB I G 5.-8.89, S. 858; Schwark, WM 1988, 921(927); ders., WuB I G 5.- 13.89, S. 1170; ders., WuB I G 5.-8.91, S. 1255 f; Stützle, EWiR § 812 BGB 4/88, S. 985(986); Kümpel, WuB I G 5.-7.89, S. 852(854); Imo, Rn. 261; Werner/Machunsky, Bankenhaftung, S. 83; a.A. siehe Häusele, DB 1992, 667(669); Kleinschmitt, S. 61; ohne weitere Begründung ebenso Widow, Börsen-Zeitung vom 26.8.1993, S. 4; Schwintowski, ZIP 1988, 1021(1026), der mittels einer differenzierenden Betrachtungsweise zu dem Ergebnis gelangt, daß Geschäfte mit Optionsscheinen, denen eine Absicherungsfunktion nicht zukommt, dann als Börsentermingeschäfte zu werten sind, wenn die Restlaufzeit der Optionsscheine maximal 9 Monate beträgt; ebenso Hartung, BB 1989, 2411(2417).

856 BGH, WM 1991, 982 = DB 1991, 1767.

857 A.A. Canaris, EWiR § 52 BörsG 1/91, S. 671, der im Juli 1991 die Hoffnung hegte, daß nach dem Urteil des BGH vom 16. April 1991, a.a.O., der "Zustand einer gewissen Unsicherheit ... weitgehend beendet" sei.

Bisher wurden Geschäfte mit japanischen Aktienindex-Optionsscheinen in dem Urteil des LG Marburg[858] vom 11. August 1992 und Geschäfte mit Bond-Warrants in der Entscheidung des OLG Frankfurt am Main[859] vom 10. Dezember 1992 als Kassageschäfte eingestuft. Zuvor hatte bereits das LG Karlsruhe[860] in seinem Urteil vom 24. Oktober 1989 Geschäfte mit Devisenoptionsscheinen als Kassageschäfte gewertet, indem es diese mit Aktienoptionsscheingeschäften gleichsetzte. Die vorgenannten Entscheidungen des LG Marburg und des OLG Frankfurt am Main lösten innerhalb der Lehre Widerspruch aus. Den Gerichten wird entgegengehalten, daß sie keine eigene rechtliche Prüfung vorgenommen und lediglich unter Bezugnahme auf die Entscheidung des Bundesgerichtshofes vom 16. April 1991[861] die in Frage stehenden Geschäfte mit Aktienindex- bzw. Bond-Warrants als Kassageschäfte eingestuft hätten.[862] Der Bundesgerichtshof hatte in seiner Entscheidung ausschließlich Aktienoptionsscheine, die von Wandelschuldverschreibungen im

---

858 LG Marburg, WM 1993, 640. Das Urteil des LG Marburg, a.a.O., ist die erste veröffentlichte Entscheidung seit Novellierung des Börsengesetzes im Jahre 1989 zu der höchstrichterlich ungeklärten Frage, ob Index-Warrants Börsentermingeschäfte darstellen und somit dem Termineinwand unterliegen; zustimmend Peterhoff, WuB I G 4.-5.93, S. 687(688); a.A. Tilp, EWiR § 50 BörsG 2/93, 449(450), der Geschäfte mit Aktienindex-Optionsscheinen als Börsentermingeschäfte einstuft, da der Emittent eines solchen Optionsscheins das volle Risiko der Indexentwicklung trägt und ein Index nicht dem Anwendungsbereich des § 221 AktG unterfällt.

859 OLG Frankfurt am Main, WM 1993, 684(686); im Ergebnis zustimmend Potthoff, WM 1993, 1319(1320).

860 LG Karlsruhe, WM 1990, 497 = WuB I G 5.-4.90, S. 787; zustimmend Pohle, WuB I G 5.-4.90, S. 790.

861 BGH, WM 1991, 982 = DB 1991, 1767.

862 Siehe Aden, Blick durch die Wirtschaft vom 17.5.1993, S. 9. Derselbe Mangel ist dem OLG Oldenburg bzgl. dessen Urteil vom 22.05.1992 (WM 1993, 1879) vorzuhalten, da die dem Verfahren zugrunde liegenden Naked Warrants ausschließlich unter Bezugnahme auf die Rechtsprechung zu Aktienoptionsscheinen im Sinne von § 221 Abs. 1 AktG als Kassageschäfte eingestuft wurden. Darüber hinaus stellt Aden, a.a.O., berechtigterweise die Frage, "ob die Richter eigentlich verstanden haben, was - im eigentlichen Sinn des Wortes - im Wertpapiermarkt heute gespielt wird".

Sinne von § 221 Abs. 1 AktG abgetrennt werden, untersucht und als Kassageschäfte gewertet.[863]

Anders als die überwiegende Rechtsprechung vertreten verschiedene Stimmen innerhalb der Lehre die Auffassung, daß Geschäfte mit Naked Warrants Börsentermingeschäfte sind.[864] Die weitere Meinungsbildung ist nach wie vor unsicher, so daß die Kreditwirtschaft rein vorsorglich Geschäfte mit Optionsscheinen als Börsentermingeschäfte behandelt.[865] Eine Ursache für die

---

863 Vgl. BGH, WM 1991, 982 = DB 1991, 1767.

864 Vgl. Jäger, S. 260; Rössner/Lachmair, BB 1989, 1990(1993); im Ergebnis ebenso Kleinschmitt, S. 54 f; Horn, ZIP 1990, 2(13), der grundsätzlich alle Optionscheingeschäfte als Börsentermingeschäft qualifiziert. Nach Maier-Reimer, AG 1988, 317(322), kann nicht von vornherein ausgeschlossen werden, daß im Einzelfall Geschäfte mit Naked Warrants als Börsentermingeschäfte einzustufen sind. Schwintowski, ZIP 1988, 1021(1024, 1026), ordnet Optionsscheingeschäfte, einschließlich solcher mit Naked Warrants, dann als Börsentermingeschäfte ein, wenn diese Wertpapiere eine (Rest-) Laufzeit von "maximal ca. 9 Monate" haben. Gemäß Aden, Blick durch die Wirtschaft vom 17.5.1993, S. 9, käme die Rechtsprechung zu dem Ergebnis, wenn sie die heute marktgängigen Optionsscheine näher überprüfen würde, daß ihr Erwerb grundsätzlich dem Termineinwand unterliege; jedoch bleibt Aden, a.a.O., einen eigenen dogmatischen Lösungsansatz bezüglich der Frage, welche Optionsscheine als Börsentermingeschäfte einzustufen sind, schuldig. A.A. Schwark, WM 1988, 921(929), der hinsichtlich des gesamten Optionsscheinhandels den Termineinwand ausschließen will, somit diese Geschäfte den Kassageschäften zuordnet; ebenso Kümpel, WM 1991, Sonderbeilage Nr. 1, S. 7. Differenzierend André, der Covered Warrants (S. 116) als Untergruppe der Naked Warrants ebenso wie Zinsoptionsscheine (S. 117) und Währungsoptionsscheine (S. 120) als Kassageschäft einstuft, während er Primärgeschäfte mit Differenz- und Indexoptionsscheinen (S. 124), anders als deren Sekundärgeschäfte (S. 133), den Börsentermingeschäften zuordnet.

865 In diesem Sinne Kümpel, WM 1989, 1485(1490); ders., WM 1991, Sonderbeilage Nr. 1, S. 7; Horn, ZIP 1990, 2(13). Bei der Überarbeitung des Informationsblattes für Börsentermingeschäfte gemäß § 53 Absatz 2 BörsG im Januar 1993 haben die Kreditinstitute wie bisher vorsorglich die Börsentermineigenschaft von Optionsscheingeschäften angenommen. Siehe das vom Bundesverband der Banken erstellte Informationsblatt,

allgemeine Unsicherheit ist, daß der Begriff "Optionsschein" weder rechtlich noch wirtschaftlich eindeutig besetzt ist[866]. Dadurch wird die rechtliche Einordnung derivativer Finanzinstrumente, die in Form von Optionsscheinen konstruiert werden, zusätzlich erschwert. Die unterschiedlichen Positionen zur Rechtsnatur von Geschäften mit Optionsscheinen haben auch in jüngster Zeit nicht an Überzeugungskraft gewonnen oder gar zu einer einheitlichen Meinung geführt. Dazu trägt unter anderem bei, daß von Rechtsprechung und Teilen der Lehre an der Vorstellung festgehalten wird, es gäbe eine begriffliche Definition des Börsentermingeschäfts.

In der weiteren Untersuchung wird zunächst die Rechtsnatur der Primärgeschäfte mit von Optionsanleihen gemäß § 221 Abs. 1 AktG abgetrennten Optionsscheinen untersucht, ausgehend von den vier charakteristischen Merkmalen des Typus Börsentermingeschäft.

2. Börsentermineigenschaft von Primärgeschäften mit Optionsscheinen, die gemäß § 221 Abs. 1 AktG begeben wurden

Ob Primärgeschäfte mit von Optionsanleihen gemäß § 221 Abs. 1 AktG[867] abgetrennten Optionsscheinen dem Typus Börsentermingeschäft zuzuordnen sind, ist mittels einer wertenden Gesamtbetrachtung anhand der Ähnlichkeit mit den typischen Merkmalen des Börsentermingeschäfts[868] zu ermitteln, ohne daß diese Merkmale vollständig vorliegen müßten[869].

Der ursprünglich mit einer Optionsanleihe gemäß § 221 Abs. 1 AktG verbundene Optionsschein verbrieft ein Optionsrecht auf Aktien, das beim

---

abgedruckt in: Der Bankenverband informiert, Teil III: Recht, Wertpapier und Börse, Nr. 2, Januar 1993, S. 57(60).

866 Aden, Blick durch die Wirtschaft vom 17.5.1993, S. 9.

867 Siehe II.A.1.b)(6)(a). Soweit Covered Warrants Optionsrechte auf noch zu begebende Aktien der Gesellschaft verbriefen, die diese Covered Warrants selbst emittiert hat, sind solche Warrants mit den gemäß § 221 Abs. 1 AktG begebenen Aktienoptionsscheinen gleichzusetzen, so daß die unter III.C.2. gewonnenen Untersuchungsergebnisse ebenso für solche Optionsscheine gelten.

868 Zu den Merkmalen des Typus Börsentermingeschäft, III.A.5.c).

869 Dazu III.A.5.c).

Verkauf auf den Erwerber übergeht. Bei dieser Art von Geschäften erwirbt in der Regel zunächst ein Bankenkonsortium[870] die vom Emittenten begebenen Optionsanleihen einschließlich der Optionsscheine, um diese dann an den Anleger weiterzuveräußern. In diesem Fall sind Stillhalter und Optionsveräußerer nicht identisch und auch der Ausübungsanspruch des Zweiterwerbers (Anlegers) richtet sich nicht gegen den Optionsveräußerer (Ersterwerber/Bankenkonsortium), sondern gegen den Stillhalter (Dritten). Allerdings ist die fehlende Personenidentität von Verkäufer und Stillhalter aufgrund der hier angewandten sogenannten Einheitstheorie für die rechtliche Einordnung von Primär- und Sekundärgeschäften mit Optionsscheinen ohne Bedeutung[871].

Die rechtliche Einordnung von Primärgeschäften mit Optionsscheinen im Sinne von § 221 Abs. 1 AktG betrifft das Verhältnis zwischen Emittent und Bankenkonsortiun bzw. Kreditinstitut. Dem ersten Anschein nach ist die Klärung dieser Rechtsfrage für den privaten Anleger nicht von Interesse. Dennoch könnten die möglicherweise hieraus folgenden Konsequenzen bezüglich der allgemeinen Aufklärungspflichten oder des Termineinwands für den privaten Anleger von erheblicher Tragweite sein. Von der Klärung der Rechtsnatur von Primärgeschäften mit Optionsscheinen könnte zudem die rechtliche Einordnung des Sekundärhandels beeinflußt werden.

a) Hinausgeschobener Erfüllungszeitpunkt der rechtsgeschäftlichen Verbindlichkeiten (Zeitgeschäft)

Der Typus Börsentermingeschäft wird durch einen hinausgeschobenen Erfüllungszeitpunkt der rechtsgeschäftlichen Verbindlichkeiten, somit durch die Eigenschaft als Zeitgeschäft, charakterisiert. Es ist zu prüfen, ob der Primärerwerb von Optionsscheinen, die zusammen mit Optionsanleihen gemäß § 221 Abs. 1 AktG begeben werden, ein Zeitgeschäft ist.

---

870 Holzheimer, WM 1986, 1169 f; Hartung, BB 1989, 2411(2412).
871 Siehe III.B.3.

Für den Erwerb eines mit einer Optionsanleihe gemäß § 221 Abs. 1 AktG verbundenen Aktienoptionsscheins ist eine Prämie zu entrichten.[872] Durch die erstmalige Begebung des Optionsscheins wird im Rahmen des Optionsvertrages für den Erwerber (Bankenkonsortium/Kreditinstitut) das Optionsrecht begründet. Mit Beginn der festgesetzten Optionsfrist können die Optionsscheine von der Anleihe getrennt werden. Daneben sind die Inhaber der Optionsscheine berechtigt, die im Warrant verbrieften Optionsrechte ausüben. Sie erwerben demnach von dem Emittenten, der gleichzeitig Stillhalter ist, eine bestimmte Anzahl von Aktien zu einem vorher festgesetzten Kurs. Dieser zweiphasige Ablauf ist nach der sogenannten Einheitstheorie[873], die eine wirtschftliche Betrachtungsweise bedingt, ein einheitliches Rechtsgeschäft.[874] Bei dem einheitlichen Primärgeschäft wird die Prämie für den Erwerb der Optionsanleihe einschließlich Optionsschein unmittelbar fällig. Andererseits erfolgt die Erfüllung, Abnahme und Lieferung der Aktien unter Zahlung des festgelegten Kurses erst nach Ausübung des Optionsrechts zeitlich verzögert. Die Optionsausübung kann je nach den Optionsbedingungen frühestens nach Beginn der Optionsfrist und sodann bis zu deren Ende oder aber erst am Ende der Laufzeit des Optionsscheines erfolgen.[875]

Mithin erfüllen Primärgeschäfte mit Aktienoptionsscheinen gemäß § 221 Abs. 1 AktG das erste für den Typus Börsentermingeschäft charakteristische Merkmal. Sie weisen einen hinausgeschobenen Erfüllungszeitpunkt der rechtsgeschäftlichen Verbindlichkeiten auf und sind demnach Zeitgeschäfte.[876]

---

872 Siehe II.A.1.a)(1).

873 Dazu III.B.3.

874 Rössner/Lachmair, BB 1989, 1990(1992) und Koller, EWiR § 50 BörsG 2/89, S. 257(258), gehen bei der von ihnen vorgenommenen Subsumtion der Geschäfte mit Aktienoptionsscheinen gemäß § 221 Absatz 1 AktG unter den Typus Börsentermingeschäft gleichfalls von einem einheitlichen Rechtsgeschäft aus.

875 Siehe zu den verschiedenen Ausgestaltungsmöglichkeiten von Optionsscheinen, entweder als "europäische -" oder "amerikanische Option", unter II.A.1.b)(6), a.E.

876 Ebenso André, S. 95; a.A. zu Unrecht Canaris, WM 1988, Sonderbeilage Nr. 10, S. 6 f, und Kümpel, WM 1991, Sonderbeilage Nr. 1, S. 7, die beide gleichermaßen von dem für den Typus Börsentermingeschäft typischen Merkmal "Zeitgeschäft" ausgehen. Sie müssen dieses Merkmal jedoch zwangsläufig im Ergebnis verneinen, da sie hinsichtlich des Aktien-

b) Anreiz zur Spekulation aufgrund der sog. Hebelwirkung ("Leverage-Effekt")

Für den Typus Börsentermingeschäft ist weiterhin charakteristisch, daß von diesen Geschäften ein Anreiz zur Spekulation aufgrund der sogenannten Hebelwirkung ausgeht.

Bei Optionsscheinen gemäß § 221 Abs. 1 AktG besteht eine Hebelwirkung, die unter anderem durch den geringen Kapitaleinsatz im Vergleich zur optierten Aktie bedingt ist. Die Höhe des Hebels hängt von dem Verhältnis Aktien- zum Optiensscheinkurs, unter Berücksichtigung des festgelegten Bezugspreises für den Optionsschein, ab. Auf Grund dieser Bezugsgrößen wird die Kursänderung des Optionsscheins in der Regel bei eintretenden Aktienkursänderung um so stärker ausfallen.[877] Für den Anleger besteht somit die Möglichkeit, durch den Einsatz nur eines Bruchteils des Wertes der optierten Aktien, während der Optionsfrist überproportional an auftretenden Preisveränderungen teilzuhaben.

Primärgeschäfte mit Aktienoptionsscheinen gemäß § 221 Abs. 1 AktG weisen folglich die für den Typus Börsentermingeschäft charakteristische Hebelwirkung ("Leverage-Effekt") auf.[878]

c) Risiko, zusätzliche Geldmittel zur Erfüllung der eingegangenen Verbindlichkeiten entgegen der ursprünglichen Intention aufbringen zu müssen

Für Börsentermingeschäfte ist ein weiteres typisches Merkmal, daß der Anleger dem Risiko ausgesetzt ist, entgegen seiner ursprünglichen Intention zusätzliche

---

optionsscheingeschäfts der hier abgelehnten (vgl. III.B.3.) sog. Trennungstheorie folgen und deshalb solche Geschäfte als Kassageschäft einstufen. Im Rahmen der Begründung seiner Position unterläuft Canaris, a.a.O., S. 7, die Ungenauigkeit, daß er Primärgeschäfte in unverbrieften Optionen mit Sekundärgeschäften in Optionsscheinen vergleicht.

877 Siehe zur Hebelwirkung bei Optionsscheinen, Weger, S. 59 f.

878 Siehe Kümpel, WM 1991, Sonderbeilage Nr. 1, S. 7, der, ohne es ausdrücklich auszusprechen, bei Geschäften mit Aktienoptionsscheinen gleichfalls eine Hebelwirkung bejaht.

Geldmittel zur Erfüllung der eingegangenen Verbindlichkeiten aufbringen zu müssen.

Beim Kauf von Aktienoptionsscheinen muß der Anleger nur eine entsprechende Prämie zahlen. Es steht in seinem Ermessen, ob er das erworbene Optionsrecht ausübt. Nur dann ist er zur Leistung weiterer Geldmittel verpflichtet, um die durch die Optionsausübung entstandenen Verbindlichkeiten zu erfüllen. Für den Anleger besteht demnach kein Risiko, entgegen seiner anfänglichen Absicht zusätzliche Geldmittel im Rahmen dieser Geschäfte aufbringen zu müssen.

Im Gegensatz dazu muß der Stillhalter bzw. der Verkäufer, wenn er zugleich Stillhalter ist, während der gesamten Optionsfrist damit rechnen, daß der Erwerber bei einem günstigen Kursverlauf das in den Optionsscheinen verbriefte Optionsrecht auf Aktien ausübt. Der Stillhalter hat die für ihn mit der Optionsausübung einhergehende Belieferungspflicht jedoch bereits von Anfang an eingeplant. Die Begebung einer Optionsanleihe gemäß § 221 Abs. 1 AktG, mit der die Aktienoptionsscheine ursprünglich verbunden waren, setzt eine bedingte Kapitalerhöhung im Sinne der §§ 192 ff AktG voraus.[879] Hierfür ist ein zustimmender Beschluß der Hauptversammlung der emittierenden Gesellschaft notwendig. Darüber hinaus geht in der Regel das Interesse des Stillhalters sogar dahin, durch Ausübung der Optionsrechte seitens der Optionsscheininhaber Eigenkapital zu einem vergleichsweise hohen Ausgabekurs zu erhalten.[880] Im Falle der Optionsausübung wird er die optierten Aktien selbst emittieren, so daß er diese nicht zu möglicherweise für ihn ungünstigen Preisen erwerben muß.

Im Rahmen der Primärgeschäfte mit Aktienoptionsscheinen gemäß § 221 Abs. 1 AktG besteht demnach für den Stillhalter und für Anleger kein Risiko, nicht eingeplante zusätzliche Geldmittel aufbringen zu müssen. Demnach ist das für den Typus Börsentermingeschäft charakteristische Merkmal eines Risikos für die Beteiligten, zusätzliche Geldmittel zur Erfüllung der eingegangenen

879 Vgl. Lutter, in: Kölner Kommentar zum AktG, § 221 Rn. 18; Silcher, in: FS-Gessler, S. 185(188).

880 Vgl. Büschgen, unter "Optionsanleihe, S. 520; Ziemer, Die Bank 1990, 507(511), der daneben auf die negativen Auswirkungen von Optionsanleihen bzgl. der den Altaktionären der emittierenden Gesellschaft zustehenden Einzahlungsansprüche (sog. Residualansprüche) hinweist.

Verbindlichkeiten entgegen der ursprünglichen Intention aufbringen zu müssen, bei Primärgeschäften mit Aktienoptionsscheinen gemäß § 221 Abs. 1 AktG nicht gegeben.

d) Risiko eines Totalverlustes der eingesetzten Geldmittel

Für den Typus Börsentermingeschäft ist schließlich kennzeichnend, daß der Anleger dem Risiko ausgesetzt ist, seine eingesetzten Mittel in voller Höhe zu verlieren.

Bei Primärgeschäften mit Aktienoptionsscheinen im Sinne von § 221 Abs. 1 AktG bewirkt der feste Bezugspreis für die optierten Aktien, in Verbindung mit einem im Vergleich zur Aktie niedrigen Optionsscheinkurs, daß der Anleger überproportional von einem Kursanstieg der zugrundeliegenden Aktie profitiert. Jedoch wirken sich Kursrückgänge gleichermaßen in umgekehrter Richtung aus, so daß es zu einem Totalverlust der eingesetzten Mittel kommen kann.[881] Ein Totalverlust tritt ein, wenn der mit dem Optionsschein festgesetzte Bezugspreis "weit aus dem Geld", also weit über dem aktuellen Kurs für die Aktien, liegt. In diesem Fall ist der Optionsschein wertlos. Entgegen dieser Erkenntnis wird vereinzelt vertreten, daß bei Geschäften mit Aktienoptionsscheinen für den Anleger kein völliger Verlust seiner aufgewendeten Mittel drohe, da das Verlustrisiko sich in der Praxis etwa im Bereich des Risikos höherspekulativer Aktien bewege.[882] Dieser These steht entgegen, daß bei nicht rechtzeitiger Ausübung oder Nichtausübung des im Optionsschein verbrieften Optionsrechts grundsätzlich der Verlust der Optionsprämie in voller Höhe droht.[883] Zum Teil tritt ein Totalverlust bereits während der Laufzeit des Optionsscheins ein, wovor in der Fachpresse eindringlich gewarnt wird.[884]

---

881 Vgl. Wulle, WirtschaftsWoche vom 27.11.1992, S. 146; Wendt, Die Welt vom 24.11.1992, S. 16; Claßen, Capital 11/1991, S. 30 ff; Ziemer, Die Bank 1990, S. 507(510); Hartung, BB 1989, 2411(2413).

882 Schwark, WM 1988, 921(927).

883 Weger, S. 182; zustimmend Jäger, S. 226.

884 Vgl. nur o.V., Börse ONLINE vom 13.8.-20.8.1993, S. 61, dort wird vor dem drohenden Totalverlust bei bestimmten "Japan-Warrants", d.h. von Optionsanleihen abgetrennten Optionsscheinen, die nur noch eine kurze Restlaufzeit haben, gewarnt.

Das Bestehen eines solchen Risikos läßt sich anhand des am 15. Dezember 1992 fällig gewordenen Aktienoptionsscheins der Deutsche Bank AG[885] veranschaulichen. Der Optionsschein, der aus einer im August 1987 in Schweizer Franken und D-Mark begebenen Doppelwährungsanleihe stammt[886], besaß einen Bezugspreis von 680,-- DM je Deutsche Bank AG Aktie. Bereits vor Laufzeitende wurde von einschlägigen Zeitschriften darauf hingewiesen, daß dieser Optionsschein hoch spekulativ sei und ein Totalverlust der eingesetzten Mittel drohen würde.[887] Etwa eine Woche vor Laufzeitende wurden die Aktien der Deutsche Bank AG lediglich mit 677,-- DM notiert, so daß unter Berücksichtigung der zu entrichtenden Umtauschgebühren der Aktienkurs am Laufzeitende, dem 15. Dezember 1992, etwa zwischen 690,-- DM bis 700,-- DM hätte liegen müssen, damit für Optionsscheininhaber ein Bezug der Aktien in Betracht gekommen wäre. Deshalb wurde davor gewarnt, daß wenn der Kurs der Deutsche Bank AG Aktien am Laufzeitende unter diesen Werten läge, dies den völligen Verlust der von den Optionsscheininhabern investierten Gelder bedeuten würde.[888] Diese Befürchtung bewahrheitete sich. Die Aktie der Deutsche Bank AG wurde am 15. Dezember 1992 an der Frankfurter Wertpapierbörse lediglich mit 632,-- DM notiert[889], so daß sich die Ausübung des Optionsrechtes aus dem Optionsschein wirtschaftlich verbot. Der somit für die Inhaber des Optionsscheins der Deutsche Bank AG eingetretene Totalverlust erhält eine besondere Bedeutung, da nach Presseberichten von den ursprünglich begebenen 1,7 Millionen Deutsche Bank-Optionsscheinen bis etwa drei Wochen vor deren Laufzeitende am 15. Dezember 1992 "praktisch Null Volumen ausgeübt worden" war.[890]

Das vorstehende Schicksal ereilte ebenso die Inhaber der am 31. Mai 1993 fällig gewordenen Optionsscheine der Sixt AG[891] und die am 22. Juni 1993

---

885 Deutsche Bank AG, Optionsschein (WKN 804 017).

886 O.V., Börsen-Zeitung vom 26.11.1992, S. 3.

887 Börse ONLINE vom 4.12.-11.12.1992, S. 61.

888 Börse ONLINE vom 4.12.-11.12.1992, a.a.O.

889 Vgl. Börsen-Zeitung vom 16.12.1992, Seite 21, unter Deutsche Bank AG Aktie (WKN 804 010).

890 Siehe o.V., Börsen-Zeitung vom 26.11.1992, S. 3.

891 Der Sixt-Optionsschein (WKN 723 142) sah einen Optionspreis von 610,-- DM je Aktie der Sixt AG (WKN 723133) vor, jedoch wurde bei Laufzeit-

ausgelaufenen Optionsscheine der Glunz AG[892], die beide wertlos verfielen. Von der Presse wurden die Anleger bereits im April 1993 davor gewarnt, daß den Inhabern dieser Optionsscheine ein Totalverlust droht.[893]

Die Praxis belegt das theoretische Ergebnis dieser Untersuchung, daß für Anleger bei Primärgeschäften mit von Optionsanleihen im Sinne von § 221 Abs. 1 AktG abgetrennen Aktienoptionsscheinen das für den Typus Börsentermingeschäft charakteristische Risiko eines Totalverlustes der eingesetzten Geldmittel besteht.

e) Gesamtbetrachtung

Primärgeschäfte mit Aktienoptionsscheinen gemäß § 221 Abs. 1 AktG sind Zeitgeschäfte, mit denen eine Hebelwirkung einhergeht und die für den Anleger das Risiko eines Totalverlustes der eingesetzten Mittel in sich bergen. Damit liegen drei von vier der für den Typus Börsentermingeschäft charakteristischen Merkmale vor.

Allerdings weisen Geschäfte mit Aktienoptionsscheinen ein weiteres für den Typus Börsentermingeschäft kennzeichnendes Merkmal nicht auf. Weder für den Stillhalter bzw. Verkäufer noch für den Anleger besteht ein Risiko, zusätzliche Geldmittel zur Erfüllung der eingegangenen Verbindlichkeiten entgegen der ursprünglichen Intention aufbringen zu müssen. Dies ist dadurch bedingt, daß die von Optionsanleihen abgetrennten Optionsscheine ihre Rechtsgrundlage in § 221 Abs. 1 AktG finden.[894] Anders als bei Primärgeschäften mit Naked

---

ende am 31.5.1993 die optierte Sixt-Aktie an der Frankfurter Wertpapierbörse nur mit 370,-- DM notiert. Vgl. Börsen-Zeitung vom 2.6.1993, S. 24, unter Sixt Vz.Ao.St. (WKN 723 133).

892 Der Optionsschein der Glunz AG (WKN 588 729) räumte dem Inhaber das Recht zum Bezug von Aktien der Glunz AG zu einem Optionspreis von jeweils 223,-- DM ein. Am Ende der Laufzeit am 22. Juni 1993 wurde die Glunz-Aktie (WKN 588 720) in Frankfurt nur mit 195,-- DM notiert. Vgl. Börsen-Zeitung vom 23.6.1993, S. 17, unter Glunz St.A (WKN 588 720).

893 Vgl. Neuhofer, Börse ONLINE vom 8.4.-16.4.1993, S. 61; ders., Börse ONLINE vom 14.5.-21.5.1993, S. 61.

894 Dazu II.A.1.a)(1); dies gilt ebenso für einen Teil der Covered Warrants, vgl. II.A.1.b)(6)(b)(i). Eine seltene Ausnahme hiervon bilden Naked

Warrants, deren Basisobjekte der Stillhalter bei Optionsausübung möglicherweise erst zu einem für ihn ungünstigen Kurs erwerben oder am Laufzeitende einen Differenzausgleich in Geld leisten muß, kann der Stillhalter in Aktienoptionsscheinen gemäß § 221 Abs. 1 AktG bei Optionsausübung die optierten Aktien ohne Risiko aus dem genehmigten Kapital selbst emittieren.[895]

Die Emission von Optionsanleihen gemäß § 221 Abs. 1 AktG und die Begebung der mit diesen Anleihen ursprünglich verbundenen Aktienoptionsscheine ist ein gesetzlich anerkanntes Mittel zur Kapitalbeschaffung.[896] Geschäfte mit von Optionsanleihen abgetrennten Aktienoptionsscheinen werden deshalb als rechtlich schutzwürdig eingestuft.[897] Würden diese Geschäfte dem Typus Börsentermingeschäft zugeordnet, könnte der Erwerber den Termineinwand gemäß §§ 52, 55 BörsG erheben, so daß die Wertung des Aktiengesetzes leerlaufen würde.[898] Zugleich ist die historische Entwicklung des § 221 AktG zu berücksichtigen. Der Gesetzgeber bewertete den Erwerb von Aktienoptionsscheinen nicht als Börsentermingeschäft, da er den § 221 AktG[899] im Jahre 1937 einführte, um die kostengünstige Finanzierungsform

---

Warrants, deren Optionsrechte sich auf Aktien der Gesellschaft, die die Warrants emittiert hat, beziehen, denn nach Steiner, WM 1990, 1776(1777), findet sich die Rechtsgrundlage für deren Emission ohne Optionsanleihe in § 221 Absatz 1 AktG. Im übrigen werden Naked Warrants von Kreditinstituten auf bereits im Umlauf befindliche Aktien anderer Aktiengesellschaften oder andersartige Basisinstrumente (z.B. Indizes) begeben (vgl. Büschgen, unter "Optionsscheine, nackte", S. 529), so daß § 221 AktG nicht einschlägig ist.

895 Siehe BGH, NJW 1993, 257(258).

896 In diesem Sinne OLG Bamberg, WM 1989, 745(749); LG Frankfurt am Main, WM 1989, 909(911); Häuser/Welter, § 16 Rn. 147; ebenso Schumann, S. 33, Fn. 98.

897 Canaris, WM 1988, Sonderbeilage Nr. 10, S. 16; Stützle, EWiR § 812 BGB 4/88, S. 985(986).

898 In diesem Sinne Schumann, S. 33, Fn. 98; a.A. Kleinschmitt, S. 58, demzufolge das berechtigte Anliegen der Aktiengesellschaften, sich günstig zu finanzieren, nicht jeden Anlegerschutz verdrängen könne. Da das Risikoprofil von Geschäften mit Aktienoptionsscheinen nicht dem des Typus Börsentermingeschäft entspricht, überzeugt das von Kleinschmitt angeführte Anlegerschutz-Argument nicht.

899 § 174 der damaligen Gesetzesfassung.

der Optionsanleihe anzuerkennen, obwohl der Wertpapierterminhandel bereits seit 1931 untersagt war.[900]

Zudem spricht der mit dem Börsengesetz unter anderem verfolgte Verkehrsschutz, mit dem Rechtssicherheit geschaffen werden soll[901], gegen eine Einordnung der Primärgeschäfte mit Aktienoptionsscheinen gemäß § 221 Abs. 1 AktG als Börsentermingeschäfte. Der Erwerber einer Optionsanleihe erwartet, daß er den der Anleihe beigefügten Aktienoptionsschein als Ausgleich für deren nicht marktgerechte Nominalverzinsung[902] abtrennen und selbständig veräußern kann.[903] Zudem haben Anleiheemittenten, ebenso wie Anleger, sich im Zuge der langen Tradition der Optionsanleihen[904] auf Geschäfte mit Aktienoptionsscheinen eingestellt.[905] Es steht bei diesen Geschäften die Kapitalbeschaffung und nicht die spekulative Absicht im Vordergrund.[906]

Folglich zeigt die wirtschaftliche Gesamtbetrachtung, daß die bei Primärgeschäften mit Aktienoptionsscheinen gemäß § 221 Abs. 1 AktG festgestellten, für den Typus Börsentermingeschäft charakteristischen Merkmale nicht in solcher Stärke vorhanden sind, daß diese Geschäfte als Börsentermingeschäfte eingestuft werden können.[907]

---

900 Schwark, WM 1988, 921(928); a.A. André, S. 105, der im Ergebnis jedoch nicht überzeugt.

901 Siehe III.A.3.

902 Vgl. II.A.1.a)(1).

903 Schwark, WM 1988, 921(928).

904 Siehe II.A.1.a)(1).

905 Schwark, a.a.O.

906 Jäger, S. 241.

907 Vom Typus Börsentermingeschäft ausgehend, im Ergebnis André, S. 110. Ebenso Canaris, WM 1988, Sonderbeilage Nr. 10, S. 15, 19 und Kümpel, WM 1991, Sonderbeilage Nr. 1, S. 7, die beide jedoch Aktienoptionsscheine in ihrer Gesamtheit untersuchen, ohne im Ergebnis zwischen solchen gemäß § 221 Absatz 1 AktG und den Naked Warrants zu unterscheiden. Von einer begrifflichen Definition des Börsentermingeschäfts ausgehend stuft Canaris, EWiR § 52 BörsG 1/91, S. 671(672), Geschäfte mit Aktienoptionsscheinen als Kassageschäfte ein. Vgl. Schwintowski, ZIP 1988, 1021(1026), Rössner/Lachmaier, BB 1989, 1990(1994) und Kleinschmitt, S. 62, die zwischen Aktienoptionsscheinen gemäß § 221 Absatz 1 AktG und sonstigen Optionsscheinen (Naked Warrants)

Aufgrund des Erscheinungsbildes der Primärgeschäfte mit Aktienoptionsscheinen liegen Kassageschäfte vor. Die Regelungen zum Terminhandel im IV. Abschnitt des Börsengesetzes, insbesondere der Termineinwand gemäß §§ 52, 55 BörsG, finden auf diese Geschäfte keine Anwendung.

3. Börsentermineigenschaft von Primärgeschäften mit sonstigen Optionsscheinen (Naked Warrants)

Gegenstand der weiteren Untersuchung sind Optionsscheine, die nicht zusammen mit einer Optionsanleihe gemäß § 221 Abs. 1 AktG emittiert werden. Hierzu zählen die im ersten Teil der Arbeit kategorisierten Naked Warrants, die den Oberbegriff für eine Vielzahl von selbständig begebenen Optionsscheinen, unter anderem für sogenannte Covered Warrants[908] und Capped Warrants, bilden. Innerhalb der Naked Warrants gibt es unterschiedliche Kombinationen und Variationen des underlying asset bzw. der Emissionsbedingungen.[909]

Um die Ausgangsfrage beantworten zu können, sollen die in den unterschiedlichsten Ausgestaltungen festgestellten Naked Warrants anhand ihrer übereinstimmenden Merkmale in Fallgruppen eingeteilt werden. Ein wesentliches Unterscheidungsmerkmal ist, ob Warrants bei Optionsausübung eine effektive Lieferung und Übertragung des Optionsobjektes oder die Zahlung eines Differrenzausgleichs in Geld vorsehen. Hiervon ausgehend lassen sich Naked Warrants in zwei Fallgruppen einteilen:

Die erste Gruppe setzt sich aus Naked Warrants zusammen, die dem Inhaber ein Recht auf effektive Lieferung des Basisobjekts einräumen. Hierzu zählen

---

differenzieren, wobei sie Geschäften mit den ersteren die "volle Wirksamkeit" zuerkennen, somit als Kassageschäfte einstufen.

908 Die Rechtsgrundlage für die Emission von Covered Warrants, die zwar nicht ursprünglicher Bestandteil einer Optionsanleihe sind, aber die Optionsrechte auf noch zu begebende Aktien der Gesellschaft verbriefen, die diese Covered Warrants emittiert [vgl. II.A.1.b)(6)(b)(i)], ist § 221 Absatz 1 AktG. Deshalb wurden diese Covered Warrants bereits in die Untersuchung unter III.C.2. einbezogen und sind nicht Gegenstand der Prüfung in diesem Abschnitt.

909 Siehe II.A.1.b)(6)(b).

Covered Warrants, Basked-Warrants, Step-down-Warrants und Outperformance Warrants, die zum Bezug von Aktien oder anderen Wertpapieren berechtigen. Daneben sind dieser Gruppe Bond-Warrants und "Warrants auf Warrants" zuzurechnen, wenn deren Optionsrechte die effektive Lieferung der optierten Wertpapiere einräumen. Eine effektive Lieferung der Basisobjekte sehen ebenso Refix Warrants und Chooser-Warrants vor. Schließlich werden Currency Warrants, die dem Inhaber das Recht zum Bezug eines Fremdwährungsbetrages einräumen, von der ersten Gruppe umfaßt.[910]

Zur zweiten Fallgruppe zählen alle Naked Warrants, deren Emissionsbedingungen ausschließlich einen Differenzausgleich in Geld vorsehen, sogenannte Differenzoptionsscheine. Hierunter fallen Index-Warrants und Range-Warrants. Die in jüngster Zeit auf ein hohes Anlegerinteresse gestoßenen Optionsscheine auf Goldaktienkörbe oder Goldaktienindizes, sogenannte Gold-Warrants, sind als Index-Optionsscheine ausgestaltet, so daß sie gleichfalls zur zweiten Fallgruppe zählen.[911] Weiterhin zählen zur zweiten Gruppe sogenannte GROI-Emissionen, die dem Inhaber am Ende der Laufzeit einen feststehenden Rückzahlungsbetrag, der mit einem zusätzlichen Differenzausgleich in Geld kombiniert sein kann, garantieren.[912]

Sogenannte Capped Warrants und Barrier-Warrants sind durch ein besonderes Merkmal gekennzeichnet, das jeder Art von Warrant hinzugefügt werden kann. Demnach können sowohl Optionsscheine, die eine effektive Lieferung des Basisobjektes vorsehen (1. Fallgruppe), als auch Optionsscheine, bei denen das Optionsrecht einen Differenzausgleich in Geld ermöglicht (2. Fallgruppe), als Capped Warrant oder Barrier-Warrant konstruiert werden. Einer eigenständigen Prüfung dieser beiden Varianten bedarf es deshalb nicht.

---

910 Siehe zu den einzelnen Optionsschein-Varianten innerhalb der Naked Warrants, mit denen ein Recht auf effektive Lieferung des Basisobjekts verbunden ist, II.A.1.b)(6)(b)(i) bis (iii), (v), (vi), (ix), (xiii) und (xiv).

911 Nach o.V., Wirtschaftswoche vom 23.7.1993, S. 85, hat die Goldman, Sachs & Co Wertpapier GmbH, im Juli 1993 Put- bzw. Call- Optionsscheine auf Gold begeben; gemäß der Verkaufsmitteilung der DB Capital Markets (Deutschland) GmbH, Börsen-Zeitung vom 4.8.1993, S. 7, wurden "US-$/Gold-Optionsscheine" (WKN 551 102 / 551 103) zum Verkauf angeboten.

912 Siehe zu den Naked Warrants, im Sinne von Differenzoptionsscheinen, II.A.1.b)(6)(b)(iv), (viii) und (xii).

Im Fortgang der Arbeit sollen Primärgeschäfte mit den in zwei Fallgruppen aufgeteilten Naked Warrants auf ihre Eigenschaft als Börsentermingeschäft untersucht werden. Hierzu werden die für den Typus Börsentermingeschäft charakteristischen Merkmale herangezogen.

a) Hinausgeschobener Erfüllungszeitpunkt der rechtsgeschäftlichen Verbindlichkeiten (Zeitgeschäft)

Fraglich ist, ob Geschäfte mit Naked Warrants der beiden vorgenannten Fallgruppen einen hinausgeschobenen Erfüllungszeitpunkt hinsichtlich der mit ihnen einhergehenden rechtsgeschäftlichen Verbindlichkeiten aufweisen, so daß Zeitgeschäfte gegeben sind.

Primärgeschäften mit Naked Warrants der beiden Fallgruppen ist, unabhängig davon, ob diese Warrants eine effektive Lieferung der Basiswerte oder die Zahlung eines Differenzausgleichs vorsehen, gemeinsam, daß in einer ersten Phase die Begründung des Optionsrechts (Optionsvertrag) erfolgt. In einer zeitlich späteren Phase nach der Optionsausübung ist die damit einhergehende Pflicht zur effektiven Lieferung der Basisobjekte bzw. zum Barausgleich zu erfüllen. Die beiden Phasen sind nach der sogenannten Einheitstheorie[913], die eine wirtschaftliche Betrachtungsweise voraussetzt, ein einheitliches Rechtsgeschäft. Folglich sind Primärgeschäfte mit Naked Warrants der beiden Fallgruppen Zeitgeschäfte, so daß dieses für den Typus Börsentermingeschäft charakteristische Merkmal gegeben ist.[914]

---

913 Siehe, III.B.3.

914 Diejenigen, die das Börsentermingeschäft dem Typus zuordnen, gelangen bezüglich der Frage, ob Optionsscheingeschäfte Zeitgeschäfte sind, zu unterschiedlichen Ergebnissen. Während André, S. 111 das Merkmal Zeitgeschäft bejaht, lehnen Kümpel, WM 1991, Sonderbeilage Nr. 1, S. 7, und Schwark, WM 1988, Sonderbeilage Nr. 10, S. 6 f, dieses Merkmal mit nicht überzeugenden Gründen ab. Häusele, Der Betrieb 1992, 667(669), der von einer begrifflichen Definition des Börsentermingeschäfts ausgeht, stuft Optionsscheingeschäfte als Zeitgeschäfte ein.

b) Anreiz zur Spekulation aufgrund der sog. Hebelwirkung ("Leverage-Effekt")

Naked Warrants der ersten Fallgruppe, die bei Optionsausübung eine effektive Lieferung der Basisobjekte vorsehen, sind aufgrund ihrer Konstruktion mit Aktienoptionsscheinen gemäß § 221 Abs. 1 AktG[915] vergleichbar. Diese Naked Warrants weisen ebenfalls eine Hebelwirkung auf. Die Hebelwirkung ist dadurch bedingt, daß im Vergleich zum Kurs des optierten Basisobjektes, unter Berücksichtigung des Bezugspreises, der Kapitaleinsatzes geringer ist.[916] Bei Geschäften mit Naked Warrants der ersten Gruppe wirkt sich der sogenannte Leverage-Effekt darin aus, daß bei einer Kursänderung des Basisobjekts die Kursänderung des Naked Warrants überproportional ausfällt.

Die zur ersten Gruppe zählenden Currency Warrants weisen gleichfalls einen Leverage-Effekt auf.[917] Die Hebelwirkung entsteht unter anderem dadurch, daß sich jeder Currency Warrant in der Regel auf eine bestimmte Größeneinheit der optierten Währung, z.B. auf 100 US-$[918], 100 Pfund Sterling[919] oder 100.000 italienische Lira[920], bezieht. Deshalb vollzieht ein Currency Warrant im Verhältnis zum Bezugspreis die Kursbewegung eines viel größeren

---

915 Siehe II.1.b)(6)(a).

916 Auf die Hebelwirkung der Covered Warrants - die zur zweiten Fallgruppe zählen - weist Wulle, WirtschaftsWoche vom 27.11.1992, S. 146, hin. Ebenso Kleeberg, Das Wertpapier vom 3.7.1992, S. 49.

917 Vgl. Solidus, Die Zeit vom 16.10.1992, S. 39; König, S.108-111, demonstriert an Beispielen den "hohen" Hebeleffekt bei Währungsoptionsscheinen.

918 Siehe die Verkaufsmitteilungen der Schweizer Bankverein (Deutschland) AG, FAZ vom 14.5.1992, S. 27; dies., Börsen-Zeitung vom 5.9.1992, S. 7; Berliner Bank AG, Börsen-Zeitung vom 16.9.1992, S. 9; DB Capital Markets (Deutschland) GmbH, Börsen-Zeitung vom 14.1.1993, S. 5; Bayerische Hypotheken- und Wechselbank AG, Börsen-Zeitung vom 14.1.1993, S. 11; Trinkhaus & Burkhardt, Börsen-Zeitung vom 14.1.1993, S.17.

919 Vgl. die Verkaufsmitteilung der Schweizerischer Bankverein (Deutschland) AG, Börsen-Zeitung vom 12.1.1993, Seite 7.

920 Vgl. die Verkaufsmitteilung der Schweizerischer Bankverein (Deutschland) AG, a.a.O.

Währungsbetrages nach, als dies beim Direkterwerb der Währung der Fall wäre.[921]

Bei der zweiten zu untersuchenden Fallgruppe, die aus Differenzoptionsscheinen, insbesondere Index-Warrants und Range Warrants sowie sogenannten GROI-Emissionen besteht, erhält der Optionsscheininhaber - mangels Lieferbarkeit der Basisobjekte - bei einer entsprechenden Kursentwicklung am Laufzeitende einen Differenzausgleich in Geld. Aufgrund dieser Konstellation schlagen sich bereits geringe Marktbewegungen in deutlichen Preisveränderungen nieder. Daran ist die Hebelwirkung erkennbar.[922] In manchen Optionsscheinbedingungen werden zusätzliche Formeln oder Multiplikatoren, die mit dem Indexstand verknüpft werden, aufgenommen, so daß die Hebelwirkung zusätzlich beeinflußt wird.

Die Naked Warrants beider Fallgruppen weisen eine Hebelwirkung auf. Diese macht den Anreiz für Anleger aus, mittels des für den Erwerb der Warrants verhältnismäßig geringen Kapitaleinsatzes die Möglichkeit zu erhalten, überproportionale Gewinne zu erzielen. Demnach ist bei den Naked Warrants der beiden Fallgruppen das für den Typus Börsentermingeschäft charakteristische Merkmal der Hebelwirkung, das den Antrieb zur Spekulation[923] bildet, gegeben.

c) Risiko, zusätzliche Geldmittel zur Erfüllung der eingegangenen Verbindlichkeiten entgegen der ursprünglichen Intention aufbringen zu müssen

Die zur ersten Fallgruppe zählenden Naked Warrants verbriefen Optionsrechte auf gegenständliche Objekte in Form von Aktien, Schuldverschreibungen oder Fremdwährungen. Die Basiswerte sind nach Optionsausübung an den Optionsberechtigten zu liefern. Bei Primärgeschäften mit diesen Warrants ist für den

921 Solidus, Die Zeit vom 16.10.1992, S. 39.

922 Vgl. o.V., BörsenBerater Nr. 1/1993, S. 11. Wulle, WirtschaftsWoche vom 27.11.1992, S. 146(147), der die Hebelwirkung bei Optionsscheinen auf Aktienindizes hervorhebt.

923 Nach Kleinschmitt, S. 54, sind die verschiedenen Varianten der heute verwandten Optionsscheine "offen auf Spekulation ausgerichtet".

Käufer kein Risiko gegeben, daß er entgegen seiner ursprünglichen Intention zusätzliche Geldmittel zur Erfüllung der eingegangenen Verbindlichkeiten aufbringen muß. Der Käufer ist ausschließlich zur Zahlung des vereinbarten Kaufpreises verpflichtet. Es steht in seiner Entscheidungsmacht, ob er das verbriefte Optionsrecht ausübt und deshalb zusätzlich den Optionspreis für die an ihn zu liefernden Basisobjekte zu zahlen hat.

Bei Primärgeschäften mit Naked Warrants der ersten Fallgruppe ist die Situation des Stillhalters der optierten Basisobjekte anders zu bewerten, wenn von einem einheitlichen Rechtsgeschäft ausgegangen wird.[924] Der Stillhalter muß für den Fall der Optionsausübung, somit während der gesamten Optionsfrist ("amerikanische Option"[925]) bzw. an dem für die Optionsausübung festgesetzten Tag ("europäische Option"[926]) zur Lieferung der Basisobjekte in der Lage sein. Der Inhaber eines Warrants wird bei einer für ihn günstigen Kursentwicklung das Optionsrecht auf die optierten Basisobjekte immer ausüben, soweit die Optionsbedingungen eine jederzeitige Optionsausübung während der Optionsfrist zulassen. Sollte die Optionsausübung nur an einem bestimmten Tag sein, wird der Inhaber bei einem für ihn günstigen Kursverlauf in jedem Fall zu diesem Zeitpunkt die optierten Basisobjekte durch Optionsausübung beziehen. In beiden Fällen wäre der Stillhalter, der aus seiner Sicht auf die Nichtausübung der Option hofft und deshalb in der Regel noch nicht über die Basisobjekte verfügt, entgegen seiner Intention gezwungen, die optierten Basiswerte möglicherweise zu ungünstigen Kursen auf dem Markt anzuschaffen.[927] Der Stillhalter muß für den Fall seiner durch Optionsausübung entstandenen Lieferverpflichtung damit rechnen, daß er bedingt durch die Anschaffung der optierten Wertpapiere Verluste erleidet. Diese können ein Vielfaches der erhaltenen Prämie ausmachen und theoretisch sogar unbegrenzt hoch sein.[928] Die Kurse der anzukaufenden Wertpapiere können sich nachteilig entwickeln, wenn durch Hedge- und Spekulationsgeschäfte ein Marktvolumen erreicht wird, das - bei theoretisch fast unbegrenzten Umsatzmöglichkeiten -

---

924 Siehe zur Einheitstheorie, III.B.3.

925 Vgl. zu der Ausstattung von Optionsscheinen als "amerikanische Option", II.A.1.b)(6), a.E.

926 Zu sog. europäischen Optionen, II.A.1.b)(6), a.E.

927 In diesem Sinne Jäger, S. 223.

928 BGH, NJW 1993, 257(258).

weit über die lieferbaren Mengen hinausgeht[929]. Das für den Stillhalter bestehende Verlustrisiko wird zwar durch die für seine Stillhalterposition erhaltene Prämie verringert, darin liegt jedoch kein inhaltlicher, sondern lediglich ein quantitativer Unterschied.[930]

Im Zusammenhang mit dem sogenannten Stillhalterrisiko bei Primärgeschäften mit Naked Warrants ist ein besonderes Phänomen zu beobachten. Manche Stillhalter, die nicht über die mittels der Naked Warrants optierten Wertpapiere verfügen, beabsichtigen, sich diese im Wege sogenannter Wertpapier-Leihgeschäfte[931] von einem Dritten entgeltlich zur Verfügung stellen zu lassen. Trotz der anfallenden Kosten für "Leihgeschäfte", würde ihnen eine positive Marge aus dem Verkauf der Naked Warrants verbleiben. Da jedoch in der Vergangenheit der Absatz von Covered Warrants bisweilen nicht dem erwarteten Umfang realisiert werden konnte, wurde die Wertpapierleihe entgegen der ursprünglichen Intention nicht in Anspruch genommen.[932] Kommt es zur Ausübung der Optionsrechte durch die Optionsscheininhaber, muß der Stillhalter sich am Markt zu einem für ihn eventuell ungünstigen Preis mit Wertpapieren der optierten Gattung eindecken und läuft somit Gefahr, nicht eingeplante Geldmittel aufwenden zu müssen.

Für Stillhalter von Naked Warrants, deren Optionsrechte sich auf lieferbare Wertpapiere wie z.B. Aktien oder Schuldverschreibungen beziehen, besteht demnach grundsätzlich ein Verlustrisiko. Folglich sind die Stillhalter von Naked Warrants der ersten Fallgruppe, die eine effektive Lieferung der Basisobjekte vorsehen, dem Risiko ausgesetzt, entgegen ihrer Intention zusätzliche Geldmittel zur Erfüllung ihrer Verbindlichkeiten aufbringen zu müssen.[933]

---

929 Schwark, in: FS-Steindorff, S. 473(477).

930 Canaris, WM 1988, Sonderbeilage Nr. 10, S. 9.

931 Wertpapier-Leihgeschäfte sind rechtlich Darlehen im Sinne des § 607 BGB. Vgl. Beck, Blick durch die Wirtschaft vom 12.11.1993, S. 3, zum Prinzip der sog. Wertpapierleihe und deren zunehmender Bedeutung in Deutschland.

932 O.V., Süddeutsche Zeitung vom 14.11.1990, S. 36.

933 Vgl. Schwark, in: FS-Steindorff, S. 473(481), der darauf hinweist, daß Geschäfte auf Termin u.a. Nachschußpflichten "heraufbeschwören".

Hiervon zu unterscheiden sind die Naked Warrants der zweiten Fallgruppe, zu denen Differenzoptionsscheine, insbesondere Index-Warrants und Range Warrants, zählen. Bei diesen Warrants sind die Stillhalter je nach der Ausgestaltung der Optionsrechte entweder bei Optionsausübung oder am Laufzeitende zur Zahlung eines Differenzausgleichs in Geld verpflichtet. Für sie existiert folglich ein Risiko, daß sie entgegen ihrer ursprünglichen Erwartung eines günstigen Indexverlaufs bzw. Kursverlaufs der optierten Basiswerte zur Leistung zusätzlicher Barmittel verpflichtet sind. Dieses Risiko besteht für die Stillhalter von sogenannten GROI-Emissionen, die ebenfalls zur zweiten Fallgruppe zählen, nur, wenn die am Laufzeitende garantierte Rückzahlung zusätzlich die Möglichkeit eines Differenzausgleichs in Geld vorsieht.

Bei Primärgeschäften mit Naked Warrants beider Fallgruppen besteht demnach für Stillhalter das für Börsentermingeschäfte typisches Risiko, entgegen der ürsprünglichen Intention zusätzliche Geldmittel zur Erfüllung der eingegangenen Verbindlichkeiten aufbringen zu müssen. Hiervon sind sogenannte GROI-Emissionen ausgenommen, die ausschließlich einen feststehenden Rückzahlungsbetrag garantieren und nicht die Möglichkeit einer zusätzlichen Differenzzahlung in Geld vorsehen.

d) Risiko eines Totalverlustes der eingesetzten Geldmittel

Die erste Fallgruppe der zu untersuchenden Naked Warrants wird dadurch gekennzeichnet, daß im Rahmen von Primärgeschäften dem Inhaber das Optionsrecht eingeräumt wird, die Lieferung eines gegenständlichen Basisobjekts zu fordern. Den Covered Warrants auf dem deutschen Markt kommt aufgrund ihres hohen Emissionsvolumens eine besondere Bedeutung innerhalb der ersten Fallgruppe zu. Viele der bisher emittierten Covered Warrants waren allerdings bereits vor Laufzeitende wertlos, was unter anderem auf die bei deren Emission zu bezahlenden hohen Aufgelder[934] und wenig liquide Märkte[935]

---

934 Vgl. König, S. 10, der eine Berechnungsmethode für das Merkmal Aufgeld darlegt. Vereinfacht bedeutet Aufgeld den Mehrpreis, der beim Aktienbezug über den Optionsschein gegenüber einem direkten Aktienerwerb aus aktueller Sicht aufzubringen wäre.

935 Vgl. Landgraf, Handelsblatt vom 22.12.1993, S. 27, der Andreas Lieven, Chef des Bereichs Warrants bei der Frankfurter Citibank zitiert. Lieven

sowie die kurzen Laufzeiten zurückzuführen ist.[936] Im Unterschied zu den gemäß § 221 Abs. 1 AktG emittierten Aktienoptions-scheinen, die häufig erst nach 10 und mehr Jahren auslaufen, liegt die Laufzeit bei Covered Warrants zumeist zwischen 12 und 18 Monaten.[937] Die von der DG Bank bereits mehrfach emittierten sogenannten Short-Warrants laufen sogar nur etwa ein Jahr.[938] Solche "Kurzläufer" erscheinen dem Anleger besonders reizvoll. Kurzläufige Optionsscheine sind aber riskanter als andere Warrants.[939] Die grundsätzlich kurzen Laufzeiten bei Covered Warrants begründen die Gefahr, daß Kursverluste, die bei den klassischen Aktienoptionsscheinen gemäß § 221 Abs. 1 AktG durch die meist mehrjährige Laufzeit wieder aufholbar erscheinen, selbst bei einer eintretenden Hausse am Aktienmarkt höchstwahrscheinlich endgültig sind.[940] Das durch die Hebelwirkung bedingte Risiko eines Totalverlustes kann sich demnach bereits während der Optionsdauer realisieren.[941]

Zum Teil wird bereits aus der im Vergleich zu den klassischen Optionsscheinen kurzen Laufzeit der Covered Warrants gefolgert, daß diese "nichts anderes als langlaufende Kaufoptionen"[942] seien, die Börsentermingeschäfte sind[943].

---

soll geäußert haben: "Ich wäre erstaunt, wenn mehr als 40 % der vorhandenen Optionsscheine liquide sind". Potthoff, WM 1993, 1319(1322), geht davon aus, daß bei Naked Warrants in den seltensten Fällen ein liquider Markt besteht.

936 Siehe o.V., FAZ vom 23.01.1991, S. 18; ebenso König, S. 121, der darüber hinaus als mögliche Ursache der Wertlosigkeit von Covered Warrants auf deren Bezugsverhältnis hinweist, das im Vergleich zu klassischen Optionsscheinen überwiegend höher als 1:1 sei.

937 O.V., FAZ vom 17.7.1990, S. 16.

938 Siehe zu den Short-Warrants, II.A.1.b)(6)(b)(iv) unter "Index Warrants".

939 Sieper, S. 247.

940 O.V., Börsen-Zeitung vom 26.10.1990, S. 3.

941 Potthoff, WM 1993, 1319(1322).

942 König, S. 122. Die Laufzeiten der Geschäfte mit unverbrieften Optionen sind gemäß § 5 der Vorschriften für den Optionshandel an der Frankfurter Wertpapierbörse standardisiert und betragen deutlich unter einem Jahr.

943 Siehe zur rechtlichen Einordnung unverbriefter Optionen die Grundsatzentscheidung des II. Senats des Bundesgerichtshofs (BGHZ 92, 317 = WM 1984, 1598), die nicht nur vom II. Senat selbst nochmals bestätigt wurde (BGH, WM 1985, 744(745)), sondern auch der I. Senat (BGHZ 93, 307 = WM 1985, 563) schloß sich ihr im Ergebnis an.

Daneben verlieren Covered Warrants wegen ihrer Überbewertung, die u.a. durch die bereits bei Emission zu zahlenden hohen Aufgelder bedingt ist, bereits bei einer schwachen Börsentendenz überproportional an Wert.[944]

In der Fachpresse wurde in der Vergangenheit vielfach vor drohenden Totalverlusten im Zusammenhang mit Covered Warrants gewarnt[945], die sich in der Folgezeit auch realisiert haben. Seit der ersten Emission von Covered Warrants in Deutschland im Jahre 1989 sind bis Juli 1992 insgesamt 90 Warrants ausgelaufen. Davon verfielen jedoch weit über zwei Drittel (67 Warrants) wertlos. Dadurch dürfte den Anlegern ein Schaden von etwa 700 Millionen DM entstanden sein, was 90 % der investierten Summe ausmacht.[946] Demnach besteht bei Covered Warrants als Unterfall der Naked Warrants das Risiko, einen Totalverlust der eingesetzten Mittel zu erleiden.[947] Die der ersten Fallgruppe zugeordneten Naked Warrants sind alle gleichartig konstruiert. Demnach ist mit Basked-Warrants, Step-down-Warrants, Outperformance Warrants, Refix-Warrants, Chooser-Warrants und Bond Warrants, die zur ersten Gruppe zählen, gleichfalls das Risiko verbunden, die eingesetzten Mittel in voller Höhe zu verlieren. Ein solches Risiko besteht auch für Inhaber von Warrants auf Warrants, bei denen durch Verknüpfung von zwei Optionscheinen die jeweils gegebenen Risiken sogar kumuliert werden.

In der Folgezeit wurde diese Rechtsprechung nicht mehr in Frage gestellt (vgl. LG Tübingen, WM 1987, 34 = ZIP 1987, 570(571); LG Mannheim, WM 1987, 253(254 f); BGH, NJW 1988, 1085; OLG Düsseldorf, ZIP 1988, 1034(1035); OLG Köln, WM 1988, 116(117); LG Frankfurt am Main, ZIP 1988, 1041(1042); LG Würzburg, ZIP 1988, 1043(1044); BGH, WM 1990, 94(95)).

944 O.V., FAZ vom 17.7.1990, S. 16.

945 Neuhofer/Philipp, Börse ONLINE vom 5.10.1990, S. 6(7); Neuhofer, Börse ONLINE vom 15.5.-21.5.1992, S. 10; ebenso SMH, Derivative, April 1992, S. 3, worin darauf hingewiesen wird, daß der überwiegende Teil der im Jahre 1989 emittierten und bisher ausgelaufenen Optionsscheine wertlos verfallen ist.

946 Vgl. Beer/Eigendorf, Das Wertpapier vom 3.7.1992, S. 44. Fischer/Lansing, Börsen-Zeitung vom 18.09.1993, S. 21, gelangen zu einem vergleichbaren Ergebnis allein für den Zeitraum 1990 bis 1991, in dem Optionsscheine, die für zirka DM 700 Millionen erworben wurden, wertlos verfallen sind.

947 In diesem Sinne Horn, ZIP 1990, 2(12).

Weiterhin zählen zur ersten Fallgruppe Currency Warrants, die bedingt durch die optierten Währungen Bezüge zu Wirtschaftsbereichen vieler Länder aufweisen. Auf die Kursbildung dieser Währungsoptionsscheine haben neben unterschiedlichen wirtschaftlichen Entwicklungen Zinsdifferenzen, Unterschiede in den Inflationsraten, Ungleichgewichte in Zahlungs- und Handelsbilanzen, Handelsdefizite und politische Entwicklungen maßgeblichen Einfluß.[948] Diese komplexen Wechselwirkungen bergen erhebliche Risiken für den Anleger in sich. Zu Recht wird im Zusammenhang mit Currency Warrants ausdrücklich auf den möglichen Eintritt eines Totalverlustes hingewiesen.[949]

Demnach besteht bei allen zur ersten Fallgruppe zählenden Naked Warrants, die bei Optionsausübung eine effektive Lieferung der Basisobjekte vorsehen, das Risiko eines Totalverlustes der eingesetzten Geldmittel.

Fraglich ist, ob ein solches Risiko ebenso bei Geschäften mit Naked Warrants der zweiten Fallgruppe gegeben ist, die am Laufzeitende oder bei Optionsausübung ausschließlich die Zahlung eines Differenzausgleichs in Geld vorsehen. Zu diesen Naked Warrants zählen unter anderen Index-Warrants, die zum Teil auf extra für diese Zwecke entwickelte Indizes[950] basieren. Überwiegend wird für diese Warrants der Deutschen Aktien Index (DAX) benutzt. Daneben werden auch amerikanische, britische oder französische Aktienindizes herangezogen. Unter den 30 vom DAX erfaßten Aktien sind teilweise sehr volatile Werte enthalten, so daß eine tägliche Schwankung von 2 % durchaus keine Seltenheit ist.[951] Aufgrund der mit Naked Warrants verbundenen Hebelwirkung beeinflussen solche Schwankungen in verstärkten Maße den Wert von sogenannten DAX-Warrants[952]. Aus dieser Erkenntnis heraus wird geraten, solche Index-Warrants nur in ein "spekulatives Depot" aufzunehmen.[953]

---

948 König, S. 106.

949 König, S. 112.

950 Solidus, Die Zeit vom 22.5.1992, S. 31, weist zu Recht darauf hin, daß "Motor einer wahren Indexflut in jüngster Zeit die Frankfurter Wertpapierbörse" ist.

951 König, S. 127.

952 Vgl. o.V., BörsenBerater Nr. 1/1993, S. 11, zugleich wird auf die "hohen Verlustrisiken" hingewiesen.

953 In diesem Sinne Wulle, WirtschaftsWoche vom 27.11.1992, S. 146(147).

Die Dimension des mit Index-Warrants verbundenen Risikos soll anhand der 1991 erstmals von der Bayerische Hypotheken- und Wechselbank AG emittierten Optionsscheine auf den Deutschen Rentenindex (REX)[954] verdeutlicht werden. Die ausgegebenen Call- bzw. Put-Warrants auf den REX haben eine Laufzeit bis 1. Juli 1994. Da diese Warrants "europäisch"[955] ausgestaltet sind, ist eine Optionsausübung während der Laufzeit nicht möglich. Am Laufzeitende, dem Verfalltermin, erhalten die Inhaber des Call-Warrants die Differenz zwischen aktuellem Stand des REX und dem Bezugskurs von 97,00 in Geld vergütet. Befindet sich der Stand des REX am Verfalltermin aber unter dem Basispreis des Call-Warrants, erhalten die Inhaber keine Gegenleistung, so daß sie ihren Einsatz in voller Höhe verlieren. Diejenigen, die auf fallende Anleihekurse spekulieren und put-Warrants auf den REX erworben haben, erhalten am Ende der Laufzeit die Differenz zwischen Bezugskurs 95,00 und dem aktuellen REX-Stand. Sollte jedoch der REX zu diesem Zeitpunkt über dem Basispreis stehen, droht den Optionsscheininhabern ebenfalls ein Totalverlust.[956]

Die Inhaber von Index-Warrants sind folglich dem für den Typus Börsentermingeschäft charakteristischen Risiko eines Totalverlustes der eingesetzten Geldmittel ausgesetzt.

Ein solches Risiko besteht gleichfalls für die Inhaber der zur zweiten Fallgruppe zählenden "Gold-Warrants", die eine Variante der Differenz-optionsscheine bilden. Gold-Warrants sind in der Regel als Optionsscheine auf Goldaktienkörbe oder Goldaktienindizes konstruiert. Die hierfür herangezogenen nordamerikanischen und südafrikanischen Goldaktien weisen im allgemeinen eine deutlich höhere Volatilität als Gold auf. Eine Ursache hierfür ist insbesondere bei den südafrikanischen Aktien das politische Risiko und weniger das Goldpreisrisiko.[957] Aufgrund der hohen Volatilität der Basis-

---

954 Hypobank Optionsscheine, REX-Call (WKN 716 239) und (WKN 802 021), REX-Put (WKN 716 238) und (WKN 802 022).

955 Dazu II.A.1.b)(6), a.E.

956 O.V., Das Wertpapier vom 27.3.1992, S. 31.

957 O.V., Börsen-Zeitung vom 12.8.1993, S. 3.

objekte und der bei "Gold-Warrants" vorhandenen Hebelwirkung, besteht für die Inhaber das Risiko eines Totalverlustes der eingesetzten Geldmittel.[958]

Darüber hinaus bergen die von der DB Capital Markets (Deutschland) GmbH begebenen Optionsscheine auf den 6,25 % U.S. Treasury Bond eine außergewöhnliche Bedingung, die für den Anleger zum Totalverlust des eingesetzten Kapitals führen kann. Die Warrants sind als Differenzoptionsscheine ausgestattet. Jeder Optionsschein berechtigt den Inhaber, von der Emittentin - nach Maßgabe der Optionsbedingungen - Zahlung des DM-Gegenwertes eines der Kursdifferenz entsprechenden US-$-Betrages zu verlangen, um die der Ausübungskurs den Basiskurs überschreitet (bei einem Call-Warrant) bzw. unterschreitet (bei einem Put-Warrant). Die Umrechnung erfolgt zum amtlichen US-$/DM Kassamittelkurs der Frankfurter Devisenbörse am ersten auf die Veröffentlichung des Ausübungskurses folgenden Frankfurter Bankarbeitstag.[959]

Für den Anleger liegt die Unwägbarkeit des Optionsscheins darin, daß als Ausübungskurs der erste "nach" dem Ausübungszeitpunkt von der Federal Reserve Bank of New York ermittelte und in den Composite 3:30 p.m. Quotations for U.S. Government Securities bekanntgegebene Geldkurs (Bid) der Anleihe im Fall der Call-Option bzw. der Briefkurs (Ask) der Anleihe im Fall der Put-Option zugrunde gelegt wird. Demnach kennt der Anleger bei Optionsausübung den für ihn maßgeblichen Kurs des U.S. Treasury Bond nicht. Dieser wird erst nachträglich von der Federal Reserve Bank ermittelt. Im Falle von extremen Kursveränderungen des U.S. Treasury Bond, z.B. bei politischen oder wirtschaftlichen Krisen, könnte der Anleger aufgrund des zuvor ausgeübten Optionsrechts einen Totalverlust seiner eingesetzten Geldmittel erleiden. In der "Machtlosigkeit" des Anlegers nach Optionsausübung kommt der bei Termingeschäften anzutreffende "Spielcharakter" zum Ausdruck.

Eine Sonderstellung in der zweiten Fallgruppe nehmen die Warrants ein, die als sogenannte GROI-Emissionen begeben werden. Dem Grunde nach ist der

---

958 Siehe o.V., Börsen-Zeitung a.a.O., in dem ohne das Maß des Risikos zu werten, ausdrücklich auf das "höhere Risiko" der sog. Gold-Warrants hingewiesen wird.

959 Siehe Verkaufsmitteilungen der DB Capital Markets (Deutschland) GmbH für die "U.S. Treasury Warrants", in Börsen-Zeitung vom 10.11.1993, S. 14, und Börsen-Zeitung vom 21.10.1993, S. 6.

verfügbare Anlagebetrag für diese Warrants in eine Festgeld- und eine Optionsscheinposition aufgeteilt. Der Anleger erhält die Garantie, daß er am Ende der Laufzeit einen genau festgelegten und je nach Emissionsbedingungen sogar über seine Einzahlung hinausgehenden Betrag zurückerhält. Daran ändert sich nichts, wenn der garantierte Rückzahlungsbetrag zusätzlich mit der Möglichkeit eines Differenzausgleichs in Geld kombiniert wird. Es wird lediglich ein Teil des eingesetzten Kapitals spekulativ verwendet. Hieraus leitet sich das Grundprinzip der Warrants ab, auf dem sogenannte GROI-Warrants (Guaranteed Return on Investment), MEGA-Scheine (Marktabhängige-Ertrag-mit-Garantie) und Saro-Warrants basieren.[960] Aufgrund des bei "GROI-Emissionen" garantierten Rückzahlungsbetrages besteht für die Erwerber dieser Warrants nicht das Risiko eines Totalverlustes der eingesetzten Mittel.

Bei Geschäften mit Range Warrants geht der Anleger nur ein begrenztes Verlustrisiko ein. Dies verdeutlicht der von dem Bankhaus Trinkaus & Burkhardt emittierte Range Warrant auf den US-$/DM-Wechselkurs von 1992/1994. Die Emissionsbedingungen sehen vor, daß der Anleger auch dann, wenn sich der von der Frankfurter Devisenbörse am Ausübungstag festgestellte und veröffentlichte amtliche Mittelkurs des US-Dollars außerhalb der für diesen Optionsschein festgelegten Bandbreite befindet, einen Rückzahlungsbetrag in Höhe von DM 100,-- erhält. Sollte der Mittelkurs innerhalb der vorgegebenen Bandbreite liegen, wird an den Optionsscheininhaber sogar ein Betrag in Höhe von DM 152,75 ausgezahlt.[961] Auf derselben Grundkonstruktion basieren die von Trinkaus & Burkhardt begebenen Range Warrants auf die VW-Stamm-Aktie. Dem Inhaber eines solchen Warrants wird für den Fall, daß die VW-Stamm-Aktie am Ende der Laufzeit außerhalb des festgelegten Kursbereiches liegt, mindestens eine Auszahlung in Höhe von DM 100,-- zugesichert. Demnach besteht für Anleger immer dann ein beschränktes Verlustrisiko, wenn der von ihm für einen Range Warrant gezahlte Kaufpreis über den garantierten Rückzahlungsbetrag liegt. Das für den Typus Börsentermingeschäft typische Risiko eines Totalverlustes der eingesetzten Mittel besteht allerdings bei Range Warrants grundsätzlich nicht.

---

960 Vgl. zu den "GROI-Emissionen", II.A.1.b)(6)(b)(viii).

961 Vgl. Verkaufsmitteilung der Trinkaus & Burkhardt KGaA, in FAZ vom 22.7.1992, S. 12; o.V., BörsenBerater Nr. 5/93, S. 12.

Mithin ist festzuhalten, daß Primärgeschäfte mit den in zwei Fallgruppen zusammengefaßten Naked Warrants das für den Typus Börsentermingeschäft charakteristische Risiko eines Totalverlustes der eingesetzten Mittel aufweisen. Eine Ausnahme hiervon bilden Primärgeschäfte mit sogenannten GROI-Emissionen und Range Warrants.

e) Gesamtbetrachtung

Die Untersuchung hat zeigt, daß Primärgeschäfte mit Naked Warrants die für den Typus Börsentermingeschäft charakteristischen vier Merkmale aufweisen. Eine Ausnahme bilden die sogenannten GROI-Emissionen und die Range Warrants, unabhängig davon, ob die Warrants auf eine effektive Lieferung des Basisobjektes oder auf die Zahlung eines Differenzausgleichs ausgerichtet sind.[962] Es liegen Zeitgeschäfte vor, die aufgrund der mit ihnen verbundenen Hebelwirkung die Anleger zum Abschluß der Geschäfte bewegen. Daneben gehen die Beteiligten nicht nur das Risiko eines Totalverlustes der eingesetzten Geldmittel ein, sondern auch das Risiko, unerwartet zusätzliche Geldmittel zur Erfüllung der eingegangenen Verbindlichkeiten aufbringen zu müssen.

Ein grundlegender Unterschied zwischen Primärgeschäften mit Naked Warrants und Primärgeschäften mit Aktienoptionsscheinen gemäß § 221 Abs. 1 AktG besteht darin, daß nur Geschäfte mit Naked Warrants das für Börsentermingeschäfte typische Risiko, nicht eingeplante zusätzliche Geldmittel aufbringen zu müssen, aufweisen. Unter anderem aus diesem Grund sind Geschäfte mit Aktienoptionsscheinen gemäß § 221 Abs. 1 AktG keine Börsentermingeschäfte.

Im Unterschied dazu erhält die Gesamtbewertung der Primärgeschäfte mit Naked Warrants eine andere Qualität. Naked Warrants werden von Aktiengesellschaften nicht als Mittel zur Kapitalbeschaffung im Sinne von § 221 Abs. 1 AktG, sondern von Kreditinstituten oder anderen Emissionshäusern als "künstliche Produkte" entsprechend deren Bedürfnissen[963] kreiert. Die hohe Flexiblität der Naked Warrants bzgl. des Underlying, der Laufzeit und der Ausgestaltung des Optionsrechts ermöglicht die Emission neuer Produkte innerhalb

---

962 Siehe zu den nach diesen Kriterien gebildeten zwei Fallgruppen der Naked Warrants, III.C.

963 In diesem Sinne Beer/Eigendorf, Das Wertpapier vom 3.7.1992, S. 44(46).

von wenigen Tagen.[964] Hierdurch erhöht sich das Risikopotential der Primärgeschäfte mit Naked Warrants. Wenn Naked Warrants die Lieferung des Basisobjektes vorsehen, beziehen sich die Optionsrechte auf bereits im Umlauf befindliche Wertpapiere. Dies ist bei den gemäß § 221 Abs. 1 AktG emittierten Aktienoptionsscheinen anders. Die emittierende Gesellschaft, die zugleich Stillhalter ist, begibt die optierten Aktien erst, nachdem Optionsrechte aus den Optionsscheinen ausgeübt werden. Bereits zuvor wurde ein für die Emission der Aktien notwendiger Hauptversammlungsbeschluß herbeigeführt.[965] Für die Gesellschaft ist somit mit der Begebung der optierten Aktien kein Risiko verbunden. Demgegenüber befinden sich bei der Emission von Naked Warrants die optierten Basiswerte oftmals noch nicht im Bestand des Stillhalters. Dieser muß unter Umständen die optierten Wertpapiere nach Optionsausübung bzw. am Laufzeitende unter Umständen zu ungünstigen Konditionen erwerben. Sehen Naked Warrant keine effektive Lieferung eines Basiswertes, sondern eine eventuelle Differenzzahlung in Geld vor, muß der Stillhalter gleichfalls unvorhergesehene Zahlungsverpflichtungen einkalkulieren.

Primärgeschäfte mit Naked Warrants beinhalten für den Stillhalter nicht kalkulierbare Risiken. Er kann in der Regel nicht genau vorhersehbaren Leistungspflichten ausgesetzt sein. Zugleich sind die an Primärgeschäften mit Naked Warrants beteiligten Anleger dem Risiko eines Totalverlustes bzgl. der von ihnen geleisteten Optionsprämien ausgesetzt. Deshalb wird Covered Warrants attestiert, daß sie weitaus spekulativer sind als die klassischen Optionsscheine gemäß § 221 Abs. 1 AktG.[966] Unbeachtlich ist, daß es sich nur um ein begrenztes Verlustrisiko handelt. Der Gesetzgeber verfolgt mit den

---

964 Vgl. Fischer/Lansing, Börsen-Zeitung vom 18.09.1993, S. 21, die darüber hinaus in der Flexiblität der Naked Warrants deren wichtigsten Vorzüge im Vergleich zu den standardisierten Optionsprodukten von Terminbörsen wie der Deutschen Terminbörse sehen.

965 Vgl. Schilling, in: Großkommentar, § 221 AktG Anm. 16 f, zur Emission von Optionsanleihen gemäß § 221 Absatz 1 AktG, mit denen Aktienoptionsscheine verbunden sind. Hierfür ist ein bedingtes Kapital gemäß §§ 192 ff AktG und somit ein Beschluß der Hauptversammlung mit drei Viertel des bei der Beschlußfassung vertretenen Grundkapitals der Aktiengesellschaft notwendig.

966 König, S. 127.

Bestimmungen über den Terminhandel gemäß §§ 50 ff BörsG auch den Schutz des Anlegers vor begrenzten Verlusten.[967]

Folglich besteht bei Primärgeschäften mit Naked Warrants für den Stillhalter das Risiko, in der Höhe nicht vorhersehbaren Leistungspflichten ausgesetzt zu sein. Dagegen ist der Anleger dem Risiko eines Totalverlustes der eingesetzten Geldmittel ausgesetzt. In Verbindung mit den übrigen zwei vorliegenden Merkmalen des Typus Börsentermingeschäft erhält das Erscheinungsbild von Primärgeschäften mit Naked Warrants eine solche Stärke, daß sie als Börsentermingeschäfte im Sinne des Börsengesetzes einzustufen sind.

Die vorstehende Gesamtwertung gilt indessen nicht für Primärgeschäfte mit Naked Warrants in Form von sogenannten GROI-Emissionen und Range Warrants. Diese Optionsscheinvarianten garantieren dem Anleger nicht nur die Rückzahlung eines Geldbetrages am Laufzeitende, sondern eine Mindestredite. Die Mindestrendite kann sich je nach Emissionsbedingungen durch Kombination mit einem "spekulativen" Kriterium noch steigern. Für die Inhaber solcher Warrants besteht kein Risiko eines Totalverlustes der eingesetzten Mittel. Außerdem weisen sogenannte GROI-Emissionen nicht das für den Typus Börsentermingeschäft kennzeichnende Risiko auf, entgegen der ursprünglichen Intention zusätzliche Geldmittel zur Erfüllung der eingegangenen Verbindlichkeiten aufbringen zu müssen. Voraussetzung ist allerdings, daß sie außer dem garantierten Rückzahlungsbetrag keine Möglichkeit einer zusätzlichen Auszahlung vorsehen. Geschäfte mit GROI-Emissionen werden zu Recht als "Spekulation mit Sicherheitsnetz" beschrieben.[968] Diese Primärgeschäfte gleichen wegen der garantierten Rückzahlung ebenso wie der Ersterwerb von Range Warrants, eher dem Kauf eines festverzinslichen Wertpapiers. Mit den eigentlichen Funktionen und Aufgaben von Börsentermingeschäften haben die Geschäfte nichts gemein. Das Börsengesetz verfolgt mit den im IV. Abschnitt enthaltenen Bestimmungen zum Terminhandel vorwiegend den Anlegerschutz.[969] Dieser Schutzzweck spricht gegen eine Zuordnung der Primärgeschäfte mit GROI-Emissionen bzw. mit Range Warrants zum Typus Börsentermingeschäft, da mit ihnen kein Risiko für die Beteiligten einhergeht.

---

967 Siehe unter III.A.3.

968 Sienel/Lupp, WirtschaftsWoche vom 21.1.1992, S. 84(91).

969 Siehe III.A.3.

Mithin sind Primärgeschäfte mit sogenannten GROI-Emissionen bzw. mit Range Warrants als Zeitgeschäfte mit einer Hebelwirkung zu charakterisieren. Allerdings weisen sie nicht die für den Typus Börsentermingeschäft charakteristischen Risiken auf. Aufgrund des gesamten Erscheinungsbildes von Primärgeschäften mit GROI-Emissionen bzw. Range Warrants sind diese demnach den Kassageschäften zuzuordnen, die nicht von den Bestimmungen zum Terminhandel im Börsengesetz erfaßt werden.

4. Zwischenergebnis

Es konnte aufgezeigt werden, daß seitens der Rechtsprechung bisher eine umfassende und einheitliche rechtliche Einordnung der Geschäfte mit Optionsscheinen nicht geleistet wurde. In einer vereinzelt gebliebenen Entscheidung hat der Bundesgerichtshof, ebenso wie zum Teil die Untergerichte, Geschäfte mit von Optionsanleihen abgetrennten Aktienoptionsscheinen den Kassageschäften zugeordnet. Diesen Entscheidungen lagen ausschließlich Geschäfte mit Aktienoptionsscheinen zugrunde, die zusammen mit Optionsanleihen gemäß § 221 Abs. 1 AktG emittiert werden.[970] Die neuerlichen Entscheidungen des LG Marburg[971] und des OLG Frankfurt am Main[972], mit denen Geschäfte mit sogenannten Naked Warrants als Kassageschäfte eingestuft wurden, bedeuten für sich gesehen noch keine gefestigte Rechtsprechung. Zudem wird gegen diese Entscheidungen zu Recht eingewendet, daß in den Urteilsgründen keine tragenden Argumente für eine Wertung von Naked Warrants als Kassageschäft enthalten sind.[973]

Darüber hinaus wurde deutlich, daß die bisherige Rechtsprechung zur rechtlichen Einordnung von Geschäften mit unverbrieften Optionen nicht per se auf Primär- und/oder Sekundärgeschäfte mit Optionsscheinen, die nicht zusammen mit Optionsanleihen gemäß § 221 Abs. 1 AktG begeben werden, übertragbar ist.

---

970 Siehe III.C.1.

971 LG Marburg, WM 1993, 640.

972 OLG Frankfurt am Main, WM 1993, 684.

973 In diesem Sinne Aden, Blick durch die Wirtschaft vom 17.5.1993, S. 9.

Ausgehend vom Typus Börsentermingeschäft wurde festgestellt, daß Primärgeschäfte mit Aktienoptionsscheinen gemäß § 221 Abs. 1 AktG als Kassageschäfte einzustufen sind. Hierin bestätigte sich im Ergebnis der Standpunkt der Rechtsprechung. Darüber hinaus konnte aufgezeigt werden, daß Primärgeschäfte mit Optionsscheinen, die nicht auf der Grundlage von § 221 Abs. 1 AktG emittiert werden, sogenannte Naked Warrants, dem Typus Börsentermingeschäft zuzuordnen sind. Diese Wertung gilt unabhängig davon, ob die Emissionsbedingungen dieser Optionsscheine die effektive Lieferung eines Basisobjektes oder die Zahlung eines Differenzausgleichs in Geld vorsehen. Eine Ausnahme hiervon bilden Primärgeschäfte mit sogenannten GROI-Emissionen und mit Range Warrants, die Kassageschäfte sind.

D. Sekundärerwerb derivativer Finanzinstrumente in Form von Optionsscheinen - ein Börsentermingeschäft?

Den Ausgangspunkt für die Untersuchung der Rechtsnatur des Sekundärerwerbs derivativer Finanzinstrumente in Form von Optionsscheinen bilden die bisher gewonnenen Erkenntnisse zur rechtlichen Einordnung der Primärgeschäfte mit Optionsscheinen. Innerhalb dieser Prüfung ist auf die bislang ungeklärte Frage einzugehen, ob sich die Zuordnung der Primärgeschäfte mit gewissen Naked Warrants zum Typus Börsentermingeschäft auf die rechtliche Einordnung deren Sekundärgeschäfte auswirkt.[974]

1. Börsentermineigenschaft von Sekundärgeschäften mit Aktienoptionsscheinen i.S.v. § 221 Abs. 1 AktG

Die Untersuchung der Rechtsnatur von Sekundärgeschäften mit Aktienoptionsscheinen, die gemäß § 221 Abs. 1 AktG emittiert werden, bedingt unter anderem, daß die Rechtsnatur der Primärgeschäfte mit solchen Optionsscheinen

974 Vgl. Schwark, WuB I G 5.-13.89, S. 1168(1169), der im Ansatz auf die Wechselwirkungen zwischen der Börsentermineigenschaft der Primärgeschäfte mit Optionsscheinen, insbesondere mit Naked Warrants, auf deren Sekundärerwerb hinweist.

berücksichtigt wird. Primärgeschäfte mit Aktienoptionsscheinen gemäß § 221 Abs. 1 AktG sind Kassageschäfte, die nicht von den Normen des Börsengesetzes zum Terminhandel erfaßt werden. Für diese rechtliche Einordnung ist unter anderem maßgeblich, daß bei Geschäften mit gemäß § 221 Abs. 1 AktG emittierten Optionsscheinen weder für den Stillhalter/Verkäufer noch für den Erwerber, das für Börsentermingeschäfte typische Risiko, entgegen der ursprünglichen Intention zusätzliche Geldmittel zur Erfüllung der eingegangenen Verbindlichkeiten aufbringen zu müssen, besteht.[975] Es gilt zu prüfen, ob diese rechtliche Wertung präjudiziell für die Rechtsnatur von Sekundärgeschäften mit Aktienoptionsscheinen, die gemäß § 221 Abs. 1 AktG emittiert werden, ist.

Zunächst ist davon auszugehen, daß Sekundärgeschäfte mit Aktienoptionsscheinen i.S.v. § 221 Abs. 1 AktG dieselben Strukturen wie entsprechende Primärgeschäfte aufweisen. In einer ersten Phase wird dem Sekundärkäufer vom Primärkäufer bzw. Sekundärverkäufer das Optionsrecht übertragen. Daran schließt sich gegebenenfalls in einer zweiten Phase die Optionsausübung durch den Sekundärkäufer und somit die Lieferung der optierten Aktien durch den Stillhalter an.

Eine unterschiedliche rechtliche Einstufung von Primär- und Sekundärgeschäften mit Aktienoptionsscheinen könnte daher allenfalls aus der "dreiseitigen Vertragsstruktur" der Sekundärgeschäfte resultieren, dem Auseinanderfallen zwischen dem (Sekundär-)Veräußerer des Optionsscheins und dem Stillhalter. Das Sekundärgeschäft mit Optionsscheinen ist aufgrund einer wirtschaftlichen Betrachtungsweise im Sinne der sogenannten Einheitstheorie wie das Primärgeschäft als ein in zwei Phasen ablaufendes, einheitliches Terminengagement einzustufen. Dem steht nicht entgegen, daß Sekundärverkäufer und Stillhalter nicht identisch sind. Optionsscheingeschäfte setzen nicht zwingend ein Zweipersonenverhältnis voraus[976].

Für Sekundärgeschäfte mit Aktienoptionsscheinen i.S.v. § 221 Abs. 1 AktG ist, wie für entsprechende Primärgeschäfte, charakteristisch, daß es sich um Zeitgeschäfte handelt, die als typisches Merkmal nicht nur eine Hebelwirkung, sondern auch für den Anleger das Risiko eines Totalverlustes seiner

---

975 Dazu unter III.C.2.c).

976 Siehe oben III.B.3.

eingesetzten Mittel aufweisen. Allerdings besteht das für Börsentermingeschäfte typische Merkmal, das Risiko, unvorhergesehen zusätzliche Geldmittel zur Erfüllung der eingegangenen Verbindlichkeiten aufbringen zu müssen, im Rahmen solcher Sekundärgeschäfte nicht. Der Grund hierfür ist, daß die von Optionsanleihen abgetrennten Aktienoptionsscheine ihre Rechtsgrundlage[977] in § 221 Abs. 1 AktG finden[978]. Für den Stillhalter kann demnach nicht der unvorhergesehene Fall eintreten, daß er nach Optionsausübung die optierten Basisobjekte zu ungünstigen Kursen am Markt ankaufen muß. Er kann die optierten Aktien gegebenenfalls aufgrund des zuvor von der Hauptversammlung beschlossenen bedingten Kapitals selbst emittieren.

Mithin weisen Sekundärgeschäfte mit Aktienoptionsscheinen i.S.v. § 221 Abs. 1 AktG die für den Typus Börsentermingeschäft charakteristischen Merkmale nicht in einer Stärke auf, daß sie dem Typus Börsentermingeschäft im Sinne des Börsengesetzes zugeordnet werden können.[979] Sekundärgeschäfte mit von

---

977 Vgl. Silcher, in: FS-Gessler, S. 185(189), demzufolge auch die "Warrant-Anleihe", die anders als die Wandel-Anleihe anstatt eines Umtauschrechtes dem Inhaber ein Bezugsrecht einräumt, unter die Legaldefinition des § 221 AktG fällt.

978 Gemäß Steiner, WM 1990, 1776(1777), gilt dies ebenso für einen Teil der Naked Warrants, deren Optionsrechte sich auf Aktien der Gesellschaft, die diese Warrants emittiert hat, beziehen. Insoweit handelt es sich jedoch bei den von Steiner , a.a.O., aufgeführten Beispielen um Ausnahmefälle, da Naked Warrants vornehmlich von Kreditinstituten auf bereits im Umlauf befindliche Aktien anderer Aktiengesellschaften oder anderweitige Basisobjekte (z.B. Indizes) begeben werden (vgl. Büschgen, unter "Optionsscheine, nackte", S. 529).

979 Ebenso Jäger, ZBB 1991, 82(86 f), die indes von einer begrifflichen Definition des Börsentermingeschäfts ausgehend die Börsentermineigenschaft von Geschäften mit Aktienoptionsscheinen gemäß § 221 Absatz 1 AktG gleichfalls verneint. Deren Begründung ist jedoch im Ergebnis abzulehnen. Nach Jäger, a.a.O., würden in den Schutzbereich des Börsengesetzes nur solche Geschäfte fallen, denen die "besondere Gefährlichkeit eines Börsentermingeschäftes", nämlich ein unkalkulierbares Risiko, anhafte. Ein lediglich begrenztes Risiko des Optionsscheinerwerbers sei jedoch allein nicht ausreichend. Das Börsengesetz würde zwar "auch" vor begrenzten Verlusten bei Börsentermingeschäften schützen, indes müßten diese Risiken "neben" den unbegrenzten Risiken

Optionsanleihen gemäß § 221 Abs. 1 AktG getrennten Aktienoptionsscheinen sind ebenso wie deren Primärerwerb Kassageschäfte.

2. Börsentermineigenschaft von Sekundärgeschäften mit sonstigen Optionsscheinen (Naked Warrants)

Sekundärgeschäfte mit Optionsscheinen, die nicht gemäß § 221 Abs. 1 AktG begeben werden, Naked Warrants, sind wie deren Primärgeschäfte entsprechend der Einheitstheorie als einheitliches Rechtsgeschäft einzustufen.[980] Der (Sekundär-)Erwerber erwirbt das mit dem Optionsschein verbundene Optionsrecht wie der Primärerwerber bzw. (Sekundär-)Verkäufer, um innerhalb der Optionsfrist durch Ausübung seines Optionsrechts entweder die Lieferung des Basisobjektes oder die Zahlung eines Differenzausgleichs in Geld zu bewirken.[981] Aufgrund der gleichgelagerten Abläufe bei Erst- und Zweiterwerb ergibt sich eine grundsätzliche Vergleichbarkeit der Primär- und Sekundärgeschäfte mit Naked Warrants. Den Sekundärgeschäften mit Naked Warrants liegen darüber hinaus dieselben Basisobjekte wie den entsprechenden Primärgeschäften zu Grunde. Demnach weisen Sekundärgeschäfte mit Naked Warrants im Ergebnis, wie Primärgeschäfte, die vier für den Typus Börsentermingeschäft charakteristischen Merkmale auf. Es liegen Zeitgeschäfte vor, die einen Anreiz zum Geschäftsabschluß aufgrund einer Hebelwirkung bieten. Daneben weisen sie das Risiko auf, zusätzliche Geldmittel aufbringen zu müssen bzw. einen Totalverlust zu erleiden. Hiervon sind Sekundärgeschäfte mit sogenannten GROI-Emissionen bzw. mit Range Warrants ausgenommen. Den Sekundärgeschäften mit sogenannten GROI-Emissionen haftet weder das Risiko an, unvorhergesehen zur Erfüllung der eingegangenen Verbindlichkeiten zusätzliche Geldmittel aufbringen zu müssen, noch einen Totalverlust zu erleiden. Dagegen besteht bei Sekundärgeschäften mit Range Warrants nicht das für den Typus Börsentermingeschäft charakteristische Risiko eines Totalverlustes der eingesetzten Mittel.

---

des Stillhalters vorliegen. Dieser Begründung ist jedoch im Ergebnis nicht zu folgen, da vom historischen Gesetzgeber eine solche "Risikokombination" als Voraussetzung für den Schutz durch das Börsengesetz nicht bezweckt ist. Vgl. III.A.3.

980 Siehe unter III.B.3.

981 Vgl. Jäger, S. 167; André, S. 127.

Allein die Übertragung der durch das Primärgeschäft begründeten Optionsrechte ändert nichts daran, daß die bei Primärgeschäften mit Naked Warrants vorhandenen vier Merkmale des Typus Börsentermingeschäft bei entsprechenden Sekundärgeschäften mit Naked Warrants gleichfalls gegeben sind.[982]

Das Auseinanderfallen von (Zweit-)Verkäufer und Stillhalter im Rahmen der Sekundärgeschäfte mit Naked Warrants hat auf die vier für Börsentermingeschäfte typischen Merkmale keine Auswirkungen.[983] Das Verlustrisiko, das darin besteht, möglicherweise entgegen der ursprünglichen Intention zusätzliche Geldmittel zur Erfüllung der eingegangenen Verbindlichkeiten aufbringen zu müssen, muß nicht in der Person des (Zweit-)Verkäufers liegen.[984] Demnach ist unbeachtlich, daß bei Sekundärgeschäften mit Naked Warrants dieses Verlustrisiko den Stillhalter trifft.

Für den (Zweit-) Verkäufer bzw. Erwerber ergibt die Gesamtbewertung einen weiteren Risikofaktor. Bei vielen der zu den Naked Warrants zählenden Covered Warrants oder Index-Warrants ist der tägliche Umsatz in den Papieren so gering, daß der Markt besonders an sogenannten Crash-Tagen zeitweilig völlig zum Erliegen kommt. Die Anleger wollen dann durch Verkauf der entsprechenden Optionsscheine die Verluste der eigenen Wertpapierbestände begrenzen.[985] In diesem Fall wird ein zusätzlicher Risikofaktor wirksam, wenn "Geschäfte, mit denen die Risiken ausgeschlossen oder eingeschränkt werden sollen, möglicherweise nicht getätigt werden können"[986].

---

982 In diesem Sinne Rössner/Lachmair, BB 1989, 1990(1992).

983 So im Ergebnis Jäger, S. 237, die von einer begrifflichen Definition des Börsentermingeschäfts ausgeht. Sie weist darauf hin, daß die für Emittenten und Optionsscheinerwerber bestehenden Risiken trotz des im Rahmen von Sekundärgeschäften mit Optionsscheinen gegebenen Auseinanderfallens von Zweitveräußerer und Stillhalter bestehen bleiben.

984 Siehe unter III.B.3.; Jäger, S. 236; dies., ZBB 1991, 82(87); Häusele, DB 1992, 667(668), die beide von einer begrifflichen Definition des Börsentermingeschäfts ausgehend zu demselben Ergebnis gelangen.

985 Gemäß Potthoff, WM 1993, 1319(1322) besteht bei der Vielzahl der mit kurzen Laufzeiten versehenen Optionsscheine in den seltensten Fällen ein liquider Markt.

986 Claßen, Capital Nr. 11/1991, S. 30; Horn, ZIP 1990, 2(12); im Ergebnis ebenso Potthoff, a.a.O.

Demnach sind Sekundärgeschäfte mit Naked Warrants, aufgrund ihres gesamten Erscheinungsbildes, insbesondere der mit ihnen verbundenen Risiken, dem Typus Börsentermingeschäft zuzuordnen.[987] Hiervon auszunehmen sind Sekundärgeschäfte mit sogenannten GROI-Emissionen und mit Range Warrants. Deren Gesamtbild entspricht wie bei Primärgeschäften nicht dem Typus Börsentermingeschäft, weil die typischen Risiken fehlen. Demnach handelt es sich bei Sekundärgeschäften mit GROI-Emissionen und Range Warrants um Kassageschäfte.[988]

3. Zwischenergebnis

Die Untersuchung der Rechtsnatur von Sekundärgeschäften mit Optionsscheinen hat bezüglich aller Differenzierungen von Warrants eine Gleichförmigkeit aufgezeigt. Die Rechtsnatur eines Geschäfts mit einem Optionsschein ändert sich durch dessen Übertragung, somit zwischen Primär- und Sekundärgeschäft, nicht.

---

987 Teile der Lehre stufen zumindest im Ergebnis, wenn auch mit einer anderen Begründung, Geschäfte mit Naked Warrants als Börsentermingeschäft ein. Hierfür wird auf die Ratio des § 60 BörsG zurückgegriffen. Vgl. Bundschuh, WM 1986, 725(730); Häuser, ZIP 1981, 933; mit einer anderen Begründung André, S. 129 ff, der von einer analogen Anwendung des § 60 BörsG ausgeht; a.A. Canaris, WM 1988, Sonderbeilage Nr. 10, S. 13 f, der eine Anwendung des § 60 BörsG direkt, als auch analog auf Geschäfte mit Optionsscheinen, ablehnt. Eine Auseinandersetzung mit diesem Denkansatz ist hier jedoch nicht notwendig, da Sekundärgeschäfte mit Naked Warrants die Merkmale des Typus Börsentermingeschäft aufweisen und hier als solche eingestuft werden. Häuser/Welter, § 16 Rn. 130, werten Sekundärgeschäfte mit Naked Warrants mit den aufgezeigten Ausnahmen als Börsentermingeschäfte. Im Ergebnis ordnet Drygala, WM 1992, 1213(1220), Naked Warrants den Börsentermingeschäften zu. Er weist zu Recht darauf hin, daß die Entscheidung des BGH zu den Aktienoptionsscheinen aus Optionsanleihen nach § 221 AktG (BGH WM 1991, 982 = WuB I G 4.-6.88) auf anders ausgestattete Optionsscheine (Naked Warrants) nicht ohne weiteres übertragbar sei.

988 Häusele, DB 1992, S.667(668); Häuser, WuB I G 5.-14.89, S. 1538.

Nachdem dargelegt wurde, daß Primärgeschäfte mit von Optionsanleihen gemäß § 221 Abs. 1 AktG getrennten Optionsscheinen als Kassageschäfte einzustufen sind, bestätigt sich dieses Ergebnis für den Sekundärhandel. Primär- und Sekundärgeschäfte mit Optionsscheinen gemäß § 221 Abs. 1 AktG weisen nicht die für das Börsentermingeschäft typischen Merkmale in ausreichender Stärke auf, so daß die Gesamtwertung eine Zuordnung zum Typus Börsentermingeschäft nicht zuläßt.

Eine entsprechende Gleichförmigkeit zeigt sich bzgl. der rechtlichen Einordnung der Geschäfte mit Naked Warrants, die ihren Ursprung nicht in § 221 Abs. 1 AktG haben. Primär- und Sekundärgeschäfte mit Naked Warrants weisen alle für den Typus Börsentermingeschäft charakteristische Merkmale auf. Die Gesamtbetrachtung ergab, daß Sekundärgeschäfte mit Naked Warrants ebenso wie Primärgeschäfte, als Börsentermingeschäft im Sinne des Börsengesetzes einzuordnen sind. Eine Ausnahme hiervon bilden Geschäfte mit sogenannten GROI-Emissionen bzw. mit Range Warrants, die bzgl. des Primär- und Sekundärhandels als Kassageschäfte einzustufen sind. Diese Geschäfte weisen nicht die für den Typus Börsentermingeschäft charakteristischen Risiken auf.

IV. Schutz des Anlegers

Nachdem die Börsentermineigenschaft von einem Teil der derivativen Finanzinstrumente, insbesondere von bestimmten Naked Warrants, dargelegt wurde, ist zu prüfen, ob der mit dem Börsengesetz vorrangig verfolgte Schutz des Anlegers[989] bei Geschäften mit diesen Optionsscheinen hinreichend gewährleistet ist. Die Untersuchung gewinnt an Dringlichkeit, da die Spekulation mit Optionsscheinen sich großer Beliebtheit erfreut.[990] Zuvor ist auf den "Anlegerschutz" an sich einzugehen, da dieser Begriff nicht immer einheitlich gebraucht wird.

Anlegerschutz ist Teil eines ambivalenten staatlichen Interesses, das sowohl durch das Ziel, den privaten Anleger als Marktteilnehmer zu schützen, als auch durch den angestrebten Funktionsschutz des Börsenmarktes als Teil des inländischen Kapitalmarktes, bestimmt wird.[991] Die Realisierung dieses Zieles soll durch staatliche Überwachung der Einhaltung der marktbezogenen Regelungen erreicht werden.[992] Mit dem Begriff "Anlegerschutz" wird der Schutz derjenigen Personen, die Gelder zwecks Substanzerhaltung oder zur Erzielung von Kapitalerträgen anlegen wollen oder dies beabsichtigenen, verbunden. Derjenige, der unternehmerisch tätig werden will, soll nicht geschützt werden.[993] Vereinzelt wird vertreten, daß Kapitalanleger, die lediglich im Sinne von Spekulationsgeschäften kurzfristige Kapitalanlagen wählen, um schnelle Wertsteigerungen zu realisieren, nicht schutzbedürftig seien.[994] Gegen diese Annahme spricht, daß in der Regel Spekulationsgeschäfte, insbesondere Termingeschäfte, bereits mit einem geringen Kapitaleinsatz getätigt werden können. An diesen Geschäften beteiligen sich deshalb auch finanzschwache Bevölkerungsgruppen.[995] Diese sind vor

---

989 Dazu III.A.3.

990 Werner/Machunsky, Bankenhaftung, S. 79.

991 Kümpel, WM 1993, 2025, ordnet die beiden Schutzgüter dem "Kapitalmarktrecht" zu, das sich zu einem eigenständigen Rechtsgebiet zu entwickeln beginne.

992 In diesem Sinne Kümpel, WM 1992, 381(383).

993 Peltzer, NJW 1976, 1615(1616) m.w.N.

994 In diesem Sinne Horst, S. 1; Wiedemann, BB 1975, 1591.

995 Durrer/Lenhard, Neue Zürcher Zeitung vom 26.10.1993, Beilage, Seite B 24, weisen darauf hin, daß private Investoren sich vermehrt derivativer Finanzinstrumente zwecks Spekulation bedienen.

existenzbedrohenden Verlusten zu schützen.[996] Die Auffassung steht im Einklang mit dem Standpunkt, daß es nicht vornehmliche Aufgabe des Anlegerschutzes sein kann, einen möglichst weitgehenden Ausschluß des Anlegerrisikos zu erreichen oder den Anleger von besonders risikoträchtigen, spekulativen Anlagearten fernzuhalten[997]. Für diesen Standpunkt wird angeführt, daß die Annahme weitgehender Schutzpflichten als eine unerwünschte Bevormundung des Anlegers zu werten wäre und vor allem der Volkswirtschaft dringend benötigtes Risikokapital vorenthalten würde.[998] Grundsätzlich ist zu berücksichtigen, daß für die Anlagebereitschaft das Informationsrisiko eine überragende Rolle spielt und deshalb im Rahmen von Spekulationsgeschäften die Konstituierung von Aufklärungspflichten gegenüber dem Anleger notwendig ist.[999]

Der These, daß die an Spekulationsgeschäften beteiligten Kapitalanleger nicht schutzbedürftig seien, steht die bisherige Rechtsprechung entgegen. Diese klammert Spekulationsgeschäfte nicht vom Anlegerschutz aus. Bereits das Reichsgericht[1000] ging bei diesen Geschäften davon aus, daß gegenüber dem Anleger Aufklärungspflichten bestehen, wenn auch mit geringeren Anforderungen. Daran knüpfte der Bundesgerichtshof an.[1001] Der Auffassung der Rechtsprechung ist zuzustimmen. Auch das Börsentermingeschäft mit seinen Risiken kann je nach Intention im Sinne eines Spekulationsgeschäfts eingesetzt werden. Jedoch können in der Praxis die Motive des einzelnen Anlegers nicht festgestellt werden. Bereits aus diesem Grund besteht die Schwierigkeit, Spekulationsgeschäfte einheitlich zu umschreiben und zu verifizieren. Entscheidend für einen effektiven Anlegerschutz ist, daß er alle möglichen Arten der Kapitalanlage umfaßt und nicht die besonders spekulativen Geschäfte

---

996 Zu diesem Ergebnis gelangt gleichfalls Rollinger, S. 101 f.

997 Vgl. Kohl/Kübler/Walz/Wüstrich, ZHR 138 (1974), 1(13); in diesem Sinne auch Assmann, WuB I G 4.-2.88, S. 548; ähnlich BGH WM 1971, 987(989); von Heymann, NJW 1990, 1137(1140).

998 Kohl/Kübler/Walz/Wüstrich, a.a.O.

999 Hopt, Gutachten, S. G 50.

1000 Siehe statt anderer RG, Bank-Archiv XI. (1911/12), 232(233).

1001 Vgl. nur BGH WM 1987, 531.

aus dem Schutzbereich ausklammert. Mithin sind Spekulationsgeschäfte grundsätzlich nicht vom Postulat des Anlegerschutzes auszuschließen.[1002]

Die im Börsengesetz vormals verankerten Anlegerschutzbestimmungen erfuhren durch die Börsengesetznovelle von 1989 eine einschneidende Änderung, indem in § 53 Abs. 2 BörsG das sogenannte Informationsmodell eingeführt wurde. Die Bedingungen, unter denen Börsentermingeschäfte für die Vertragspartner wirksam vereinbart werden können, erhielten dadurch eine neue gesetzliche Grundlage. Nach der ehemaligen Fassung des Börsengesetzes konnten nur Vollkaufleute, ihnen gleichgestellte Rechtspersonen und Ausländer ohne Niederlassung im Inland wirksam Börsentermingeschäfte abschließen. Soweit andere Personen Termingeschäfte abschlossen, bestand für diese Personen die Möglichkeit, sich mittels des in §§ 52, 55 BörsG verankerten Termineinwandes auf die Unwirksamkeit dieser Geschäfte zu berufen. Damit wurden sie von ihren Leistungspflichten frei.[1003] Mit der Aufnahme des sogenannten Informationsmodells in § 53 Abs. 2 BörsG kann die Termingeschäftsfähigkeit von Nicht-Kaufleuten durch schriftliche Unterrichtung herbeigeführt werden. Die Berufung auf den Termineinwand im Sinne des Börsengesetzes und auf den Differenzeinwand (§§ 762, 764 BGB) ist den Termingeschäftsfähigen gemäß § 58 BörsG versagt, so daß sie zur Erfüllung der eingegangenen Verbindlichkeiten verpflichtet sind.

Im Fortgang der Arbeit soll untersucht werden, ob durch die allgemeinen Aufklärungspflichten und das im Börsengesetz verankerte Informationsmodell eine ausreichende Aufklärung des nicht termingeschäftsfähigen Privatanlegers gewährleistet wird. Dies soll insbesondere für die als Börsentermingeschäfte einzuordnenden Geschäfte mit derivativen Finanzinstrumenten in Form von Naked Warrants geklärt werden. Hierbei wird auf das Verhältnis zwischen allgemeinen Aufklärungspflichten und dem Informationsmodell des Börsengesetzes einzugehen sein.

1002 In diesem Zusammenhang ist Peterhoff, WuB I G 4.-5.93, S. 687(688), zuzustimmen, der darauf hinweist, daß keine Bank einen Kunden bei Spekulationsgeschäften mit absoluter Sicherheit vor Wertverlusten schützen könne.

1003 Kümpel/Häuser, S. 84 ff.

Empirische Untersuchungen der Anlegermotivation haben ein ausgeprägtes "spielerisches Streben" nach Gewinn aufgedeckt.[1004] Es wird zu prüfen sein, ob sich aufgrund dessen Auswirkungen auf Inhalt, Umfang und Form der Anlegeraufklärung bei Kapitalanlagegeschäften oder die Inhalte der Aufklärungspflichten nach dem Informationsmodell bei Börsentermingeschäften ergeben.

A. ALLGEMEINE AUFKLÄRUNGS- UND BERATUNGSPFLICHTEN BEI KAPITALANLAGEGESCHÄFTEN

Bereits vor der Einführung des sogenannten Informationsmodells in § 53 Abs. 2 BörsG im Jahre 1989 bestanden innerhalb von Rechtsprechung und Lehre Ungewißheiten über den Umfang der für Kreditinstitute und Anlageberater bzw. -vermittler bestehenden Informationspflichten bei der Vermittlung von Kapitalanlagegeschäften. Trotz der höchstrichterlichen Rechtsprechung und den vielzähligen Urteilen der Untergerichte zu den Aufklärungs-, Warn- und Beratungspflichten der Finanzdienstleister, ist dieser Pflichtenkreis weder dogmatisch noch in den praktischen Ergebnissen gesichert. Von seiten der Rechtsprechung wird eingeräumt, daß die Schwierigkeit bei der Bejahung ebenso wie bei der Verneinung von Warn- und Aufklärungspflichten darin liege, das rechte Maß zu finden.[1005] Gleichwohl hält die Legislative den zum Schutz des Anlegers geltenden rechtlichen Rahmen nicht in allen Fällen für ausreichend.[1006]

Das Ziel der weiteren Untersuchung ist es, den Umfang und Inhalt der für Kreditinstitute und Anlageberater bzw. -vermittler bestehenden allgemeinen Aufklärungspflichten abzugrenzen und auf Geschäfte mit Optionsscheinen zu übertragen.

1004 Vgl. Henssler, ZHR 153(1989), 611(623), der sich auf eine Schimmelpfennig-Marktuntersuchung stützt.

1005 Schimansky, S. 67(69).

1006 O.V., Blick durch die Wirtschaft vom 1.10.1993, S. 3.

Außerhalb des Bankbereichs sind Anlagevermittler[1007] von den Anlageberatern zu unterscheiden. Ein Anlageberater wird von einem Anleger in Anspruch genommen, wenn er selbst keine ausreichenden wirtschaftlichen Kenntnisse und keinen Überblick über wirtschaftliche Zusammenhänge besitzt.[1008] Der Anlageberater, dem weitreichendes persönliches Vertrauen entgegen gebracht wird[1009], muß die von ihm mitzuteilenden Tatsachen unter Berücksichtigung der persönlichen Verhältnisse des Anlegers bewerten und beurteilen.[1010] Hiervon verspricht sich der Anleger eine erhöhte Richtigkeitsgewähr für die von ihm vorzunehmende Anlageentscheidung.[1011] Demgegenüber werden von der Rechtsprechung an die Aufklärungspflichten der Anlagevermittler regelmäßig geringere Anforderungen gestellt.[1012] Anlagevermittler sind allein zur Auskunftserteilung verpflichtet.[1013] Ihre Pflicht besteht darin, richtige und vollständige Informationen über tatsächliche, für das betreffende Geschäft notwendige, Informationen zu vermitteln.[1014] Der jeweilige Pflichtenkreis eines Anlagevermittlers bzw. -beraters kann sich allerdings überschneiden.[1015] Die Bestimmung des Pflichtenumfangs ist an

---

1007 Gemäß o.V., Börsen-Zeitung vom 19.6.1993, S. 3, sind in Deutschland 40.000 Anlagevermittler tätig.

1008 Vgl. nur BGH, WM 1993, 1238(1239) m.w.N.; Vortmann, Aufklärung, Rn. 286.

1009 BGH, WM 1993, 1238(1239).

1010 Hoegen, in: FS-Stimpel, S. 247(249 ff); Vortmann, a.a.O.; Werner/Machunsky, Rechte und Ansprüche, S. 92. Vgl. Schwintowski, EWiR § 53 BörsG 2/91, 979(980); ders., EWiR § 53 BörsG 1/91, 259(260), der den "Grundsatz der Risikostreuung" zu den Aufklärungspflichten bei Aktienoptionsverkäufen zählt. Er setzt sich für die Anwendung einer Faustformel ein, wonach der Anleger darüber aufzuklären sei, daß "maximal 10 % des freien Kapitals in Optionsgeschäfte" investiert werden sollten.

1011 Schäfer, S. 2.

1012 In diesem Sinne Vortmann, Aufklärung, Rn. 284 m.w.N.; Schäfer, S. 3 m.w.N.

1013 Vgl. statt anderer BGH, WM 1993, 1238(1239).

1014 Vortmann, Aufklärung, Rn. 285.

1015 Siehe Vortmann, Aufklärung, Rn. 286 m.w.N., der zu Recht darauf hinweist, daß die Grenzziehung zwischen Anlageberatung und -vermittlung vor allem dann fließend ist, wenn der Vermittler als Vertreter oder Sachwalter des Emittenten persönliches Vertrauen in Anspruch

Hand des Einzelfalls vorzunehmen, da es eine generelle, jedes Geschäft abdeckende Aufklärungs- und Beratungspflicht nicht gibt.[1016]

Angesichts des gesetzlich nicht festumrissenen Umfangs der für Anlageberater und -vermittler bestehenden Aufklärungs- und Beratungspflichten sind vermehrt Kapitalbetrügereien zu beobachten.[1017] Die neuerdings vom Bundesverband Finanzdienstleistungen (FiFa) wieder aufgegriffene Forderung, einen Fachkundenachweis für Finanzberater einzuführen, der Voraussetzung für die Erteilung eines Gewerbescheins sein soll, erscheint daher verständlich.[1018]

1. Rechtsnatur

Mit dem postulierten Anlegerschutz wird unter anderem verbunden, daß die privatrechtliche Sicherung der Interessen der Anleger an erster Stelle steht.[1019] Die in der Regel ungleiche Ausgangsposition der an Kapitalanlagegeschäften Beteiligten erfordert den Schutz des "schwächeren" Partners, somit des privaten

---

nimmt. In diesem Fall ist ein Vermittler wie ein Berater zur vollständigen und richtigen Beratung verpflichtet.

1016 Vgl. BGH, WM 1993, 1238(1239); BGH, NJW 1982, 1095 f; ebenso Werner/Machunsky, Bankenhaftung, S. 27; Hopt, in: FS-Gernhuber, S. 169(185), Vortmann, WM 1993, 581. Die Wertung von Rümker, S. 29(33), daß sich in der Rechtsprechung zum Ausmaß der Aufklärungspflichten für die einzelnen Geschäftstypen "relativ klar umrissene Fallgruppen" verfestigt hätten, geht zu weit.

1017 Gemäß Carsten Lucht, in o.V., Handelsblatt vom 28.9.1993, S. 6 und o.V., Handelsblatt vom 28.9.1993, S. 15, sind deutsche Sparer im Jahre 1992 durch unseriöse Anlageberater um 40 Mrd. DM betrogen worden. Ebenso o.V., Blick durch die Wirtschaft vom 1.10.1993, S. 3.

1018 Carsten Lucht, a.a.O.; gemäß o.V., VWD Finanz- und Wirtschaftsspiegel vom 29.9.1993, S. 16, geht die Sprecherin der SPD-Bundestagsfraktion, Lilo Blunck weiter, indem sie aus Gründen des Anlegerschutzes die Einführung einer Registrierpflicht für Anlagevermittler und -berater nach amerikanischem Vorbild fordert. Zuvor bereits Rollinger, S. 131 f, m.w.N., der einen Fachkundenachweis für Vermittler von Termingeschäften, entsprechend der in den USA üblichen Praxis eines sog. "general securities examination", forderte.

1019 Schwark, Anlegerschutz, S. 77.

Anlegers.[1020] Hierfür sind die in der Verfassung verankerten Grundwerte anzuführen. Aus der Abwägung der Anlage- und Unternehmerfreiheit der Produktions- und Finanzwirtschaft gemäß Art. 2, 12, 14 GG, mit dem Gebot einer sozialstaatlichen Rechtsordnung nach Art. 20 Abs. 1 GG, folgt zuvorderst der Schutz des privaten Anlegers als dem schwächeren Vertragspartner.[1021] Im Zivilrecht existiert jedoch kein allgemeines Prinzip, nach dem die Schutzbedürftigkeit eines Partners bereits Aufklärungs- und Beratungspflichten des anderen auslöst.[1022] Durch die Situation des Einzelfalls wird bestimmt, ob und wenn ja worin, eine Schutzbedürftigkeit des Anlegers gegeben ist.

Eine generelle Schutzbedürftigkeit des Anlegers könnte aus der Entwicklung des historischen Effenktengeschäfts folgen. In den Ursprüngen der Effektenanlage bestanden für Anleger noch keine Risiken wegen fehlender Informationen oder tatsächlicher Beurteilungsmöglichkeiten, da die Anleger in persönlicher Beziehung zu den Anleiheschuldnern oder den haftenden Gesellschaften standen und deren Kreditwürdigkeit und Rückzahlungswilligkeit selbst beurteilen konnten. Erst durch die zunehmenden Gründungen von Aktiengesellschaften im 19. Jahrhundert lösten sich diese persönlichen Verbindungen allmählich auf. Hieraus entwickelte sich ein Informationsrisiko für den Anleger.[1023]

1020 Heinsius, ZHR 145 (1981), 177(193 f); Schäfer, S. 22; Hopt, Kapitalanlegerschutz, S. 440 ff; ders., in: FS-Gernhuber, S. 169(181). Demnach ist für den Fall widerstreitender Interessen zwischen Anleger und Aufklärungspflichtigen dem Anlegerinteresse der Vorrang einzuräumen.

1021 Schwark, in: FS-Steindorff, S. 473(480). Hopt, Kapitalanlegerschutz, S. 413 ff, folgert aus dem seiner Ansicht nach verfassungsrechtlich verankerten Anlegerschutzprinzip ein System der "Individualpublizität" für Kapitalanleger.

1022 In diesem Sinne Wiedemann, BB 1975, 1591(1593); Schäfer, S. 13 m.w.N.

1023 Siehe Hopt, Kapitalanlegerschutz, S. 88 f; Henssler, ZHR 153(1989), 611(619), der darüber hinaus aufzeigt, daß der Spekulant mit dem "Gegenspekulanten" bzw. dem durch Sicherungsinteressen motivierten Inhaber der Gegenposition nicht mehr in Kontakt tritt und deshalb persönliche Vertrauensbeziehungen zwischen den Parteien nicht aufgebaut werden.

Das für Wertpapierkäufer bestehende Risiko ist in fünf spezielle Untergruppen: das Informations-, Substanzerhaltungs-, Interessenvertretungs-, Konditionen- und Abwicklungs- bzw. Verwaltungsrisiko, zu unterteilen.[1024] Der Ursprung dieser Risiken ist die Ungewißheit des Anlegers, bedingt durch fehlende Informationen über den Eintritt von zukünftigen Ereignissen und Ignoranz gegenüber vorhandenen Informationen.[1025] Aus der Kumulierung des mit der Beteiligung an spekulativen Anlagearten einhergehenden hohen Risikos mit völliger Marktintransparenz und dem regelmäßigen Ausschluß bzw. der faktischen Ineffizienz von Einwirkungs- und Kontrollrechten folgt eine besondere Gefährdung des Anlegers.[1026]

Es ist zweifelhaft, ob sich aus diesen Informationsdefiziten des Anlegers eine generelle Aufklärungs- und Beratungsverpflichtung ableiten läßt. Dies hängt davon ab, ob für die beteiligten Kreditinstitute und Anlagevermittler bzw. -berater eine Rechtspflicht zur Information des Anlegers besteht oder der Anleger sich bei einer beabsichtigten Effektenanlage die zur Risikobewertung notwendigen Informationen selbst besorgen muß. In Anbetracht des vorrangig einzustufenden Anlegerschutzes kann dem Anleger nicht grundsätzlich der Schutz versagt werden. Ansonsten müßte er das Risiko seiner Spekulation mit riskanten Anlagen selbst tragen[1027], was für den Anleger auf ein - ihm nicht zumutbares - Handeln auf eigene Gefahr hinauslaufen würde.

Daneben potenziert die schwer überschaubare Vielfalt der Kapitalanlage-instrumente, deren Rechtskonstruktionen für den Anleger oftmals nicht mehr verständlich sind, und die zunehmende Globalisierung sowie Intransparenz der Märkte das bestehende Informationsrisiko. In immer kürzeren Intervallen werden neue Finanzinstrumente kreiert, so daß weite Anlegerkreise nur geringe

---

1024 Hopt, Gutachten, S. G 15 f; a.A. Breidenbach, S. 4, der auf eine solche Systematisierung verzichtet, da er hierin mehr ein Phänomen sprachlicher Kreativität, als eine operable Präzisierung des Pflichteninhalts sieht.

1025 Müller-Schwerin, S. 44. Breidenbach, S. 25, sieht den Grund für die "gestörte Vertragsparität" und die daraus resultierende Schutzwürdigkeit des Anlegers in dessen wirtschaftlicher und rechtsgeschäftlicher Unerfahrenheit.

1026 Kohl/Kübler/Walz/Wüstrich, ZHR 138 (1974), 1(13).

1027 In diesem Sinne Hopt, Gutachten, S. G 45.

oder gar keine Erfahrungen mit solchen Produkten haben.[1028] Andererseits ist aufgrund der steigenden Ansprüche der Anleger an ein vielfältigeres Angebot von Kapitalanlagen ein höherer Recherchieraufwand seitens der Kreditinstitute und Anlagevermittler bzw. -berater zu fordern.[1029] Hieraus folgt ein Informations- und Aufklärungsbedarf des Anlegers.[1030] Da sich der Anleger in der Regel die für eine Anlageentscheidung notwendigen Informationen allein nicht mehr verschaffen kann, ist die Notwendigkeit von Aufklärungs- und Beratungspflichten grundsätzlich anerkannt.[1031] Informationspflichten werden demnach gemeinhin mit einem Informationsdefizit des Anlegers begründet.[1032] Allerdings erkennen Rechtsprechung und überwiegende Lehre weder ein allgemeines Anlegerschutzprinzip als Rechtsprinzip an[1033], noch findet sich eine einheitliche Bewertung der Rechtsnatur der Beziehung zwischen Anleger und den verschiedenen Finanzdienstleistern.

Die für Kreditinstitute und Anlagevermittler bzw. -berater bestehenden Aufklärungs- und Beratungspflichten werden zum Teil aus einem allgemeinen Bankvertrag[1034], der Verletzung von Schutzpflichten aufgrund eines Vertrauensverhältnisses im Sinne von § 242 BGB[1035] oder aus einem

---

1028 Schäfer, S. 62; Rümker, S. 29(45); Durrer/Lenhard, Neue Zürcher Zeitung vom 26.10.1993, Beilage, S. B 24.

1029 In diesem Sinne Köndgen, WuB I G 4.-4.93, S. 477(479).

1030 Rümker, S. 29(44). Gemäß Durrer/Lenhard, Neue Zürcher Zeitung vom 26.10.1993, Beilage Seite B 24, verlassen sich die privaten Anleger in erster Linie auf die Risikoeinschätzung der Bank.

1031 Siehe nur Kleinschmitt, S. 77.

1032 Breidenbach, S. 28.

1033 Vgl. Schäfer, S. 13, 19; Vortmann, Aufklärung, Rn. 11 ff; a.A. im Ergebnis Werner/Machunsky, DB 1982, 2229(2231).

1034 Hopt, in: FS-Gernhuber, S. 169(175); ders., in: FS-Fischer, S. 237(240), geht bei einer Geschäftsverbindung zwischen Anleger und Kreditinstitut von einem Bankvertrag aus; ebenso Baumbach/Duden/Hopt, BankGesch (7), Anm. I. 3); ablehnend Canaris, Bankvertragsrecht, Rn. 4 ff, 11.

1035 Schäfer, S. 10 m.w.N.; Heinsius, ZHR 145 (1981), 177(181); Rümker, S. 29(31); Werner/Machunsky, DB 1982, 2229(2230); Canaris, Bankvertragsrecht, Rn. 12 ff, 100 ff, 1880, nimmt einen Beratungs- und Auskunftsvertrag ohne primäre Leistungspflichten an. Eisenhardt, S. 26 f, hält der Lehre und Rechtsprechung zu Recht vor, sich wenig um eine dogmatische Begründung gekümmert zu haben.

Beratungs- bzw. Auskunftsvertrag[1036] abgeleitet. Einvernehmen besteht dahingehend, daß für die Rechtsbeziehung der an Kapitalanlagegeschäften beteiligten Anlagevermittler und -berater der § 676 BGB, der eine Haftung für Schäden aufgrund von Rat, Empfehlung und Auskunft ausschließt, nicht einschlägig ist.[1037] Von § 676 BGB werden ausschließlich die im Rahmen eines Gefälligkeitsverhältnisses erteilten Auskünfte im Sinne von Rat und Empfehlung erfaßt. Berufseinschlägige oder gewerbliche Auskünfte fallen nicht hierunter.[1038]

Der Bundesgerichtshof hat bisher mehrfach eine Aufklärungs- bzw. Informationspflicht nach Vertragsgrundsätzen angenommen. Er geht insoweit von einem selbständigen Auskunfts- oder Beratungsvertrag aus. Ein solcher Vertrag kann auch stillschweigend zustande kommen, wenn die Auskünfte für den Anleger erkennbar von erheblicher Bedeutung sind und sie zur Grundlage wesentlicher Entschlüsse und Maßnahmen gemacht werden sollen.[1039] Die Konstruktion eines konkludent geschlossenen Auskunftsvertrages wird innerhalb der Lehre überwiegend als "Fiktion"[1040] eingestuft und im Ergebnis abgelehnt[1041]. Andererseits erfährt auch die Lehre vom allgemeinen Bankvertrag zahlreiche Einwände.[1042]

1036 Vgl. nur BGHZ 70, 356(361); BGHZ 74, 103(106 f); BGHZ 100, 117(118 f); BGH, WM 1993, 1238(1239); ebenso LG Marburg WM 1993, 640; OLG Schleswig WM 1993, 503(504); OLG Frankfurt am Main, WM 1993, 1030(1031). Zustimmend Arendts, WM 1993, 229(231); Raeschke-Kessler, WM 1993, 1830(1831).

1037 Schäfer, S. 5; Kleinschmitt, S. 78.

1038 In diesem Sinne Staudinger-Wittmann, BGB, § 676 Rn. 3; Heinsius ZHR 145(1981), 177(180).

1039 Der BGH bestätigt mit der Entscheidung vom 13.05.1993, WM 1993, 1238(1239), seine bisherige Rechtsprechung zur Annahme eines stillschweigend abgeschlossenen Beratungs- oder Auskunftsvertrages. Zustimmend Vortmann, Aufklärung, Rn. 18, 20. Im Anschluß ebenso OLG Frankfurt am Main, WM 1993, 1030.

1040 Vgl. Eisenhardt, S. 22 ff; Schwark, ZHR 151(1987), 325(330); Roth, § 12 Rn. 13; Schäfer, S. 9.

1041 Vgl. Canaris, Bankvertragsrecht, Rn. 100; Rümker, ZHR 147(1983), 27(31); Eisenhardt, S. 24; Horst, S. 187 f; Roth, § 12 Rn. 13; Kleinschmitt, S. 78. A.A. Hoegen, in: FS-Stimpel, S.247(252), der diese

Unabhängig davon, ob von einem allgemeinen Bankvertrag, der Verletzung von Schutzpflichten aufgrund eines Vertrauensverhältnisses oder einem stillschweigend abgeschlossenen Auskunfts- bzw. Beratungsvertrag ausgegangen wird, basieren diese Rechtskonstruktionen darauf, daß im Geschäftsverkehr Vertrauen gewährt und in Anspruch genommen wird. Daraus resultieren Schutzpflichten, die bei einem Bankvertrag als vertragliche Nebenpflichten aus dem allgemeinen Verhaltensgrundsatz gemäß § 242 BGB folgen.[1043] Die Parteien haben sich bei Abwicklung des Schuldverhältnisses so zu verhalten, daß die Person oder die Rechtsgüter des Vertragspartners nicht verletzt werden. Vergleichbare Schutzpflichten treffen die an einem Auskunfts- bzw. Beratungsvertrag Beteiligten. Im Ergebnis hat es allerdings auf den Inhalt und Umfang der Aufklärungspflichten keinen Einfluß, welcher rechtlichen Qualifizierung der Vorzug gegeben wird.[1044]

Demnach kann die Rechtsnatur der Geschäftsverbindung zwischen Anleger und Kreditinstitut oder Anlagevermittler bzw. -berater dahingestellt bleiben. Schließlich wird in der Praxis in der Regel als Haftungsgrund für ein Beratungsverschulden der Zusammenhang mit einem besonderen Rechtsgeschäft oder einem Beratungsvertrag gegeben sein. Die Konstruktion eines allgemeinen Bankvertrages oder eines stillschweigend abgeschlossenen Beratungs- bzw. Auskunftsvertrages wird deshalb nicht zum Tragen kommen.[1045]

---

grundlegend ablehnende Haltung lediglich für bedenkenswert, indes nicht für zwingend hält.

1042 Siehe statt anderer Schwark, Anlegerschutz, S. 100 ff; Canaris, Bankvertragsrecht, Rn. 2 ff.

1043 Vgl. Palandt-Heinrichs, § 242 Rn. 35.

1044 In diesem Sinne Rümker, ZHR 147(1983), 27(34); Kümpel, WM 1989, 81(86); Heinsius ZHR 145 (1981), 177(183); Kleinschmitt, S. 83; Wolf, NJW 1994, 24. Gemäß Hopt, FS-Gernhuber, S. 169(177), richtet sich die Haftung für die Verletzung von Aufklärungspflichten weitgehend unabhängig von deren Rechtsgrundlage nach der "Verhaltenspflicht".

1045 Vgl. Heinsius, ZHR 145 (1981), 177(182); Vortmann, Aufklärung, Rn. 21.

2. Inhalt und Umfang

Angesichts der Vielzahl der ständig neu kreierten Finanzinstrumente lassen sich Inhalt und Umfang der allgemeinen Aufklärungs- und Beratungspflichten nicht von vornherein fest umreißen. Neben bereits als gefestigt anzusehenden Standards sind in Randbereichen die Auffassungen zu Inhalt und Umfang der mitzuteilenden Informationen im Fluß. Zudem erscheint der Versuch einer statischen Festschreibung von Aufklärungs- und Beratungspflichten aufgrund deren Abhängigkeit vom Einzelfall als ein hoffnungsloses Unterfangen.[1046] Es soll im weiteren dennoch versucht werden, einen allgemeinen Pflichteninhalt zu bestimmen. Anschließend ist der Inhalt allgemeiner Aufklärungs- und Beratungspflichten auf spezielle Geschäftsarten zu übertragen.

a) Allgemeiner Pflichteninhalt

Bei Warentermingeschäften hat sich eine ständige Rechtsprechung zum Umfang der im Verhältnis zwischen Kunden und Kreditinstitut bzw. Anlagevermittler bzw. -berater bestehenden Aufklärungspflichten entwickelt. Unabhängig von der Aufklärungsbedürftigkeit des Anlegers[1047] besteht die Pflicht, über die wesentlichen Grundlagen der Geschäfte, die wirtschaftlichen Zusammenhänge und insbesondere über alle diesen Geschäften innewohnenden Risiken aufzuklären.[1048]

1046 Vgl. nur Hopt, in: FS-Gernhuber, S. 169(185), der zu Recht darauf hinweist, daß Inhalt und Reichweite der Aufklärungs- und Verhaltenspflichten der Kreditinstitute ihrer Natur nach nicht abschließend festgelegt sind.

1047 Siehe nur Vortmann, Aufklärung, Rn. 305 m.w.N., der zu Recht als Begründung anführt, daß diese Pflichten wegen der hohen Risiken solcher Geschäfte bestehen.

1048 Vgl. nur BGH, NJW 1993, 257(258) m.w.N.; BGH, WM 1992, 770(771 f); BGH, WM 1987, 103 f; OLG Düsseldorf, WM 1990, 176; zustimmend LG Wuppertal, WM 1993, 103. Breidenbach, S. 66, hält die "Aufklärungspflicht-Rechtsprechung" bei Warentermingeschäften nicht für ausreichend, um den Kunden zu schützen. Er gibt zu bedenken, ob hierdurch nicht gerade der gesamte Markt aufrechterhalten werde.

In Abgrenzung hierzu lassen sich bei Effektengeschäften die Aufklärungspflichten nicht statisch festschreiben oder exakt definieren. Inhalt und Umfang dieser Pflichten werden durch die Umstände des Einzelfalls bestimmt.[1049] Aufklärungs- und Beratungspflichten können allerdings in bestimmte Hauptgruppen eingeteilt werden. Neben der Aufklärungspflicht sind Beratungs-, Wahrheits-, Nachforschungs- und Erkundigungspflichten und die Organisationspflicht zu unterscheiden.[1050] Aus diesen unterschiedlichen Pflichten folgt für Kreditinstitute und Anlagevermittler bzw. -berater ein umfänglicher Pflichtenkatalog. Dessen inhaltliche Bestimmung und Abgrenzung wird dadurch erschwert, daß Aufklärungs- und Beratungspflichten vielfach als synonyme Begriffe verwendet werden.[1051] Es wird allein von der formalen Umschreibung der Aufklärungspflicht als eine Verpflichtung, einen anderen ohne besonderes Verlangen über bestimmte erkennbar entscheidungserhebliche Tatsachen und Umstände zu informieren, ausgegangen. Dies bedeutet eine dogmatische Ungenauigkeit. Denn die Beratungspflicht umfaßt zwar ebenso die Verpflichtung, über Tatsachen und Umstände zu informieren, jedoch setzt sie darüber hinaus die Raterteilung oder Empfehlung bzw. Warnung und somit die Bewertung von Tatsachen voraus.[1052] In der Praxis sind die Grenzen zwischen Aufklärungs- und Beratungspflichten fließend.[1053] Erstere können neben der

---

1049 BGH WM 1993, 1455(1456); Wach, Rn. 238; Heinsius, ZHR 145 (1981), 177(186, 201); Werner/Machunsky, Bankenhaftung, S. 27, 31; Roth, § 12 Rn. 19; ders., MüKo, § 242 Rn. 201; Arendts, WM 1993, 229(233); Vortmann, Aufklärung, Rn. 25; ders., WM 1993, 581; Hopt, in: FS-Gernhuber, S. 169(185).

1050 Siehe zum Umfang der einzelnen Aufklärungspflichten Hopt, Kapitalanlegerschutz, S. 82 ff, 413 ff; ders., in: FS-Fischer, S. 237(243 f); Wach, Rn. 244 ff; Heinsius, ZHR 145(1981), 177(186); von Heymann, Die Bank 1991, 176(177); Kleinschmitt, S. 88 ff. A.A. Breidenbach, S. 4, der, ohne im Ergebnis zu überzeugen, die Verwendung dieser Bezeichnungen ablehnt.

1051 Vgl. Rümker, S. 29(30); Schäfer, S. 7; ebenso, Breidenbach, a.a.O., der ausdrücklich darauf hinweist, daß er "Informationspflicht" und "Aufklärungspflicht" als Synonyme verwendet, um damit eine "sprachliche Monotonie" zu umgehen.

1052 Canaris, Bankvertragsrecht, Rn. 101.

1053 Vgl. Wolf, NJW 1994, 24 f, der zu Recht die Abgrenzung zwischen Aufklärung und Beratung für zweifelhaft hält und im Regelfall zwischen beiden "kaum Unterschiede" sieht.

Mitteilung wertfreier Tatsacheninformation häufig eine Beratungs- und Warnfunktion beinhalten.[1054]

Imo[1055] wendet gegen den Umfang und Inhalt der Aufklärungspflichten im Bereich der Börsentermin- und Optionsgeschäfte ein, daß sie unausgewogen und auf unzutreffenden bzw. kaum tragfähigen Tatsachengrundlagen aufgebaut seien. Deshalb würde das deutsche Anlegerschutzrecht weit über den gebotenen Anlegerschutz hinausgehen und die Entstehung bzw. Entwicklung eines modernen Börsenwesens verhindern. Die Vertretbarkeit des Standpunktes von Imo in dieser generalisierenden Weise erscheint fraglich. Deshalb soll Inhalt und Umfang der allgemeinen Aufklärungspflichten im Zusammenhang mit kategorisierten Geschäftsarten untersucht werden. Hierzu sind die tragenden Prinzipien der reichhaltigen Rechtsprechung zu den Aufklärungs- und Beratungspflichten der Kreditinstitute und Anlagevermittler bzw. -berater herauszuarbeiten.

Bei Börsentermingeschäften gewinnt wegen der mit ihnen verbundenen Risiken die Pflicht zur Risikoaufklärung eine überragende Bedeutung.[1056] Der Anleger ist vor allem aufklärungsbedürftig, weil die einzelnen Termingeschäftsarten unterschiedliche Chancen- und Risikostrukturen aufweisen[1057]. Der in einem "Vertrauensverhältnis"[1058] zu seinem Kreditinstitut oder Anlagevermittler bzw. -berater stehende Anleger ist so über Art und Umfang der mit den in Frage stehenden Termingeschäften verbundenen Risiken[1059] zu informieren, daß er eine erschöpfende Risikoaufklärung erhält.[1060] Hierdurch soll ihm ermöglicht werden, die Risiken des in Frage stehenden Geschäfts selbst zu erkennen.[1061] Der Anleger ist umfassend, wahrheitsgemäß sorgfältig und vollständig über alle

---

1054 Rümker, S. 29(30 f).

1055 Imo, Rn. 1546.

1056 In diesem Sinne Kleinschmitt, S. 91.

1057 Müller-Schwerin, S. 149.

1058 Hopt, Kapitalanlegerschutz, S. 396.

1059 Gemäß OLG Schleswig, WM 1993, 503, ist ein nicht über Spezialkenntnisse verfügender Anleger auf die besonderen Risiken hinzuweisen, die sich aus dem Wesen von Optionsscheinen, die als Kassageschäfte eingestuft werden, ergeben. Zustimmend Vortmann, WuB I G 5.-5.93, S. 690(691).

1060 Wach, Rn. 246; Rössner/Lachmaier, BB 1986, 336(340 f).

1061 Vgl. nur Vortmann, Aufklärung, Rn. 292 m.w.N.

Tatsachen und Umstände zu informieren, die für die jeweilige Anlageentscheidung Bedeutung haben könnten.[1062]

Darüber hinaus bedarf es einer Erläuterung und wertenden Aufschlüsselung der Tatsachen sowie der wirtschaftlichen Zusammenhänge.[1063] Diesen Pflichten müssen Kreditinstitute und Anlagevermittler bzw. -berater von sich aus nachkommen, auch wenn der Anleger dazu nicht ausdrücklich aufgefordert hat.[1064] Der unerfahrene Anleger ist intensiv über die Risiken und Eigenarten des jeweiligen Geschäftes, insbesondere über alle für den Vertragsschluß bedeutsamen Informationen, aufzuklären.[1065] Er soll dadurch in die Lage versetzt werden, bewußt und in Kenntnis der Sachlage entscheiden zu können, ob er ein Geschäft abschließen will oder nicht.[1066]

Demnach sind Inhalt und Umfang der Aufklärungspflichten vor allem von dem jeweils in Frage stehenden Geschäft abhängig. Bei Optionsgeschäften ist die Kenntnis der Höhe und der Zusammensetzung der Optionsprämie für die Prüfung maßgeblich, um entscheiden zu können, ob durch eine spätere Weiterveräußerung der Option oder durch Kauf einer entsprechenden Gegenposition - sogenannte Glattstellung - eine Gewinnchance besteht.[1067] Der unerfahrene

---

1062 Siehe BGH, WM 1993, 1455; BGH, WM 1987, 531(532); BGH, WM 1982, 1095; BGHZ 74, 103(106) = WM 1979, 530; LG Frankfurt am Main, WM 1992, 2138; zustimmend Peterhoff, WuB I G 4.-2.93, S. 332; Roth, § 12 Rn 35; Werner/Machunsky, Bankenhaftung, S. 31; Schäfer, S. 53; Vortmann, Aufklärung, Rn. 292, 296. Kübler, in: FS-Coing(II), S. 193(195), geht zu Recht von einem "gesicherten Grundsatz" aus.

1063 Wach, Rn. 251.

1064 Arendts, WM 1993, 229(233).

1065 In diesem Sinne Schäfer, S. 56.

1066 Vgl. MüKo-Emmerich, Vor § 275 Rn. 43 m.w.N.; im Ergebnis ebenso Kübler, ZHR 145(1981), 204(212). Das OLG Düsseldorf, ZIP 1989, 220(223) fordert, daß der Kunde bei Warentermindirektgeschäften die Risiken und Gewinnchancen selbst zutreffend einschätzen können muß. Nach OLG Celle, WuB I G 4.-4.93, S. 475(476), ist der unerfahrene Kunde im Zusammenhang mit dem Erwerb von Anleihen darauf hinzuweisen, daß das eingesetzte Kapital der Gefahr des Verlustes ausgesetzt ist.

1067 Gemäß Canaris, EWiR § 276 BGB 2/89, S. 657, ist der Kunde bei Optionsgeschäften darüber aufzuklären, daß Optionen vor Ablauf der

Anleger ist folglich über die einzelnen Komponenten des Kaufpreises und die Höhe des Aufschlags auf die Prämie aufzuklären.[1068] Insbesondere bei Geschäften mit ausländischen Wertpapieren besteht ein größeres Aufklärungsbedürfnis des Anlegers, da aufgrund der geringeren Informationsmöglichkeiten grundsätzlich von einem Informationsdefizit auf Kundenseite auszugehen ist.[1069] Dagegen bestehen geringere Aufklärungspflichten, wenn der Anleger bewußt Spekulationspapiere kauft.[1070]

In Rechtspechung und Lehre besteht allerdings keine Einigkeit darüber, ob eine Aufklärungs- und Beratungspflicht so weit reichen kann, daß der Aufklärungspflichtige gegebenenfalls von einem Geschäft abraten muß. Rümker vertritt den Standpunkt, daß es nicht Aufgabe eines Kreditinstituts sei, den Anleger von einem risikoreichen Geschäft abzuhalten. Für diesen Fall wäre eine hinreichend deutliche Aufklärung ausreichend.[1071] Um mögliche Schadensersatzansprüche wegen unterlassener Aufklärung zu vermeiden, empfiehlt Rümker, den

---

Optionsfrist durch eine Erklärung des Inhabers ausgeübt werden müssen, wenn überhaupt Gewinn erzielt werden soll. Potthoff, WM 1993, 1319(1322), geht bzgl. des Optionsscheinhandels, den er als Kassageschäft einstuft, über die Forderung von Canaris, a.a.O., hinaus, indem er eine Aufklärung des Anlegers über die Bedeutung der Komponenten des Optionspreises, "innerer Wert" und "Zeitwert", fordert. Daneben müsse der Optionsscheinerwerber über die "Liquidität des Marktes" in Kenntnis gesetzt werden, da der Optionsscheinmarkt in den seltensten Fällen liquide sei. Potthoff ist in bezug auf die Inhalte der Aufklärungspflichten zuzustimmen. Vgl. Fischer/Lansing, Börsen-Zeitung vom 18.09.1993, S. 21, die dem Optionsscheinmarkt ebenfalls eine mangelnde Liquidität bescheinigen, ohne jedoch hieraus Schlußfolgerungen bzgl. der für "Finanzdienstleister" bestehenden Aufklärungspflichten zu ziehen.

1068 Werner/Machunsky, Rechte und Ansprüche, S. 168 f. Das LG Marburg WM 1993, 640(641), erwägt unter Bezugnahme auf BGH WM 1971, 987 ff und OLG Karlsruhe WM 1988, 411, bei Optionsscheingeschäften, die als Kassageschäfte eingestuft werden, ob es sich bei Empfehlungen zu derartigen Risikogeschäften um sogenannte Börsentips handelt, für deren Richtigkeit Kreditinstitute nicht einzustehen haben. Die Entscheidung der Frage wird zwar offen gelassen, ist jedoch hier für die weitere Prüfung ohne Bedeutung.

1069 Vortmann, Aufklärung, Rn. 344; ders., WM 1993, 581(585 f).

1070 Werner/Machunsky, Bankenhaftung, S. 30 m.w.N.

1071 Rümker, S. 29(39); Hopt, Kapitalanlegerschutz, S. 423.

Aufklärungspflichtigen dennoch auf die Risiken und Nachteile der von ihnen vertriebenen neuen Produkte hinzuweisen.[1072] Als weiteres Argument führt er an, daß andernfalls die Grenze der Privatautonomie überschritten werde. Allerdings ist diese Überlegung nicht zwingend. Der Aufklärungspflichtige ist vielmehr gehalten, die "Anlagegerechtigkeit" der konkreten Investition zu gewährleisten, so daß er im äußersten Fall dem Anleger von dem beabsichtigten Geschäft abraten muß.[1073] In diesem Sinne ist der Forderung von Schwintowski[1074] zuzustimmen, daß die "Vermittler von Warentermin- oder Aktienoptionsgeschäften durch die Klärung der persönlichen Vermögensverhältnisse sicherzustellen haben, daß das Optionsgeschäft den Investor nicht ruinieren kann".[1075] Zutreffend beurteilt Schäfer[1076], daß der Bundesgerichtshof mit seinen Erfordernissen an die Klarheit der Information über die minimalen Gewinnchancen bei Warentermingeschäften nicht mehr weit von der Forderung Schwintowskis entfernt ist, zumal der Anleger eine solche Information als eine Empfehlung zur Abstandnahme von dem Geschäft verstehen wird.

Die geschuldete Risikoaufklärung darf nicht nur als geschäftsspezifische "Produktinformation" ausgestaltet werden, sondern ist als "kundenspezifische Beratung" zu leisten[1077]. Kreditinstitute und Anlagevermittler bzw. - berater sind zu einer "individuellen Beratung", die auf die persönlichen Verhältnisse des Anlageinteressenten abgestimmt ist, verpflichtet.[1078] Mit den

---

1072 Rümker, S. 29(53).

1073 Hoegen, in: FS-Stimpel, S. 247(251).

1074 Schwintowski, EWiR § 53 BörsG 1/91, 259(260); a.A. Rümker, a.a.O.

1075 Schwintowski, EWiR § 53 BörsG 2/91, 979(980); ders., EWiR § 53 BörsG 1/91, 259(260), der daneben fordert, der Anleger sei gemäß der Faustformel darüber aufzuklären, daß "maximal 10 % des freien Kapitals in Optionsgeschäfte" investiert werden sollten.

1076 Schäfer, S. 57 m.w.N.

1077 Horn, ZIP 1990, 2(17); ebenso Schwark, NJW 1989, 2675(2676), der zu Recht zwischen "anlagespezifischen" und "anlegerspezifischen" Informationspflichten unterscheidet. A.A. Tilp, DB 1992, 204, demzufolge Informations- und Aufklärungspflichten, zumindest im Rahmen von Devisentermingeschäften, "anlagebezogen" und nicht "anbieterbezogen" sein müssen.

1078 Hoegen, in: FS-Stimpel, S. 247(250); Kübler, in: FS-Coing (II), S. 193(195); MüKo-Roth, § 242 Rn. 201; Schwintowski, EWiR § 53

Aufklärungs- und Beratungspflichten wird vornehmlich bezweckt, das Informationsgefälle zwischen dem Aufklärungspflichtigen und dem Aufzuklärenden zu egalisieren.[1079] Dieses Ziel kann durch Aufklärungspflichten erreicht werden, deren Inhalte von allgemeinen Kriterien bestimmt werden und die im Einzelfall im Sinne eines "beweglichen Systems"[1080] unterschiedlich stark zum Tragen kommen.[1081] Mit Breidenbach[1082] ist deshalb ein aus dem Postulat des Verbraucherschutzes entlehnter, personenbezogener Ansatz zur Bestimmung der Informationspflichten abzulehnen. Der Informationsinhalt und -umfang richtet sich neben weiteren Kriterien an dem vom konkreten Vertragszweck bestimmten Informationsbedarf des Anlegers aus.[1083]

Hopt stellt in Sinne eines "beweglichen Systems" auf die Kriterien, Aufklärungsbedürftigkeit des Anlegers, Absprachen zwischen Bank und Kunden, Intensität der gegenseitigen Beziehungen[1084], Schutzverzicht und

---

BörsG 2/91, 979(980); ders., EWiR § 53 BörsG 1/91, 259(260); Werner/Machunsky, Rechte und Ansprüche, S. 90; LG Frankfurt am Main, WuB I G 5.-14.89, S. 1537(1538); LG Stuttgart, WuB I G 5.-13.89, S. 1167(1168); LG Marburg WM 1993, 640(641), das nicht nur auf die Erfahrung des Anlegers, sondern auch auf dessen Risikobereitschaft abstellt; zustimmend Peterhoff, WuB I G 4.-5.93, S. 687(688); OLG Schleswig, WM 1993, 503(504).

1079 Schäfer, S. 17; Hopt, FS-Gernhuber, S. 169(186); Rümker, S. 29(32, 38). Vortmann, Aufklärung, Rn. 146, geht anstatt von einem "Informationsgefälle" von einem "Wissensvorsprung" des Aufklärungspflichtigen aus, was im Ergebnis jedoch keinen Unterschied ausmacht.

1080 Siehe Hopt, in: FS-Gernhuber, S. 169(185 f), der zu Recht verdeutlicht, daß es unerheblich ist, ob diese Kriterien als Topoi oder methodisch als "bewegliches System" angesehen werden.

1081 Roth, § 16 Rn. 19.

1082 Breidenbach, S. 30 f, 32.

1083 Breidenbach, S. 31 ff.

1084 A.A. Rümker, S. 29(57), der zu Recht dem Element "Intensität" entgegenhält, daß auch der Einmalkunde einer Bank ebenso wie der Stammkunde eine professionelle Beratung erwarten kann. Zustimmend Vortmann, Aufklärung, Rn. 29; Roth, § 12 Rn. 20. Abzulehnen ist die Auffassung von Werner/Machunsky, Bankenhaftung, S. 27, die wie Hopt, a.a.O., auf die Intensität der Geschäftsbeziehung abstellen.

betriebliche bzw. finanzielle Tragbarkeit ab.[1085] Der Gedanke eines beweglichen Systems wurde neuerdings von Rümker in überzeugender Weise wieder aufgenommen. Im Zuge dessen wertete er Topoi und Argumentationsmuster der einschlägigen Rechtsprechung aus. Nach Rümker sind für die Bestimmung von Inhalt und Umfang der Aufklärungspflichten folgende Kriterien maßgeblich: die objektive Relevanz der Information für den konkreten Vertragszweck, der subjektive Aufklärungsbedarf (Aufklärungsbedürftigkeit) des jeweiligen Adressaten der Information, die tatsächliche Kenntnis der Information seitens des Informationspflichtigen, die Inanspruchnahme von persönlichem Vertrauen und schließlich der Funktionskreis, in dem der Informationspflichtige tätig wird.[1086]

Der Sinn von Aufklärungs- und Beratungspflichten darf allerdings nicht darin gesehen werden, dem Anleger das gesamte wirtschaftliche Risiko abzunehmen und den Kreditinstituten bzw. Anlagevermittlern und -beratern aufzubürden.[1087] Das Bestehen und der Umfang dieser Pflichten hängt

---

1085 Hopt, Kapitalanlegerschutz, S. 414 ff; ders., in: FS-Gernhuber, S. 169(186 ff). Ebenso Vortmann, Aufklärung, Rn. 26 ff. Breidenbach, S. 61 ff, 70 f, 73 ff, hat mit gewissen Abwandlungen gleichfalls Kriterien für die Aufklärungs- und Beratungspflichten im Sinne eines "beweglichen Systems" herausgearbeitet. Allerdings stellt er nicht auf die Aufklärungsbedürftigkeit des Anlegers, sondern auf den Informationsbedarf in bezug auf den konkreten Vertragszweck ab. Ein vertragsbezogener Ansatz ist jedoch mit Rümker, S. 29(35), als zu eng abzulehnen. Es ist auf personen- und vertragsbezogene Elemente, u.a. auf die Aufklärungsbedürftigkeit, abzustellen. Im Ergebnis ebenso Hopt, in: FS-Gernhuber, S. 169(186). Der Gedanke, die Aufklärungs- und Beratungspflichten an einem "beweglichen System" verschiedener Kriterien zu orientieren, geht auf Walter Wilburg (Entwicklung eines beweglichen Systems im bürgerlichen Recht. Rede, gehalten bei der Inauguration als Rector magnificus der Karl-Franzenz-Universität am 22.November 1950, ohne Ort und Jahr, S. 12 ff) zurück.

1086 Rümker, S. 29(38 ff, 56); zustimmend Schäfer, S. 19.

1087 So im Ergebnis Rollinger, S. 57; Raeschke-Kessler, WM 1993, 1830(1834); Rümker, S. 27(32, 41); Vortmann, Aufklärung, Rn. 292; Schäfer, S. 17; BGH, WM 1987, 531(532); LG Frankfurt am Main, WM 1992, 2138; zustimmend Peterhoff, WuB I G 4.-2.93, S. 332; Potthoff, WM 1993, 1319(1321). Bereits das RG, Bank-Archiv XI. (1911/12),

entscheidend davon ab, ob für Kreditinstitute und Anlagevermittler bzw. -berater die Aufklärungsbedürftigkeit des Kunden "erkennbar"[1088] ist. Hierfür sind personenbezogene Faktoren maßgeblich, die von den besonderen Umständen des Einzelfalls bestimmt werden.[1089] Dem Kriterium der Aufklärungsbedürftigkeit kommt folglich eine entscheidende Bedeutung zu.[1090] Der subjektive Aufklärungsbedarf wird von den Vorkenntnissen und Erfahrungen des Anlegers in bezug auf den konkreten Geschäftstyp bestimmt.[1091] Aufklärungs- und Beratungspflichten können demnach unabhängig davon bestehen, ob ein Anleger Kaufmann ist oder nicht.[1092] Andererseits ist eine Aufklärungsbedürftigkeit zu verneinen, wenn dem Anleger aufgrund früherer gleichartiger Geschäfte deren Besonderheiten und Risiken bekannt sind.[1093]

Bereits bei Verhandlungsaufnahme ist zwecks Ermittlung der Schutzbedürftigkeit des Anlegers dessen Informationsstand und dessen Vermögens- bzw.

S. 232(233), verfolgte einen restriktiven Kurs, indem es forderte: "Für den Ausfall des Spekulierens muß der Spekulant selber die Gefahr und Verantwortung tragen." Schimansky, S. 67(68), sieht zu Recht in den Aufklärungspflichten ein Rezept, um eine unerträgliche Risikoabwälzung auf den Kunden zu verhindern.

1088 Heinsius, ZHR 145(1981), 177(186 f); Schwark, Kapitalanlegerschutz, S. 91.

1089 Im Ergebnis BGH, WM 1993, 1455(1456); Vortmann, WM 1993, 581; ders., Aufklärung, Rn. 323; Hopt, FS-Gernhuber, S. 169(185).

1090 Hopt, Kapitalanlegerschutz, S. 417; Rümker, S. 29(40).

1091 Vgl. BGH, WM 1992, 479; BGH, WM 1991, 892; OLG Düsseldorf, WM 1992, 1808; OLG Frankfurt am Main, WM 1990, 1452; LG Frankfurt am Main, DB 1992, 203; LG Stuttgart, WM 1988, 620; LG Darmstadt, WM 1984, 332; Vortmann, Aufklärung, Rn. 26, 339; Rümker, S. 29(40 f).

1092 BGH, WM 1987, 103; BGH, WM 1984, 552; BGH, WM 1981, 552; Rümker. S. 29(41); Hopt, in: FS-Gernhuber, S. 169(187); Kübler, ZHR 145(1981), 204(215). Abzulehnen ist die andere Auffassung von Werner/Machunsky, Bankenhaftung, S. 29, daß bei Kaufleuten wesentlich geringere Aufklärungs- und Beratungspflichten als bei unerfahrenen Anlegern bestehen würden.

1093 Werner/Machunsky, Bankenhaftung, S. 29; Vortmann, Aufklärung, Rn. 339.

Einkommenslage festzustellen.[1094] Verfügt ein Informationspflichtiger nicht über ein entspechendes Wissen, muß er den Informationsstand des Anlegers und dessen Anlageziel durch Fragen in Erfahrung bringen.[1095] Von Wach wird zu Recht gefordert, daß der Anlagevermittler ermitteln muß, welche Risiken der Anleger objektiv aufgrund seiner persönlichen Verhältnisse, im Sinne einer "individuellen Risikoschwelle", auf sich nehmen kann.[1096] Bei der Ermittlung von Inhalt und Umfang der Aufklärungs- und Beratungspflichten sind neben den auf die Person bezogenen Kriterien ebenso gegenstandsbezogene Faktoren zu berücksichtigen.[1097] Je schwieriger und risikoreicher ein Geschäft ist, umso mehr Aufklärung ist grundsätzlich erforderlich.[1098] Die Ausgangskriterien für die Bestimmung der Aufklärungsbedürftigkeit des Anlegers sind nicht fest umrissen. Nach der Rechtsprechung des Bundesgerichtshofes zu Aktien- und Aktienindex-Optionen bestehen Aufklärungspflichten auch, wenn der Anleger die schlechten Aussichten der Investition bei einiger Überlegung hätte selbst erkennen können.[1099] Dagegen überzeugt der teilweise vertretene Standpunkt

---

1094 BGH, WM 1993, 1455(1456). Rollinger, S. 58, weist in diesem Zusammenhang zu Recht auf den im amerikanischen und englischen Recht existierenden Grundsatz "know your customer" hin. Nach Kübler, in: FS-Coing (II), S. 193(208), folgt aus dem vorgenannten Prinzip "das Gebot, sich vor Abgabe der Empfehlung über die Anlageziele, die Vermögenslage, die finanziellen Bedürfnisse und alle übrigen für die Anlageentscheidung des Kunden relevanten Umstände zu informieren". Roth, § 12 Rn. 17, verlangt ebenso, daß der Bankangestellte die individuelle Aufklärungsbedürftigkeit und den Informationsstand des Kunden ermitteln müsse, unter Umständen sei auch nachzufragen.

1095 In diesem Sinne Heinsius, ZHR 145(1981), 177(189); zustimmend BGH, WM 1993, 1455(1456).

1096 Wach, Rn. 254; Roth, § 12 Rn 17, der die Ermittlung der "Risikogeneigtheit des Kunden" voraussetzt.

1097 Vgl. nur Rümker, S. 29(38), der bei der Ermittlung des Informationsbedarfs des Anlegers zwischen der objektiven Seite der zur Vertragszweckerreichung konkret notwendigen Informationen und der subjektiven Seite der Aufklärungsbedürftigkeit unterscheidet.

1098 Rollinger, S. 59; Schäfer, S. 66. Mit guten Gründen fordert Rollinger, S. 63, daß der Vermittler seine Produkte kennen müsse ("know your merchandise").

1099 BGH, WM 1991, 127(129). Von der Rechtsprechung wurden die Anforderungen an die Intensität der Aufklärung bisher ständig verschärft. Siehe

nicht, der Anleger sei nur über solche Umstände aufzuklären, über die er sich nicht mittels allgemein zugänglicher Informationsquellen informieren kann.[1100] Die Informationspflichten finden sowohl bei privaten Anlegern als auch bei Kaufleuten ihre Begründung in dem konkreten Informationsbedarf des jeweiligen Rechtssubjektes.[1101]

Der Versuch, die Reichweite der Aufklärungs- und Beratungspflichten festzulegen, offenbart zugleich den natürlichen Interessenwiderstreit der beteiligten Parteien. Das Bestreben des Aufklärungspflichtigen nach geschäftlichen Vorteilen muß jedoch hinter dem vorrangigen Kunden- bzw. Anlegerinteresse zurücktreten.[1102] Kreditinstitute und Anlagevermittler bzw. -berater sind bei wesentlichen Interessenkollisionen verpflichtet, den Kunden davon in Kenntnis zu setzen.[1103] In diesen Fällen ist der Anleger in besonderem Maße auf eine Aufklärung angewiesen, worin ein Teilaspekt der Pflicht zur wahrheitsgemäßen Aufklärung bzw. Beratung zu sehen ist.[1104]

---

die Übersichten zur Rechtsprechung bei Bundschuh, WM 1985, 249, der die Rechtsprechung bis 1985 berücksichtigt; Schwark, ZHR 151(1987), 325; von Heymann, NJW 1990, 1137(1139 f); Häuser/Welter, § 16 Rn. 226 ff.

1100 Vortmann, Rn. 2 m.w.N.; in diesem Sinne Werner/Machunsky, Bankenhaftung, S. 29.

1101 Breidenbach, S. 32.

1102 Hopt, in: FS-Gernhuber, S. 169(181); Schäfer, S. 22; Heinsius, ZHR 145 (1981), 177(193). Kübler, in: FS-Coing (II), S. 193(205), setzt sich mit dem möglichen Konflikt von Privatautonomie (oder "Anlegersouveränität") und der aus dem amerikanischen Suitability-Konzept fließenden Plicht zur "anlegergerechten" Beratung auseinander. Ihm ist zuzustimmen, wenn er in Fällen, in denen der Anleger von einem auf Umsatzmaximierung gesteuerten Vertriebsapparat zu fragwürdigen Entscheidungen gedrängt wird, dem Gebot der anlegergerechten Anlageempfehlung den Vorrang einräumt.

1103 Vortmann, Aufklärung, Rn. 141, 151. Weiter geht Hopt, in: FS-Gernhuber, S. 169(182), der hierin einen vom Bundesgerichtshof angewandten "allgemeinen Grundsatz" sieht.

1104 Schäfer, S. 25.

b) Aufklärungspflichten nach dem Urteil des Bundesgerichtshofes vom 6. Juli 1993

Mit der Entscheidung des Bundesgerichtshofes vom 6. Juli 1993[1105] in dem sogenannten Bond-Fall werden die von den Untergerichten bisher herausgebildeten Standards zu den Beratungs- und Aufklärungspflichten der Kreditinstitute bei Wertpapiergeschäften präzisiert und fortentwickelt.[1106] Damit wird entscheidend zum Abbau der vorhandenen Unsicherheiten beigetragen. Das Urteil des XI. Senats ist die erste höchstrichterliche Entscheidung im Rahmen einer Vielzahl von Prozessen, die in den letzten zwei Jahren im Zusammenhang mit dem Erwerb von Anleihen der später wirtschaftlich

---

1105 BGH, WM 1993, 1455 = NJW 1993, 2433 = BB 1993, 1869.

1106 Gemäß o.V., Die Welt vom 7.7.1993, S. 11, entspricht das Urteil des BGH vom 6. Juli 1993 (WM 1993, 1455) "der augenblicklichen Tendenz in der Rechtsprechung, die Pflichten der Anlageberatungshaftung höher anzusetzen". Nach o.V., Frankfurter Rundschau vom 7.7.1993, S. 11, bedeutet das Urteil des BGH vom 6. Juli 1993 einen "Sieg für den Anlegerschutz". Folgerichtig geht Raeschke-Kessler, WM 1993, 1830, von einer Weiterentwicklung der gefestigten Rechtsprechung aus. Anderer Auffassung ist mit nicht überzeugender Begründung der Bundesverband der Banken, der sich in einer ersten Stellungnahme, in: Der Bankenverband informiert, Teil III: Recht, Wertpapiere und Börse, Nr. 14, Juli/August 1993, S. 383 f, gegen den in der Presse erweckten Eindruck wendet, daß die bisher in der Rechtsprechung entwickelten Leitlinien durch die Entscheidung des BGH vom 6. Juli 1993 verschärft und die Anforderungen an den Inhalt eines Beratungsgesprächs wesentlich erhöht worden seien. Der Bundesverband ist der Ansicht, daß dieses Urteil "im wesentlichen nur eine präzisere Fortschreibung der bisher in der Rechtsprechung entwickelten Leitlinien" bedeute. Dieser Standpunkt wird vom Bankenverband, in: Der Bankenverband informiert, Teil III: Recht, Wertpapiere und Börse, Nr. 15, August 1993, S. 406 f, nochmals, jedoch diesmal mit einem geringfügigen Zugeständnis an die Tragweite der Entscheidung des BGH vom 6. Juli 1993, wiederholt. Das Urteil des BGH wird als "Fortschreibung und Präzisierung" (S. 406) und richtigerweise als eine "Präzisierung" (S. 407) der von der Rechtsprechung entwickelten Leitlinien kommentiert. Differenzierend van Look, Börsen-Zeitung vom 21.8.1993, S. 15, der zu Recht dem BGH eine "konsequente Zusammenfassung und Fortentwicklung der bislang von der Rechtsprechung aufgestellten Grundsätze zur Anlageberatung" bescheinigt.

zusammengebrochenen australischen Bond Corporation gegen Kreditinstitute geführt wurden.[1107] Die Gerichte hatten darüber zu befinden, ob den Erwerbern von zwei im Jahre 1988 emittierten Anleihen der Bond-Gruppe[1108] Schadensersatzansprüche gegen die verklagten Kreditinstitute aufgrund der Verletzung von Aufklärungspflichten zustehen. Daneben kamen Ansprüche geschädigter Anleger aus börsengesetzlicher Prospekthaftung in Betracht.[1109]

1107 Vgl. AG Hannover, Urteil vom 27. August 1991, WM 1992, 141 = EWiR § 276 BGB 8/91, S. 1059, mit ablehnender Anmerkung Hartung; AG München, Urteil vom 30. August 1991, WM 1993, 210; nach Arendts, WM 1993, 229(232), überzeuge die vom AG München, a.a.O., vorgenommene Einstufung der Beratungspflichten des verklagten Kreditinstitutes als vorvertragliche Pflicht nicht; AG Neuss, Urteil vom 25. September 1991, WM 1993, 211; LG Hamburg, Urteil vom 10. Januar 1992, WM 1993, 196; LG Hannover, Urteil vom 21. Januar 1992, WM 1993, 201; OLG Braunschweig, Urteil vom 27. Januar 1992, WM 1993, 190 = WuB I G 4.-4.93, S. 475, mit kritischer Anmerkung Köndgen, S. 477(478), der dem OLG Braunschweig vorhält, von einem zu niedrigen Pflichtenstandard auszugehen; LG Frankfurt am Main, Urteil vom 3. Februar 1992, WM 1993, 194; LG Traunstein, Urteil vom 18. Februar 1992, WM 1993, 207; LG Itzehoe, Urteil vom 26. Februar 1992, WM 1993, 205; LG Wiesbaden, Urteil vom 6. März 1992, WM 1993, 209; LG Frankfurt am Main, Urteil vom 1. Juni 1992, WM 1992, 2140 = WuB I G 4.-1.93, S. 225, mit zustimmender Anmerkung von Heymann; LG Frankfurt am Main, Urteil vom 6. Oktober 1992, WM 1992, 1768 = WuB I G 9.-1.93, S. 25, mit zustimmender Anmerkung Köndgen; OLG Celle, Urteil vom 25. November 1992, WM 1993, 191 = EWiR § 675 BGB 2/93, S. 135 mit Anmerkung Köndgen = WuB I G 4.-4.93, S. 475, der kritisiert, a.a.O., S. 477(478), das OLG Celle habe den Pflichtenstandard der Banken überspannt, indem es "dem Anlageberater erst einmal grundsätzlich Mißtrauen gegenüber Testat und Prospekt empfiehlt"; OLG Frankfurt am Main, Urteil vom 25. März 1993, WM 1993, 1030.

1108 Die australische Bond Finance Ltd., eine Tochter der Bond Corporation Holdings Ltd., hatte 1988 zwei DM-Auslandsanleihen zu 6,25 % und 6,5 % mit einem Gesamtvolumen von 325 Mio DM (150 Mio DM und 175 Mio DM) emittiert.

1109 Statt anderer ist der "Prospekthaftungsprozeß" vor dem LG Frankfurt am Main, Urteil vom 6. Oktober 1992, WM 1992, 1768, bestätigt durch OLG Frankfurt am Main, Urteil vom 1. Februar 1994 -5 U 213/92- (vgl. o.V., Börsen-Zeitung vom 2.2.1994, S. 4), anzuführen. Der Klägerin wurde ein

Die beiden Bond-Anleihen wurden im September 1990 notleidend und sind heute nahezu wertlos.[1110] Bereits im Juni 1988 hatte die Ratingagentur Australian Ratings Agency die Bond-Gruppe mit "BB", somit als spekulativ mit unterdurchschnittlicher Deckung, und am 14. Dezember 1988 mit "B", demnach als hochspekulativ mit geringer Kapitalabsicherung, eingestuft.[1111] Sodann erfolgte im April 1989 eine weitere Herabstufung auf "CCC". Die Anleihen wurden als unsicher und sehr spekulativ mit geringstem Anlegerschutz bewertet.[1112] Jedes in den sogenannten Bond-Prozessen bisher verkündete

---

Schadensersatzanspruch gemäß § 45 Abs. 1 Satz 2 BörsG gegen die BHF-Bank zuerkannt. Die BHF-Bank hatte die von ihr geschuldete Vollständigkeits- und Offenbarungspflicht verletzt. Der Anleger wurde nicht ausreichend durch Darlegung eines Gesamtbildes über die Bond-Anleihe unterrichtet, so daß er keine faire Entscheidung treffen konnte. Dem Urteil des LG Frankfurt am Main im Ergebnis zustimmend, Köndgen, WuB I G 9.-1.93, S. 27.

1110 Hartung, EWiR § 276 BGB 8/91, S. 1059; BGH, WM 1993, 1455. Zu weit geht die Einschätzung von Raeschke-Kessler, WM 1993, 1830(1836), der von der Wertlosigkeit einer der Bond-Anleihen aus dem Jahre 1988 ausgeht. Nach Arendts, WM 1993, 229, befindet sich die Bond Corporation seit Jahreswende 1989/1990 in einem dem deutschen Vergleich ähnlichen Verfahren (Scheme of Arrangement). Aufgrund dessen wurden den Inhabern von Bond-Anleihen Vorzugsaktien angeboten. Im Ergebnis ist allerdings Arendts, a.a.O., zuzustimmen, wenn er daran zweifelt, ob auch bei Annahme dieses Angebots den Inhabern der Bond-Anleihen zukünftig Geldmittel zufließen.

1111 Vgl. Arendts, WM 1993, 229, der darüber hinaus die Frage untersucht, ob für Banken bzw. Anlageberater Beratungs- und Aufklärungspflichten bestehen, wenn für eine von ihnen empfohlene Anleihe ein Rating erteilt worden ist. Im Ergebnis bejaht er zutreffend Beratungs- und Aufklärungspflichten bzgl. des einem - auch ausländischen - Anlageobjekt erteilten Ratings (WM 1993, 229[237]). Ebenso Schäfer, S. 61, 67; Raeschke-Kessler, WM 1993, 1830(1835). A.A. Hartung, EWiR § 276 BGB 8/91, S. 1059(1060) und Vortmann, Aufklärung, Rn. 370, die jedoch beide nicht überzeugen können. Assmann, WuB I G 4.-6.93, S. 926, steht der Forderung nach einer generellen Berücksichtigung von Rating-Veröffentlichungen bei der Anlageberatung eher zurückhaltend gegenüber, ohne sich abschließend festzulegen.

Urteil der Untergerichte ist aufgrund der je nach dem Zeitpunkt des Anleiheerwerbs unterschiedlich verfügbaren Informationen eine Einzelfallentscheidung. Auf die Anlagestrategie und Anlageerfahrung des individuellen Bankkunden brauchte nicht abgestellt werden, wenn über den Bond-Konzern keine Informationen verfügbar waren. Aus den bisherigen Urteilen der Untergerichte lassen sich demnach keine einheitlichen Aufklärungsmaßstäbe ableiten.[1113]

Das Urteil des Bundesgerichtshofes[1114] vom 6. Juli 1993 erfährt angesichts der bisher fast nicht überschaubaren Flut von Entscheidungen zu den Aufklärungspflichten beim Vertrieb von besonders spekulativen Devisenoptions- oder Warentermingeschäften eine besondere Bedeutung. Dies gilt vor allem, weil bzgl. gewöhnlicher Beratungsgeschäfte, insbesondere dem Erwerb von Anleihen, bislang nur wenige Urteile verkündet wurden, auf die zurückgegriffen werden kann.[1115]

Nach dem XI. Senat[1116] haben Kreditinstitute den - gegebenenfalls zu erfragenden - Wissensstand und die Risikobereitschaft des Anlegers zu berücksichtigen ("anlegergerechte Beratung"). Daneben ist ein Anlageobjekt zu empfehlen, das diesen Kriterien entspricht ("objektgerechte Beratung"). Das empfohlene Anlageobjekt muß dem individuellen Profil des Anlegers Rechnung tragen. Darüber hinaus ist für den Umfang der Beratung bedeutend, ob eine Kapitalanlage in das Beratungsprogramm eines Kreditinstitutes aufgenommen wurde, wodurch ein Vertrauenstatbestand entsteht.[1117] Wenn eine Bank die in ihr Anlageprogramm aufgenommenen Wertpapiere einem Kunden

---

1112 Siehe o.V., Handelsblatt vom 20.09.1993, S. 18. Darin wird eine "Notenskala (Ratings) für die Bonität von Anleiheschuldnern" nebst Erläuterungen aufgezeigt.

1113 Köndgen, EWiR § 675 BGB 2/93, S. 135(136).

1114 BGH, WM 1993, 1455 = NJW 1993, 2433 = BB 1993, 1869.

1115 In diesem Sinne Köndgen, WuB I G 4.-4.93, S. 477.

1116 BGH, WM 1993, 1455(1456).

1117 In diesem Sinne BGH, a.a.O.; BGHZ 100, 117(121 f) = WM 1987, 495. Kritisch Rümker, S. 29(47) m.w.N., der rügt, daß hierdurch die Möglichkeit eröffnet werde, "anderen Vermittlern Wettbewerbsvorteile dadurch zu verschaffen, daß sie gleichartige Geschäfte mit weniger Prüfungsaufwand betreiben können".

als Anlage empfiehlt, muß sie diese einer eigenen Prüfung unterziehen.[1118] Schließlich darf sich eine Bank nicht auf eine Börsenzulassung des Wertpapiers verlassen, da die Zulassungsstelle einer Börse im Rahmen der Zulassungsprüfung gemäß § 36 Abs. 3 BörsG nicht verpflichtet ist, eigene Ermittlungen über die Bonität des Emittenten anzustellen.[1119] Es reicht nicht aus, sich damit zu begnügen, den Inhalt eines Zulassungsprospekts zur Kenntnis zu nehmen. Vielmehr muß ein Kreditinstitut sich selbst aktuelle Informationen über das empfohlene Anlageobjekt verschaffen.[1120]

Bereits vor der Entscheidung des Bundesgerichtshofes vom 6. Juli 1993[1121] zeigte Kübler mit überzeugenden Gründen auf, daß nach deutschem Recht den Anbieter oder Vermittler, entsprechend der im amerikanischen Kapitalmarktrecht geltenden "suitability-doctrin"[1122], die Pflicht zu einer "anlegergerechten Anlageempfehlung" trifft.[1123] Hieraus folgt, daß ein Kreditinstitut Anlageziele, Anlagedauer, Risikobereitschaft und Vermögensverhältnisse des Anlegers

---

1118 BGH, a.a.O. Nach van Look, Börsen-Zeitung vom 21.8.1993, S. 15, geht der Bundesgerichtshof mit dieser Forderung einen Schritt über seine bisherige Rechtsprechung hinaus.

1119 BGH, a.a.O.; a.A. van Look, Börsen-Zeitung vom 21.8.1993, S. 15, der eine materielle Prüfungspflicht der Börsenzulassungsstelle bezüglich der Bonität des Emittenten zum Schutze des einzelnen Anlegers fordert. Diese Auffassung ist im Ergebnis abzulehnen. Mit der Zulassung von Wertpapieren zum Börsenhandel gemäß § 36 BörsG geht nicht die Pflicht zur Prüfung der materiellen Richtigkeit der Angaben einher. Die Zulassungsstelle übernimmt keine Gewähr für die Güte eines Wertpapiers, sondern führt vornehmlich eine "prospektimmanente" Prüfung durch, um eine möglichst klare, vollständige und sachgerechte Information des Publikums sicherzustellen. Vgl. Schwark, Komm., § 36 Rn. 17. Ebenso Kümpel, WM 1993, 2025(2028), der darauf hinweist, daß die Prüfung durch die Zulassungstelle keine Bonitätsprüfung ist.

1120 BGH, WM 1993, 1455(1457).

1121 BGH, WM 1993, 1455.

1122 Vgl. Kübler, in: FS-Coing (II), S. 193(197 ff), demnach ist die "suitability-doctrin" ein Grundsatz der securities regulations des amerikanischen Kapitalmarktes und verlangt u.a. eine anlegergerechte Anlageempfehlung.

1123 Kübler, in: FS-Coing (II), S. 193(204 ff, 209); zustimmend Werner/Machunsky, Bankenhaftung, S. 40; Schäfer, S. 62 f.

in Erfahrung bringen muß.[1124] Daneben wird der Umfang der geschuldeten Aufklärung durch die individuellen Kenntnisse und Erfahrungen des Anlegers im konkreten Einzelfall bestimmt. Dies gilt gleichfalls für einen sachverständigen Anleger, der eine sorgfältige Ermittlung bzw. Weitergabe der für seine Anlageentscheidung bedeutungsvollen Informationen erwarten darf.[1125]

Die vom XI. Senat vorgenommene Präzisierung der für allgemeine Aufklärungs- und Beratungspflichten aufgestellten Kriterien lassen erkennen, daß der Aufklärungsbedürftigkeit des Anlegers in Hinblick auf den Inhalt und Umfang der Pflichten entscheidende Bedeutung zukommt. Der Anleger ist aufklärungsbedürftig, wenn er wegen fehlender eigener Informationsmöglichkeiten auf die Beratung angewiesen ist. Er könnte ansonsten wegen der unterschiedlichen Informationsintensität seine eigenen Interessen an einem "gerechten" Vertragsschluß nicht hinreichend wahrnehmen.[1126] Das "Informationsgefälle" bzw. der "Wissensvorsprung" im Verhältnis zwischen Bank und Kunde ist durch entsprechende Beratung abzubauen.[1127]

Im Ergebnis gebührt den vom Bundesgerichtshof[1128] aufgestellten Grundsätzen zu den Aufklärungspflichten bei Kapitalanlagegeschäften Zustimmung. Die geforderte "anlegergerechte Beratung" setzt die Berücksichtigung der Aufklärungsbedürftigkeit, des Anlageziels und die Vermögenssituation des Kunden voraus. Zugleich muß ein empfohlenes Anlageobjekt im Sinne einer "objektgerechten Beratung" diesen Kriterien Rechnung tragen. Diese Pflichtenstandards wirken den bisherigen Unsicherheiten bzgl. Inhalt und Umfang allgemeiner Aufklärungs- und Beratungspflichten entgegen. Die Forderung

---

1124 Werner/Machunsky, a.a.O.

1125 Kübler, ZHR 145(1981), 204(215); Hopt, Kapitalanlegerschutz, S. 414 ff. Bundschuh, WM 1985, 249(250), weist darauf hin, daß nach der bisherigen Rechtsprechung des Bundesgerichtshofes die Aufklärungspflicht auch gegenüber einem in das Handelsregister eingetragenen Kaufmann und Unternehmer, der nichts mit Warenterminoptionen zu tun hat, besteht. Nach BGH WM 1984, 960, ist eine Aufklärungspflicht auch dann gegeben, wenn Kaufleute beteiligt sind; zustimmend Henssler ZHR 153(1989), 611(618); OLG Düsseldorf ZIP 1989, 220(223).

1126 Hopt, Kapitalanlegerschutz, S. 43.

1127 In diesem Sinne van Look, Börsen-Zeitung vom 21.8.1993, S. 15; Rümker, S.29(32, 38); Hopt, in: FS-Gernhuber, S. 169(186).

1128 BGH, WM 1993, 1455.

nach einer "anleger-" und "objektgerechten" Aufklärung ist aufgrund der Vielfalt neuartiger Anlageinstrumente und den hieraus regelgemäßig folgenden Informationslücken bei privaten Anlegern verhältnismäßig.[1129] Kreditinstitute werden durch Erfüllung dieser Aufklärungspflichten nicht über Gebühr belastet, da ihnen in der Regel umfängliche Kapital- und Personalresourcen zur Verfügung stehen. Zudem muß der Anleger deren Inanspruchnahme grundsätzlich vergüten.

Das Urteil des XI. Senats bedeutet einen weiteren Schritt in Richtung "Anlegergerechtigkeit". Mit dem geforderten Umfang der Aufklärungs- und Beratungspflichten geht für Kreditinstitute eine ausgewogene Risikoverteilung einher. Schließlich können Kreditinstitute und Anlagevermittler bzw. -berater mittels einer Individualvereinbarung eine Haftungsfreizeichnung für Schlechtleistungen ihrer Beratungs- und Aufklärungspflichten herbeiführen.[1130] Allerdings ist eine Freizeichnung im Wege Allgemeiner Geschäftsbedingungen nicht möglich, wenn Ansprüche aufgrund der Verletzung von Hauptpflichten (sog. Kardinalpflichten) aus einem Beratungsverhältnis ausgeschlossen oder begrenzt werden sollen.[1131] Eine Haftung für die Verletzung eines vorvertraglichen Vertrauensschadens kann grundsätzlich ebenso nicht ausgeschlossen werden.[1132] Allerdings ist eine Haftungsbeschränkung für nicht wesentliche Nebenpflichten aus dem Aufklärungs- bzw. Beratungsverhältnis zulässig.[1133] Mit den seit Anfang 1993 geänderten Allgemeinen Geschäftsbedingungen der Banken stellt sich die Frage einer Freizeichnung nicht mehr, da gemäß Nr. 3 auf jegliche Haftungsbegrenzungen verzichtet wird.[1134]

1129 Im Ergebnis ebenso Raeschke-Kessler, WM 1993, 1830(1833 f).

1130 Rollinger, S. 53.

1131 Vgl. statt anderer Ulmer/Brandner, AGBG, § 9 Rn. 135 ff; Schäfer, S. 39 m.w.N.; Raeschke-Kessler, WM 1993, 1830(1838); Canaris, Bankvertragsrecht, Rn. 1880; Kübler, in: FS-Coing (II), S. 193(209); LG Hamburg, WM 1993, 196(201). Eingehend zum zulässigen Umfang einer Haftungsfreizeichnung im Zusammenhang mit Beratungspflichten, insbesondere bei Börsentermingeschäften, Rollinger, S. 55 f.

1132 Vortmann, Aufklärung, Rn. 70 m.w.N.

1133 In diesem Sinne Schäfer, S. 40 m.w.N.

1134 Siehe Westermann, WM 1993, 1865(1867) m.w.N., zum Umfang der Haftungsfreizeichnung in Nr. 3 AGB-Banken und Nr. 19 AGB-Sparkassen in der Fassung seit 1993.

c) Aufklärungspflichten bei Geschäften mit Optionsscheinen nach Rechtsprechung und Lehre

Trotz der jüngsten Entscheidung des Bundesgerichtshofes zu den Aufklärungspflichten beim Erwerb von Anleihen bestehen insbesondere zu Inhalt und Umfang der Aufklärungspflichten bei Optionsscheingeschäften unterschiedliche Auffassungen. Dies wird dadurch verstärkt, daß von der Rechtsprechung und überwiegenden Teilen der Lehre bisher ausschließlich Geschäfte mit Aktienoptionsscheinen im Sinne von § 221 Abs. 1 AktG bzw. mit Aktienindex-Optionsscheinen als Kassageschäfte eingestuft wurden.[1135] Demnach kommt bei diesen Optionsscheingeschäften das allein auf Börsentermingeschäfte anwendbare Informationsmodell gemäß § 53 Abs. 2 BörsG nicht zum Tragen. Vielmehr sind die allgemeinen Aufklärungspflichten zu beachten.

Die Rechtsnatur der unterschiedlichst konstruierten Naked Warrants war bisher weder Gegenstand höchstrichterlicher Rechtsprechung, noch besteht innerhalb der Lehre hierzu eine einheitliche Auffassung[1136], wodurch die Ungewißheit über Inhalt und Umfang der Aufklärungspflichten zusätzlich verstärkt wird. Dem Grunde nach müßten für Kreditinstitute und Anlagevermittler bzw. -berater weitgehende Aufklärungspflichten gefordert werden, wenn - wie hier vertreten - Geschäfte mit bestimmten Naked Warrants als Börsentermingeschäfte eingestuft werden.

Das LG Frankfurt am Main[1137] verneinte im April 1989 Warn- und Aufklärungspflichten der Kreditinstitute bzgl. des bei Geschäften mit gemäß § 221 Abs. 1 AktG emittierten Aktienoptionsscheinen bestehenden Verlustrisikos. Es stufte die Geschäfte als Kassageschäfte ein, die lediglich allgemeine Aufklärungspflichten auslösen. Diese Pflichten seien erfüllt worden. Das maßgebliche Argument des Gerichts, daß Geschäfte mit Aktienoptionsscheinen "außer jenem ihnen als Spekulationsgeschäft innewohnenden Risiko kein besonderes Risiko in sich bergen" würden, kann nicht überzeugen.

1135 Dazu III.C.1.

1136 Siehe III.C.1.

1137 LG Frankfurt am Main, WuB I G 5.-14.89, S. 1537(1538). Häuser, WuB I G 5.-14.89, S. 1538(1539), lehnt zu Recht den Standpunkt des LG Frankfurt am Main mangels überzeugender Begründung ab.

Den vom LG Stuttgart im selben Jahr verkündeten Urteilen ist zumindest bezüglich der angenommenen Aufklärungsinhalte zuzustimmen.[1138] Aufgrund der bei der Vermittlung von Geschäften mit gemäß § 221 Abs. 1 AktG begebenen Aktienoptionsscheinen bestehenden Beratungs- und Warnpflichten wurde von den beteiligten Kreditinstituten gefordert, daß der nicht termingeschäftsfähige Anleger, auch wenn er als selbständiger Finanzkaufmann tätig ist, auf die sogenannte Hebelwirkung als Risikofaktor hingewiesen wird. In der zeitlich nachfolgenden Entscheidung des LG Marburg[1139] aus dem Jahre 1992 bejahte das Gericht bei Geschäften mit Aktienindex-Optionsscheinen, die zu den Naked Warrants zählen, grundsätzlich allgemeine Auskunftspflichten der Banken. Eine Kontinuität der Rechtsprechung ist aus den untergerichtlichen Entscheidungen allerdings noch nicht abzuleiten.

Auch zwei neuerliche Entscheidungen führen zu keiner Vereinheitlichung der Rechtsprechung der Untergerichte in bezug auf die Aufklärungspflichten bei Geschäften mit Optionsscheinen, die von beiden Gerichten als Kassageschäfte eingestuft werden. Nach dem Urteil des OLG Frankfurt am Main vom 10. Dezember 1992[1140] trifft Kreditinstitute beim Verkauf von Optionsscheinen, insbesondere von Bond-Warrants[1141], eine sonst für Termingeschäfte geltende "besondere Aufklärungspflicht" als vertragswesentliche Pflicht. Der Anleger sei über die besonderen Risiken solcher Naked Warrants aufzuklären, die bei ungünstiger Kursentwicklung während der Laufzeit, aber auf jeden Fall bei Nichtausübung am Laufzeitende, ihren Wert verlieren können.[1142]

Anderer Ansicht ist das OLG Schleswig in der Entscheidung vom 7. Januar 1993.[1143] Das Gericht stuft Geschäfte mit Aktienoptionsscheinen analog zu der überwiegenden Rechtsprechung als Kassageschäfte ein. Im Gegensatz zum

---

1138 LG Stuttgart, WuB I G 5.-13.89, S. 1167(1168); lediglich im Ergebnis zustimmend Schwark, WuB I G 5.-13.89, S. 1168(1170).

1139 LG Marburg, Urteil vom 11. August 1992, WM 1993, 640; zustimmend Peterhoff, WuB I G 4.-5.93, S. 687 f.

1140 OLG Frankfurt am Main, WM 1993, 684(686); im Ergebnis zustimmend Potthoff, WM 1993, 1319(1320).

1141 Siehe zu Bond-Warrants, II.A.1.b)(6)(b)(ii).

1142 OLG Frankfurt am Main, a.a.O.

1143 OLG Schleswig, WM 1993, 503(504).

OLG Frankfurt am Main geht es jedoch lediglich von einer "allgemeinen Aufklärungspflicht" aus. Dadurch soll vermieden werden, daß sich die mit Spekulationsgeschäften verbundenen Risiken unzulässigerweise auf die Bank verlagern.[1144] Unter Berücksichtigung dieser Begründung ist die spezifische Forderung des OLG Schleswig, der Anleger sei über das Wesen der Optionsscheine und das mit ihnen verbundene hohe Risiko aufzuklären[1145], nicht schlüssig.

Der Bundesgerichtshof[1146] hat mit der sogenannten Bond-Entscheidung die Standards der für Kreditinstitute und Anlagevermittler im Rahmen von "gewöhnlichen" Anlagegeschäften, insbesondere bei Geschäften mit Anleihen, präzisiert. Fraglich ist, ob es ausreicht, die für diese Geschäftsarten geforderte "anlegergerechte-" und "objektgerechte Beratung" auf Geschäfte mit Optionsscheinen zu übertragen, damit eine "Anlegergerechtigkeit" gewährleistet wird. Innerhalb von Rechtsprechung und Lehre sind Inhalt und Umfang der Aufklärungspflichten bei Geschäften mit Optionsscheinen nach wie vor nicht vollumfänglich geklärt. Die Beseitigung dieser Ungewißheit wird maßgeblich davon beeinflußt, ob Optionsscheingeschäfte als Kassageschäfte oder Börsentermingeschäfte eingestuft werden. Wenn, wie hier vertreten, Geschäfte mit bestimmten Naked Warrants dem Typus Börsentermingeschäft zugeordnet werden, ist weiterhin das Verhältnis zwischen allgemeinen Aufklärungspflichten und dem in § 53 Abs. 2 BörsG verankerten "Informationsmodell" zu beachten.

Für die überwiegende Rechtsprechung und Teile der Lehre sind diese Überlegungen allerdings ohne Bedeutung, da Geschäfte mit Optionsscheinen als Kassageschäfte gewertet werden, so daß ausschließlich allgemeine Aufklärungspflichten zur Anwendung kommen. Kreditinstitute und Anlagevermittler sehen unter dieser Prämisse ihre Aufklärungspflichten im

1144 Im Ergebnis zustimmend Tilp, EWiR § 50 BörsG 2/93, 449(450); Vortmann, WuB I G 5.-5.93, S. 690(691). Nach BGH, WM 1987, 531(532), dient die Informations- und Beratungspflicht der Kreditinstitute nicht dazu, dem Anleger im Rahmen von Spekulationsgeschäften das Anlagerisiko abzunehmen. In diesem Sinne LG Frankfurt am Main, WuB I G 4.-2.93, S. 331(332).

1145 OLG Schleswig, a.a.O.

1146 BGH, WM 1993, 1455.

Zusammenhang mit Optionsscheingeschäften darin, dem Anleger eine ausreichende Grundlage zur sachkundigen Entscheidung über die gewünschten Geschäfte zu verschaffen. Die für die Anlageentscheidung erheblichen Umstände einschließlich offener Risiken und ungünstiger Umstände sind dem Anleger mitzuteilen.[1147] Hierfür sind dessen persönliche Kenntnisse und die Art des Geschäfts maßgeblich.[1148]

3. GRENZEN

Vordergründig stehen die dargelegten Anforderungen an Inhalt und Umfang allgemeiner Aufklärungspflichten im Einklang mit dem Postulat des Anlegerschutzes. Allerdings ist für den Aufklärungspflichtigen angesichts der extensiven Rechtsprechung zu den Aufklärungs- und Beratungspflichten bei Kapitalanlagegeschäften von Bedeutung, wo die Grenzen dieser Pflichtenkreise verlaufen.[1149]

Für Kreditinstitute und Anlagevermittler bzw. -berater bestehen keine Aufklärungspflichten, wenn der Anleger "erkennbar"[1150] nicht aufklärungsbedürftig ist[1151] oder unmißverständlich zum Ausdruck bringt, daß er nicht

---

1147 Vgl. Potthoff, WM 1993, 1319(1322), der darüber hinaus bei Optionsscheingeschäften eine Aufklärung des Anlegers über die Bedeutung der Komponenten des Optionspreises, "innerer Wert" und "Zeitwert" fordert. Daneben müsse der Optionsscheinerwerber über die "Liquidität des Marktes" in Kenntnis gesetzt werden, da der Optionsscheinmarkt in den seltensten Fällen liquide sei. Mit Ausnahme der von Potthoff vertretenen Zuordnung der Geschäfte mit Optionsscheinen zu den Kassageschäften ist ihm im Ergebnis zuzustimmen.

1148 Raeschke-Kessler, WM 1993, 1830(1833).

1149 Drygala, WM 1992, 1213(1214) folgert zu Recht, daß der Spekulant nicht nur vor dem Anlagevermittler, sondern auch vor sich selbst zu schützen ist.

1150 Schäfer, ZIP 1989, 1103(1105); Canaris, Bankvertragsrecht, Rn. 1880; Horn, ZIP 1990, 2(17); Breidenbach, S. 33; Schwark, Anlegerschutz, S. 91. Gemäß Wach, Rn. 240, wird der "beratende Vermittler" bei einem sachkundigen Anleger zum rein "vermittelnden Vermittler".

1151 Kleinschmitt, S. 85 m.w.N.; von Heymann, Die Bank 1991, 176(178) m.w.N.

unterrichtet werden will[1152]. Kreditinstitute sind nicht gehalten, unerbetenen Rat aufzudrängen[1153]. Für die Annahme von Aufklärungspflichten ist entscheidend, ob die Initiative zu einem Termingeschäft vom Anleger selbst oder vom Kreditinstitut ausgeht.[1154] Wenn der Anleger einen bestimmten Effektenauftrag aus eigener Initiative aufgibt, ohne erkennen zu lassen, daß er auf eine Beratung Wert legt, ist er nicht aufklärungsbedürftig.[1155]

Heinsius vertritt die These, daß das Maß der Aufklärungspflichten durch die betriebliche und finanzielle Tragbarkeit für Kreditinstitute bestimmt werde.[1156] Dieses Kriterium stellt mittelbar auf die Organisationsstruktur und die personelle bzw. finanzielle Leistungsfähigkeit der Aufklärungspflichtigen ab. Nach diesem Grundverständnis besteht eine Pflicht zu Nachforschungen und Erkundigungen nicht, wenn diese einen unzumutbaren Zeit- und Kostenaufwand erfordern würden.[1157] Der Umfang der Aufklärungspflichten könnte demnach, unabhängig von der Aufklärungsbedürftigkeit des Anlegers, bei einer international tätigen Großbank weiter reichen als bei einer regional tätigen Privatbank oder einem selbständigen Anlagevermittler. Für den Anleger bedeutet die These von Heinsius eine Unwägbarkeit, da nicht sichergestellt wäre, ob individuelle Informationsdefizite auch von kleinen bzw. finanzschwachen Kreditinstituten und Finanzdienstleistern durch Aufklärung ausgeglichen würden. Die Forderung an Kreditinstitute, entsprechend ihrer

---

1152 Hopt, Kapitalanlegerschutz, S. 423; Wach, Rn. 252; Rümker, S. 29(58); Kleinschmitt, S. 85 zum "Schutzverzicht" des Anlegers.

1153 Heinsius, ZHR 145 (1981), 177(187); Roth, § 12 Rn. 17 a.E.

1154 Siehe LG Frankfurt am Main, DB 1992, 203, im Zusammenhang mit der Aufklärungspflicht bei Devisentermingeschäften; LG Frankfurt am Main, WM 1992, 867(868); Werner/Machunsky, Bankenhaftung, S. 28, 32, 52. Nach Arendts, WM 1993, 229(233), erhöht sich die Sorgfaltspflicht der Kreditinstitute, wenn diese auf den Kunden zugehen und ein bestimmtes Wertpapier empfehlen. Raeschke-Kessler, WM 1993, 1830(1831), weist zu Recht darauf hin, daß es bei Abschluß eines Beratungsvertrages mit einem Kreditinstitut gleichgültig sei, von wem die Initiative ausging. Gemäß Wach, Rn. 246; Kleinschmitt, S. 92 und LG Berlin, WM 1992, 93(95), besteht auch bei Börsentermingeschäften eine Pflicht zur Risikoaufklärung, wenn die Initiative vom Anleger ausgeht.

1155 Rümker, S. 29(53 f); Werner/Machunsky, Bankenhaftung, S. 28.

1156 Heinsius, ZHR 145 (1981), 177(188); Vortmann, Aufklärung, Rn. 31.

1157 So BGHZ 70, 356(363) im Zusammenhang mit einem Börsendienst.

betrieblichen und finanziellen Tragfähigkeit ihre Wertpapierberatung so zu organisieren, daß eine sachgerechte Anlageberatung möglich ist[1158], bedeutet nur eine unwesentliche Abschwächung dieses Standpunktes. Soweit Inhalt und Umfang der Informationspflichten durch die betriebliche und finanzielle Tragbarkeit für den Aufklärungspflichtigen begrenzt werden, ist die Herbeiführung einer "Anlegergerechtigkeit" nicht gewährleistet.

Unabhängig von der betrieblichen Leistungsfähigkeit ist von den Aufklärungspflichtigen ein "Standard ordentlicher Berufsausübung", der nicht unterschritten werden darf, zu fordern.[1159] Dieser Standard leitet sich aus dem Vertrauen, welches der Kunde der berufstypischen Sachkunde des Kreditinstituts entgegenbringt, ab. Erforderlich sind banküblich Recherchen, um Informationen zur Erfüllung der Aufklärungspflichten zu erlangen. Die betriebliche und finanzielle Belastbarkeit ist demnach ein ungeeignetes Kriterium zur Abgrenzung von Inhalt und Umfang allgemeiner Aufklärungspflichten.[1160] Das Kriterium erhält allenfalls in Verbindung mit der von einem Kreditinstitut oder Finanzdienstleister wahrgenommenen Funktion eine Bedeutung.[1161] Im Einzelfall kommt es darauf an, ob allein die Vermittlung bzw. der Abschluß eines Effektengeschäfts oder weitergehende Leistungen geschuldet werden. Breidenbach geht mit guten Gründen davon aus, daß der Schutzbedarf und -umfang durch die Funktion bestimmt wird, die der eine Teil "übernimmt". Der andere Teil verzichtet im Vertrauen darauf auf eine eigene Informationsbeschaffung.[1162]

1158 Werner/Machunsky, Bankenhaftung, S. 32.

1159 Raeschke-Kessler, WM 1993, 1830(1833). Er sieht zu Recht in der grundsätzlichen Forderung eines objektiven Standards für den Nachforschungsaufwand der Kreditinstitute keine Benachteiligung kleinerer Institute. Die öffentlich-rechtlichen Sparkassen und Volksbanken sind in der Regel in überregionalen Bankorganisationen zusammengeschlossen, deren Dienstleistungen sie kostengünstig angedient bekommen.

1160 Vgl. LG Frankfurt am Main, WM 1992, 1768(1772), demnach dürfen Kostengesichtspunkte für den Umfang der Beratungspflichten keine Rolle spielen. Zustimmend Arendts, WM 1993, 229(233).

1161 In diesem Sinne Rümker, S. 29(60).

1162 Breidenbach, S. 73.

Diesen Grundsätzen entspricht die Entscheidung des OLG München.[1163] Das Gericht geht davon aus, daß ein Kreditinstitut nicht ohne entsprechende verbindliche Vereinbarung verpflichtet ist, auf eigene Kosten einem Kunden die Kursauswirkungen politischer Krisen zu prognostizieren. Hintergrund des Rechtsstreits war die Besetzung Kuweits durch den Irak. Hierdurch wurden Kursrückgänge auf den Wertpapiermärkten ausgelöst. Das beklagte Kreditinstitut hatte einen Anleger unentgeltlich beraten und ihm infolge der eingetretenen Baisse zum Verkauf seiner Wertpapiere geraten. Dadurch erlitt der Anleger Kursverluste, die er ohne den Rat nicht erlitten hätte. Nach dem Verkauf stieg der Kurswert seiner Papiere wieder an. Im Ergebnis ist dem OLG München zuzustimmen, wenn es von dem beklagten Kreditinstitut nicht den Hinweis auf denkbare Börsenfolgen einer politischen Krise fordert. Insoweit wird stringent auf die "Funktion", in der die Bank tätig wird, abgestellt. Zu Recht wird dann für die Annahme von Aufklärungspflichten bzgl. der möglichen Folgen einer politischen Krise zumindest eine entsprechende verbindliche Vereinbarung vorausgesetzt.

Schwark[1164] verfolgt bei Wertpapiergeschäften mit Auslandsbezug gleichfalls einen einschränkenden Ansatz, indem er sich für eine Begrenzung der Aufklärungspflichten bei ausländischen Wertpapieren einsetzt. Er hält eine eingeschränkte Aufklärung des Anlegers für ausreichend, da Kreditinstituten in der Regel, anders als bei inländischen Wertpapieren, nur in begrenztem Umfang Informationsquellen zur Verfügung stünden. Diese Auffassung führt jedoch zu einer Aushöhlung des Anlegerschutzprinzips, das darauf abzielt, dem Anleger die für eine eigenverantwortliche Entscheidung notwendigen Tatsachen zu gewähren. Kapitalanlagegeschäfte mit ausländischen Emittenten erhielten mangels begrenzter Aufklärung den Charakter einer Spekulation anstatt einer kalkulierbaren Geldanlage.

Nach der jüngsten Rechtsprechung des Bundesgerichtshofes besteht auch bei ausländischen Kapitalanlagen, die dem Anleger empfohlen werden, eine Beratungspflicht.[1165] Eine Bank, die ausländische Wertpapiere in ihr Anlage-

1163 Siehe F.W., FAZ vom 29.12.1993, S. 10, zur Entscheidung des OLG München (6 U 4724/92).

1164 Schwark, Anlegerschutz, S. 335 f.

1165 BGH, WM 1993, 1455(1457). Bereits vor dieser Entscheidung forderte Peterhoff, WuB I G 4.-2.93, S. 332(333), mit guten Gründen, daß eine

programm aufnimmt, muß sich anhand ausländischer Quellen über die Güte dieser Papiere informieren und diese einer eigenen Prüfung unterziehen. Der Beratungsbedarf des Anlegers ist aufgrund der erschwerten Zugänglichkeit der Quellen eher höher einzustufen.[1166] Der Aufklärungspflichtige muß bei ausländischen Kapitalanlagen auf die sich ergebenden Risiken hinweisen.[1167] Nach dem LG Hannover zählt zum Standardwissen der Wertpapierabteilung einer Volksbank die Lektüre der Financial Times.[1168] Im Ergebnis ist das von Schwark aufgestellte Abgrenzungskriterium im Sinne der jüngsten Rechtsprechung abzulehnen.

Die inhaltlichen Grenzen von Aufklärungs- und Beratungspflichten werden entscheidend durch die Aufklärungsbedürftigkeit des Anlegers bestimmt. Wenn der Anleger sich die erforgerlichen Informationen selbst verschaffen kann, bestehen mangels Aufklärungsbedürftigkeit keine Aufklärungspflichten.[1169] Aufklärungspflichten setzen grundsätzlich ein Informationsgefälle zwischen Aufklärungspflichtigem und Aufzuklärendem voraus.[1170] Die Aufklärungspflicht entfällt demnach nur, wenn der Anleger nicht aufklärungsbedürftig ist.[1171] Hierin kommt die wechselseitige Abhängigkeit zwischen Informationsbedarf und der Eigenverantwortlichkeit des Einzelnen als Ausfluß der Privatautonomie zum Ausdruck.

4. Formerfordernisse

Die Rechtsprechung geht von einem Schriftformerfordernis aus, soweit allgemeine Aufklärungs- und Beratungspflichten im Zusammenhang mit

---

Bank den Kunden vor seiner Anlageentscheidung "allgemein über das Risiko von Auslandsanleihen" aufklären muß.

1166 BGH, WM 1993, 1455(1457); zustimmend Raeschke-Kessler, WM 1993, 1830(1832).

1167 In diesem Sinne Vortmann, WM 1993, 581(585).

1168 LG Hannover, WM 1993, 201(204).

1169 Hopt, in: FS-Gernhuber, S. 169(186); Rümker, S. 29(43); Vortmann, WM 1993, 581.

1170 Hopt, a.a.O.

1171 Vgl. statt anderer von Heymann, Die Bank 1991, 176(178).

Warentermingeschäften relevant werden.[1172] Als Grund hierfür wird angeführt, daß der Anleger nur durch eine schriftliche Aufklärung über schwierige wirtschaftliche Zusammenhänge informiert und somit der Zweck der Aufklärung erreicht werden könne.[1173] Diesem Erfordernis ist zuzustimmen, wenn es auf Warentermingeschäfte bezogen wird.[1174] Bei sonstigen Anlagegeschäften wird bislang nicht immer einheitlich eine mündliche Aufklärung des Anlegers für ausreichend gehalten.[1175] Allerdings finden seit der Entscheidung des Bundesgerichtshofs vom 27. November 1990[1176] die Grundsätze, die zur Informations- und Aufklärungspflicht des Vermittlers von Warentermin-

---

1172 BGHZ 105, 108 (Londoner Warenterminoptionen); BGH, WM 1991, 667 (penny stocks); BGH, WM 1992, 770 (Warentermindirektgeschäft); BGH, Urteil vom 16.11.1993 -XI ZR 214/92-, Seite 6 (Warenterminoptionen); OLG Düsseldorf, WM 1992, 776 (Warenterminoptionen). Nach BGH, NJW 1993, 2434 = DB 1993, 1967, ist die bei Warenterminoptionen erforderliche schriftliche Aufklärung grundsätzlich nur dann rechtzeitig, wenn sie bereits im Zeitpunkt der ersten Auftragserteilung vorliegt. Vgl. Wolf, NJW 1994, 24(25), der im Ergebnis dem Schriftformerfordernis zustimmt.

1173 BGHZ 105, 108(110 f) = WM 1988, 1255; Vortmann, Aufklärung, Rn. 311; a.A. Wandt, WuB I G 4.-6.88, S. 1462.

1174 Ebenso Rollinger, S. 69; Häuser/Welter, § 16 Rn. 233; Soergel-Wiedemann, Vor § 275 Rn. 279; Schäfer, S. 50, der der Rechtsprechung zum Schriftformerfordernis bei Warentermingeschäften lediglich dem Grunde nach zustimmt. Er wertet sie als Ausnahme zum Grundsatz der Formfreiheit der Anlegeraufklärung. Kritisch Assmann, in: FS-Heinsius, S. 1(24), Fn. 110.

1175 Drygala, EWiR § 53 BörsG 1/92, S. 263(264); Wandt, WuB I G 4.-6.88, S. 1462; Schäfer, S. 50. A.A. Koller, WuB I G 4.-2.92, S. 257(259), der fordert, daß die neben der Information gemäß § 53 Abs. 2 BörsG notwendige, zusätzliche Aufklärung über die Verschlechterung der Gewinnchancen bei Aktienoptionsgeschäften schriftlich erfolgen müsse. Welter, WuB I G 5.-12.89, S. 1165, empfiehlt bei Aktienoptionsgeschäften lediglich aus Gründen der Beweissicherung eine schriftliche Aufklärung. Vgl. Wolf, NJW 1994, 24(25), der für eine schriftliche Aufklärung bei allen Options- und Termingeschäften einschließlich der Stillhaltergeschäfte plädiert.

1176 BGH, WM 1991, 127(128).

Optionen entwickelt worden sind, auch auf Kreditinstitute bei Geschäften mit Aktien- und Aktienindex-Optionen Anwendung.[1177]

An die Entscheidung des Bundesgerichtshofs fühlt sich die Kreditwirtschaft mit allen Konsequenzen für ihre Aufklärungspflichten bei Geschäften mit Aktien- und Aktienindex-Optionen gebunden.[1178] Der gleiche Standpunkt ist aufgrund der im Ergebnis abzulehnenden Entscheidung des LG Berlin vom 24. September 1991[1179] in bezug auf die Untergerichte zu vermuten.[1180] Das Gericht setzt für die Erfüllung der bei Geschäften mit Aktienoptionen notwendigen Aufklärung voraus, daß über die Zusammensetzung der anfallenden Gebühren schriftlich informiert wird. Hierfür reiche der Hinweis in dem von der Kreditwirtschaft gemäß § 53 Abs. 2 BörsG verwendeten Informationsblatt nicht aus.[1181] Die Forderung steht allerdings im Widerspruch zum Gesetzgeber, der allein für die bei Börsentermingeschäften zur Herbeiführung der Termingeschäftsfähigkeit gemäß § 53 Abs. 2 BörsG zu verwendenden Unterrichtungsschrift die Schriftform fordert. Weitergehende Aufklärungen sind in mündlicher Form zulässig.[1182]

Andererseits erfährt die Entscheidung des Bundesgerichtshofes[1183], die für Warentermin-Optionen entwickelten Grundsätze zu den Aufklärungspflichten auf Geschäfte mit Aktien- und Aktien-Index-Optionen zu übertragen, ihre grundsätzliche Berechtigung in der Vergleichbarkeit der Konstruktionen von Warentermingeschäften und den daraus resultierenden Risiken mit denen bei Aktien- und Aktienindex-Optionen. Beide Geschäftsarten werden durch ihren

---

1177 Nach BGH, NJW 1993, 257(258), ist die bei Stillhalteroptionsgeschäften erforderliche Aufklärung schriftlich vorzunehmen.

1178 Vgl. Der Bankenverband informiert, Teil III: Recht, Wertpapiere und Börse, Nr. 2, Januar 1992, S. 38 f. Der Bankenverband hat aufgrund der Entscheidung des BGH, WM 1991, 127, die in seiner Broschüre "Basisinformationen über das Börsentermingeschäft", (Bank-Verlag, Hrsg., 1992), enthaltenen Hinweise ergänzt und somit die Schriftform gewahrt.

1179 LG Berlin, WM 1992, 92.

1180 Ablehnend Schäfer, S. 51; kritisch Rümker, S. 29(55).

1181 LG Berlin, WM 1992, 92(95); zustimmend Koller, WuB I G 4.-2.92, S. 257(259).

1182 Amtliche Begründung, BT-Drucks., 11/4177, S. 19.

1183 BGH, WM 1991, 127.

Optionscharakter geprägt. Diese Übereinstimmung begründet jedoch allein, daß der für den Inhalt und Umfang der Aufklärungspflichten bei Warentermingeschäften geltende Pflichtenstandard auf Börsentermingeschäfte, insbesondere Aktien-Index-Optionsgeschäfte, übertragen wird. Darüber hinaus ist ein Schriftformerfordernis nur für Warentermingeschäfte aufgrund deren besonderen Vertriebsformen, z.B. im Telefonhandel, und wegen der in diesem Bereich häufig anzutreffenden Kapitalanlagebetrügereien, begründet.[1184] Mangels vergleichbarer Strukturen bei Geschäften mit Aktien- und Aktienindex-Optionen, die an Börsen gehandelt und vornehmlich von Kreditinstituten bzw. Emissionshäusern vermittelt werden, ist das Schriftformerfordernis auf die bei diesen Geschäften bestehenden Aufklärungspflichten nicht anzuwenden.

Daneben spricht gegen die Forderung einer schriftlichen Information bei Aktien- und Aktienindex-Optionen, daß die Anlegeraufklärung als geschäftsähnliche Handlung in Form einer Wissenserklärung den Formschriften über Rechtsgeschäfte unterliegt und somit der Grundsatz der Formfreiheit gilt.[1185] Das vom Bundesgerichtshof vorausgesetzte Schriftformerfordernis wurde extra legem entwickelt, ohne daß eine überzeugende Auseinandersetzung mit dem aus dem Bürgerlichen Gesetzbuch folgenden Leitbild, dem numerus clausus von Schriftformerfordernissen, erfolgte. Schließlich kann eine schriftliche Aufklärung nur eine begrenzte Wirkung entfalten, während der Anleger in einem mündlichen Aufklärungsgespräch die Möglichkeit hat, Verständnisschwierigkeiten durch Rückfragen auszuräumen und dadurch Zusatzinformationen zu erlangen.[1186] Außerdem könnten mit einer schriftlichen, im voraus verfaßten, Aufklärungsschrift nicht die Besonderheiten des konkret zur Disposition stehenden Termingeschäfts berücksichtigt werden. Denn die erforderlichen Aufklärungshinweise sind in den einschlägigen Entscheidungen des Bundesgerichtshofes nicht abschließend aufgeführt, vielmehr sind sie an den Durchschnittserwartungen und den durchschnittlichen Erkenntnismöglichkeiten des Publikums zu orientieren.[1187]

1184 Vortmann, Aufklärung, Rn. 318; Rümker, S. 29(55).

1185 Drygala, WM 1992, 1213(1217); ebenso Rümker, a.a.O.

1186 Vortmann, Aufklärung, Rn. 317.

1187 BGH, Urteil vom 16.11.1993 -XI ZR 214/92-, Seite 7 (Warenterminoptionen).

Mithin ist eine Übertragung des für die Aufklärungspflichten bei Warentermin-Optionen geltenden Schriftformerfordernisses auf andere Effektengeschäfte abzulehnen und von einer mündlichen Aufklärung als Regelfall auszugehen.[1188]

Nachdem Umfang und Form der bei Anlagegeschäften bestehenden allgemeinen Aufklärungs- und Beratungspflichten offengelegt wurden, sind im weiteren die bei der Vermittlung von Börsentermingeschäften gemäß dem Börsengesetz zu erfüllenden Informationspflichten zu untersuchen.

B. Informationsmodell gemäß § 53 Abs. 2 BörsG

Die für Kreditinstitute und Anlagevermittler bzw. -berater bei Börsentermingeschäften bestehenden Informationspflichten finden ihre rechtliche Grundlage in dem sogenannten Informationsmodell gemäß § 53 Abs. 2 BörsG. Dieses Modell wurde aus dem als wirtschaftliches Regelwerk verstandenen Börsengesetz entwickelt. Mit der Einführung des Börsengesetzes von 1896 ging unter anderem das Ziel einher, die Marktfunktion der Börse als institutionalisiertem Wertpapiermarkt durch börsenrechtliche Vorschriften bestmöglich sicherzustellen.[1189] Ende der siebziger Jahre dieses Jahrhunderts verstärkte sich die Erkenntnis, daß der vorrangig mit dem Börsengesetz verfolgte Anlegerschutz durch die börsengesetzlichen Regelungen, insbesondere die in §§ 50 ff BörsG a.F. statuierte Unverbindlichkeit von Börsentermingeschäften, nicht

---

1188 Ebenso Drygala, WM 1992, 1213(1221); Assmann, in: FS-Heinsius, S. 1(24) Fn. 110; Rümker, S. 29(55); Vortmann, a.a.O.. In diesem Sinne LG Frankfurt am Main, WM 1992, 867(869), das stillschweigend bei einem Devisentermingeschäft eine mündliche Aufklärung für ausreichend hält; ablehnend Tilp, DB 1992, 204. A.A. Welter, WuB I G 5.-12.89, S. 1165, der bei Aktienoptionsgeschäften aus Gründen der Beweissicherung eine schriftliche Aufklärung empfiehlt. Gemäß LG Berlin, WM 1992, 93(95), sind bei Optionsgeschäften die über § 53 Abs. 2 BörsG hinausgehenden Informationspflichten schriftlich zu erteilen. Zustimmend Koller, WuB I G 4.-2.92, S. 257(259). Schwark, NJW 1989, 2675(2676), setzt sich für eine Übertragung des Schrifformerfordernisses auf die an der Deutsche Terminbörse abgeschlossenen Geschäfte ein.

1189 Schwark, Anlegerschutz, S. 256.

ausreichend gewährleistet war.[1190] In der Folgezeit kam das Bestreben hinzu, den Finanzplatz Deutschland durch Schaffung der rechtlichen Voraussetzungen zur Entfaltung eines wirksamen Terminmarktes und der Eröffnung der Deutschen Terminbörse (DTB) zu stärken.[1191] Mit der Novellierung des Börsengesetzes im Jahre 1989[1192] und der damit verbundenen Einführung des sogenannten Informationsmodells in § 53 Abs. 2 BörsG glaubte der Gesetzgeber, eine nach rechtssicheren Kriterien abgegrenzte Börsenrechtssphäre zu schaffen, in der sich der Terminhandel frei entfalten kann.[1193]

Die gemäß § 53 Abs. 2 BörsG mittels einer Unterrichtungsschrift herzustellende Börsentermingeschäftsfähigkeit des privaten Anlegers ist ein sogenannter Realakt.[1194] Das Institut Börsentermingeschäftsfähigkeit entspringt dem Verständnis, daß "nur der, der die für den Börsenterminhandel notwendigen Fachkenntnisse besitzt, und daher mit einiger Wahrscheinlichkeit nicht übervorteilt werden wird, in der Lage sein sollte, solche Geschäfte abzuschließen"[1195]. Daran knüpft das Informationsmodell an, das dem Anleger eine Unterrichtung gewährleisten soll, mit der er vor unüberlegten Termingeschäften an der Börse gewarnt wird.[1196]

Erst mit der Durchführung der Unterrichtung im Sinne von § 53 Abs. 2 BörsG erlangt der Privatanleger die Börsentermingeschäftsfähigkeit, die zum wirksamen Abschluß von Börsentermingeschäften notwendig ist. Voraussetzung ist, daß dem privaten Anleger durch seinen Vertragspartner, der Kaufmann sein und einer Bank- oder Börsenaufsicht unterstehen muß, mittels einer Unterrichtungsschrift die in § 53 Abs. 2 BörsG festgeschriebenen

---

1190 In diesem Sinne Henssler, ZHR 153(1989), 611(618).

1191 Amtliche Begründung, BT-Drucksache 11/4177, S. 9.

1192 Novellierung durch das "Gesetz zur Änderung des Börsengesetzes" vom 11.07.1989, BGBl. I, S. 1412.

1193 Schwark, in: FS-Steindorff, S. 473(485).

1194 Buthmann, Bank Information und Genossenschafts Forum 1993, 58. Siehe MüKo-Kramer, Vor § 104 Rn. 72, zur Abgrenzung zwischen Realakt und sog. geschäftsähnlichen Handlungen.

1195 Grunewald, WM 1988, 1077(1078); Kümpel, ZKredW 1986, 558.

1196 Kritisch Kleinschmitt, S. 137 ff.

"Grundrisiken"[1197] mitgeteilt werden. Das Informationsblatt ist dem Anleger bereits zu einem Zeitpunkt zuzuleiten, der es ihm ermöglicht, es vor dem Vertragsschluß in Ruhe zu lesen.[1198] Allerdings ist bedenklich, daß dem privaten Anleger gerade von seinem Geschäftspartner bestimmte Informationen mitzuteilen sind.[1199] Durch eine vollumfängliche Erfüllung der Informationspflichten könnte der Anleger von dem Geschäft abgeschreckt werden. Deshalb sind Konflikte aufgrund eines möglicherweise bestehenden Eigeninteresses des Informationspflichtigen am Geschäftsabschluß und der Erfüllung seiner Informationspflichen nach § 53 Abs. 2 BörsG bereits vorgezeichnet.[1200] Im Sinne des Anlegerschutzes ist jedoch zu fordern, daß eine interessenwahrende Auftragserfüllung durch Kreditinstitute gewährleistet wird.[1201]

Soweit eine Unterrichtung im Sinne von § 53 Abs. 2 BörsG stattgefunden hat, sind die vom Anleger abgeschlossenen Börsentermingeschäfte verbindlich.[1202] Der Anleger kann dann bzgl. der verbindlichen Geschäfte den Termineinwand im Sinne von §§ 52, 55 BörsG und gemäß § 58 BörsG den Differenzeinwand nach §§ 764, 762 BGB nicht mehr erheben. Damit wird bezweckt, den Termineinwand Privatpersonen zu versagen, wenn sie über die typischen Risiken, die aus Börsentermingeschäften resultieren, unterrichtet worden sind.[1203]

Den deutschen Privatanlegern wurde mit der Einführung des Informationsmodells in § 53 Abs. 2 BörsG erstmals der vollwirksame Abschluß hochspeku-

---

1197 Der Begriff "Grundrisiken" für die von § 53 Abs. 2 BörsG vorgegebenen Inhalte der Unterrichtungsschrift wurde vom Gesetzgeber geprägt; vgl. Amtliche Begründung, BT-Drucks., 11/4177, S. 20.

1198 In diesem Sinne Vortmann, Aufklärung, Rn. 325; Kleinschmitt, S. 111.

1199 Wach, AG 1992, 384(390).

1200 Gemäß Hopt, in: FS-Gernhuber, S. 169(181), sind Interessenkonflikte für Kreditinstitute, insbesondere Universalbankinstitute, "geradezu berufstypisch". Schäfer, S. 22, sieht in dem Interessenkonflikt des Aufklärungspflichtigen zu Recht ein "generelles Problem".

1201 Vgl. Kümpel, WM 1993, 2025 und 2027, der unter Bezugnahme auf die in Artikel 11 der EG-Wertpapierdienstleistungs-Richtlinie vom 10. Mai 1993 (EG-Richtlinie 93/22 (EWG); abgedr. in WM 1993, 1432) enthaltenen Wohlverhaltensregeln fordert, daß das Interesse des Kunden angemessen (fairly) berücksichtigt wird.

1202 Amtliche Begründung, BT-Drucksache 11/4177, S. 19.

1203 Amtliche Begründung, BT-Drucksache 11/4177, S. 10.

lativer Termingeschäfte ermöglicht. Nach den Regelungen des Börsengesetzes in der Fassung vor 1989 war dem nicht termingeschäftsfähigen Publikum die Teilnahme am Börsenterminhandel nur nach Sicherheitsleistung gemäß § 54 BörsG faktisch eröffnet. Das Geschäft blieb für Privatanleger unverbindlich, während das Kreditinstitut als Sicherheitsempfänger sich aus der Sicherheit befriedigen konnte.[1204] Der Anleger haftete ausschließlich mit der bestellten Sicherheit, ohne daß für ihn eine Nachschußpflicht zur Deckung eingetretener Verluste aus dem gesicherten Börsentermingeschäft bestand.[1205]

Die Aufnahme des Informationsmodells in § 53 Abs. 2 BörsG im Jahre 1989 bedeutete demnach ein Novum, welches die Möglichkeit zur Herbeiführung der Börsentermingeschäftsfähigkeit kraft Information eröffnete. Die Informationspflichten bei Börsentermingeschäften erfuhren eine vollkommen neue Reglementierung. Allerdings war der mit dem Informationsmodell verfolgte Gedanke des Schutzes durch Information bereits aus dem Verbraucherschutzrecht bekannt.[1206] Der Gesetzgeber bezweckte mit der Einführung dieses Modells unter anderem, den früheren Zustand zu beenden, der es den Anlegern auch bei vollem Bewußtsein der mit Termingeschäften verbundenen Risiken ermöglichte, durch Erhebung des Termineinwands eingetretene Verluste auf den Vermittler abzuwälzen.[1207] Die historische Entwicklung verdeutlicht die Abkehr des Gesetzgebers von dem ursprünglich mit dem Börsengesetz verfolgten Zweck, "unerfahrene und kapitalschwache Elemente von den Termingeschäften fernzuhalten"[1208]. Vielmehr erfolgte eine Hinwendung zu dem liberalen Grundsatz der Privatautonomie bzw. zum Selbstbestimmungsrecht des mündigen Bürgers.

An dem Informationsmodell mit dessen zwingend zu berücksichtigenden Risikohinweisen wird kritisiert, daß der vom Börsengesetz bezweckte Schutz des privaten Anlegers unterlaufen werde. Kreditinstitute und Anlagevermittler

---

1204 Henssler, ZHR 153(1989), 611(612).

1205 Siehe Hartung, S. 209, der eingehend die Rechtsfolgen einer wirksamen Sicherheitsbestellung gemäß § 54 BörsG darlegt.

1206 Amtliche Begründung, BT-Drucksache 11/4177, S. 19. Folglich nahm der Gesetzgeber im Verbraucherschutzrecht u.a. auf die Informationspflichten ausdrücklich Bezug.

1207 Rollinger, S. 100.

1208 Meyer/Bremer, Überblick, S. 4.

bzw. -berater seien in der Lage, durch gezielte Verharmlosung[1209] den Anleger sogar zur Kreditaufnahme zu veranlassen. Dies begünstige die aufgrund der sogenannten Termingeschäftsfähigkeit kraft Information für private Anleger eintretende Wirksamkeit der Börsentermingeschäfte gemäß § 53 Abs. 2 BörsG.[1210] Die These findet jedoch nach einigen Jahren praktischer Erfahrung mit dem Informationsmodell keine Begründung.

1. Anwendungsbereich

Der personelle Anwendungsbereich des Informationsmodells ergibt sich in Abgrenzung zu § 53 Abs. 1 BörsG[1211] aus dem Wortlaut des § 53 Abs. 2 BörsG. Wenn nicht beide Vertragspartner gemäß § 53 Abs. 1 BörsG termingeschäftsfähig und somit deren Börsentermingeschäfte uneingeschränkt verbindlich sind, kann mittels einer Unterrichtungsschrift im Sinne von § 53 Abs. 2 BörsG die Börsentermingeschäftsfähigkeit durch einen Vertragspartner herbeigeführt werden. Dieser muß Kaufmann sein und selbst einer Banken- oder Börsenaufsicht unterliegen. Wenn die beiden Voraussetzungen nicht vorliegen, sind die abgegebenen Risikohinweise für die Wirksamkeit des vermittelten Börsentermingeschäfts unbeachtlich und die Börsentermingeschäftsfähigkeit beim Vertragspartner wird nicht herbeigeführt.

Anlageberater und Anlagevermittler, die keine Banktätigkeit im Sinne des KWG betreiben oder die nicht zum Handel an einer Börse zugelassen sind, werden von § 53 Abs. 2 BörsG nicht erfaßt.[1212] Der Ausschluß dieser Berufsgruppen vom Informationsmodell erfolgte zu Recht, da nur ein qualifizierter

---

1209 Gemäß Rollinger, S. 110, sei denkbar, daß unseriöse Vermittler von Termingeschäften zwar die formalen Anforderungen an die Informationserteilung gemäß § 53 Absatz 2 BörsG beachten, jedoch die gegebenen Warnungen durch mündliche Erklärungen und Anpreisungen im Hinblick auf die angeblichen Chancen bei solchen Geschäften wieder entwerten.

1210 In diesem Sinne Rössner, Handelsblatt vom 7.12.1988, S. 36.

1211 Vgl. Wach, AG 1992, 384(386), der mittels einer Synopse die aufgrund der Börsengesetznovelle von 1989 eingetretenen Veränderungen des § 53 Absatz 1 und 2 BörsG aufzeigt.

1212 Horn, ZIP 1990, 2(8).

Informant die notwendige begleitende Betreuung und Beratung des Anlegers erbringen kann[1213].

Die Voraussetzungen des § 53 Abs. 2 BörsG lassen die Herstellung der Börsentermingeschäftsfähigkeit in Stellvertretung nicht in jedem Fall zu. Eine Vertretung des Aufklärungspflichtigen ist nur zulässig, wenn auch dessen Vertreter einer Bank- oder Börsenaufsicht unterliegt. Dagegen ist eine Stellvertretung auf Anlegerseite nicht möglich, da nur die Person, die das Informationsblatt selbst gelesen hat, dies mittels Unterschrift bestätigen kann.[1214]

Darüber hinaus werden vom Anwendungsbereich des § 53 Abs. 2 BörsG die Personen nicht erfaßt, die bereits gemäß § 53 Abs. 1 BörsG wirksam Börsentermingeschäfte abschließen können. Die Börsentermin-geschäftsfähigkeit nach § 53 Abs. 1 BörsG richtet sich nach dem Kriterium der Kaufmannseigenschaft. Mit dem Hinweis des Gesetzgebers in § 53 Abs. 1 Satz 1 Ziffer 1 BörsG, daß Börsentermingeschäfte wirksam abgeschlossen werden können, wenn beide Parteien im Handelsregister[1215] oder Genossenschaftsregister eingetragene Kaufleute sind, wird entgegen dem früheren Wortlaut des Börsengesetzes auch Minderkaufleuten die Börsentermingeschäftsfähigkeit zuerkannt. Das Kriterium der Handelsregistereintragung garantiert formal ein erhöhtes Maß an Rechts-

---

1213 Horn, a.a.O.; Henssler, ZHR 153(1989), 611(623).

1214 In diesem Sinne Buthmann, Bank Information und Genossenschafts Forum 1993, 58(59); Kleinschmitt, S. 132 m.w.N.; Vortmann, Aufklärung, Rn. 326.

1215 Gemäß Grunewald, WM 1988, 1077(1080), bestanden bereits vor der Novellierung des Börsengesetzes im Jahre 1989 Bedenken bezüglich der damaligen Regelung, daß alle Vollkaufleute, die in das Handelsregister eingetragen sind, termingeschäftsfähig sind. Es sei bezweifelt worden, ob selbst Vollkaufleute ausnahmslos den Gefahren des Börsentermingeschäfts gewachsen sind. Deshalb wären Minderkaufleute, auch wenn sie im Handelsregister eingetragen waren, von dieser Regelung ausgenommen worden. Gemäß Kümpel, ZKredW 1986, 558 m.w.N., wurde diese Wertung von der Lehre kritisiert, weil sie auf den jeweiligen Umfang des Geschäftsbetriebes abstelle und zu Rechtsunsicherheiten führe.

sicherheit.[1216] Dieses Merkmal gilt allerdings gemäß § 53 Abs. 1 Satz 1 Ziffer 2 BörsG nicht für öffentlich-rechtliche Körperschaften bzw. Unternehmen im Sinne des § 36 HGB, für die eine Eintragungspflicht nicht besteht.

Bei ausländischen Kaufleuten kann, da es im Ausland zum Teil keine mit dem deutschen Handelsregister vergleichbaren Einrichtungen gibt, nicht immer auf die absolute Rechtssicherheit der Registereintragung zurückgegriffen werden. Die Kaufmannseigenschaft solcher Personen ist im Sinne des § 53 Abs. 1 Satz 1 Ziffer 3 BörsG nach tatsächlichen Merkmalen zu bestimmen.[1217]

Schließlich werden gemäß § 53 Abs. 1 Satz 2 BörsG die Personen mit Kaufleuten gleichgesetzt, die zur Zeit des Geschäftsabschlusses oder früher gewerbsmäßig[1218] oder berufsmäßig[1219] Börsentermingeschäfte betrieben haben oder zur Teilnahme am Börsenhandel dauernd zugelassen waren.

1216 Amtliche Begründung, BT-Drucksache 11/4177, S. 18 f. Rollinger, S. 108, zweifelt daran, ob die in § 53 Absatz 1 BörsG von 1989 vorgenommene Abgrenzung des personellen Anwendungsbereichs anhand des formalen Kriteriums der Handelsregistereintragung sinnvoll ist und lehnt dieses im Ergebnis ab. Seiner Auffassung nach sollte an den "Unternehmensbegriff" angeknüpft werden. Die Forderung Rollingers ist im Ergebnis abzulehnen, da der Unternehmensbegriff Auslegungs- bzw. Abgrenzungsschwierigkeiten mit sich bringen würde.

1217 Kleinschmitt, S. 67.

1218 Kritisch Henssler, ZHR 153(1989), 611(629 f). Ihm ist zuzustimmen, daß die Auslegungsschwierigkeiten, die bezüglich des in § 53 BörsG a.F. enthaltenen Kriteriums der "Berufsmäßigkeit" bestanden haben, durch das Merkmal "Gewerbsmäßigkeit" allenfalls "geringfügig entschärft" werden. Aus gleichen Gründen kritisch zum Merkmal der "Gewerbsmäßigkeit", Kleinschmitt, S. 68 ff. A.A. Rollinger, S. 109, der die Aufnahme des Kriteriums "gewerbsmäßig" in § 53 Absatz 1 Satz 2 BörsG angesichts der "relativ engen" Auslegung des bisher alleinigen Merkmals des "berufsmäßigen Betreibens von Börsentermingeschäften", begrüßt.

1219 Das LG Mannheim WM 1992, 911(913) sieht unter Bezugnahme auf BGH WM 1988, 857, das Merkmal des "berufsmäßigen Betreibens von Börsentermingeschäften" als gegeben an, wenn "sich eine Person in nicht unerheblichem Umfang am Börsenterminhandel beteiligt, die notwendige Erfahrungsbasis und die Geschäftserfahrung besitzt". Von einer vergleichbaren Definition ausgehend, stellt Grunewald, WM 1988,

Vor der Novellierung des Börsengesetzes im Jahre 1989 wurden Anleger, die im Inland keinen Wohnsitz und keine gewerbliche Niederlassung hatten, generell als termingeschäftsfähig eingestuft. Nunmehr enthält das Börsengesetz eine solche Bestimmung nicht mehr, so daß auch diese Personen im Sinne des Börsengesetzes aufzuklären sind. Die neue Regelung ist grundsätzlich zu befürworten, da mit ihr den Ansprüchen der zunehmend enger verknüpften Kapitalmärkte entsprochen und die zuvor bestehende Diskriminierung der Ausländer aufgehoben wird.[1220] Mit dem Informationsmodell ist der Anspruch verbunden, daß alle potentiellen Anleger, mit Ausnahme der Kaufleute und der ihnen nach dem Börsengesetz gleichgestellten Personen, unabhängig von ihren intellektuellen Fähigkeiten, im Sinne des § 53 Abs. 2 BörsG aufzuklären sind. Dadurch soll ihnen das notwendige Wissen zur Bewertung des beabsichtigten Geschäfts vermittelt werden.[1221]

Der sachliche Anwendungsbereich des in § 53 Abs. 2 BörsG geregelten Informationsmodells bezieht sich auf Börsentermingeschäfte[1222], er wird jedoch durch § 53 Abs. 3 BörsG eingeschränkt. Demnach findet § 53 Abs. 2 BörsG keine Anwendung auf Warentermingeschäfte und Termingeschäfte in Edelmetallen. Deren Ausschluß vom Informationsmodell ist durch die bei diesen Geschäftsarten in der Vergangenheit in erheblichen Maße aufgetreten Mißstände bedingt.[1223] Der insoweit verfolgte Anlegerschutzgedanke hat angesichts der hohen Schäden durch kriminelle Handlungen bei Kapitalanlage-

---

1077(1079), zur Rechtslage vor der Börsengesetznovelle 1989 die nicht nachvollziehbare These auf, daß das Merkmal der Berufsmäßigkeit gemäß § 53 Absatz 1 Ziff. 1 BörsG "mindestens drei bereits abgerechnete Geschäfte größeren Umfangs" voraussetze.

1220 Henssler, ZHR 153(1989), 611(630 f).

1221 In diesem Sinne Koller, BB 1990, 2202(2206).

1222 Die von Jäger, ZBB 1991, 82(83), aufgestellte These, daß "trotz gegebenenfalls fehlender Voraussetzungen eines Börsentermingeschäftes das Optionsscheingeschäft aus Gründen des Anlegerschutzes als solches anzusehen sei", berücksichtigt nicht alle Schutzzwecke des Börsengesetzes. Durch die geforderte extensive Subsumtion von Effektengeschäften unter das Börsentermingeschäft i.S.v. § 50 Absatz 1 BörsG wird der mit dem Börsengesetz verfolgte Verkehrsschutz vernachläßigt. Dennoch ist der These von Jäger aufgrund des als vorrangig einzustufenden Anlegerschutzes im Ergebnis zuzustimmen.

1223 Amtliche Begründung, BT-Drucks., 11/4177, S. 20.

geschäften[1224] nach wie vor seine Berechtigung. Bei Warentermingeschäften und Termingeschäften in Edelmetallen besteht als Mittel des Anlegerschutzes die Möglichkeit, den Termineinwand zu erheben.[1225] Mit Inkrafttreten der im Zweiten Finanzmarktförderungsgesetz enthaltnenen Änderungen des Börsengesetzes zum 1. Januar 1995 wird der sachliche Anwendungsbereich des Informationsmodells auf Warentermingeschäfte ausgeweitet.[1226] Hierdurch sollen die gesetzlichen Rahmenbedingungen dafür geschaffen werden, daß sich in Deutschland eine leistungsfähige Warenterminbörse für landwirtschaftliche Produkte etablieren kann.[1227]

2. Inhalt der Information

Die zur Herbeiführung der Börsentermingeschäftsfähigkeit privater Anleger erforderlichen Aufklärunginhalte sind dem Grunde nach in § 53 Abs. 2 BörsG festgeschrieben. Der Gesetzgeber wollte mit dieser Norm eine umfassende Aufklärung der Anleger über alle in Betracht kommenden und typischerweise mit Börsentermingeschäften einhergehenden Risiken erreichen.[1228] Der Anspruch resultierte aus dem mit der Börsengesetznovelle von 1989 primär verfolgten Ziel, die Rahmenbedingungen für die Errichtung einer Deutschen Terminbörse (DTB) zu schaffen und damit den "Finanzplatz Deutschland" zu

---

1224 Siehe o.V., Handelsblatt vom 28.9.1993, S. 6, demzufolge wurden nach der Einschätzung von Carsten Lucht, dem Geschäftsführer des Bundesverband Finanzdienstleistungen (FiFa), im Jahre 1992 von unseriösen Anlageberatern deutsche Bürger um rund 40 Mrd. DM betrogen.

1225 Siehe Horn, ZIP 1990, 2(14), der verdeutlicht, daß der Kunde aufgrund von unwirksamen Termingeschäften auch Gewinne nicht realisieren kann.

1226 Siehe Art. 2 Ziffer 26 des Regierungsentwurfs des Zweiten Finanzmarktförderungsgesetz -Kabinettsvorlage vom 3. November 1993-, demnach wird § 53 Abs. 2 BörsG wie folgt geändert: Nach Satz 1 wird folgender Satz eingeführt, "Bei Börsentermingeschäften in Waren muß der Kaufmann den anderen Teil vor Geschäftsabschluß schriftlich über die speziellen Risiken von Warentermingeschäften informieren." Zugleich soll § 53 Abs. 3 BörsG aufgehoben werden.

1227 Es gibt Überlegungen, ob Terminkontrakte auf landwirtschaftliche Produkte an der DTB eingeführt werden können.

1228 Amtliche Begründung, BT-Drucks., 11/4177, S. 20.

stärken.[1229] Zugleich sollte den privaten Anlegern durch eine standardisierte Aufklärung die Beteiligung an Börsentermingeschäften der Deutschen Terminbörse formal erleichtert werden.[1230] Nach § 53 Abs. 2 Satz 1 BörsG ist mittels einer Unterrichtungsschrift darüber zu informieren, "daß

- die aus Börsentermingeschäften erworbenen befristeten Rechte verfallen oder eine Wertminderung erleiden können,

- das Verlustrisiko nicht bestimmbar sei und auch über etwaige geleistete Sicherheiten hinausgehen kann,

- Geschäfte, mit denen die Risiken aus eingegangenen Börsentermingeschäften ausgeschlossen oder eingeschränkt werden sollen, möglicherweise nicht oder nur zu einem verlustbringenden Marktpreis getätigt werden können,

- sich das Verlustrisiko erhöht, wenn zur Erfüllung von Verpflichtungen aus Börsentermingeschäften Kredit in Anspruch genommen wird oder die Verpflichtung aus Börsentermingeschäften oder die hieraus zu beanspruchende Gegenleistung auf ausländische Währung oder eine Rechnungseinheit lautet".

Gemäß § 53 Abs. 2 Satz 2 BörsG darf "die Unterrichtungsschrift nur Informationen über die Börsentermingeschäfte und ihre Risiken enthalten". Der Gesetzgeber bezweckte, dem Anleger durch das Informationblatt ausreichende Erkenntnismöglichkeiten und Entscheidungsgrundlagen für eine eigenverantwortliche Anlageentscheidung einzuräumen.[1231] Das Informationsmodell basiert auf dem Grundgedanken, daß derjenige keines Schutzes bedarf, der sich in klarer Erkenntnis der Konsequenz seines Handelns auf ein Rechtsgeschäft einläßt. Eine detailierte Darstellung der verschiedenen Varianten des Börsenterminhandels, im Sinne einer umfassenden "Produktinformation", könnte von den wirtschaftlichen und geldwerten Grundrisiken ablenken.[1232] Aus Gründen

---

1229 Amtliche Begründung, BT-Drucks., 11/4177, S. 9.
1230 In diesem Sinne Kümpel, WM 1989, 1485(1492).
1231 Amtliche Begründung, BT-Drucks., 11/4177, S. 10.
1232 Amtliche Begründung, BT-Drucks., 11/4177, S. 20.

der Praktikabilität und Rechtssicherheit wurden deshalb in § 53 Abs. 2 BörsG die Anforderungen an die Unterrichtungsschrift gesetzlich festgeschrieben.[1233]

Aus den Gesetzesmaterialien folgt, daß das Informationsblatt die gesetzlich vorgegebenen informationsbedürftigen Merkmale "enthalten muß" und sich "inhaltlich auf die Darstellung" dieser Vorgaben beschränken kann.[1234] Die gemäß § 53 Abs. 2 BörsG vorgegebenen Aufklärungsinhalte decken die mit Börsentermingeschäften verbundenen "Grundrisiken" ab. In dem Informationsblatt sind diese Vorgaben in einer Weise "darzustellen", daß die mit dem Informationsmodell verfolgten Ziele gewährleistet werden. Allerdings lassen die Gesetzesmaterialien nicht eindeutig erkennen, ob bereits eine wörtliche Wiedergabe des Gesetzestextes von § 53 Abs. 2 BörsG ausreicht, um dessen Voraussetzungen zu erfüllen und die Börsentermingeschäftsfähigkeit privater Anleger herbeizuführen.

Die Verwendung eines standardisierten Informationsblattes, das sich an dem Wortlaut der gesetzlichen Vorgaben orientiert, könnte dem Interesse der Informationspflichtigen und dem gesetzgeberischen Ziel der Gewährleistung von Rechtssicherheit[1235] entgegenkommen. Dennoch stellt die alleinige Vorlage einer formalisierten Unterrichtungsschrift nicht sicher, daß der private Anleger aufgrund der in stark verallgemeinerter Form mitgeteilten "Grundrisiken" des Termingeschäfts diese auf das in Frage stehende Rechtsgeschäft übertragen kann. Eine Unterrichtungsschrift, die allein den Wortlaut des § 53 Abs. 2 BörsG wiedergibt, ist mit dem Ziel des Informationsmodells, die bei privaten Anlegern bestehenden Informationsdefizite abzubauen und die Grundlagen für eine eigenverantwortliche Anlageentscheidung zu vermitteln, nicht vereinbar. Der Gesetzgeber versteht das Informationsmodell als eine "qualifizierte Form der Unterrichtung".[1236] Der mit dem Informationsmodell bezweckte Anlegerschutz steht deshalb einer alleinigen Wiedergabe des Gesetzestextes von § 53 Abs. 2 BörsG in der Unterrichtungsschrift entgegen.

1233 Amtliche Begründung, BT-Drucks., 11/4177, S. 19.

1234 Amtliche Begründung, BT-Drucks., 11/4177, a.a.O; ebenso LG Berlin, WuB I G 4.-2.92, S. 257; Koller, WuB I G 4.-2.92, S. 257(258); Drygala, EWiR § 53 BörsG 1/92, S. 263; Steuer, Die Bank 1989, 364(369); Kümpel, WM 1989, 1485(1487, 1491).

1235 Kümpel, WM 1989, 1485(1487); Wach, AG 1992, 384(393).

1236 Amtliche Begründung, BT-Drucks., 11/4177, S. 19.

Für Koller, der stillschweigend von dieser Prämisse ausgeht, reicht eine Wiedergabe des Wortlautes der in § 53 Abs. 2 BörsG enthaltenen Grundrisiken nicht aus, vielmehr sind dem Anleger diese Risiken mittels des Informationsblattes auch einsichtig zu machen.[1237] Gegen die These spricht der mit dem Informationsmodell verfolgte Zweck, durch eine formalisierte Unterrichtung die Börsentermingeschäftsfähigkeit des Anlegers und zugleich Rechtssicherheit herbeizuführen. Hierfür ist ausreichend, wenn die Informationsschrift für den durchschnittlichen Anleger "verständlich" gehalten wird.[1238] Darüber hinaus müssen dem privaten Anleger die schriftlichen Risikobeschreibungen nicht einsichtig gemacht werden.[1239] Allein durch einen solchen nicht erfolgsorientierten Unterrichtungsvorgang kann für den Rechtsverkehr Rechtssicherheit erreicht werden. Ansonsten müßten die Gerichte für jeden Einzelfall die Anforderungen an Inhalt und Umfang der Informationen gemäß § 53 Abs. 2 BörsG neu feststellen.[1240] Das Informationsmodell setzt keinen Erfolg im Sinne einer Erkenntnis beim Anleger voraus, sondern verlangt ausschließlich, daß durch die Unterrichtungsschrift ausreichende Entscheidungsgrundlagen vermittelt werden. Würden die Anforderungen an die darzustellenden Inhalte der Schrift an der Einsicht des Anlegers im Sinne eines Erfolges gemessen, wäre das Informationsmodell nicht mehr praktikabel. Zudem würde ein solche Forderung anstatt zu einer "Unterrichtungsschrift" zu einem "Unterrichtungskompendium" führen.[1241] Demnach setzt das Informationsmodell nicht voraus, daß dem Anleger die in § 53 Abs. 2 BörsG vorgegebenen Grundrisiken durch die Unterrichtungsschrift einsichtig gemacht werden.

Bereits der Gesetzgeber hat extensiven Anforderungen an das Informationsmodell die Grundlage entzogen. Nach den Gesetzesmaterialien werden die Anforderungen an die Informationen der Unterrichtungsschrift vom Gesetz vorgegeben.[1242] Dadurch soll die Anwendbarkeit des Informationsmodells in der Praxis sichergestellt werden. Eine umfassende Information über alle denkbaren Geschäftsarten des Börsentermingeschäfts braucht mit dem

1237 Koller, ZBB 1993, 54(55 f); ders., BB 1990, 2202(2206, 2209).

1238 Horn, ZIP 1990, 2(7); Schwark, in: FS-Steindorf, S. 473(484).

1239 Schäfer, ZIP 1989, 1103(1105); Wach, AG 1992, 384(393).

1240 In diesem Sinne Wach, a.a.O.

1241 Kleinschmitt, S. 102.

1242 Amtliche Begründung, BT-Drucks., 11/4177, S. 19.

Informationsblatt nicht geleistet werden.[1243] Vielmehr soll sich die Unterrichtungsschrift unter Berücksichtigung der in § 53 Abs. 2 BörsG vorgegebenen Grundrisiken an den unterschiedlichen Vertragstypen auf dem Terminmarkt orientieren und hierauf die "Risikobeschreibung" abstellen.[1244]

Ein Informationsblatt, das allein den Gesetzestext von § 53 Abs. 2 BörsG wörtlich wiedergibt, würde dem privaten Anleger die mit Börsentermingeschäften verbundenen Risiken nicht mit Sicherheit erschließbar machen. Der mit dem Informationsmodell verbundene Anspruch, dem Anleger ausreichende Erkenntnismöglichkeiten und Entscheidungsgrundlagen für eine eigenverantwortliche Anlageentscheidung zu schaffen, könnte nicht erfüllt werden. Das Informationsblatt kann sich zwar quantitativ auf die Wiedergabe der in § 53 Abs. 2 BörsG vorgegebenen Grundrisiken beschränken, jedoch sind diese in einer an den Zielen des Informationsmodells ausgerichteten Weise "darzustellen". Andererseits muß das Informationsblatt nicht den Anspruch erfüllen, die gesetzlich vorgeschriebenen "Grundrisiken" dem Anleger einsichtig zu machen. Die Unterrichtungsschrift soll sich an den am Markt vorhandenen Termingeschäften orientieren und die von § 53 Abs. 2 BörsG vorgegebenen Grundrisiken entsprechend darstellen. Die Inhalte der Unterrichtungsschrift sind so zu verfassen, daß sie dem privaten Anleger ausreichende Erkenntnismöglichkeiten und Entscheidungsgrundlagen für eine eigenverantwortliche Disposition bieten.[1245]

3. FORMERFORDERNISSE

Nach dem Wortlaut des § 53 Abs. 2 BörsG wird die Börsentermingeschäftsfähigkeit privater Anleger mittels einer schriftlichen Unterrichtungsschrift, die von ihm zu unterschreiben ist, herbeigeführt. Der Gesetzgeber ging bei der Einführung des Informationsmodells davon aus, daß es unmöglich sei, ein vollständiges und zugleich übersichtliches Informationsblatt zu verfassen. Er verzichtete deshalb darauf, die in § 53 Abs. 2 BörsG aufgeführten Inhalte des Merkblattes durch eine detaillierte Darstellung der einzelnen Geschäfte zu

1243 Amtliche Begründung, BT-Drucks., 11/4177, S. 20.
1244 Amtliche Begründung, BT-Drucks., 11/4177, a.a.O.
1245 Amtliche Begründung, BT-Drucks., 11/4177, S. 10.

ergänzen. Die Schriftform ist ausschließlich für die Informationsschrift zu den mit Börsentermingeschäften typischerweise verbundenen Risiken vorgeschrieben.[1246]

Nach Kleinschmitt werde durch das vorgegebene Formerfordernis nicht nur die der Schriftform immanente Warnfunktion genutzt, sondern ebenso eine Formalisierung erzielt und der Beweis erleichtert.[1247] Seine Auffassung steht in Kontinuität zur Rechtsprechung, die das in § 53 Abs. 2 BörsG festgeschriebene Schriftformerfordernis bisher nicht in Frage gestellt hat; dennoch überzeugen die Argumente von Kleinschmitt nicht vollends. Es ist angesichts der unterschiedlichst ausgestalteten Börsentermingeschäfte nicht nachvollziehbar, wie durch eine Formalisierung in Form eines Schriftformerfordernisses bzw. durch eine Beweiserleichterung, die erst ex post und allein dem Aufklärungspflichtigen zugute kommt, dem Anspruch des Anlegerschutzes nach einer umfassenden Information des Anlegers entsprochen werden kann.

Das in § 53 Abs. 2 BörsG festgeschriebene Schriftformerfordernis birgt vielmehr die Gefahr in sich, die Unterrichtungsschrift zu einem bloßen Formalismus werden zu lassen und die von der Unterzeichnung eines Formulars ausgehende Warnung des Anlegers in ihrer Wirkung einzuschränken.[1248] Durch ein standardisiertes Informationsblatt kann im Vergleich zu einer mündlichen Aufklärung der Anlegerschutz nicht gewährleistet werden. Zudem ist grundsätzlich zu befürchten, daß der Anleger die in der Unterrichtungsschrift enthaltenen Informationen nicht oder nur unvollständig zur Kenntnis nimmt.[1249] Angesichts der vielfältig ausgestalteten Börsentermingeschäfte ist allein eine mündliche Aufklärung sachgerecht.[1250] Diese ermöglicht dem Anleger, durch direktes Nachfragen Verständnisschwierigkeiten zu beseitigen

---

1246 Amtliche Begründung, BT-Drucks., 11/4177, S. 19. Das LG Berlin, WM 1992, 93(95) fordert für die neben § 53 Abs. 2 BörsG bestehenden Aufklärungspflichten die Schriftform; zustimmend Koller, WuB I G 4.-2.92, S. 257(259).

1247 Kleinschmitt, S. 112.

1248 Im Ergebnis ebenso Rollinger, S. 111.

1249 Rollinger, S. 110.

1250 In diesem Sinne Drygala, WM 1992, 1213(1219). A.A. Koller, WuB I G 4.-2.92, S. 257(259), dessen Hauptargument, der Verweis auf die Regierungsbegründung der Börsengesetznovelle von 1989 (BT-Drucks. 11/4177, S. 19), nicht überzeugt.

und Zusatzinformationen zu erhalten. Demnach ist das Schwergewicht auf die mündliche Beratung zu legen.[1251] Allerdings kann diese Forderung nur ein Appell an den zukünftig tätig werdenden Gesetzgeber sein, da der Wortlaut des § 53 Abs. 2 BörsG und die Gesetzesmaterialien zum Schriftformerfordernis der Unterrichtungsschrift eindeutig sind, so daß eine Auslegung nicht zulässig ist.

Darüber hinaus gibt § 53 Abs. 2 Satz 3 BörsG eine zeitliche Begrenzung, der gemäß § 53 Abs. 2 BörsG herbeigeführten Börsentermingeschäftsfähigkeit des privaten Anlegers vor. Der Zeitpunkt der Unterrichtung darf nicht länger als drei Jahre zurückliegen und "nach der ersten Unterrichtung ist sie jedoch nach Ablauf eines Jahres zu wiederholen". Aufgrund des nicht eindeutigen Wortlautes von § 53 Abs. 2 Satz 3 BörsG sind in der Praxis beträchtliche Auslegungsprobleme bezüglich der Bestimmung des Zeitpunktes für die erste Wiederholung der Unterrichtung entstanden.[1252] Die Klärung der Ungewißheiten ist für die Ausgangsfrage indes ohne Bedeutung, so daß insoweit auf ausgewählte Stimmen innerhalb der Lehre verwiesen wird.[1253]

Im nächsten Abschnitt soll die von der Kreditwirtschaft einheitlich verwandte Unterrichtungsschrift an dem im Sinne von § 53 Abs. 2 BörsG zulässigen "Gestaltungsspielraum" gemessen werden. Als Maßstab sollen unter anderem die derzeit auf den Wertpapiermärkten gehandelten derivativen Finanzinstrumente in Form von Optionsscheinen herangezogen und die sich

1251 Rollinger, S. 111. Zuzustimmen ist Arendts, WM 1993, 229(235), der befürchtet, daß die von Kreditinstituten u.a. über das aktuelle Rating eines Emittenten zu leistende Aufklärung - wie die Unterrichtung gemäß § 53 Abs. 2 BörsG - zu einer "Formalia" "ausartet", wenn sie durch Überreichung und Unterzeichnung einer Informationsschrift umgesetzt wird.

1252 Nach dem vom Bundesministerium der Finanzen am 12. Juli 1993 vorgelegten Diskussionsentwurf (DE) eines Zweiten Finanzmarktförderungsgesetzes soll gemäß Artikel 2 Ziffer 26 des DE der § 53 Abs. 2 Satz 3 zweiter Halbsatz BörsG wie folgt neu gefaßt werden: "nach der ersten Unterrichtung ist sie jedoch vor dem Ablauf von zwölf Monaten, frühestens aber nach dem Ablauf von zehn Monaten zu wiederholen." Mit der vorstehenden Novellierung des Börsengesetzes wird wesentlich zur Beseitigung der bestehenden Unklarheiten bzgl. des Unterrichtungsverfahrens gemäß § 53 Absatz 2 BörsG beigetragen.

1253 Eingehend Worms, WM 1991, 81; Rollinger, S. 110 ff; Kleinschmitt, S. 113 ff; Wach, AG 1992, 384(397).

möglicherweise für das Informationsblatt ergebenden Konsequenzen thematisiert werden.

4. Unterrichtungsschrift der Kreditinstitute

Die Kreditinstitute haben offensichtlich auf die sich rasch verändernde Produktpalette auf den Terminmärkten reagiert und das von ihren Spitzenverbänden entwickelte Informationsblatt[1254] Anfang 1993 überarbeitet[1255]. Mit der neugestalteten Unterrichtungsschrift werden dem Anleger im Ergebnis keine neuen oder zusätzlichen Informationen mitgeteilt. Der Inhalt der Schrift orientiert sich an den in § 53 Abs. 2 BörsG vorgegebenen "Grundrisiken". Zur Aufnahme von zusätzlichen Angaben bestand dem Grunde nach kein Anlaß. Bereits in der vor 1993 von den Kreditinstituten verwandten Unterrichtungsschrift wurden die von § 53 Abs. 2 BörsG vorgegebenen Informationsinhalte im Gesetzeswortlaut wiedergegeben und erläutert. Bisher sind keine Gerichtsentscheidungen bekannt geworden, die an dem Inhalt des von der Kreditwirtschaft einheitlich verwendeten Informationsblatt Anstoß genommen hätten.[1256]

Dennoch ist die von den Kreditinstituten seit Anfang 1993 verwandte Neufassung der Unterrichtungsschrift an den von § 53 Abs. 2 BörsG vorgegebenen Grundrisiken zu messen. Für den Informationspflichtigen besteht bei der Erstellung der Unterrichtungsschrift kein "Gestaltungsfreiraum" sondern eine "Gestaltungspflicht".[1257]

1254 Siehe das Informationsblatt in der Fassung bis 1993, abgedruckt in WM 1989, 1158f und ZIP 1989, 1193-1195. Vgl. Schwintowski, EWiR § 53 BörsG 1/91, 259(260), der das von der Kreditwirtschaft im März 1991 verwendete Informationsblatt "für das Einzelgeschäft nicht hinreichend" hielt.

1255 Die Neufassung des Informationsmerkblattes ist in: Der Bankenverband informiert, Teil III: Recht, Wertpapiere und Börse, Nr. 2, Januar 1993, S. 57-60, abgedruckt.

1256 Buthmann, Bank Information und Genossenschafts Forum 1993, 58.

1257 Zu den inhaltlichen Anforderungen an die Unterrichtungsschrift siehe IV.B.2.

Gemessen an dieser Vorgabe überzeugt die von den Spitzenverbänden der Kreditwirtschaft überarbeitete Unterrichtungsschrift vor allem aufgrund ihrer formalen Ausgestaltung. Der im Vergleich zur Vorfassung im wesentlichen gleich gebliebene Inhalt wird anstatt auf bisher zwei, nunmehr auf vier Seiten abgedruckt. Nicht nur das größere Schriftbild und der erweiterte Zeilenabstand, sondern vor allem die eingehende Gliederungstechnik fördert die Übersichtlichkeit. Das Informationsblatt unterteilt sich nunmehr in vier Abschnitte, die als Themen "Grundsätzliches über Verlustrisiken bei Börsentermingeschäften", "Die Risiken bei den einzelnen Geschäftsarten", "Weitere Risiken aus Börsentermingeschäften" und die "Verbriefung in Wertpapieren" behandeln.

Im ersten Abschnitt der Unterrichtungsschrift werden thesenhaft die in § 53 Abs. 2 BörsG festgeschriebenen vier Grundrisiken vorangestellt, denen jeweils der nahezu inhaltsgleiche Gesetzestext hinzugefügt ist. In den nächsten drei Abschnitten folgen weitere Ausführungen zu den Grundrisiken, indem an Hand verschiedener Geschäftsarten deren Risiken beschrieben werden. Der verbleibende Teil der gesetzlich vorgegebenen Informationsinhalte wird im letzten Abschnitt der Unterrichtungsschrift als "Weitere Risiken aus Börsentermingeschäften" dargestellt.

Die von den Kreditinstituten verwandte Unterrichtungsschrift ist unter Berücksichtigung der formalen Ausgestaltung daran zu messen, ob bei ihrer Neufassung im Jahre 1993 der "Gestaltungspflicht" im Sinne des § 53 Abs. 2 BörsG entsprochen wurde. Dies ist zu bejahen, wenn dem privaten Anleger ausreichende Erkenntnismöglichkeiten und Entscheidungsgrundlagen für eine eigenverantwortliche Entschließung vermittelt werden. Die Börsentermingeschäftsfähigkeit des Anlegers soll nur dann herbeigeführt werden, wenn er durch das Informationsblatt über die typischen Verlustrisiken von Börsentermingeschäften aufgeklärt worden ist[1258]. Daneben ist zu untersuchen, ob die Zuordnung der Geschäftsart Börsentermingeschäft zur Kategorie des Typus[1259] sich auf die Ausgestaltung der Unterrichtungsschrift auswirkt.

Eine grundlegende Neuerung in der überarbeiteten Unterrichtungsschrift der Kreditinstitute ist, daß erstmals die "Verbriefung in Wertpapieren" einen eigenständigen Gliederungspunkt bildet. Die Änderung könnte mit der sprunghaften

1258 In diesem Sinne Kümpel, WM 1989, 1485(1489).
1259 Siehe oben III.A.5.c).

Zunahme verbriefter Optionsrechte, sogenannter Optionsscheine, an den deutschen Wertpapierbörsen[1260] in Verbindung stehen. Bereits in der vormaligen Fassung des Informationsblattes wurden Optionsscheine aufgrund deren umstrittener Rechtsnatur rein vorsorglich unter der Überschrift "Kauf von Optionsrechten" erwähnt.[1261] Der zusammenhängende Text enthielt jedoch nur den Hinweis, daß beim Erwerb von Optionsrechten auf Wertpapiere, Devisen oder Edelmetalle, "auch wenn das Optionsrecht in einem Wertpapier (Optionsschein) verbrieft ist", der Kunde den Anspruch auf Lieferung oder Abnahme von Wertpapieren, Devisen oder Edelmetallen zu einem von vornherein festgelegten Preis erwirbt. Da der Hinweis sich in einem Fließtext befand, konnte daran gezweifelt werden, ob der private Anleger die Gleichsetzung zwischen unverbrieften und verbrieften Optionsrechten auf die im Informationsblatt enthaltenen Risikohinweise übertragen kann. Die Bedenken sind allerdings inzwischen obsolet. Die seit Anfang 1993 von Kreditinstituten verwandte Unterrichtungsschrift enthält im letzten ihrer vier Abschnitte unter dem Gliederungspunkt "Verbriefung in Wertpapieren" den Hinweis: "Die Risiken aus den oben geschilderten Geschäften ändern sich nicht, wenn die Rechte und Pflichten in einem Wertpapier (z.B. Optionsscheine) verbrieft sind".[1262]

Die Frage, ob dem privaten Anleger durch diese Bezugnahme auf die zu Anfang der Unterrichtungsschrift dargestellten Grundrisiken die im Sinne von § 53 Abs. 2 BörsG geforderten Erkenntnismöglichkeiten und Entscheidungsgrundlagen für eine eigenverantwortliche Disposition an die Hand gegeben werden, ist unter Berücksichtigung des Typus Börsentermingeschäft zu beantworten.

Für den Typus Börsentermingeschäft ist unter anderem der Anreiz zur Spekulation aufgrund der sogenannten Hebelwirkung ("Leverage-Effekt") das Risiko, zusätzliche Geldmittel zur Erfüllung der eingegangenen Verbindlichkeiten entgegen der ursprünglichen Intention aufbringen zu müssen und das Risiko

---

1260 Dazu II.A.1.b)(6).

1261 Horn, ZIP 1990, 2(13); Kümpel, WM 1989, 1485(1490); ders., WM 1991, Sonderbeilage Nr. 1, S. 7.

1262 Vgl. unter Abschnitt D. "Verbriefung in Wertpapieren" des im Januar 1993 überarbeiteten Informationsmerkblattes, abgedruckt in: Der Bankenverband informiert, Teil III: Recht, Wertpapiere und Börse, Nr. 2, Januar 1993, S. 57(60).

eines Totalverlustes der eingesetzten Geldmittel kennzeichnend.[1263] Die beiden letzten Merkmale werden in dem überarbeiteten Informationsblatt der deutschen Kreditinstitute durch allgemeine Hinweise im ersten Abschnitt angesprochen und im Zusammenhang mit einzelnen Geschäftsarten erläutert. Daneben enthalten die Erläuterungen zum Abschnitt "Kauf einer Option auf Wertpapiere, Devisen oder Edelmetalle" einen Hinweis auf die sogenannte Hebelwirkung als Anreiz zur Spekulation mit Börsentermingeschäften und die mit ihr einhergehenden Risiken. Es werden die Auswirkungen einer Kursveränderung des der Option zugrunde liegenden Basiswertes und die dadurch möglicherweise eintretende Wertminderung der Option beschrieben. Zugleich wird darüber informiert, daß, soweit sich eine Wertminderung realisiert, diese stets überproportional zur Kursveränderung des Basiswertes erfolgt, "sogar bis hin zur Wertlosigkeit Ihrer Option"[1264].

Aufgrund der Kritik an der vormaligen Fassung der Unterrichtungsschrift[1265] wurde offensichtlich der bisherige Hinweis, daß das mit der Hebelwirkung verbundene Risiko eines Totalverlustes auch eintreten "kann"[1266], präzisiert. Die im überarbeiteten Informationsblatt aufgenommene Information über die "Überproportionalität" eventuell eintretender Wertminderungen, "sogar" bis hin zur Wertlosigkeit der Option, bedeutet jedoch eher eine verharmlosende als eine warnende Darstellung der mit der Hebelwirkung einhergehenden Risiken. Eine solche Kombination einzelner Hinweise ist nur bedingt geeignet, dem Anleger mit der erforderlichen Deutlichkeit Informationen über das eigentliche Risiko der Hebelwirkung zu vermitteln. Es ist nicht auszuschließen, daß aufgrund

---

1263 Vgl. III.A.5.c).

1264 Siehe Informationsblatt, unter B.I.1., 2. Absatz, abgedruckt in: Der Bankenverband informiert, Teil III: Recht, Wertpapiere und Börse, Nr. 2, Januar 1993, S. 57(58).

1265 Vgl. nur Wach, AG 1992, 384(395), der zu Recht kritisiert, daß der im Merkblatt enthaltene Hinweis auf die aus der sog. Hebelwirkung resultierenden Risiken "eine unzutreffende Herabspielung des Risikos" bedeutet; Schwark, in: FS-Steindorff, S. 473(483), äußert gleichfalls Kritik; Henssler, ZHR 153(1989), 611(626), der in den Grundrisiken gemäß § 53 Absatz 2 BörsG "einen Hinweis auf die zweischneidige Wirkung des Leverage-Effektes" vermißt.

1266 Siehe Wach, AG 1992, 384(395), der in diesem Zusammenhang mit Recht darauf hinweist, daß eine Wertminderung nicht nur überproportional sein "kann", sondern daß sie es immer ist.

dieser Information die Hebelwirkung mit ihrer, bei entsprechenden Kursveränderungen grundsätzlich durchschlagenden Wirkung, dem sicheren Totalverlust der eingesetzten Mittel[1267] überhaupt nicht realisiert wird.[1268] Das mit der Hebelwirkung verbundene Risikopotential ist an sich nicht ohne weiteres zu erkennen und wird auch in der Regel nicht voll überblickt.[1269]

Die im Informationsblatt der Kreditinstitute enthaltene Darstellung der Hebelwirkung läßt Zweifel aufkommen, ob dem Anleger die notwendigen Erkenntnismöglichkeiten und Entscheidungsgrundlagen vermittelt werden, um die mit der Hebelwirkung verbundenen Risiken vollumfänglich erfassen und uneingeschränkt in eigener Verantwortung über den Abschluß von Börsentermingeschäften entscheiden zu können. Dennoch ist diese Unzulänglichkeit für die Herbeiführung der Börsentermingeschäftsfähigkeit des private Anlegers unbeachtlich. Die Hebelwirkung zählt nicht zu den von § 53 Abs. 2 BörsG für das Informationsblatt vorgegebenen "Grundrisiken", deren schriftliche Mitteilung bereits zur Börsentermingeschäftsfähigkeit des privaten Anlegers führt.

Der dritte Hauptabschnitt der von den deutschen Kreditinstituten verwandten Unterrichtungsschrift trägt die Überschrift: "Weitere Risiken aus Börsentermingeschäften". Unter dem Gliederungspunkt "Inanspruchnahme von Kredit" wird das zu den Grundrisiken des § 53 Abs. 2 BörsG zählende "Kreditrisiko" erläutert. Aus den Darstellungen geht deutlich hervor, daß sich das Risiko des Anlegers erhöht, wenn er für den Abschluß von Börsentermingeschäften Kredit in Anspruch nimmt. Der Anleger wird darauf hingewiesen, daß er auch ohne die aus dem Börsentermingeschäft erhofften Gewinne in der Lage sein sollte, den in Anspruch genommenen Kredit nebst Zinsen kurzfristig zurückzuführen. Zugleich ergeht an ihn der Appell, seine wirtschaftlichen Verhältnisse zu überprüfen. Diese Darstellung entspricht vollumfänglich den Vorgaben des § 53 Abs. 2 BörsG. Es bleibt jedoch ungewiß, ob der private Anleger bei einer verlockenden Aussicht auf Spekulationsgewinne durch die Hinweise der Unter-

---

1267 Wach, a.a.O.

1268 Henssler, ZHR 153(1989), 611(627), kritisiert mit guten Gründen an dem Informationsmerkblatt in der Fassung vor 1993, daß "für den Kunden leicht der falsche Eindruck eines vergleichsweise ungefährlichen Geschäfts" entsteht.

1269 Hey, ZIP 1989, 824(825).

richtungsschrift die volle Tragweite der durch die Kreditierung von Börsentermingeschäften kumulierten Risiken realisiert, denn der Terminhandel lädt den unerfahrenen Anleger geradezu zur Teilnahme an hochspekulativen Geschäften ein[1270]. Dieser Ansatz braucht allerdings nicht weiter verfolgt zu werden, da die in der Unterrichtungsschrift der Kreditinstitute enthaltenen Hinweise auf das aufgrund eines zur Erfüllung von Börsentermingeschäften in Anspruch genommenen Kredits bedingten Verlustrisiko den Anforderungen des § 53 Abs. 2 BörsG entsprechen.

Für das Informationsblatt der Kreditwirtschaft wurde eine Systematik gewählt, die den formalen Anforderungen an die von § 53 Abs. 2 BörsG vorgegebenen Mindestinhalte in jedem Fall Rechnung trägt. Die enthaltenen Darstellungen decken die vom Informationsmodell des Börsengesetzes vorbestimmten "Grundrisiken" vollumfänglich ab und gehen zum Teil sogar darüber hinaus. Der private Anleger erlangt folglich nach Unterzeichnung des Informationsblattes der Kreditwirtschaft die Börsentermingeschäftsfähigkeit.[1271] Dies gilt unabhängig davon, daß die Unterrichtungsschrift die für den Typus Börsentermingeschäft charakteristischen Merkmale nicht mit der Deutlichkeit aufzeigt, wie es aus Sicht des Anlegerschutzes zur Herbeiführung eines Gesamtverständnisses der für Börsentermingeschäfte typischen Wechselwirkungen zwischen Risiken und Hebelwirkung zu fordern ist.

Im weiteren ist zu klären, ob für Kreditinstitute und Anlagevermittler über die in § 53 Abs. 2 BörsG festgelegten Anforderungen hinaus weitere Aufklärungspflichten bestehen. Maßgeblich ist hierfür das Verhältnis zwischen den Informationspflichten gemäß § 53 Abs. 2 BörsG und den allgemeinen Aufklärungspflichten. Ungeachtet dessen wird die Termingeschäftsfähigkeit des privaten Anlegers bereits durch ein den Anforderungen des § 53 Abs. 2 BörsG entsprechendes Informationsblatt herbeigeführt.[1272]

1270 Henssler, ZHR 153(1989), 611(626 Fn.54).

1271 In diesem Sinne LG Berlin, WM 1992, 93(95).

1272 Kümpel, WM 1989, 1485(1491); im Ergebnis ebenso Kindermann, WM 1989, Sonderbeilage Nr. 2, S. 32; Schäfer, ZIP 1989, 1103(1105); Rollinger, S. 98.

C. Verhältnis allgemeiner Aufklärungspflichten zum Informationsmodell gemäß § 53 Abs. 2 BörsG

Von § 53 Abs. 2 BörsG werden für den Inhalt der Unterrichtungsschrift sogenannte Grundrisiken des Börsentermingeschäfts, im Sinne von Mindestanforderungen, vorgegeben. Der Wortlaut der Norm schließt das Bestehen weitergehender Aufklärungspflichten nicht von vornherein aus. Allerdings könnte aus der in § 53 Abs. 2 Satz 2 BörsG gewählten Formulierung, die Unterrichtungsschrift dürfe nur Informationen über die Börsentermingeschäfte und ihre Risiken enthalten, eine vom Gesetzgeber beabsichtigte Verdrängung der allgemeinen Aufklärungspflichten vermutet werden.

Das Informationsmodell gemäß § 53 Abs. 2 BörsG verfolgt den Zweck, durch Vornahme einer vom Gesetz in Inhalt und Form vorgegebenen Risikoaufklärung dem privaten Anleger ausreichende Erkenntnismöglichkeiten und Entscheidungsgrundlagen für eine eigenverantwortliche Disposition zu vermitteln.[1273] Aus Gründen der Praktikabilität setzt § 53 Abs. 2 BörsG weder eine individuell auf den Anleger noch auf das jeweilige Termingeschäft ausgerichtete Information voraus. Das Informationsmodell verlangt im Ergebnis eine undifferenzierte Aufklärung über Börsentermingeschäfte.[1274] Hingegen wird nach der jüngsten Rechtsprechung zu den allgemeinen Aufklärungspflichten bei Kapitalanlagegeschäften ausdrücklich eine am Einzelfall orientierte Aufklärung im Sinne einer "anlegergerechten -" und "objektgerechten Beratung" gefordert.[1275] Demnach ist die Reichweite der Informationspflichten gemäß § 53 Abs. 2 BörsG begrenzt[1276], während sich der Umfang allgemeiner Aufklärungspflichten nicht im voraus bestimmen läßt.

Mit allgemeinen Aufklärungspflichten wird andererseits der Anspruch verbunden, umfassend, wahrheitsgemäß, sorgfältig und vollständig über alle Tatsachen und Umstände zu informieren, die für die jeweilige Anlageent-

1273 Amtliche Begründung, BT-Drucks., 11/4177, S. 10.

1274 Rollinger, S. 89.

1275 Siehe BGH, WM 1993, 1455 = NJW 1993, 2433 = BB 1993, 1869.

1276 Vgl. Kleinschmitt, S. 125, 127, der zu Recht folgert, daß Inhalt und Umfang der Informationspflichten gemäß § 53 Abs. 2 BörsG hinter den allgemeinen Aufklärungspflichten zurückbleiben.

scheidung Bedeutung haben könnten.[1277] Dieser Pflichtenkreis schließt die Aufklärung über wirtschaftliche Zusammenhänge[1278] ein. Die Pflichten des Informationsmodells reichen indes nicht so weit. Hingegen verbindet allgemeine Aufklärungspflichten und Informationspflichten gemäß § 53 Abs. 2 BörsG zumindest der Grundsatz, dem Anleger die notwendigen Informationen für eine eigenverantwortliche Entscheidung zu liefern. Hingegen gehen die allgemeinen Aufklärungspflichten über die Reichweite des Informationsmodells hinaus.[1279] Dessen Informationspflichten decken nur einen Teil der allgemeinen Aufklärungspflichten ab und sind spezieller.[1280] Dies wird durch die gemäß § 53 Abs. 2 BörsG vorgegebene Formalisierung und die in Form von sogenannten Grundrisiken festgeschriebenen Informationsinhalte bedingt.

Das Informationsmodell hinterläßt demnach für sich betrachtet eine Lücke im Anlegerschutz.[1281] Der vom Postulat des Anlegerschutzes geforderte Ausgleich von "Informationsgefällen" und der darin zum Ausdruck kommende Gerechtigkeitsgedanke wird durch den starren Regelungsgehalt des § 53 Abs. 2 BörsG beschnitten. Vor allem bei rechtlich schwer durchschaubaren Geschäften besteht eine erhöhte Aufklärungspflicht.[1282] Aus Sicht des Anlegerschutzes ist deshalb ein Ausgleich zwischen den Risikosphären der Beteiligten notwendig. Der mit einer Risikoaufklärung im Sinne des Informationsmodells beim Anleger nicht zu leistende Ausgleich von Informationsdefiziten kann durch die weiterreichenden allgemeinen Aufklärungspflichten herbeigeführt werden. Die allgemeinen Aufklärungspflichten kommen folglich bei allen Formen der Kapitalanlage, auch bei Börsentermingeschäften, neben einer Aufklärung gemäß § 53 Abs. 2 BörsG zur Anwendung.

Weitere Anhaltspunkte zum Verhältnis zwischen Informationsmodell und allgemeinen Aufklärungspflichten liefern die Gesetzesmaterialien. "Aufgrund der besonderen Situation des Einzelfalls oder der individuellen Umstände in der Person eines Kunden" sind neben den Informationspflichten aus § 53 Abs. 2

1277 Vgl. nur BGH, WM 1993, 1455(1456).

1278 Rollinger, S. 81, 107; Henssler, ZHR 153 (1989), 611(627); Raeschke-Kessler, WM 1993, 1830(1834).

1279 In diesem Sinne Kleinschmitt, S. 127.

1280 Rollinger, S. 99.

1281 Rollinger, S. 105.

1282 In diesem Sinne MüKo-Roth, § 242 Rn. 201.

BörsG zusätzliche Beratungs-, Auskunfts- oder Warnpflichten zu erfüllen.[1283] Die allgemeinen Aufklärungspflichten sollen nach dem Willen des Gesetzgebers das Informationsmodell ergänzen, während eine Verdrängung durch die Informationspflichten des § 53 Abs. 2 BörsG nicht beabsichtigt war. Es besteht demnach zwischen dem Informationsmodell und den allgemeinen Aufklärungspflichten eine Parallelität im Sinne eines "zweistufigen Schutzsystems", da beide Pflichtenkreise sich ergänzen und zur Anwendung kommen.[1284]

Kreditinstitute und Anlagevermittler bzw. -berater sind demnach zur Erfüllung der Informationspflichten gemäß § 53 Abs. 2 BörsG und zugleich der allgemeinen Aufklärungspflichten verpflichtet.[1285] Insoweit ist ohne Bedeutung, von wem die Initiative ausgeht.[1286] Die allgemeinen Aufklärungspflichten reichen weiter als die Pflichten des Informationsmodells, da sie in gewisser Weise erfolgsorientiert sind. Die individuell mitzuteilenden Informationen und Risiken sind im Gegensatz zu den Informationspflichten gemäß § 53 Abs. 2 BörsG dem Anleger einsichtig zu machen.[1287] Allgemeine Aufklärungspflichten bestehen folglich auch bei inhaltlichen Überschneidungen mit den Informationspflichten gemäß § 53 Abs. 2 BörsG.

Kleinschmitt befürwortet neben dem Zusammenwirken von Informationsmodell und allgemeinen Aufklärungspflichten die Einführung eines Sicherheitenmodells im Sinne des § 54 BörsG a.F. Das Instrument der Sicherheitsleistung

---

1283 Amtliche Begründung, BT-Drucks., 11/4177, S. 19.

1284 Vgl. Rollinger, S. 115, 140, der von einem zweistufigen System ausgeht. Auf der ersten Stufe erfolgt die Risikoaufklärung gemäß § 53 Abs. 2 BörsG und auf der zweiten Stufe die in der Regel weitergehende allgemeine Aufklärung. Mit Recht sieht Rollinger, S. 122 f, anders als der Gesetzgeber, bzgl. der Aufklärungspflichten eine Umkehrung des Regel-Ausnahme-Verhältnisses. Der Regelfall sind die allgemeinen Aufklärungspflichten, damit der Kunde die Unterrichtungsschrift aufmerksam und mit Verständnis lesen kann. Vgl. Kleinschmitt, S. 126 f; ebenso van Look, Börsen-Zeitung vom 21.8.1993, S. 15; Koller, WuB I G 4.-2.92, S. 257(258); Vortmann, Aufklärung, Rn. 324 m.w.N.

1285 Vgl. LG Berlin, WM 1992, 93(95); Kümpel, WM 1993, 2025(2028), gelangt zu demselben Ergebnis.

1286 LG Berlin, a.a.O.; Vortmann, Aufklärung, Rn. 324.

1287 Vgl. Henssler, ZHR 153(1989), 611(626); Koller, BB 1990, 2202(2206); ders., ZBB 1993, 54(55 f).

sei ein geeignetes Mittel, den Gefahren der Verlockung finanzschwacher Anleger zu Termingeschäften entgegenzuwirken und eine psychologische Hürde aufzubauen.[1288] Er hält an seiner Forderung fest, obwohl das Sicherheitenmodell gemäß § 54 BörsG a.F. als formalistisch und schwerfällig eingestuft[1289] und schließlich mit Einführung des Informationsmodells im Jahre 1989 gestrichen wurde.[1290] Entgegen der Auffassung von Kleinschmitt wird von anderer Seite lediglich die Einführung einer "Sicherheitsleistung in vereinfachter Form" befürwortet.[1291]

Einer gesetzlich statuierten Pflicht zur Leistung von Sicherheiten bei Börsentermingeschäften steht indes das mit der Börsengesetznovelle von 1989 verbunde Ziel, einen funktionsfähigen Terminmarkt unter Wahrung des Anlegerschutzes zu ermöglichen, entgegen. Ein Sicherheitenmodell bedingt grundsätzlich Formalien, die zu Behinderungen der Finanzmärkte, insbesondere einer Beeinträchtigung von deren Funktion als Medium zur Allokation von Kapital[1292], führen könnten. Zudem ist der Schutz des Anlegers vor den mit Börsentermingeschäften typischerweise verbundenen Risiken durch eine individuelle Beratung und Aufklärung, die neben dem Informationsmodell zum Tragen kommt, effektiver als eine lediglich abschreckende Wirkung einer Sicherheitsleistung. Die Erfahrungen mit dem vormals in § 54 BörsG verankerten Sicherheitenmodell haben dessen mangelhafte Eignung zur Abschreckung von Termingeschäften gezeigt.[1293]

1288 Kleinschmitt, S. 139; Rössner, Handelsblatt vom 7.12.1988, S. 36; a.A. Rollinger, S. 107.

1289 Neben der Sicherheitsleistung verlangte § 54 Abs. 2 BörsG a.F. eine schriftliche Erklärung, mit der der Anleger darzulegen hatte, daß die Sicherheit zur Deckung von Verlusten aus Börsentermingeschäften dienen soll. Kümpel, ZKredW 1981, 464(465), folgert aus der vom Anleger nach § 54 Absatz 2 BörsG a.F. abzugebenden Verpfändungserklärung zu Recht, daß hierdurch die Geschäftsabwicklung erschwert wird und es sich um eine "umständliche Sicherheitsleistung" handelt.

1290 Kleinschmitt, a.a.O.

1291 Henssler, ZHR 153(1989), 611(635 f); Schwark, in: FS-Steindorff, S. 473(488); Assmann, in: FS-Heinsius, S. 1(32).

1292 In diesem Sinne Rollinger, S. 103.

1293 Dazu Kümpel, ZKredW 1981, 464 f.

Es ist demnach zum Schutz des Anlegers nicht erforderlich, neben der Informationserteilung gemäß § 53 Abs. 2 BörsG und der Erfüllung allgemeiner Aufklärungspflichten eine gesetzliche Sicherheitsleistung einzuführen. Die bei Börsentermingeschäften bestehenden Informations- und Aufklärungspflichten verlangen von Kreditinstituten und Anlagevermittlern bzw. -beratern zumindest neben der Vorlage einer schriftlichen Unterrichtungsschrift, daß dem privaten Anleger die Grundstruktur von Termingeschäften, der tatsächliche Geschäftsablauf und die preisbildenden Faktoren einsichtig gemacht werden.[1294] Schließlich sind Umfang und inhaltliche Ausgestaltung der Aufklärungspflichten nach Geschäftsarten unterschiedlich und am Einzelfall festzustellen.

D. Zusätzliche Aufklärung neben dem Informationsmodell bei Geschäften mit Naked Warrants

Von den vielzähligen Finanzkonstruktionen auf dem Optionsscheinmarkt und ihren Risiken ausgehend soll untersucht werden, inwieweit durch eine im Sinne von § 53 Abs. 2 BörsG standardisierte Unterrichtungsschrift der Schutz privater Anleger gewährleistet wird. Die allgemeinen Aufklärungspflichten sind insoweit einzubeziehen.

Geschäfte mit bestimmten Naked Warrants sind dem Typus Börsentermingeschäft zuzuordnen.[1295] Bei diesen Transaktionen ist aus Gründen des Anlegerschutzes grundsätzlich neben einer schriftlichen Information gemäß § 53 Abs. 2 BörsG eine Aufklärung über die Eigenheiten des in Frage stehenden Geschäfts erforderlich. Das Informationsmodell bezweckt, nur demjenigen, der die für den Börsenterminhandel erforderlichen Fachkenntnisse besitzt, die Möglichkeit zum Abschluß von Börsentermingeschäften einzuräumen, da somit eine Übervorteilung wahrscheinlich verhindert wird.[1296] Es schreibt allerdings lediglich eine undifferenzierte Aufklärung über Börsentermingeschäfte und deren Risiken vor[1297], während Umfang und Inhalt der allgemeinen Aufklärungspflichten maßgeblich vom konkreten Einzelfall bestimmt werden. Darüber hinaus sind allgemeine Aufklärungspflichten umfassender, da sie die

---

1294 Kümpel, WM 1989, 1485(1492) m.w.N.; Rollinger, S. 117 f.

1295 Dazu III.C.4. und III.D.3.

1296 In diesem Sinne Grunewald, WM 1988, 1077(1078).

1297 Dazu IV.B.2.

Aufklärung des Anlegers über alle für die Anlegeentscheidung erheblichen Umstände, auch über wirtschaftliche Zusammenhänge, voraussetzen.[1298] Die mitzuteilenden Informationen sind dem Anleger einsichtig zu machen.[1299]

Eine Schablonisierung bzw. Standardisierung, z.B. bezüglich Laufzeit, Basispreis oder Kontraktgröße, wie vom Gesetzgeber bei Einführung des Informationsmodells im Jahre 1989 angenommen, findet sich heute allein bei Geschäften mit Optionen und Futures.[1300] Hingegen weisen die derzeit an den deutschen Wertpapierbörsen abgeschlossenen Geschäfte mit derivativen Finanzinstrumenten in Form von Naked Warrants keine vergleichbaren, d.h. einheitlichen Ausstattungsmerkmale auf.[1301] Die Entwicklung wird dadurch begünstigt, daß für Optionsscheine keine börsenrechtlichen Regelungen oder entsprechenden Geschäftsbräuche bestehen. Zudem wird die Emission der vielzähligen neuen Anlagemöglichkeiten durch den Erfindungsreichtum der Banken bzw. anderer Emittenten ermöglicht.[1302] Für die Kapitalmärkte ist in den letzten Jahren eine kaum mehr erfaßbare Anzahl derivativer Finanzinstrumente, vor allem Optionsscheine, entwickelt worden.[1303] Bezeichnend

---

1298 Rollinger, S. 81, 107; Henssler, ZHR 153 (1989), 611(627); Raeschke-Kessler, WM 1993, 1830(1834).

1299 Siehe IV.A.2.

1300 Binkowski/Beek, S. 63 ff, 79 ff. Vgl. Imo, Rn. 105 ff, der die Standardisierung des Optionshandels grundlegend behandelt.

1301 Vgl. zu den unterschiedlichen Ausgestaltungen von Optionsscheinen, II.A.1.b)(6).

1302 O.V., BörsenBerater Nr. 5/1993, S. 12.

1303 Vgl. Tilp, EWiR § 50 BörsG 2/93, 449(450); Fischer/Lansing, Börsen-Zeitung vom 18.09.1993, S. 21; Fischer, Rheinischer Merkur vom 24.12.1993, S. 12. Gerhardt, Börsen-Zeitung vom 18.09.1993, S. 28, weist darauf hin, daß sich die Zahl der Optionsscheine von 200 im Jahr 1989 auf rund 1750 im August 1993 nahezu verneunfacht hat. Laut Gerhardt, a.a.O., wurde in einer internationalen Fachzeitschrift von einer "German Warrantmania" berichtet. Die Einschätzung erscheint jedoch überzogen. Aden, Blick durch die Wirtschaft vom 17.5.1993, S. 9, kritisiert zu Recht, daß der den sog. Finanzinnovationen zugrunde liegende Handelsgegenstand desto ätherischer wird, je mehr spekulativ diese Geschäfte sind. Für den Kunden löst sich schließlich beim Kauf einer Option auf einen Aktienindex der Gegenstand eines Kaufvertrages in einer nicht mehr vorstellbaren Wertekombination auf.

hierfür sind die an den deutschen Wertpapierbörsen gehandelten Covered Warrants als Unterfall der Naked Warrants. Im August 1993 wurden rund 150 Covered Warrants notiert, von denen etwa 90 erst seit Jahresbeginn 1993 hinzu kamen.[1304]

Die Bank für Internationalen Zahlungsausgleich (BIZ) nimmt zu der Entwicklung einen kritischen Standpunkt ein. Ihrem Bedenken ist zuzustimmen, daß niemand mehr recht zu wissen scheint, was alles an Terminkontrakten, Optionskontrakten, Optionsscheinen und Konstrukten auf dem Markt ist.[1305] Aufgrund der vielfältigen Kombinations- und Variationsmöglichkeiten ihrer Merkmale haben sich nicht nur die Kontraktspezifikationen und Emissionsbedingungen einzelner Finanzinstrumente, insbesondere der Optionsscheine, verändert, sondern ebenso die mit ihnen einhergehenden Risiken.

Aufgrund des in den letzten Jahren fast revolutionären Wandels der an den deutschen Wertpapierbörsen gehandelten Optionsscheine bestehen in bezug auf diese Wertpapiere die tatsächlichen Gegebenheiten, auf die der Gesetzgeber im Jahre 1989 die Einführung des Informationsmodells in das Börsengesetz stützte, nicht mehr. Die auf dem Markt gehandelten Optionsscheine weisen Konstruktionen auf, die es im Jahre 1989 noch nicht gab. Die erste Variante derivativer Finanzinstrumente in Form von Optionsscheinen an den deutschen Wertpapierbörsen bildeten Mitte 1989 Covered Warrants.[1306] Ein Novum bedeutete, daß Covered Warrants nicht wie Aktienoptionsscheine zusammen mit einer Optionsanleihe gemäß § 221 Abs. 1 AktG emittiert werden.[1307] Im Laufe des

---

1304 Landgraf, Handelsblatt vom 31.8.1993, S. 25.

1305 O.V., Blick durch die Wirtschaft vom 25.6.1993, S. 3; ebenso Voigt, Börsen-Zeitung vom 18.09.1993, S. 17(18); Krumnow, Börsen-Zeitung vom 23.09.1993, S. 17; Fischer, Rheinischer Merkur vom 24.12.1993, S. 12. Gerhardt, Börsen-Zeitung vom 18.09.1993, S. 28, vertritt zu Recht die Auffassung, daß es selbst professionellen Marktbeobachtern schwerfällt, den Überblick über den Markt für Optionsscheine zu behalten.

1306 Gemäß Klein, Die Bank 1990, 283; Ziemer, Die Bank 1990, 507(514); Kollar, Börsen-Zeitung vom 27.8.1992, S. 21, handelte es sich um Covered Warrants auf deutsche Aktien.

1307 Gemäß Ziemer, Die Bank 1990, 507(510), wurden auf dem deutschen Markt bis Mitte 1989 fast ausschließlich Optionsanleihen emittiert, denen abtrennbare Optionsscheine beigefügt waren.

Jahres 1989 setzte ein weiterer Innovationsschub auf den deutschen Optionsscheinmärkten ein. Die ersten "Index-Optionsscheine" wurden zum Handel zugelassen.[1308] Sodann wurden, auf der Basis von Naked Warrants, eine Vielzahl neuartiger Optionsscheine für den Börsenhandel konstruiert.[1309]

Vor allem hinsichtlich der in jüngster Vergangenheit verstärkt auf die Wertpapiermärkte gebrachten Naked Warrants, wie beispielsweise Basked-Warrants, Step-Down-Warrants, Short-Warrants, Refix-Warrants oder Range-Warrants[1310], ist fraglich, ob der Anleger die in dem Informationsblatt gemäß § 53 Abs. 2 BörsG beschriebenen Risiken mit diesen Finanzkonstruktionen in Verbindung bringen kann. Die Namensgebung der verschiedenen Finanzinstrumente ist bereits verwirrend, wenn nicht gar chaotisch, und ganz ähnlich klingende Produkte weisen absolut unterschiedliche Risikoprofile auf.[1311] Für den durchschnittlichen Anleger kommt erschwerend hinzu, daß die häufig im anglo-amerikanischen Raum entwickelten Finanzprodukte mit dort üblichen Begriffen bezeichnet werden, aber im deutschen Sprachraum keine Übersetzung erfahren.[1312] Privatanleger und selbst "altgediente Anlageprofis" fühlen sich von der Vielzahl der neuen Namen und Konstruktionen überfordert und haben Schwierigkeiten, den Überblick zu behalten.[1313] Wenn die Englischkenntnisse

---

1308 Klein, William, in: Sonderbeilage zum Amtlichen Kursblatt der Frankfurter Wertpapierbörse 1991, S. 8.

1309 Dazu II.A.1.b)(6)(b).

1310 Siehe II.A.1.b)(6)(b).

1311 Vgl. o.V., Handelsblatt vom 28.1.1993, S. 37, in dem Erwin Heri, Professor für Finanztheorie an der Universität Basel, in diesem Sinne wiedergegeben wird. Daneben fordert Heri von den Banken eine "Selbstregulierung durch Kategorisierung" der Produkte, indem er die Bildung von feststehenden "asset classes" vorschlägt.

1312 In diesem Sinne Raeschke-Kessler, WM 1993, 1830(1835).

1313 Vgl. o.V., Börsen-Zeitung vom 17.3.1992, S. 1; Fugger, Börse ONLINE vom 1.10.-8.10.1993, S. 79. Landgraf, Handelsblatt vom 10.11.1993, S. 37, äußert sich gleichfalls kritisch zu den Wortschöpfungen für neue Finanzprodukte auf dem Anleihemarkt. Bei einer von Linke/Regnitter, Die Bank 1991, S. 29(34), in Industrie- und Handelsunternehmen durchgeführten Umfrage zur Bedeutung von Finanzinnovationen bestätigte ein Finanzmanager, daß "nicht die mangelnde Qualität der neuen Handwerkszeuge der Grund für die unerwartet auftretenden Risiken ist, sondern eher die Unerfahrenheit mit dem Umgang dieser "Werkzeuge".

des Anlegers nicht ausreichen, um die Bezeichnungen und Konstruktionen von Naked Warrants zu verstehen, sind ihm diese vom Aufklärungspflichtigen zu übersetzen.[1314]

Bei vielen der in den letzten Jahren entwickelten Finanzinnovationen, insbesondere bei Optionsscheinen, ist von einem gesteigerten Informationsbedarf des Anlegers auszugehen, da dieser in der Regel keine oder nur geringere Erfahrungen mit neuartigen Produkten besitzt.[1315] Das Verständnis der Anleger für neue Optionsscheinkonstruktionen konnte nicht immer mit dem Tempo der Emission mithalten.[1316] Nach Raeschke-Kessler besteht bzgl. modernen Finanzprodukten Einigkeit dahingehend, daß der Anleger nicht über die für eine Risikoeinschätzung notwendigen Kenntnisse verfügt.[1317] An dieser Entwicklung ist die gemäß § 53 Abs. 2 BörsG zu verwendende Unterrichtungsschrift zu messen. Nach dem Normzweck soll sie dem Anleger ausreichende Informationen an die Hand geben, damit er die am Markt gehandelten Finanzinstrumente, somit auch Optionsscheine, mit ihren unterschiedlichen Konstruktion und Risiken erfassen und eine eigenverantwortliche Entscheidung treffen kann.

Zweifelhaft ist, ob der Anleger den in der Unterrichtungsschrift der Kreditinstitute enthaltenen Hinweis im letzten Abschnitt, daß "die Risiken aus den oben geschilderten Geschäften" sich nicht ändern, "wenn die Rechte und

---

Diese These findet Bestätigung durch den Präsidenten der Federal Reserve Bank of New York, Gerald Corrigan, der laut Neue Zürcher Zeitung vom 27./28.6.1993, S. 11(12), moniert haben soll, daß "das High-Tech-Finanzwesen zusätzliche Risiko- und Verzerrungselemente geschaffen" habe. Die hauptverantwortlichen Bankmanager würden die Rechenbeispiele ihrer "Raketenwissenschaftler" selber nicht mehr verstehen und liefen damit Gefahr, die Kontrolle über die Entwicklung zu verlieren.

1314 Raeschke-Kessler, a.a.O.

1315 Siehe Schäfer, S. 61 f, 66; Durrer/Lenhard, Neue Zürcher Zeitung vom 26.10.1993, Beilage, S. B 24, weisen zu Recht darauf hin, daß der Privatanleger mit dem Einsatz von derivativen Finanzinstrumenten weit weniger vertraut ist als institutinelle Investoren.

1316 Lendle, Börsen-Zeitung vom 18.09.1993, S. 27.

1317 Raeschke-Kessler, WM 1993, 1830.

Pflichten in einem Wertpapier (z.B. Optionsscheine) verbrieft sind", auf Geschäfte mit Naked Warrants übertragen kann.

Von der Kreditwirtschaft wurde der Hinweis auf Optionsscheine rein vorsorglich in ihre Unterrichtungschrift aufgenommen, weil bereits bei Einführung des Informationsmodells im Jahre 1989 strittig war, ob Geschäfte mit Optionsscheinen Börsentermingeschäfte sind.[1318] Die ganz überwiegende Rechtsprechung und Lehre ordnete zu diesem Zeitpunkt Optionsscheingeschäfte den Kassageschäften zu. Demnach käme das Informationsmodell nicht zur Anwendung. Darin ist möglicherweise ein Grund zu sehen, warum bereits bei Einführung des Informationsmodells die für Geschäfte mit Optionsscheinen charakteristischen Risiken und geschäftstypischen Merkmale keinen unmittelbaren Anklang in den "Grundrisiken" gemäß § 53 Abs. 2 BörsG fanden. Außerdem wurden während der Ausarbeitung der Börsengesetznovelle von 1989 an den deutschen Wertpapierbörsen ausschließlich Aktienoptionsscheine gehandelt, die nur zusammen mit Optionsanleihen gemäß 221 Abs. 1 AktG emittiert und erst später von diesen getrennt werden. Aktienoptionsscheine zählen anders als bestimmte Naked Warrants auch nach der hier vertretenen Auffassung nicht zum Typus Börsentermingeschäft.[1319]

Die von der Kreditwirtschaft seit Anfang 1993 verwandte Unterrichtungsschrift im Sinne von § 53 Abs. 2 BörsG entspricht formal den Anforderungen des Informationsmodells. Sie geht mit ihrem Hinweis auf Optionsscheingeschäfte sogar über die Mindestinhalte gemäß § 53 Abs. 2 BörsG hinaus. Demnach kann mit dem Informationsblatt, unabhängig von dessen Unzulänglichkeiten[1320], die Börsentermingeschäftsfähigkeit privater Anleger herbeigeführt werden. Dennoch wird eine Unterrichtung, die sich allein auf die gemäß § 53 Abs. 2 BörsG vorgegebenen Inhalte beschränkt, nicht in ausreichendem Maße der Warnfunktion des allgemein postulierten Anlegerschutzes gerecht.[1321]

1318 Kümpel, WM 1989, 1485(1490).

1319 Dazu III.C.2. und III.D.1.

1320 Vgl. IV.B.4.

1321 Horn, ZIP 1990, 2(8). Rollinger, S. 106, hält dem Merkblatt der Kreditinstitute in der vormaligen Fassung wegen der sehr allgemein und abstrakt gehaltenen Informationen zu Recht ein Mangel an Verständlichkeit und Transparenz vor. Drygala, WM 1992, 1213(1219), spricht sich, mit Verweis auf die Kritik aus dem Bereich des Verbraucherkredit-

Bei Finanzinnovationen ist zu verlangen, daß der Aufklärungspflichtige umso intensiver aufklärt, je mehr das Produkt eine Abweichung von den dem Anleger bekannten Risiken abweist.[1322] Schäfer ist deshalb zuzustimmen, wenn er aus dem besonderen Risikogehalt von Optionsscheinen auf ein größeres Aufklärungsbedürfnis des Anlegers und eine gesteigerte Beratungspflicht schließt.[1323] Aufgrund des beim privaten Anleger bestehenden Informationsdefizits ist zu fordern, daß ihm die in Frage stehenden Optionsscheine durch eine am Einzelfall orientierte und über die Anforderungen des § 53 Abs. 2 BörsG hinausgehende, individuelle Aufklärung, verständlich gemacht werden.[1324] Die als Einzelfallentscheidungen zu wertenden Urteile des LG Stuttgart[1325] und des OLG Frankfurt am Main[1326] stehen dem nicht entgegen. Die Gerichte verneinen bei Geschäften mit Optionsscheinen eine Aufklärungspflicht bzgl. der Wahrscheinlichkeit eines Totalverlustes und der Hebelwirkung nur, weil in den konkreten Fällen den erfahrenen Anlegern das Aufklärungsbedürfnis fehlte.

An den Schwächen des Informationsmodells knüpfen die allgemeinen Aufklärungspflichten an. Durch Nachfragen ist zu überprüfen, ob die Empfehlung eines Börsentermingeschäfts dem individuellen Anlageziel des Kunden entspricht und er den Inhalt der Informationsschrift verstanden

---

gesetzes (§ 4 Abs. 1 Satz 1 VerbrKrG) und der Bürgschaft (§ 766 BGB), gegen die Annahme aus, daß sich durch die schriftlich-formularmäßige Aufklärung gemäß § 53 Abs. 2 BörsG eine wesentliche Verbesserung des Anlegerschutzes erreichen lasse. A.A. Kleinschmitt, S. 112, der, unter Bezugnahme auf das nach seiner Auffassung mit § 53 Absatz 2 BörsG vergleichbare Verfahren gemäß § 2 HaustürWG, in einer im Sinne des Informationsmodells schriftlich vorzunehmenden Unterrichtung unter anderem eine Nutzung der mit der Schriftform verbundenen Warnfunktion und eine Beweiserleichterung sieht.

1322 Schäfer, S. 74; Rümker, S. 29(44), ist zuzustimmen, daß moderne Finanzprodukte, unter anderem "Optionsgeschäfte aller Art", beim Kunden einen Informations- und Aufklärungsbedarf auslösen.

1323 Schäfer, S. 66.

1324 Vgl. Horn, a.a.O.; Wach, AG 1992, 384(395); Henssler, ZHR 153(1989), 611(627); Rollinger, S. 119; Kleinschmitt, S. 127; Tilp, DB 1992, 204; Aden, Blick durch die Wirtschaft vom 6.11.1989, S. 9.

1325 WM 1989, 984(990, 993).

1326 WM 1990, 1452(1453).

hat.[1327] Es ist eine am Einzelfall orientierte Aufklärung, im Sinne einer "anlegergerechten -" und "objektgerechten Beratung" vorzunehmen.[1328] Neben der Erläuterung wirtschaftlicher Zusammenhänge[1329] ist der Anleger über die Grundstruktur des konkreten Börsentermingeschäfts, den Geschäftsablauf und die preisbildenden Faktoren aufzuklären[1330]. Zudem ist beim Anleger das Wissen um die mit dem Termingeschäft verbundenen spezifischen Gefahren herzustellen.[1331] Kreditinstitute und Anlagevermittler bzw. -berater sind deshalb verpflichtet, unter anderem ihre Informationsbeschaffung und die ständige Aus- bzw. Fortbildung ihrer Berater an den sich rasch wandelnden Marktbedingungen auszurichten.[1332]

Im Fortgang der Arbeit soll versucht werden, die Mindestanforderungen an den Inhalt der bei Geschäften mit derivativen Finanzinstrumenten in Form von Optionsscheinen neben den Informationspflichten im Sinne von § 53 Abs. 2 BörsG bestehenden allgemeinen Aufklärungspflichten herauszuarbeiten.

1. Mindestanforderungen zusätzlicher Aufklärung

Aus Sicht des Anlegerschutzes sind die besonderen Gefahren des Börsentermingeschäfts herauszustellen und dem privaten Anleger zu vermitteln.[1333] Einen ersten Anhaltspunkt für die Konkretisierung von Inhalt und Umfang der Aufklärungspflichten bei Geschäften mit Optionsscheinen bieten deren charakteristischen Merkmale. Es wird versucht diese Charakteristika zu abstrahieren, um von den essentiellen Bestimmungsgrößen ausgehend die Mindestanforderungen an den Inhalt der Aufklärungspflichten abzuleiten. Durch allgemeine Formeln wird nicht nur die Einhaltung eines Mindeststands

1327 In diesem Sinne van Look, Börsen-Zeitung vom 21.8.1993, S. 15.
1328 BGH, WM 1993, 1455 = NJW 1993, 2433 = BB 1993, 1869.
1329 Rollinger, S. 81, 107; Henssler, ZHR 153 (1989), 611(627).
1330 In diesem Sinne Kümpel, WM 1989, 1485(1492) m.w.N.
1331 Vgl. nur Henssler, ZHR 153 (1989), 611(626).
1332 Rollinger, S. 64.
1333 Kleinschmitt, S. 101.

ordentlicher Berufsausübung durch Kreditinstitute und Finanzdienstleister erleichtert, sondern im wesentlichen zur Schadensprävention[1334] beigetragen.

Es gibt theoretisch nahezu unbegrenzte Möglichkeiten, neue Optionsscheine auf der Basis von Naked Warrants zu konstruieren.[1335] Es würde daher ein hoffnungsloses Unterfangen bedeuten, jede Variante der an den deutschen Wertpapierbörsen gehandelten Optionsscheine in bezug auf ihre Auswirkungen auf den Mindestinhalt der Aufklärungspflichten zu untersuchen. Allerdings konnte bereits aufgezeigt werden, daß die als Börsentermingeschäft einzuordnenden Naked Warrants die vier für den Typus Börsentermingeschäft offengelegten Merkmale aufweisen.[1336] Diese Optionsscheine zeichnen sich vornehmlich durch ihre begrenzte Laufzeit, einen Anreiz zur Spekulation aufgrund der Hebelwirkung des eingesetzten Kapitals und den hieraus resultierenden Verlustrisiken aus. Für den Stillhalter kann sich, je nach Emissionsbedingungen, entgegen seiner ursprünglichen Intention das Risiko realisieren, zusätzliche Geldmittel zur Erfüllung der eingegangenen Verbindlichkeiten aufbringen zu müssen. Daneben besteht für den Anleger die Gefahr, daß er die von ihm eingesetzten Geldmittel in voller Höhe verliert.[1337]

Diese Merkmale des Typus Börsentermingeschäft bilden ein Grundgerüst, das sich in den Konstruktionen der unterschiedlichst ausgestalteten Naked Warrants wiederfindet. Die Merkmale des Typus sind deshalb für die Bestimmung der Mindestanforderungen an den Inhalt der Aufklärungspflichten besonders geeignet. Sie sind wegen ihres Inhaltsreichtums enger als die Bestandteile einer begrifflichen Definition an die Realität angelehnt und bieten ein sinnvolles Gesamtgefüge[1338]. Wenn dem privaten Anleger mittels einer individuellen Beratung und Aufklärung die für den Typus Börsentermingeschäft kennzeichnenden Merkmale einsichtig gemacht werden, erhält er einen Mindeststandard an Entscheidungsgrundlagen. Daneben sind dem Anleger die wirtschaftlichen

1334 Siehe Hopt, in: FS-Gernhuber, S. 169(170 f), zur juristischen und ökonomischen Funktion von Aufklärungspflichten.

1335 Fischer/Lansing, Börsen-Zeitung vom 18.09.1993, S. 21.

1336 Dazu III.A.5.c).

1337 Siehe III.C.3. und III.D.2.

1338 Strache, S. 43; Larenz, S. 303.

Zusammenhänge[1339] des beabsichtigten Geschäfts verständlich zu machen, ohne die er die Wechselwirkungen zwischen den einzelnen Kennzeichen des Börsentermingeschäfts[1340] nicht erfassen kann. Demnach bilden die Mermale des Typus Börsentermingeschäft die Ausgangspunkte, von denen die inhaltlichen Mindestanforderungen allgemeiner Aufklärungspflichten abzuleiten sind.

Von Kreditinstituten und Anlagevermittlern bzw. -beratern ist darüber hinaus zu fordern, daß sie entsprechend der jüngsten Rechtsprechung des Bundesgerichtshofs[1341] Inhalt und Umfang der Aufklärung und Beratung an dem Wissensstand sowie der Risikobereitschaft des jeweiligen Anlegers orientieren. Ein empfohlenes Anlageobjekt muß den gewonnenen Erkenntnissen gerecht werden.

a) Optionsscheinbedingungen

Kreditinstitute bzw. andere Emissionshäuser können wegen ihrem Erfindungsreichtum auf wirtschaftliche Veränderungen flexibel und zeitnah mit der Begebung eines auf die Marktsituation abgestellten Warrants reagieren.[1342] Allerdings läßt die Vielzahl der unterschiedlichst ausgestalteten Naked Warrants[1343] den privaten Anleger schwerlich Standardisierungen erkennen. Deshalb wird zu Recht die "Intransparenz" des deutschen Optionsscheinmarktes bemängelt.[1344] Die Deutsche Girozentrale (DGZ) wies im Februar 1992 darauf hin, daß mit der Vielfalt der Finanzinnovationen auch die Unübersichtlichkeit des Angebots wächst und es dadurch für den Anleger schwerer wird, die

---

1339 Rollinger, S. 81, 107; Henssler, ZHR 153 (1989), 611(627); Raeschke-Kessler, WM 1993, 1830(1834).

1340 Siehe Schwintowski, ZIP 1988, 1021(1026), der auf die Gefahren bei Optionsscheingeschäften aufgrund der wechselseitigen Abhängigkeiten zwischen Hebelwirkung, Totalverlust und exponentiellen Gewinn hinweist.

1341 Vgl. BGH, WM 1993, 1455(1456), der eine "anlegergerechte -" und eine "objektgerechte Beratung" fordert.

1342 Fischer/Lansing, Börsen-Zeitung vom 18.09.1993, S. 21.

1343 Dazu II.A.1.b)(6)(b).

1344 O.V., Börse ONLINE vom 22.1-29.1.1993, S. 61.

Risiken eines Investments zu beurteilen.[1345] Dem privaten Anleger wird es schwer fallen, die einzelnen Optionsscheinkonstruktionen anhand der Emissionsbedingungen zu verstehen.[1346]

Daneben ist Kollar[1347]zuzustimmen, der aufgrund der nahezu täglichen Neuemissonen eine Gefahr für den Sekundärmarkt der Naked Warrants sieht. Anleger und die meisten Anlageberater werden bei Sekundärgeschäften wegen der Vielfalt komplexer Optionsscheinkonstruktionen nicht jederzeit Zugriff auf die entsprechenden Optionsscheinbedingungen haben.

Für den privaten Anleger erscheint es nahezu unmöglich, verschiedene Naked Warrants zu vergleichen. Die Citibank AG befürchtet bzgl. der im November 1992 von Trinkaus & Burkhardt begebenen Optionsscheine auf den S & P-500-Aktienindex, daß der Investor überfordert sein könnte, einen direkten Preisvergleich mit bereits quotierten S & P-500-Optionsscheinen anderer Emittenten vorzunehmen. Bei der Trinkaus & Burkhardt-Emission gewährt jeder IndexDifferenzpunkt einen Anspruch auf die Zahlung in Höhe von 1,-- DM, während die S & P-500-Optionsscheine der Citibank AG einen Differenzausgleich von 1,-- US-Dollar je Differenzpunkt vorsehen. Demnach besteht die Gefahr, daß der Investor aus Unkenntnis falsche Schlußfolgerungen zieht.[1348]

Eine vergleichbare Unübersichtlichkeit herrscht bei den an den deutschen Wertpapierbörsen gehandelten Währungsoptionsscheinen. Deren Anzahl hat dermaßen zugenommen, daß es schwer fällt, den Überblick zu behalten.[1349]

1345 In diesem Sinne DGZ, Broschüre "Börseninformationen" vom Februar 1992, wiedergegeben in: o.V., Frankfurter Rundschau vom 5.2.1992, S. 9.

1346 Vgl. o.V., Blick durch die Wirtschaft vom 25.6.1993, S. 3; Voigt, Börsen-Zeitung vom 18.09.1993, S. 17(18); Krumnow, Börsen-Zeitung vom 23.09.1993, S. 17.

1347 Kollar, Börsen-Zeitung vom 18.09.1993, S. 21.

1348 O.V., Börsen-Zeitung vom 25.11.1992, S. 3; o.V., Börse ONLINE vom 27.11.-4.12.1992, S. 61.

1349 Philipp, Börse ONLINE vom 19.3.-26.3.1993, S. 61. In o.V., Börse ONLINE vom 22.1.-29.1.1993, S. 61, wird aufgrund eines direkten Vergleichs zwischen zwei Zins-Kaufoptionsscheinen, die von Trinkaus & Burkhardt und von M.M.Warburg emittiert wurden, "die Intransparenz des deutschen Optionsscheinmarktes" moniert.

Bewertungsparametern aufweisen.[1350] In bezug auf die Vielzahl der Currency Warrants wurden lediglich "bei einigen Optionsscheinen unterschiedliche Bezugsverhältnisse auf 1:100 standardisiert".[1351] Der unerfahrene Anleger läuft somit Gefahr, verlustbringende Dispositionen zu treffen, indem er Currency Warrants mit unterschiedlichen Bezugsverhältnissen vergleicht. In dieses Gesamtbild paßt der Hinweis der Bank für Internationalen Zahlungsverkehr (BIZ), die neuen Instrumente und Marktstrukturen seien weniger überschaubar und würden deshalb neue Risiken mit sich bringen.[1352]

Die ständig neu entwickelten Naked Warrants, deren Emissionsbedingungen teilweise bereits betriebswirtschaftliche Kenntnisse voraussetzen[1353], erfordern, daß dem Anleger auch die Bedingungen des Optionsscheins erläutert werden.[1354]

Bei Geschäften mit Naked Warrants ist demnach eine Mindestanforderung an den Inhalt allgemeiner Aufklärungspflichten der Kreditinstitute und Anlagevermittler bzw. -berater, daß dem Anleger entsprechend dessen Wissensstand und Auffassungsgabe die Optionsscheinbedingungen verständlich gemacht werden.

1350 Fugger, Börse ONLINE vom 1.10.-8.10.1993, S. 79.

1351 Sienel, WirtschaftsWoche vom 2.7.1993, S. 96(100).

1352 O.V., Handelsblatt vom 16.06.1992, S. 39.

1353 Vgl. Verkaufsmitteilung der Goldman, Sachs & Co Wertpapier GmbH, in Börsen-Zeitung vom 2.6.1993, S. 7. Angeboten wurde ein Currency Warrant mit dem Namen "Quartetto" (WKN 588 877). In den Bedingungen des "Quartetto" wird zur Optionsausübung ausgeführt: "Jeder Optionsschein gewährt dem Optionsscheininhaber das Recht, die Summe der Differenzen in DM zu erhalten, um die der am auf die Ausübung folgenden Börsentag festgestellte USD/DM-Kassamittelkurs die Basiskurse überschreitet, jeweils multipliziert mit 25."

1354 Ebenso Potthoff, WM 1993, 1319(1322). Nach Schäfer, S. 69, "müßte grundsätzlich" bei "nackten" Optionsscheinen, wie bei abgetrennten Optionsscheinen, auf die Notwendigkeit der Ausübung, die Volatilität und die Ausformung des Optionsrechts hingewiesen werden. Gemäß dem BGH, WM 1989, 807(810), ist bei Optionsgeschäften der Anleger darauf hinzuweisen, daß die Option vor Ablauf der Optionsfrist durch Erklärung ausgeübt werden muß, um einen Gewinn erzielen zu können, da ansonsten der gesamte Kapitaleinsatz verloren ist.

b) Hebelwirkung (Leverage-Effekt)

Die unterschiedlichen Konstruktionen der an den deutschen Wertpapierbörsen gehandelten Optionsscheine könnten dazu beitragen, daß von den Anlegern die Hebelwirkung[1355] des eingesetzten Kapitals unterschätzt wird.[1356] Für eine solche Annahme ist die zweischneidige Wirkung des Leverage-Effekts[1357] anzuführen.[1358] In der Hebelwirkung kommt die wesentliche Gefahr des Börsentermingeschäfts, die typische Spielverlockung[1359], zum Ausdruck.

Der für die Hebelwirkung typische Anreiz, wie beim Spiel mittels geringem Einsatz überproportional hohe Gewinne erzielen zu können, bedingt die Gefahr, daß der Anleger lediglich diese Folge realisiert, hingegen das ebenso überproportionale Verlustrisiko nicht wahrnimmt. Dazu tragen die abstrakten Optionsbedingungen der heutzutage an den deutschen Wertpapierbörsen gehandelten Naked Warrants[1360] bei, da aufgrund dessen für Anleger die Dimensionen der Hebelwirkung und insbesondere die hieraus folgenden Verlustrisiken nur durch mathematische Berechnungen erfaßbar sind.

Demnach ist eine weitere Mindestanforderung an den Inhalt der für Kreditinstitute und Anlagevermittler bzw. -berater bei Geschäften mit Naked Warrants bestehenden allgemeinen Aufklärungspflichten, daß dem Anleger die Ursachen und Wirkungen der Hebelwirkung durch umfassende, eindringliche Erläute-

---

1355 Vgl. Voigt, Börsen-Zeitung vom 18.09.1993, S. 17(18), der den "Hebel" im Ergebnis als eine statische Kennzahl wertet, die einen stichtagsbezogenen Vergleich von Optionsscheinen ermöglicht.

1356 Vgl. Wedelin, WirtschaftsWoche vom 20.11.1987, S. 144, der zu Recht von einer Unterschätzung der sog. Hebelwirkung ausgeht. Schwintowski, ZIP 1988, 1021(1026) vermutet mit guten Gründen, daß zumindest die nicht börsentermingeschäftsfähigen, in der Regel die nicht professionellen, Anleger sich von der Hebelwirkung des eingesetzten Kapitals blenden lassen und die Risiken verdrängen.

1357 Wach, S. 28, 53 f; Doll, S. 150.

1358 Siehe zum Leverage-Effekt, III.A.5.c)(2).

1359 Vgl. Kümpel/Häuser, S. 16 f; Kümpel, WM 1990, 449(451); Koller, WM 1985, 593(594).

1360 Vgl. unter IV.D.1.a).

rungen einsichtig[1361] gemacht werden. Denn erst die den Börsentermingeschäften immanente Hebelwirkung bedingt das spekulative Element dieser Geschäftsart.[1362]

c) Delta-Faktor

Der Delta-Faktor ist das Maß für die relative Veränderung der Optionsprämie im Vergleich zum Kurs des Basispapiers. Der Faktor mißt die erwartete Veränderung, z. B. des Optionsscheinspreises, wenn eine Wertänderung des Basisobjektes eintritt und die übrigen Einflußfaktoren konstant bleiben.[1363] Das Delta ist eine dynamische Kennzahl, mit der die Reagibilität eines Optionsscheins auf Kursveränderungen des Basiswertes aufgezeigt werden kann.[1364] Der Optionspreis entwickelt sich bei Veränderungen des sogenannten Delta-Faktors nicht parallel zum Kurs des Basisobjektes.[1365] Er kann sich bei Kursänderung des optierten Wertes unverhältnismäßig nach oben, aber auch nach unten verändern. Die zur Bewertung von Optionsscheinen gebräuchlichen Kennzahlen, Aufgeld und Hebelwirkung haben nur eine eingeschränkte Aussagefähigkeit, da es sich um stichtagsbezogene, demnach statische Kennzahlen handelt. Vereinzelt wird vertreten, daß die Kenntnis des Delta-Faktors für den Anleger bei Optionsscheingeschäften wichtig sei.[1366]

Der Delta-Faktor kann von Anlegern grundsätzlich neben den üblichen Auswahlkriterien Bezugspreis, Optionspreis und Laufzeit zur wirtschaftlichen Bewertung von Optionsscheinen herangezogen werden. Seine Bestimmung erfordert jedoch umfangreiche Berechnungen und eine EDV-technische Unterstützung. Aus Sicht der Anleger ist der Delta-Faktor kein notwendiges Merkmal, um die mit Optionsscheinen typischerweise verbundenen Risiken verstehen zu können. Hierfür reicht die Hebelwirkung als statische Kennzahl

1361 In diesem Sinne Henssler, ZHR 153(1989), 611(626); Koller, BB 1990, 2202(2206); ders., ZBB 1993, 54(55 f).

1362 Kleinschmitt, S. 103.

1363 In diesem Sinne Landgraf, Handelsblatt vom 31.8.1993, S. 25.

1364 Voigt, Börsen-Zeitung vom 18.09.1993, S. 17(18); Lieven, Börsen-Zeitung vom 18.12.1993, S. 24; Doll, S. 84.

1365 O.V., FAZ vom 2.9.1993, S. 23.

1366 O.V., FAZ, a.a.O.

aus. Der Delta-Faktor ist vornehmlich für Emittenten von Optionsscheinen eine wichtige Kennziffer zur Bestimmung der Höhe, in der sie ihre Emissionen absichern.[1367]

Bei Geschäften mit Naked Warrants besteht demnach nicht im Sinne einer Mindestanforderung die Pflicht, den Anleger über den Delta-Faktor aufzuklären. Zu den Mindestanforderungen zählt bereits die Aufklärung des Anlegers über die Optionsscheinbedingungen und die Hebelwirkung. Hierdurch erhält er ausreichende Entscheidungsgrundlagen zur Risikobestimmung, die der Aussagekraft des Delta-Faktors im Ergebnis entsprechen.

d) Verlustrisiken

Die schnell wachsenden Märkte für derivative Finanzinstrumente lassen Zweifel aufkommen, ob "alle Aufsichtsbehörden und Marktteilnehmer tatsächlich das volle Ausmaß der mit diesen Finanzinnovationen verbundenen Risiken (auch) realisiert haben"[1368]. Informationsdefizite beim Anleger können eine Ursache für dessen mangelndes Risikobewußtseins sein. Der Anleger benötigt gute und umfassende Informationen über risikorelevante Tatbestände, damit er seine Risiken dosieren, steuern und vor allem kontrollieren kann.[1369]

1367 Gemäß Landgraf, Handelsblatt vom 31.8.1993, S. 25, wird von einer Warrant-Emission nicht einmal die Hälfte des Nominalwertes abgesichert. Er weist darauf hin, daß Experten den Umfang von Sicherungsgeschäften (sog. Hedge-Geschäfte) an dem "Delta-Faktor", auch "Hedge-Ratio" genannt, ausrichten würden.

1368 Kopper, Das Wertpapier vom 8.1.1993, S. 22. In diesem Sinne o.V., FAZ vom 22.09.1993, S. 28. Gemäß Tzermias, Neue Zürcher Zeitung vom 27./28. Juni 1993, S. 11(12), schienen die Aufsichtsbehörden von der ungestümen Innovation im Bereich der derivativen Instrumente anfänglich regelrecht überrumpelt zu werden. In o.V., Frankfurter Neue Presse vom 16.6.1992, S. 6, wird berichtet, daß laut Erklärung der Bank für Internationalen Zahlungsausgleich (BIZ) die Finanzmärkte für Marktteilnehmer und die Aufsichtsbehörden an Transparenz verloren haben.

1369 So im Ergebnis Seipp, ZKredW 1987, 836(838).

Die Konstruktionen einzelner Optionsscheine und neuartiger Emissionmodelle sind für Anleger schwer zu verstehen, so daß eine objektive Beschreibung von Chancen und Risiken des Produkts erforderlich ist.[1370] Gefordert wird, den privaten Anleger immer wieder auf das mit Optionsscheingeschäften verbundene Risikopotential hinzuweisen.[1371] Er ist bzgl. der den Geschäften mit Naked Warrants wesenseigenen Gefahren aufklärungsbedürftig. Deren Risiken spiegeln insbesondere die für den Typus Börsentermingeschäft kennzeichnenden Merkmale wider.

Ein für Börsentermingeschäfte typisches Merkmal ist das Risiko eines Totalverlustes der eingesetzten Geldmittel.[1372] Der Anleger ist über die Gefahr, daß bei Naked Warrants eintretende Kursveränderungen des Basisisobjektes bzw. Basiskurses typischerweise zu einem Totalverlust der eingesetzten Geldmittel führen können, aufzuklären. Daneben ist ihm zumindest im Ergebnis das Zusammenwirken von "innerer Wert"[1373] und "Zeitwert" des Naked Warrant verständlich zu machen.[1374] Der Zeitwert, für dessen Berechnung unter anderen der innere Wert maßgeblich ist, nimmt bei einem Finanzinstrument auf Optionsbasis am Ende der Laufzeit überproportional stark ab.[1375] Bei ungünstiger Entwicklung der Faktoren Kurs des Basisobjektes, Basispreis und Optionsprämie sinkt mit abnehmender Rechstlaufzeit der Zeitwert gegen Null. Er dokumentiert mittelbar die Gefahr eines Totalverlustes der eingesetzten Geldmittel.

1370 In diesem Sinne Niemann, Börsen-Zeitung vom 29.01.1993, S. 6, der die Information in einem Gespräch fordert; ebenso Potthoff, WM 1993, 1319(1322), der zu Recht verlangt, daß Kunden auf die mit Optionsscheinen verbundenen besonderen Risiken hingewiesen werden.

1371 Fischer/Lansing, Börsen-Zeitung vom 18.09.1993, S. 21.

1372 Dazu unter III.A.5.c)(4).

1373 Siehe Büschgen, unter "innerer Wert (1)", S. 362. Der innere Wert einer Option wird definiert "als der Betrag, in dessen Höhe der Kurs des der Option zugrunde liegenden Basisobjekts bei Kaufoptionen den Basispreis der Option übersteigt, bei Verkaufsoptionen geringer als der Basispreis ist".

1374 In diesem Sinne Potthoff, WM 1993, 1319(1322), der eine Aufklärung über die besonderen Risiken der Geschäfte mit Optionsscheinen fordert.

1375 Vgl. Büschgen, unter "Zeitwert (2)", S. 805.

Die notwendige Aufklärung über das mit Naked Warrants verbundene Risiko, einen Totalverlust zu erleiden, kann ergebnisorientiert durchgeführt werden. Ausreichend ist, wenn dem Anleger diese Risiken einsichtig gemacht werden. Detaillierte Ausführungen sind entbehrlich, sogar eher hinderlich. Allerdings bestehen zwischen den Erläuterungen der für Börsentermingeschäfte typischen Verlustrisiken und dem ebenfalls einsichtig zu machenden Merkmal der Hebelwirkung Überschneidungen, da der Leverage-Effekt eine Ursache für diese Risiken bildet. Von einer Aufklärung über die Hebelwirkung der Naked Warrants werden notwendigerweise auch deren Verlustrisiken erfaßt. Eine erschöpfende Erläuterung der Hebelwirkung erfordert jedoch lediglich die Darlegung von Teilaspekten dieser Risiken. Deshalb ist eine weitergehende Aufklärung über die Verlustrisiken erforderlich. Vor allem stehen Ausführungen über die Mechanismen, die bei Veränderungen einzelner Bezugsgrößen eines Optionsscheins zu überproportionalen Verlustrisiken führen, im Mittelpunkt. Durch ein Gesamtverständnis der für den Typus Börsentermingeschäft charakteristischen Merkmale, insbesondere der typischen Verlustrisiken, kann den zu dieser Geschäftsart zählenden Naked Warrants der "Spielcharakter" genommen werden.

Die allgemeinen Aufklärungspflichten bei Geschäften mit Naked Warrants fordern als Mindeststandard, daß dem Anleger das typischerweise mit diesen Geschäften einhergehende Risiko eines Totalverlustes einsichtig gemacht wird.

e) Kreditaufnahme

Weiterhin könnte zum Mindestinhalt allgemeiner Aufklärungspflichten zählen, daß dem Anleger die Risiken einsichtig gemacht werden, die durch Aufnahme eines Kredites zur Finanzierung von Börsentermingeschäften entstehen. Das von der Kreditwirtschaft verwandte Informationsblatt erfüllt formal die Anforderungen des § 53 Abs. 2 BörsG. In ihm wird darauf hingewiesen, daß sich das "Risiko erhöht", wenn die Zahlungsverpflichtungen aus Börsentermingeschäften durch Kreditaufnahme finanziert werden. Allerdings kann von einem standardisierten Hinweis, der die persönliche Vermögenssituation des Anlegers nicht berücksichtigt[1376], keine ausreichende Warnung ausgehen.

1376 Siehe IV.B.4.

Die neben den Informationspflichten gemäß § 53 Abs. 2 BörsG bestehenden allgemeinen Aufklärungspflichten setzen voraus, daß dem Anleger durch Mitteilung der entscheidungserheblichen Umstände ein umfassendes Bild des in Frage stehenden Geschäfts vermittelt wird.[1377] Nach allgemeiner Meinung sind Kreditinstitute jedoch nicht verpflichtet, grundsätzlich vor der Kreditierung eines Wertpapiergeschäfts zu warnen.[1378] Nur in Ausnahmefällen, wenn die aus der Kreditierung resultierenden Risiken offensichtlich außerhalb eines vernünftigen Verhältnisses zu den Einkommens- und Vermögensverhältnissen stehen, setzen Beratungspflichten ein.[1379]

An sich weisen Geschäfte mit Optionsscheinen bereits zu beachtende Verlustrisiken auf, die sich durch eine Kreditaufnahme potenzieren. Diese Risiko-Kumulierung bedeutet einen Ausnahmetatbestand, aufgrund dessen der Anleger über die Risiken und deren Wechselwirkungen aufzuklären ist. Diese Informationen sind notwendig, damit er eine eigenverantwortliche Disposition treffen kann. Daneben ist zu berücksichtigen, daß viele Naked Warrants von Kreditinstituten selbst emittiert werden. Soweit der Emittent den Erwerb der von ihm verkauften Warrants gleichzeitig durch eine Krediteinräumung finanziert, entsteht ein Interessenkonflikt. Durch eine Interessenkollision werden Aufklärungs- und Beratungspflichten für Kreditinstitute und Anlagevermittler bzw. - berater begründet.[1380]

Demnach sind dem Anleger, unter Berücksichtigung seiner Vermögensverhältnisse und seiner persönlichen Situation, die aus der Kreditierung von Geschäften mit Naked Warrants resultierenden Risiken einsichtig zu machen.

Darüber hinaus wird vereinzelt gefordert, dem Anleger müsse vom Kauf spekulativer Produkte auf Kredit abgeraten[1381] bzw. ein Engagement in Optionsscheinen sollte nicht kreditiert werden[1382]. Kreditinstitute sind, wenn sie als Anlagevermittler auftreten, nicht verpflichtet, die von ihnen mitzutei-

1377 In diesem Sinne Schäfer, S. 6.
1378 Werner/Machunsky, S. 45; Rümker, S. 29 (52 f).
1379 Werner/Machunski, a.a.O.
1380 In diesem Sinne Vortmann, Aufklärung, Rn. 140 f m.w.N.; Schäfer, S. 22.
1381 Niemann, Börsen-Zeitung vom 29.1.1993, S. 6.
1382 Wendelin, WirtschaftsWoche vom 20.11.1987, 144(145).

lenden Tatsachen zu bewerten und zu beurteilen.[1383] Ihnen kann folglich nicht die Pflicht auferlegt werden, privaten Anlegern grundsätzlich von Börsentermingeschäften, die durch Kreditaufnahme finanziert werden sollen, abzuraten oder eine solche Finanzierung sogar zu verweigern. Ansonsten würden ihnen Aufklärungspflichten zugerechnet, die allenfalls zum weitergehenden Pflichtenkreis der Anlageberater zählen, der die Bewertung und Beurteilung der persönlichen Verhältnisse des Anlegers umfaßt[1384].

Demnach umfassen die für Kreditinstitute und Anlagevermittler bestehenden allgemeinen Aufklärungspflichten ausschließlich die Verpflichtung, dem Anleger die sich durch eine Kreditierung von Börsentermingeschäften erhöhenden Risiken darzulegen und einsichtig zu machen.

2. Form

Die Formerfordernissse für die neben dem Informationsmodell gemäß § 53 Abs. 2 BörsG bestehenden allgemeinen Aufklärungspflichten sind gesetzlich nicht ausdrücklich geregelt. Grundsätzlich erfordern allgemeine Aufklärungspflichten eine mündliche Darlegung der mitzuteilenden Informationen, während für das Informationsmodell nach dem Wortlaut des § 53 Abs. 2 BörsG die Schriftform gilt.[1385] Aus den Gesetzesmaterialien folgt, daß sich das in § 53 Abs. 2 BörsG festgeschriebene Schriftformerfordernis ausschließlich auf das Informationsmodell bezieht, während zusätzliche Aufklärungspflichten mündlich erfüllt werden können.[1386] Allerdings schließt die Intention des Gesetzgebers ebenso wie der Wortlaut des § 53 Abs. 2 BörsG nicht aus, daß bei Börsentermingeschäften die möglicherweise neben dem Informationsmodell bestehenden allgemeinen Aufklärungspflichten schriftlich zu erfüllen sind.[1387]

Für die allgemeinen Aufklärungspflichten im Zusammenhang mit den als besonders risikoreich einzustufenden Warentermingeschäften gilt das Schrift-

---

1383 Schäfer, S. 3.
1384 Schäfer, a.a.O.
1385 Siehe IV.A.4.
1386 Amtliche Begründung, BT-Drucks., 11/4177, S. 19.
1387 Ebenso Koller, WuB I G 4.-2.92, S. 257(259), bzgl. des Wortlautes von § 53 Abs. 2 BörsG.

formerfordernis. Denn nur eine schriftliche Aufklärung könne dem Anleger die schwierigen wirtschaftlichen Zusammenhänge nahebringen.[1388] Daneben sind gemäß dem Urteil des Bundesgerichtshofs vom 27. November 1990[1389] die zur Informations- und Aufklärungspflicht der Vermittler von Warentermin-Optionen entwickelten Grundsätze ebenso auf Geschäfte mit Aktien- und Aktienindex-Optionen anzuwenden. Allerdings blieb trotz der Entscheidung unklar, ob das für die Aufklärungspflichten bei Warentermingeschäften geltende Schriftformerfordernis auf diese Optionsgeschäfte übertragen werden sollte.

Raeschke-Kessler befürwortet grundsätzlich die Übertragung des für Warentermingeschäfte geltenden Schriftformerfordernisses auf andere neue Finanzprodukte, soweit sie von ihrem Abstraktionsgrad und ihrer Komplexität mit Optionsgeschäften vergleichbar sind.[1390] Dagegen verfolgt Koller einen abgestuften Ansatz. Bei Aktienoptionsgeschäften sei allein über die Verschlechterung der Gewinnchancen schriftlich aufzuklären, weil es schwierig wäre, die wirtschaftlichen Zusammenhänge zwischen Prämie und Aufschlägen mündlich darzustellen.[1391] Weiter geht Horn, indem er fordert, zwischen "kundenspezifischen Beratungspflichten" und "geschäftsspezifischen Produktinformationen" zu differenzieren.[1392] Für die erste Pflichtengruppe sei aufgrund der allein durch den einzelnen Anleger geprägten Aufklärungspflicht ein Schriftformerfordernis nicht vertretbar, während die zweite Gruppe eine Aufklärung durch eine standardisierte Produktinformation in schriftlicher Form grundsätzlich zuließe.[1393]

1388 Vgl. nur BGHZ 105, 108(110 f) = WM 1988, 1255; zustimmend Rollinger, S. 69; Häuser/Welter, § 16 Rn. 233; Werner/Machunsky, Rechte und Ansprüche, S. 90; Soergel-Wiedemann, Vor § 275 Rn. 279; kritisch Assmann, in: FS-Heinsius, S. 1(24), Fn. 110.

1389 BGH, WM 1991, 127(128).

1390 Raeschke-Kessler, WM 1993, 1830(1836); Wolf, NJW 1994, 24 ff.

1391 Koller, WuB I G 4.-2.92, S. 258(259).

1392 Horn, ZIP 1990, 2(17).

1393 Horn, ZIP 1990, 2(17); Schwark, in: FS-Steindorf, S. 473(485 f). Kümpel, WM 1989, 1485(1493), fordert für eine zusätzliche Informationsschrift eine "Schriftlichkeit" im Sinne einer "Produktinformation". Zustimmend Kleinschmitt, S. 94 f, der eine schriftliche "Grundinformation" für ausreichend hält, aber anders als Kümpel darüber

Allerdings stehen den verschiedenen Forderungen nach einer schriftlichen Aufklärung bei Geschäften mit Optionsscheinen grundsätzlich Bedenken entgegen. Zur Entscheidung der Rechtsprechung, bei Warentermingeschäften eine schriftliche Aufklärung des Anlegers zu verlangen, haben die in diesem Geschäftszweig vorherrschenden aggressiven Vertriebsmethoden im Telefonhandel beigetragen. Ein Vergleich zwischen dem Warenterminhandel mit seinen Verkaufspraktiken und Geschäften mit Naked Warrants, die unter Aufsicht an der Börse gehandelt und in der Regel von Kreditinstituten bzw. Emissionshäusern vermittelt werden, ist nicht vertretbar.[1394] Daneben spricht bei Optionsscheingeschäften gegen eine über § 53 Abs. 2 BörsG hinausgehende schriftliche Aufklärung, daß das Schriftformerfordernis bei schwer zu erfassenden und vom Einzelfall geprägten Geschäften kein geeignetes Medium ist, ausreichende Differenzierungen zu vermitteln[1395]. Geschäfte mit Naked Warrants sind in der Regel komplexe und aufgrund der Vielzahl neuartiger Optionsscheine stark individuell geprägte Sachverhalte, die allein durch eine schriftliche Aufklärung dem Anleger nicht einsichtig gemacht werden können. Deshalb ist bei Geschäften mit Naked Warrants eine mündliche Aufklärung neben der schriftlichen Information im Sinne von § 53 Abs. 2 BörsG geboten.[1396]

Außerdem besteht die Gefahr, daß eine zweite, neben der Unterrichtungsschrift gemäß § 53 Abs. 2 BörsG standardisierte schriftliche Aufklärung, den Unterrichtungsvorgang zu einem allgemeinen "Geschäftsvorfall" werden läßt. Eine auf eine Vielzahl verschiedener "Produkte" ausgerichtete schriftliche Aufklärung ist nicht geeignet, die Individualität der Geschäfte mit den unterschiedlichst ausgestalteten Naked Warrants zu vermitteln. Zur Erfüllung allgemeiner Aufklärungspflichten reicht es nicht aus, dem Anleger die bloße Möglichkeit zu

---

hinaus eine mündliche Erläuterung dieser Unterlagen durch den Berater verlangt.

1394 In diesem Sinne Schwark, in: FS-Steindorff, S. 473(485); zustimmend Drygala, WM 1992, 1213(1220).

1395 Gemäß Drygala, WM 1992, 1213(1221), ist das Schriftformerfordernis zur Herstellung von Einzelfallgerechtigkeit untauglich und ermöglicht keine hinreichenden Differenzierungen.

1396 Im Ergebnis gleichfalls Drygala, WM 1992, 1213(1220); Kleinschmitt, S. 94, der daneben eine schriftliche "Grundinformation" empfiehlt, die dann Grundlage für eine ergänzende mündliche Beratung sein könnte.

geben, sich die schriftlich übermittelte Informationen selbst verständlich zu machen. Erforderlich ist, daß bei Geschäften mit Naked Warrants dem Anleger, entsprechend seiner Aufklärungsbedürftigkeit, die Mindestinhalte allgemeiner Aufklärungspflichten mündlich vermittelt und einsichtig gemacht werden. Eine schriftliche "Produktinformation" ist nicht in gleicher Weise geeignet, beim Anleger ein Risikobewußtsein hervorzurufen, wie es ein spezifisch abgestimmtes Gespräch ermöglicht.

Kreditinstitute und Anlagevermittler bzw. -berater sind demnach bei Geschäften mit Naked Warrants verpflichtet, den Anleger, unter Berücksichtigung der Mindestinhalte allgemeiner Aufklärungspflichten, mündlich zu informieren und ihm die zugänglich gemachten Mitteilungen einsichtig zu machen.[1397]

E. ZWISCHENERGEBNIS

Das von Kreditinstituten seit Anfang 1993 verwandte Informationsblatt entspricht formal den Anforderungen an den Mindestinhalt einer Unterrichtungschrift gemäß § 53 Abs. 2 BörsG. Dessen Inhalt deckt die vom Informationsmodell vorgegebenen "Grundrisiken" vollumfänglich ab und geht zum Teil über diese hinaus. Mit der Unterzeichnung des von der Kreditwirtschaft benutzten Informationsblattes wird die Börsentermingeschäftsfähigkeit privater Anleger gemäß § 53 Abs. 2 BörsG herbeigeführt.

Allerdings verdeutlicht die Unterrichtungsschrift bei Geschäften mit Optionsscheinen dem Anleger die mit der Hebelwirkung bzw. einer Kreditierung des

1397 Vgl. Drygala, WM 1992, 1213(1221); ders., EWiR § 53 BörsG 1/92, S. 263(264); Wandt, WuB I G 4.-6.88, S. 1462; Assmann, in: FS-Heinsius, S. 1(24), Fn. 110; Schwark, in: FS-Steindorff, S. 473(485); anders noch ders., NJW 1989, 2675(2676), der bezüglich der Aufklärungspflichten im Zusammenhang mit Geschäften an der Deutschen Terminbörse (DTB) die Schriftform forderte. Das LG Frankfurt am Main, WM 1992, 867(868 f), lehnt eine Übertragung der von der Rechtsprechung für Optionsgeschäfte herausgebildeten Aufklärungspflichten auf Devisentermingeschäfte grundsätzlich ab und hält stillschweigend eine mündliche Aufklärung für ausreichend; ablehnend Tilp, DB 1992, 204; a.A. LG Berlin, WM 1992, 93(95).

Geschäfts einhergehenden Risiken nur unzureichend. Dies gilt unbeschadet dessen, daß das Anfang des Jahres 1993 erstellte Informationsblatt der Kreditwirtschaft durch eine äußere Neugestaltung an Verständlichkeit gewonnen und infolge der Verwendung eines größeren Druckbildes den Lesewiderstand gesenkt hat.

Neben den Informationspflichten gemäß § 53 Abs. 2 BörsG können je nach Gestaltung des Einzelfalls allgemeine Aufklärungspflichten bestehen. Diese Pflichten reichen weiter als die Informationspflichten nach dem Börsengesetz, da sie gewissermaßen erfolgsorientiert sind. Anders als vom Informationsmodell gemäß § 53 Abs. 2 BörsG gefordert, sind die individuell mitzuteilenden Informationen und Risiken einsichtig zu machen. Die allgemeinen Aufklärungspflichten bestehen auch bei inhaltlichen Überschneidungen mit den Informationspflichten gemäß § 53 Abs. 2 BörsG.

Bei Geschäften mit den vielfältig ausgestalteten Naked Warrants kann durch Vorlage und Unterzeichnung eines Informationsblattes im Sinne von § 53 Abs. 2 BörsG die Börsentermingeschäftsfähigkeit des Anlegers herbeigeführt werden. Daneben können allgemeine Aufklärungspflichten bestehen, die zur individuellen Aufklärung des Anlegers über die mit Naked Warrants einhergehenden Risiken verpflichten. Dabei ist eine am Einzelfall orientierte Aufklärung im Sinne einer "anlegergerechten -" und "objektgerechten Beratung" vorzunehmen. Dem Anleger sind die wirtschaftlichen Zusammenhänge und die Grundstruktur des konkreten Börsentermingeschäfts einsichtig zu machen.

Vom Aufklärungspflichtigen sind zur Erfüllung der bei Geschäften mit Naked Warrants bestehenden allgemeinen Aufklärungspflichten Mindestanforderungen in bezug auf den Informationsinhalt einzuhalten. Zunächst ist vorauszusetzen, daß dem Anleger entsprechend seinem Wissenstand und seiner Auffassungsgabe die Optionsscheinbedingungen des in Frage stehenden Naked Warrants erläutert werden. Daneben sind ihm zumindest die Ursachen und Wirkungen der mit diesen Warrants verbundenen Hebelwirkung ins Bewußtsein zu rufen. Weiterhin ist dem privaten Anleger das bei Geschäften mit Naked Warrants bestehende Risiko, die eingesetzten Geldmittel in voller Höhe zu verlieren, einsichtig zu machen. Schließlich sind dem Anleger die Risiken darzulegen, die mit einer zur Finanzierung des konkreten Geschäfts beabsichtigten Kreditaufnahme einhergehen.

Das bei Warentermin-Optionen geltende Schriftformerfordernis ist nicht auf die bei Geschäften mit Naked Warrants bestehenden allgemeinen Aufklärungspflichten übertragbar. Ausschließlich für die Erfüllung der zugleich bestehenden Informationspflichten gemäß § 53 Abs. 2 BörsG, das sog. Informationsmodell, gilt das Schriftformerfordernis. Es ist eine Unterrichtungsschrift zu verwenden. Auch wenn die Börsentermingeschäftsfähigkeit privater Anleger allein mittels einer im Sinne von § 53 Abs. 2 BörsG ausgestalteten Unterrichtungsschrift herbeigeführt werden kann, sind dem Anleger, soweit daneben allgemeine Aufklärungspflichten bestehen, die typischen Risiken und Merkmale des jeweiligen Börsentermingeschäfts mündlich einsichtig zu machen.

V. Zusammenfassung der Ergebnisse

Abschließend sollen die Ergebnisse der Untersuchung zur Börsentermingeschäftseigenschaft und zur Rechtsnatur derivativer Finanzinstrumente in Form von Optionsscheinen in thesenartiger Form zusammengefaßt werden:

1. Die an den deutschen Wertpapierbörsen zum Handel zugelassenen derivativen Finanzinstrumente können anhand ihrer Eigenschaft als "Derivat" oder als "originäres Finanzinstrument" kategorisiert werden. Derivate werden aus den Merkmalen mehrerer Finanzinstrumente abgeleitet und weisen eine eigenständige Konstruktion auf. Hiervon zu unterscheiden sind die sogenannten originären Finanzinstrumente, die durch Modifikationen eines bereits vorhandenen, jedoch in seinem Wesen nicht veränderten Finanzinstruments konstruiert werden. Die beiden Hauptgruppen, die Derivate und die originären Finanzinstrumente, bilden jeweils eine Teilmenge der "innovativen Finanzinstrumente".

2. Die überwiegende Anzahl der an den deutschen Wertpapierbörsen zum Handel zugelassenen innovativen Finanzinstrumente zählt zu den sogenannten Derivaten. Die Möglichkeit, Derivate durch Kombination oder Variation der Merkmale anderer oder eines Finanzinstrumentes in beinahe beliebiger Anzahl zu konstruieren, eröffnet ein geradezu unbegrenztes Potential. Für die Gruppe der Derivate ist signifikant, daß sie maßgeblich von Finanzinstrumenten, die auf der Basis von Optionsscheinen, insbesondere Naked Warants, konstruiert werden, bestimmt wird.

3. Mit den im Börsengesetz enthaltenen Bestimmungen zum Terminhandel wird vorrangig der Anlegerschutz verfolgt. Daneben soll in der vom Börsengesetz normierten Börsenrechtssphäre die Privatautonomie aus Gründen des Verkehrsschutzes und im Interesse der Rechtssicherheit weitestgehend unangetastet bleiben. Schließlich bezweckt das Börsengesetz, wenn auch in eingeschränkter Form, den Unternehmensschutz.

4. Die im Börsengesetz umschriebene Geschäftsart "Börsentermingeschäft" kann nicht in eine begriffliche Definition gefaßt werden. Aus der Entstehungsgeschichte des Börsengesetzes, insbesondere dessen Schutzzwecken und den vom Publikum mit Börsentermingeschäften verbundenen Motiven, folgt, daß das Börsentermingeschäft zur Kategorie des Typus zählt. Da der Typus durch eine beschreibende Merkmalskombination bestimmt wird, in der jedes Merkmal für sich allein genommen nur die Bedeutung eines Kennzeichens besitzt, wird die Zuordnung zum Typus nicht bereits dann ausgeschlossen, wenn ein typisches Merkmal fehlt.

5. Eine Objektivierung des Typus Börsentermingeschäft konnte erreicht werden, indem von den im Börsengesetz enthaltenen Vorschriften zum Terminhandel und den mit diesen Normen verfolgten Schutzzwecken typische Merkmale abstrahiert wurden. Der Typus Börsentermingeschäft wird durch folgende Merkmale beschrieben:

- hinausgeschobener Erfüllungszeitpunkt der rechtsgeschäftlichen Verbindlichkeiten (Zeitgeschäft),

- Anreiz zur Spekulation aufgrund der sog. Hebelwirkung ("Leverage-Effekt"),

- Risiko, zusätzliche Geldmittel zur Erfüllung der eingegangenen Verbindlichkeiten entgegen der ursprünglichen Intention aufbringen zu müssen,

- Risiko eines Totalverlustes der eingesetzten Geldmittel.

6. Es wurde zunächst die Rechtsnatur von Optionsgeschäften untersucht, um hieraus Schlußfolgerungen auf die rechtliche Einordnung der Geschäfte mit derivativen Finanzinstrumenten in Form von Optionsscheinen zu ziehen. Primärgeschäfte mit unverbrieften Optionen bestehen aus Options-

vertrag und Hauptvertrag. Ausgehend von einer wirtschaftlichen Betrachtungsweise und der engen tatbestandlichen Verklammerung der beiden Phasen des Optionsgeschäfts sowie unter Berücksichtigung der Schutzzwecke des Börsengesetzes, ist das Primärgeschäft mit Optionen im Sinne der sogenannten Einheitstheorie ein einheitliches Rechtsgeschäft.

7. Nach der anzuwendenden Einheitstheorie sind Primär- und Sekundärgeschäfte mit unverbrieften Optionen rechtlich gleich einzuordnen. Entgegen der innerhalb der Lehre teilweise vertretenen Trennungstheorie bilden die beiden Phasen des Primärhandels mit Optionen, wie die des Sekundärhandels, ein einheitliches Rechtsgeschäft.

8. Die Strukturen des Primär- und Sekundärhandels mit Optionsscheinen sind mit denen der Geschäfte mit unverbrieften Optionen vergleichbar. Deshalb ist die auf Primär- und Sekundärgeschäfte mit unverbrieften Optionen anzuwendende Einheitstheorie auf Geschäfte mit derivativen Finanzinstrumenten in Form von Optionsscheinen übertragbar. Die jeweils aus zwei Phasen bestehenden Primär- und Sekundärgeschäfte mit Optionsscheinen bilden je ein einheitliches Rechtsgeschäft.

9. Die Untersuchung der Rechtsnatur der Geschäften mit derivativen Finanzinstrumenten in Form von Optionsscheinen ergab, daß das Erscheinungsbild der Primärgeschäfte mit von Optionsanleihen abgetrennten Aktienoptionsscheinen (§ 221 Abs. 1 AktG) nicht dem Typus Börsentermingeschäft entspricht. Es liegen Kassageschäfte vor.

10. Primärgeschäfte mit Naked Warrants, die nicht gemäß § 221 Abs. 1 AktG emittiert werden, sind, unabhängig davon, ob sie den effektiven Bezug eines Basisobjektes oder die Zahlung eines Differenzausgleichs in Geld vorsehen, ihrem Wesen nach dem Typus Börsentermingeschäft zuzuordnen. Demnach unterliegen diese Primärgeschäfte den Vorschriften zum Terminhandel im Börsengesetz. Dies gilt nicht für Primärgeschäfte mit den zu den Naked Warrants zählenden sogenannten GROI-Emissionen und Range Warrants, die den Kassageschäften zuzuordnen sind.

11. Sekundärgeschäfte mit von Optionsanleihen (§ 221 AktG) abgetrennten Aktienoptionsscheinen sind wie entsprechende Primärgeschäfte als Kassageschäfte einzustufen. Andererseits sind Sekundärgeschäfte mit Naked Warrants, ebenso wie deren Primärgeschäfte, dem Typus Börsentermingeschäft zuzuordnen. Auf diese Sekundärgeschäfte finden die Bestimmungen über den Terminhandel im IV. Abschnitt des Börsengesetzes Anwendung. Ein Ausnahme bilden Sekundärgeschäfte mit sogenannten GROI-Emissionen und Range Warrants, die den Kassageschäften zuzurechnen sind.

12. Zwischen originärem Erwerb und späterer Veräußerung derivativer Finanzinstrumente in Form von Optionsscheinen konnte ein gewisser Gleichlauf aufgezeigt werden. Die Rechtsnatur von Sekundärgeschäften mit Optionsscheinen einer Gattung weicht nicht von der rechtlichen Einordnung der entsprechenden Primärgeschäfte ab.

13. Aus Sicht des Anlegerschutzes sind Informationsdefizite des Anlegers gegenüber seinem Kontrahenten durch Aufklärung und Beratung auszugleichen, damit er in klarer Erkenntnis des beabsichtigten Kapitalanlagegeschäfts eine eigenverantwortliche Entscheidung treffen kann.

14. Inhalt und Umfang allgemeiner Aufklärungspflichten werden durch die Umstände des Einzelfalls bestimmt. Der Anleger ist umfassend, wahrheitsgemäß, sorgfältig und vollständig über alle Tatsachen und Umstände zu informieren, die für die konkrete Anlageentscheidung Bedeutung haben könnten.

15. Kreditinstitute und Anlagevermittler bzw. -berater sind zu einer individuellen Aufklärung bzw. Beratung verpflichtet. Dies erfordert im Sinne einer "anlegergerechten Beratung", daß der Wissensstand und die Risikobereitschaft des Anlegers berücksichtigt wird. Daneben ist ein Anlageobjekt zu empfehlen, das diesen Kriterien entspricht ("objektgerechte Beratung").

16. Keine Aufklärungs- und Beratungspflichten bestehen, wenn der Anleger nicht aufklärungsbedürftig ist oder auf eine Unterrichtung unmißverständlich verzichtet.

17. Bei Börsentermingeschäften kann mittels einer Unterrichtungsschrift, deren Inhalt sich an den von § 53 Abs. 2 BörsG vorgegebenen "Grundrisiken" orientiert, die Börsentermingeschäftsfähigkeit privater Anleger herbeigeführt werden. Erforderlich ist nicht, daß dem Anleger die mittels der Unterrichtungsschrift mitgeteilten Grundrisiken einsichtig gemacht werden. Andererseits genügt die allein wörtliche Wiedergabe des Gesetzestextes von § 53 Abs. 2 BörsG nicht. Die in dem Informationsblatt wiederzugebenden Grundrisiken sind an den verschiedenen Vertragstypen auf dem Terminmarkt zu orientieren; die "Risikobeschreibung" ist darauf abstellen. Es besteht bzgl. des Inhalts der Unterrichtungsschrift ein "Gestaltungsspielraum", der jedoch zugleich eine "Gestaltungspflicht" bedeutet.

18. Das von Kreditinstituten seit Anfang 1993 verwandte Informationsblatt erfüllt formal die Anforderungen gemäß § 53 Abs. 2 BörsG. Mit Kenntnisnahme und Unterzeichnung der Unterrichtungschrift durch den privaten Anleger wird dessen Börsentermingeschäftsfähigkeit herbeigeführt.

19. Bei Börsentermingeschäften bestehen für Kreditinstitute und Anlagevermittler bzw. -berater neben den schriftlich zu erfüllenden Informationspflichten gemäß § 53 Abs. 2 BörsG mündliche Beratungs-, Auskunfts- und Warnpflichten, die sich an den konkreten Umstände des Einzelfalls, insbesondere der individuellen Umstände in der Person des Anlegers ausrichten. Mit einer Unterrichtungsschrift gemäß § 53 Abs. 2 BörsG kann zwar die Börsentermingeschäftsfähigkeit des Anlegers herbeigeführt werden, jedoch verpflichten daneben allgemeine Aufklärungspflichten zur individuellen Aufklärung und Beratung.

20. Die an den deutschen Wertpapierbörsen gehandelten Naked Warrants weisen die unterschiedlichsten Konstruktionen auf. Dem privaten Anleger ist es nicht immer möglich, die mit ihnen einhergehenden Risiken zu erfassen, so daß eine eigenverantwortliche Entscheidung fraglich wird. Die als Börsentermingeschäfte einzustufenden Geschäfte mit der überwiegenden Anzahl der Naked Warrants bedingen, daß der Anleger grundsätzlich durch eine individuelle Aufklärung über die mit ihnen verbundenen Eigenarten und Risiken informiert wird. Daneben ist er durch Aushändigung einer Unterrichtungsschrift im Sinne von § 53 Abs. 2 BörsG aufzuklären, so daß mit Unterzeichnung des Informationsblattes die Börsentermingeschäftsfähigkeit des Anlegers herbeigeführt wird.

21. Inhalt und Umfang der bei Geschäften mit Naked Warrants aufgrund allgemeiner Aufklärungspflichten erforderlichen individuellen Aufklärung sind entsprechend dem Wissensstand und der Risikobereitschaft des privaten Anlegers an folgenden Mindestanforderungen auszurichten:

- die Optionsscheinbedingungen sind zu erläutern,
- die Ursachen und Wirkungen der Hebelwirkung von Naked Warrants sind einsichtig zu machen,
- die mit Naked Warrants verbundenen Verlustrisiken sind darzulegen,
- die aufgrund der Kreditierung von Geschäften mit Naked Warrants bedingten Risiken sind offenzulegen.

22. Die für Kreditinstitute und Anlagevermittler bzw. -berater bei Geschäften mit Naked Warrants neben den Informationspflichten gemäß § 53 Abs. 2 BörsG bestehenden allgemeinen Aufklärungspflichten sind mündlich zu erfüllen.

Olaf Theilmann

Die Einführung von Geldmarktfonds in der Bundesrepublik Deutschland

Beurteilung aus geldpolitischer, allokativer und aufsichtsrechtlicher Sicht

Frankfurt/M., Bern, New York, Paris, 1991. III, 184 S.
Europäische Hochschulschriften: Reihe 5, Volks- und Betriebswirtschaft. Bd. 1166
ISBN 3-631-43819-2 br. DM 60.-*

Seit dem starken Wachstum der Geldmarktfonds in den USA zu Beginn der achtziger Jahre wird auch in der Bundesrepublik Deutschland über die Einführung dieser Finanzinnovation diskutiert. Im Zuge der Novellierung des Gesetzes über Kapitalanlagegesellschaften im Rahmen der europäischen Investment-Harmonisierungs-Richtlinie im Jahr 1990 bestand die Möglichkeit, Geldmarktfonds auch in der Bundesrepublik zuzulassen. Der Gesetzgeber entschied sich dagegen. Damit ist die Diskussion aber nicht beendet. Da durch die europäische Harmonisierungs-Richtlinie die rechtliche Grundlage für den Vertrieb ausländischer Geldmarktfonds in der Bundesrepublik geschaffen wurde, erscheint es geraten, die Zulassung von deutschen Geldmarktfonds im Hinblick auf die Wettbewerbsfähigkeit der deutschen Banken und Kapitalanlagegesellschaften und des gesamten Finanzplatzes nochmals zu überdenken. Die vorliegende Arbeit leistet einen wissenschaftlich-theoretisch fundierten Beitrag zur Diskussion. Sie bietet eine ausführliche Beurteilung der Einführung von Geldmarktfonds aus geldpolitischer, allokativer und aufsichtsrechtlicher Sicht.

Aus dem Inhalt: Darstellung existierender Geldmarktfonds · Die zukünftige Bedeutung von Geldmarktfonds in der Bundesrepublik Deutschland · Geldpolitische Aspekte bei der Einführung · Allokative Aspekte bei der Einführung · Aufsichtsrechtliche Aspekte bei der Einführung · Abschließende Empfehlung an die Entscheidungsträger in der Bundesrepublik Deutschland